CHENGSHI
GUIDAO JIAOTONG QIYE
ZICHAN GUANLI XINXIHUA

城市轨道交通企业资产管理信息化

何 霖 等 编著

人民交通出版社股份有限公司
China Communications Press Co.,Ltd.

内 容 提 要

本书结合各城市轨道交通资产管理实际，基于资产管理全生命周期管理理念，介绍了城市轨道交通企业一体化资产管理及其信息化体系建设。全书共分七章，内容包括：城市轨道交通行业资产管理现状、城市轨道交通企业一体化资产管理必要性、一体化资产管理体系、一体化资产管理信息化体系、一体化资产管理信息化解决方案、广州地铁一体化资产管理信息化实践及展望。

本书可供从事城市轨道交通资产管理、信息化管理的相关人员参考，也可供高校相关专业师生教学参考使用。

图书在版编目（CIP）数据

城市轨道交通企业资产管理信息化 / 何霖等编著 . --北京：人民交通出版社股份有限公司，2018.8

ISBN 978-7-114-14812-5

Ⅰ．①城…　Ⅱ．①何…　Ⅲ．①城市铁路－交通运输企业－企业管理－资产管理－信息化　Ⅳ．① F570.73

中国版本图书馆 CIP 数据核字（2018）第 136117 号

书　　名：**城市轨道交通企业资产管理信息化**
著 作 者：何　霖　等
责任编辑：吴燕伶
责任校对：刘　芹
责任印制：张　凯
出版发行：人民交通出版社股份有限公司
地　　址：（100011）北京市朝阳区安定门外外馆斜街 3 号
网　　址：http://www.ccpress.com.cn
销售电话：（010）59757973
总 经 销：人民交通出版社股份有限公司发行部
经　　销：各地新华书店
印　　刷：北京印匠彩色印刷有限公司
开　　本：787×1092　1/16
印　　张：23
字　　数：507 千
版　　次：2018 年 7 月　第 1 版
印　　次：2018 年 8 月　第 1 次印刷
书　　号：ISBN 978-7-114-14812-5
定　　价：88.00 元

本书编委会

主　编　何　霖

副主编　韩松龄　姚世峰　张　芃　李　杨

编　委　刘　辉　王晓斌　李　坤　洪洁桦
郝　净　林德辉　冯亚琳　曾剑云
江南翔　陈建忠　王敬仁　程　涛
何佳嘉　罗伟庭　刘建成　朱年娣
张　辉　卢广志　朱晓婵　张春海
黄慧瑾

前言 Preface

城市轨道交通为采用轨道结构进行承重和导向的车辆运输系统，依据城市交通总体规划的要求，设置全封闭或部分封闭的专用轨道线路，以列车或单车形式，运送相当规模客流量的公共交通方式，其主要包括地铁系统、轻轨系统、单轨系统、有轨电车、磁浮系统、自动导向轨道系统和市域快速轨道系统[1]。

当前，中国已成为世界上城市轨道交通发展最迅速的国家。截至2017年年末，我国已有34个城市拥有166条运营线路，总里程达5021.7km。另有32个城市获国家发展与改革委员会批复建设规划，多个城市地铁建设正在紧张进行中[2]。

城市轨道交通属于资产密集型企业，里程数量的增加带来了资产规模的急剧增加。因此，巨量资产的科学管理是各城市轨道交通企业共同遇到的课题，本书结合各城市轨道交通资产管理实际，引入资产管理全生命周期管理理念，通过信息化手段，对城市轨道交通系统设计、建设、设备维修和维护、设备设施更新升级等阶段的管理模型与方式进行探索，希望寻找使成本最小化的管理途径，使得城市轨道交通资产价值实现最大化。

本书的基本框架如下：

第一章和第二章主要从城市轨道交通行业资产管理的现状进行描述，总结了城市轨道交通企业资产管理的特点和存在问题，由此引出城市轨道交通一体化资产管理的必要性，分别介绍了资产全生命周期管理理念的引入以及一体化管理模式的提出等。

第三章叙述了城市轨道交通一体化管理体系的构成，包括一体化资产管理的指导思想、业务流程、体系模型和业务标准，并指出了一体化资产管理关键能力的要求。

第四～六章是本书的重点，城市轨道交通企业要实现一体化资产管理，离不开信息化手段的支撑，而一体化资产管理信息化是一个庞大而科学的体系，需要统筹考虑，综合设计科学有序的顶层架构，包括应用架构、数据架构和技术架构，同时指出了城市轨道交通企业一体化、信息化项目的实施策略以及评价项目成败的评价指标体系。根据以上体系和标准，提出了城市轨道交通企业在不同时期的信息化解决方案。第六章以广州地铁集团有限公司为例，从对项目实施的背景到实施的方法以及实施效果等进行了介绍，供其他城市轨道交通企业作为参考。

---

[1] 中华人民共和国建设部．城市公共交通分类标准：CJJ/T 114—2007[S]. 北京：中国建筑工业出版社，2007.

[2] 未统计香港、澳门特别行政区及台湾省数据，后同。

第七章主要从政府和社会资本合作（PPP）等模式对资产管理的影响分析，和新一代信息技术对资产管理的应用展望进行了描述。

本书集结了城市轨道交通资产管理领域的实践经验，在撰写过程中得到了广州地铁集团有限公司信息管理中心、广州地铁集团有限公司财务管理部、广州城市轨道交通培训学院股份有限公司、广州擎云计算机科技有限公司相关同仁的大力支持和帮助，在此一并表示衷心的感谢！

本书可供广大城市轨道交通企业从事资产管理、信息化管理等相关管理人员参考，由于本书编写组水平有限，加之工作量大，书籍中的错误在所难免，希望大家批评指正！

本书编写组

2018 年 3 月

目录 Contents

第一章 城市轨道交通行业资产管理现状

当前，随着经济社会的快速发展，我国城市轨道交通建设进入高速发展的时期。截至 2017 年年末，我国（未统计港澳台数据）共 34 个城市开通运营城市轨道交通线路 166 条，运营线路总里程达 5021.7km。其中地铁里程共 3881.8km，占 77.3%；其他制式城市轨道交通运营线路里程 1139.9km，占 22.7%。2017 年年度新增运营线路创历史新高，达到 868.9km，较 2016 年新增线路里程数增长 62.5%[1]，如图 1-1 所示。按照平均 5 亿元 /km 的投资水平估算，我国城市轨道交通建设形成的资产规模已达到 25108.5 亿元。

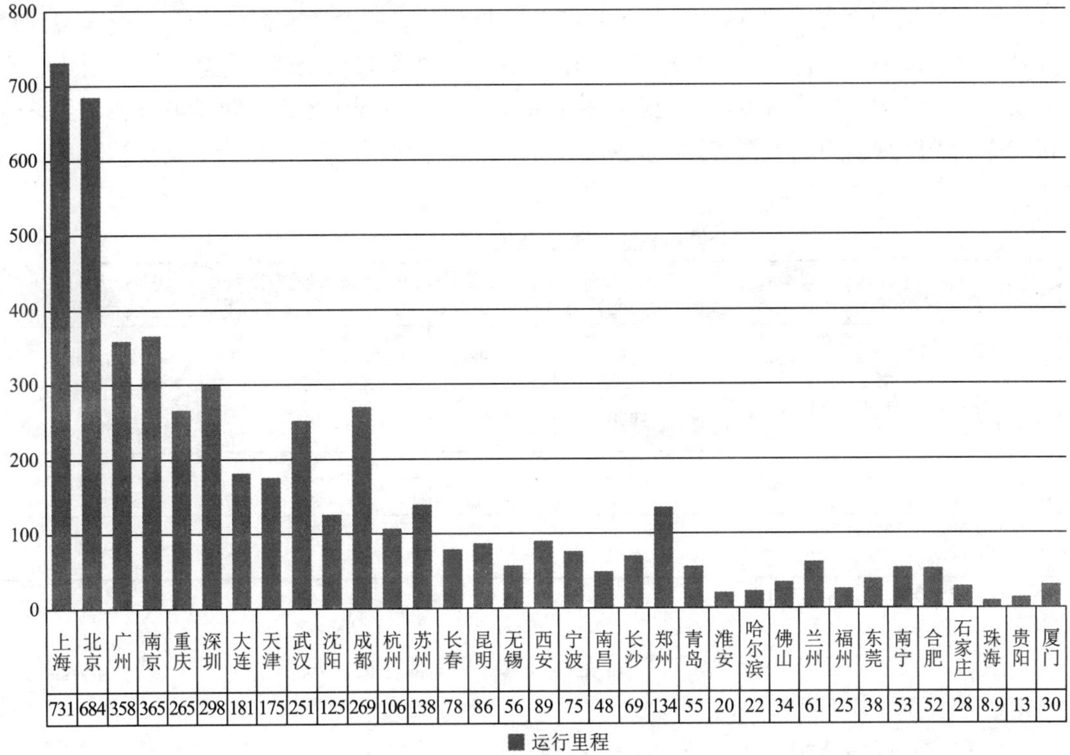

图 1-1 2017 年国内各城市轨道交通运营线路里程（单位：km）

[1] 中国城市轨道交通协会 . 城市轨道交通 2017 年年度统计和分析报告 [R].

第一节　城市轨道交通企业资产管理概况

一、城市轨道交通企业资产的构成

企业资产通常指的是由过去交易或事项形成、为企业所拥有的或控制的资源，该资源预期会给企业带来经济利益。资产按其流动性可分为流动资产、非流动资产。其中非流动资产主要包括：持有至到期投资、长期股权投资、固定资产、在建工程、无形资产等。

图 1-2　固定资产、实物资产、资产之间的关系

资产是一个较为宽泛的概念，它包括可为企业带来经济效益的人、财、物等资源。其中实物资产是其重要有形资产形式，一般是指企业拥有的明确可量化的价值项，且具有物质形态。实物资产包括固定资产和低值耐久品、材料易耗品等，以固定资产为主。固定资产是指使用期限超过一年的房屋、建筑物、机器、系统以及其他与生产运营有关的设备、器具和工具等。上述三者之间的关系如图 1-2 所示。

城市轨道交通属于准公益性质、重资产行业，一般通过政府财政投资，按照规划设计及勘察，前期征地拆迁与管线迁改，车站、隧道、车辆段等土建工程建设，以及设备设施安装调试等程序建造城市轨道交通线路，形成轨道交通固定资产，每条城市轨道交通线路的固定资产规模约达上百亿元。国内部分有代表性的城市轨道交通企业资产情况（截至 2016 年年底）见表 1-1。

部分城市轨道交通企业资产情况（2016 年）　　表 1-1

企业名称	资产总额（亿元）	非流动资产（亿元）	非流动资产占比（%）	固定资产及在建工程（亿元）	固定资产及在建工程占比（%）
北京地铁（北京市基础设施投资有限公司）	4355	3483	79.98	3114	71.50
上海地铁（上海申通地铁集团有限公司）	3242	2990	92.23	2435	75.11
广州地铁（广州地铁集团有限公司）	2269	1788	78.80	1598	70.43
深圳地铁（深圳市地铁集团有限公司）	2704	1686	62.35	1599	59.13

注：以上数据来自各公司年报。

因此，城市轨道交通企业资产管理范围主要是指固定资产或实物资产。城市轨道交通固定资产主要由以下几部分内容构成。

1. 车站和区间结构

车站和区间结构包括各车站（含车站结构上预留的设备进站口的建筑装修）；集中供冷站、区间设备及管理用房和其相关附属工程（风道、风亭等）范围内的房屋构筑物。

2. 车站设备与系统

车站设备与系统包括低压配电、机电设备监控系统、气体灭火系统、给排水、火灾报警系统（FAS）、通风空调、扶梯及电梯、屏蔽门系统、门禁；轨道、供电、综合监控等设备。

3. 车辆段

车辆段包括低压配电、环境与设备监控系统（BAS）、FAS、气体灭火、给排水、通风空调、工艺设备、门禁、消防器材、房屋及构筑物、轨道工程、变电工程、计算机网络、接触网工程、通信工程、信号工程、安防工程；厨房、太阳能热水系统、空调、自动化立体仓储、虹吸排水、污水处理、给水设备、车辆段综合设备（仪器仪表、通用设备、工建车间设备、供电车间设备）等设备。

4. 系统工程

系统工程包括供电系统、通信系统［专用通信系统、乘客信息向导系统（PIDS）、商业移动通信系统、公安通信系统］、信号系统、自动售检票（AFC）系统、综合监控系统、轨道、车辆等设备。

5. 衍生资源经营资产以及沿线物业经营资产

衍生资源经营资产以及沿线物业经营资产包括依托地铁线路开发的经营性房产、物业，如车站内广告灯箱、商铺等。

二、城市轨道交通企业资产管理模式

一般意义的资产管理是指组织实现资产价值的全部协调活动[1]。对企业而言，资产管理是对企业生产经营活动所需的各种资产的取得、保管、运用等一系列计划、组织、控制等管理工作的总称，它是企业管理的重要内容，也是企业组织生产、形成生产力必不可少的要素[2]。

经过40多年的发展，国内城市轨道交通经过不断探索和实践，建立了一套基本符合中国具体国情和充满地域特色的管理方式，主要可分为两种，即一体化的管理方式和专业化的管理方式。与管理方式相对应，城市轨道交通资产管理模式也分为一体化的资产管理模式和专业化的资产管理模式。下面具体介绍这两种资产管理模式。

1. 一体化的资产管理模式

一体化的资产管理模式是集城市轨道交通工程的投融资、建设、运营、沿线商业开发统一运作下的资产管理模式。其特点是每项职能都设立部门，以城市轨道交通项目的建设和运营为主要业务，以房地产、广告等商业经营为辅助业务。香港、广州地铁公司就采用了这种一体化的资产管理模式。国内其他大部分城市由于处于建设初期，没有形成网络，大都也采用类似一体化的资产管理模式，如武汉、长春、大连、沈阳、杭州、哈尔滨等。

一体化的资产管理模式是建设、运营、资源开发纵向一体化，从而发挥资源的协同效应，更有利于城市轨道交通资产的统一管理。借助一体化的资产管理模式，城市轨道交通企业能将城市轨道交通建设中的各种资源高度集中，有利于各方面资源共享，资源配置成本比较低。把投融资、建设、运营等作为企业内部工作，便于协调和分工。

但这种管理方式也有缺点。例如，随着城市轨道交通的规模不断扩大，所需承担的职

[1] ISO 55000（资产管理体系标准）定义。

[2] J Osztermayer，K Feser.Enhanced Competitivenss with a Morden Asset Management System[A].2002.

能会越来越多，势必会造成机构的庞大以及企业管理成本的增加，对企业管理水平有着极高的要求，不利于大规模的城市轨道交通投资、建设和运营；资源、权利过于垄断，不利于城市轨道交通项目建设、运营的投资主体多元化运作以及市场化竞争格局的形成。

2. 专业化的资产管理模式

专业化的资产管理模式是指城市轨道交通产品和服务提供的全过程由多个主体各负其责，分工参与提供城市轨道交通产品和服务提供的全过程。专业化的管理方式是把城市轨道交通的投融资、建设、运营、沿线商业开发分别由专业化公司来承担，而各公司之间，可以是以资产为纽带的企业集团形式，也可以是完全相互独立的市场契约的关系。我国上海、深圳和新加坡、日本的地铁公司就曾采用过此种管理方式。在采用专业化的资产管理模式的城市中，北京具有代表性，实行投资、建设、运营三分开的管理方式和相应的资产管理模式，分别由投资方负责投资并行使业主职责、由建设方负责建设、运营方负责运营。国际上如伦敦地铁，则由伦敦地铁负责轨道交通资产的账面管理，固定资产更新改造和升级业务则交由三家私人基础设施建设公司负责具体的维修养护、更新和改造工作，同时引入第三方管理和定期审核机制，提升资产监管力度及资产管理水平。

专业化模式下的投资、建设、运营和监管，分别由不同的专业公司和部门来执行，大大提高了其专业性，无论从完成的质量还是运营管理的效率来看，都有一定的规范性，能保证城市轨道交通的良好运行。通过专业化运作，会带来以下四方面的优势：一是将投融资、建设、运营分别成立专业化公司，结构清晰；二是有利于集中精力完成大规模的建设、运营任务；三是有利于城市轨道交通项目建设、运营主体多元化的市场良性竞争格局的形成；四是在筹措建设资金，节约控制项目投资，降低运营成本，提高运营效率等方面会发挥积极的作用。

但是，在这种模式下，投资一方不能对资金进行有效的管理，不能根据投入收益比来追加后期的投资；建设和运营在实际的操作中衔接起来有些困难；虽能合并报表，但各公司要单独纳税，不利于纳税筹划；各个专业化公司的协调、分工难度较大，给城市轨道交通资产管理带来较大的难度和挑战。

第二节　城市轨道交通企业资产管理的特点

一、资产管理各阶段联系紧密，综合管理难度大

城市轨道交通资产管理的过程可分为设计规划、建设、经营、更新等阶段，在各个阶段由不同人员进行管理，设计规划人员进行前期勘察设计，施工、监理、建设方进行建造、安装，经营期人员进行调试、运营、更新，各个阶段内及跨阶段人员间的协调难度大，导致资产的整个生命周期管理难度较大。

二、资产价值管理与实物管理匹配难度大

城市轨道交通实物资产一般根据组织架构进行管理，对于组织架构层级较多的，实物

资产移交、资产减少等过程审批时间将会随之加长，进而影响资产管理的执行效率，导致出现多个层级管理、上级要求难以得到执行和落实的情况。

因城市轨道交通建设周期较长以及新线工程竣工决算工作滞后原因，城市轨道交通资产往往在线路开通多年后仍无法细化到单个资产上，未做实物资产移交工作的则资产清单都无法提供，因此在线路开通至竣工决算前无法开展资产价值管理工作。

三、资产管理与设备管理密不可分

在资产密集型企业中，实物资产的管理效率直接影响着企业的经营效率。城市轨道交通企业的实物资产通常以设备作为最主要的存在方式，设备在企业整个资产体系中占据最重要的位置，设备的安全可靠运行是城市轨道交通企业最关键的管理工作。因此，城市轨道交通企业的资产管理必须以设备管理为核心，从设备运行的可靠性出发，构建从设备的规划到购置安装，再到运行维护，最终到报废的整个管理过程。

四、资产需严格按国有资产要求管理

城市轨道交通工程为准公共类产品，一般由政府投资，因此相关资产报废、报损需按照国有资产相关管理办法进行。城市轨道交通企业业务跨度大，组织架构及部门设置差异较大，但都需要设置统筹部门来整合资源、共享资源，承担资本运作职责。资产管理人员熟悉企业资源分布及全面情况，在基础工作中积累了资产运作经验，对财务、国资管理、资本运作制度较为熟悉，可参与或牵头类似工作。做好统筹管理需掌握行业最新政策及动态，要从战略配置角度考虑资源整合，要从效益最大化角度培育共享机制。

第三节　城市轨道交通企业资产管理存在的问题

当前，我国城市轨道交通企业虽然已发展了多年，也积累了大量的规划、建设经验，但在资产管理方面仍然处于探索阶段，在实践中也普遍存在不少问题，主要表现在以下几个方面。

一、普遍重视工程建设与运营业务，忽视资产管理

城市轨道交通项目大多都为各地政府民生工程，线路建设与开通工期压力大，因此，城市轨道交通企业管理层把大部分精力都集中在工程建设和运营业务上，忽视作为基础性工作的资产管理。而大多数城市为城市轨道交通线路新开通城市，资产管理水平欠缺，且资产管理协调难度大、较难体现工作业绩，导致部分城市轨道交通线路开通多年仍无法开展竣工决算及折旧计提。

二、过于突出专业化分工，缺乏全生命周期管理理念

城市轨道交通工程从前期规划设计、施工建造安装，到后期运营管理以及设备设施更新改造等，专业性都非常强，需要进行专业化分工管理，以提高各阶段的生产、经营效率。

但各阶段过于专业化管理，各专业化人员仅关注专业内问题，再加上管理架构缺乏资产生命周期管理职责，各阶段管理工作联系松散，导致部分资产使用效率低，提前报废、报损问题突出，资产生命周期内价值无法达到最大化。

三、设计变更与建设合同管理滞后

城市轨道交通工程建设过程中，很多原因会导致施工图设计变更，或因建设周期较长，设备采购存在升级换代情况，导致建设合同变更。而在重视建设进度及赶工期的情况下，建设合同变更往往在线路开通相当长一段时间后方办理相应的变更手续。另外，对于个别城市轨道交通企业，建设合同开项清单比较笼统，导致后续实物资产移交与财务竣工决算无法根据建设合同开展相关工作。

四、缺乏企业统一资产分类标准

城市轨道交通为一项复杂工程，一般由给排水、自动监控系统、火灾报警系统、屏蔽门、低压、供电系统、轨道、门禁、电梯、通信、信号、AFC、列车、土建、装修、厨房设备、仓库等众多专业工程构成，各专业对应的资产具有专业性、复杂性。在不同阶段划分的标准均不一样，如设计阶段更多地从概算编制的角度来划分，工程阶段更多地从标段管理的角度来划分，运营阶段则更多地从维护和维修角度来划分，各阶段缺乏统一的资产分类原则及编码体系。

五、实物资产移交工作推进缓慢

《建设项目（工程）竣工验收办法》（计建设〔1990〕1215 号文）要求：“凡新建、扩建、改建的基本建设项目（工程）和技术改造项目，按批准的设计文件所规定的内容建成，符合验收标准的，必须及时组织验收，办理固定资产移交手续。”《基本建设财务规则》（中华人民共和国财政部令第 81 号）第三十九条规定：“已具备竣工验收条件的项目，应当及时组织验收，移交生产和使用。”第四十一条规定：“资产交付是指项目竣工验收合格后，将形成的资产交付或者转交生产使用单位的行为。交付使用的资产包括固定资产、流动资产、无形资产等。”第四十二条规定“项目竣工验收合格后应当及时办理资产交付使用手续，并依据批复的项目竣工财务决算进行账务调整。”新线实物资产移交，形成了基础固定资产清单（实物资产移交表），作为财务竣工决算的前端工作成果，实物资产移交表是后续固定资产价值分摊的基础，也是财政投资形成资产的最终体现。

实际上，目前大多数的城市轨道交通企业由于缺少资产移交的行业标准与规范，同时，城市轨道交通系统复杂性又较强，在形成固定资产明细清单阶段未给予足够的重视，未开展实物资产移交相关工作，导致在后续开展竣工决算工作时，资产清单与实物不匹配，需做出大量账实核查工作。

六、工程竣工决算滞后

城市轨道交通工程投资巨大，最终形成了线路实物资产，同实物资产移交等后期管理工作一样，存在前期征地拆迁结算难、合同变更影响结算与决算审批、体量巨大、时间跨度大等问题，一部分城市轨道交通企业对此不够重视，在新线开通多年后，仍在进行财务竣工决算工作，导致线路无固定资产财务账，给经营期价值分摊与维修维护改造带来一系列的成本匹配问题。

七、资产管理系统未整体规划实施

城市轨道交通资产管理涉及规划设计、采购建设、运营管理、维修更新等阶段，城市轨道交通企业在实施信息化时，往往缺少整体规划，在各业务都分别开展信息系统建设，形成一个个的信息孤岛，使得资产数据源多头出现，企业财务账面资产和业务占有实物资产对账困难。

八、经营性资产管理需进一步探索

广通商类资源（即广告资源、通信资源以及商业资源）、物业类资源、衍生的客流及信息、知识等资源，对策划、建设、经营等专业能力要求都非常高，如何管理好此类经营性资产，对于处于建设高峰期的城市轨道交通企业来说，也是一种挑战。广通商方面的一体化建设、策划、经营已相对成熟，其他方面的一体化管理还需进一步探索。

第二章　城市轨道交通企业一体化资产管理的必要性

根据上一章对城市轨道交通企业资产管理的概况、特点及存在问题的分析，如何提升城市轨道交通资产管理水平、实现城市轨道交通巨量资产的保值增值成为摆在城市轨道交通企业面前的共同挑战和难题。资产全生命周期管理理念在电力等行业的成熟应用，站城一体化开发理论和实践的不断成熟，相关行业标准和政策文件的不断出台，为城市轨道交通企业一体化资产管理提供了可实施的条件和基础，一体化资产管理的必要性也愈发凸显。

第一节　资产全生命周期管理理念的引入

一、资产全生命周期管理的概念

资产全生命周期管理起源于全周期成本管理，是全生命周期成本（Life Cycle Cost，简称LCC）管理理念的丰富和发展，实质上是系统工程理论在资产管理上的应用。资产全生命周期管理理念是以资产作为研究对象，从长期经济效益出发，全面考量资产投资计划、设计、建造采购安装、验收移交接管、运行、维修维护、报废处置全过程，优化管理，以期最小化资产的全生命周期成本，并最优化资产整体经营效率的一种管理理念和科学方法。

资产全生命周期管理即从长期出发，改变过去重局部的管理方式，突出体现为提前规划、整体统筹，解决管理标准差异同衔接瓶颈，建立价值化、系统化、流程化的管理模式，各环节均按一体化的思路推进，保证有效衔接，并在资产信息集中处理的基础上，为管理人员提供决策支持，从而保证城市轨道交通企业资产投资决策的科学化。

二、资产全生命周期管理的起源

20世纪末，鉴于欧洲的一些资产密集型企业和组织对资产管理标准实际需要和相应标准缺乏的现实情况，第一版《公共可用规范》（Publicly Available Specification，简称PAS）（PAS 55-1-2004）由英国资产管理协会（Institute of Asset Management，简称IAM）和英国国家标准委员会（British Standards institution，简称BSI）制定并于2004年首次发布，旨在指导有形实物资产的管理优化和可持续发展。在增加大量实践后，PAS 55重新修订并于2008年再次发布，它包括从全寿命策略到日常维修管理最佳实践的两个方面，企业可结合自身现状，识别与最佳实践的差距，分析原因、提出解决方案，并持续改进。PAS 55 至今已在 50 个政府及监管机构，10 个国家及 15 个区域的电力、煤气、水务、港口、铁路等众多企业进行了应用。

2009年，英国国家标准委员会提交了一项关于成立“项目委员会”制定国际标准的提案，将 PAS 55 作为 ISO 标准的基础。经过包括中国在内的 31 个国家的参与，《资产管理——综述、原理与术语》（ISO 55000）于 2014 年 1 月 10 日正式发布实施。

在 PAS 55 中，资产管理的定义为：组织有系统和有协调的活动与实践，对组织的资产及资产系统进行最优化和可持续性的管理，在资产的整个生命周期里管理它们的性能、风险和支出，达到组织战略规划的目标。从给出的定义可以看到，资产管理远远超出对实物资产进行维护或保养的范畴，更接近于组织的核心目标。良好的资产管理能够很好地平衡资产利用和资产维护、短期的性能发挥和长期的可持续性、前期的资本投入和后续的运营成本以及风险。“生命周期”资产管理也不仅仅考虑资本成本和运营成本是否超出预先确定资产“生命”的假设。真正的资产生命周期的优化管理包括风险披露和性能属性，并把资产的经济寿命（依据设计、使用、维护、报废和其他内容）作为优化过程的结果。PAS 55 中要求资产管理需立足于全局，整合组织中不同管理单元，以实现共同的战略目标。

ISO 55000 对核心定义进行了简化和通用化处理，即资产管理被定义成“一个组织实现其资产价值的协调活动”。该标准的重点是开发一个具有前瞻性的资产全寿命周期管理系统，并将组织的资产管理系统与相关的管理系统要求结合起来，有助于资产管理和减少成本，同时满足所需的性能和安全要求。任何组织，只要其资产是实现业务目标的重要关键因素，都适用于此标准。资产管理有助于组织应用分析方法，对资产寿命周期的不同阶段进行管理（资产的寿命周期可始于资产需求的产生阶段直至资产的处置阶段，其中包括资产所有潜在的后处置负债）。

ISO 55000 充分保留了 PAS 55 中的关键主题，主要包括以下几个方面。

- 组织目标的一致性都明确地纳入到资产管理的策略、目标、计划和日常工作中；
- 通过全寿命周期资产管理计划和多学科协作，以实现最具价值的成果；
- 风险管理与基于风险的决策支持；
- 实现一体化和可持续性的推动力，尤其是领导力、协商、沟通、能力开发和信息管理。

ISO 55000 同 PAS 55 都强调了全局性和全面系统进行资产全生命周期管理的理念。而相应的国标则与 ISO 55000 一脉相承。

三、资产全生命周期管理的框架体系

资产全生命周期管理的框架体系是指以企业战略与全局最优的目标为指引，围绕资产规划、设计、采购、建设、运营、维护、退役、再利用、报废等全过程产生的实物流、价值流、信息流，建立目标平衡优化、业务闭环高效、流程协同顺畅、决策科学合理、信息传递及时的资产管理体系。该体系可分为以下六个独立而相互联系的模块。其中，资产管理的主旨思想位于框架体系的最上层，对各项管理模块提供方法论的指导；接下来依次是管理范围与组织架构、资产战略与决策、业务实施与管控、运营监测与绩效评估、管理改进与流程优化、基础保障与支撑六个主要模块。资产全生命周期管理框架体系具体内容如图 2-1 所示。

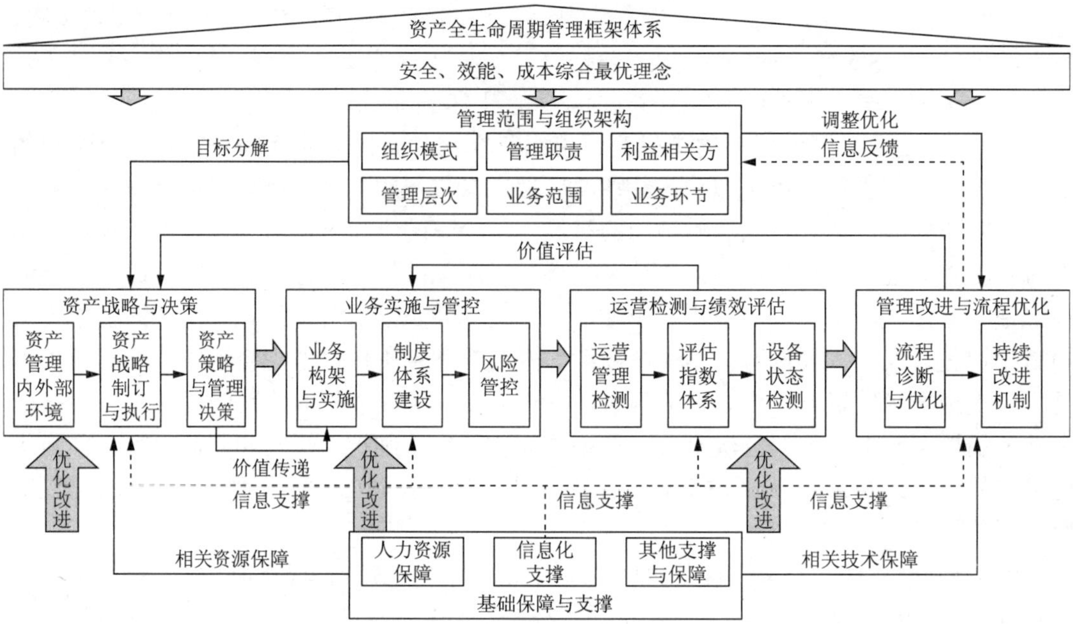

图 2-1　资产全生命周期管理框架体系[1]

资产全生命周期管理的引入可帮助城市轨道交通企业很好地应对所面临的挑战，在进行投资决策、优化资源配置、提高资产使用效率、减少资源浪费等方面发挥积极的作用。

第二节　站城一体化开发理论及实践

为更集约地利用城市土地，很多城市探索城市轨道交通用地与其他建筑用地的综合开发，产生了各种轨道交通车站与其他建筑物一体化的构造类型，使具有不同功能的多种空间有机结合，实现城市有限空间资源的充分利用，综合协调各项设施功能，从而发挥出更大的经济效益和社会效益。基于此思路，便产生了城市轨道交通沿线物业开发的新领域。城市轨道交通沿线物业开发既结合了传统房地产开发的优势，也使站城一体化开发理论与实践得以落地；既可实现城市土地资源节约、集约化利用，也可实现城市轨道交通促进土地升值、土地开发收入反哺城市轨道交通建设的良性循环。以下将对站城一体化开发理论及实践进行介绍。

鉴于交通在城市可持续发展方面的重要性，世界银行曾针对公共交通与土地一体化开发的案例进行了调查研究，并将成果汇集出版为《通过公共交通改造城市》的报告书。调查研究表明，哥本哈根、中国香港、新加坡、东京、库里蒂巴作为可持续发展城市，几乎都有公共交通与土地一体化开发的案例。可见，为达成可持续的城市开发远景，公共交通与土地一体

[1] 刘振亚 . 企业资产全寿命周期管理 [M]. 北京：中国电力出版社，2016.

化开发十分重要。其中，通过在公共交通沿线设置住宅、办公、商业设施、公共设施等诱导开发的公共交通指向型城市开发（Transit-oriented Development，简称 TOD）是有效的手段之一。TOD 使得紧凑城市空间成为可能，使得公共设施的投资能以面状而非线状的形式展开，此举不仅有利于提高投资收益，也有利于降低维持运营的费用。

世界银行通过“公共交通改善城市”的构想，首先总结了中国香港地铁、日本东急电铁（全称为“东京急行电铁”）以及日本旅客铁道各下属公司、东京地铁等公共交通指向型的城市开发经验。其共通点是大规模地建设高速城市轨道交通，并推进车站周边房地产的一体化开发，通过住宅等开发获得利益回收，以平衡在轨道交通建设上的巨大花费。当然房地产开发不只是回收投资轨道交通建设的资金，还通过在终点站（枢纽站）设置百货店、宾馆、超市等商业、娱乐设施，逐渐创造出经济活动需求。中国香港和日本的轨道交通建设事业，通过在车站周围及沿线进行开发，对城市整体发展做出了贡献。且无论是开发规模，还是在获得开发收益回收方法上的创新，都是史无前例的。这对处于急速城市化、现代化进程中的发展中国家，提供了一种城市发展的方向。香港地铁能够保持 40 年持续盈利，最核心因素在于“以地养铁”的“轨交 + 物业”经营模式。深圳、北京、上海也有一些综合枢纽开发的案例，例如深圳的前海项目、北京的西华府项目、上海的徐泾上盖项目等，其开发模式也呈现出多样化格局。可见轨道交通的一体化经营并不仅仅局限于轨道交通资产的本身，城市轨道交通与物业的一体化开发也得到了推广和应用。

第三节　行业标准与政策文件的要求

一、《城市轨道交通建设项目管理规范》的要求

《城市轨道交通建设项目管理规范》（GB 50722—2011）对线网规划、投资管理、信息管理等方面进行了说明。具体内容如下。

1. 线网规划方面

3.2.3　城市轨道交通线网规划必须与城市综合交通体系规划、城市公共交通专项规划相协调，与城市的经济发展、环境保护、文物保护和防灾减灾等相协调。

3.2.4　城市轨道交通线网规划应与城市地下空间综合开发利用规划相衔接。

2. 投资管理方面

7.1.4　项目投资管理应遵循以下原则（其中包括全过程、分阶段管理原则）：围绕项目生命周期成本发生规律，从项目投资决策、规划设计、工程施工、竣工验收等不同阶段全过程进行管理，重视项目早期投资的优化控制；全生命周期成本合理原则：项目全寿命周期成本包含建设期投资和运营期费用，设计优化和方案技术经济比选不应以建设投资最低为优，应以全生命周期成本合理为原则开展。

3. 信息管理方面

17.1.2　城市轨道交通建设管理单位是建设项目的牵头单位，建设项目过程中涉及业主、建设管理、勘察设计、施工、监理、第三方监测、设备材料供应、检测等多个单位。

为做好信息管理工作，建设管理单位应对整个项目的建设信息统筹管理，提出标准，规范格式和信息流通渠道，使信息在建设过程各阶段和各参建单位之间标准统一、传输顺畅。

17.2.2 项目信息管理包含项目综合管理、进度计划管理、投资费用管理、工程质量管理、安全风险管理、项目人力资源管理、采购管理、设计管理、财务管理、合同管理、文档管理等内容，内容庞杂，各项信息之间相互关联，信息管理体系工作量大，难以一步到位全部建设。因此需要统筹规划，分阶段实施。应根据企业发展阶段、管理水平、建设资金、企业内部和外部可利用的信息建设资源、企业业务发展需要等方面情况，制定信息管理目标分阶段实施计划，逐步形成全面、完善、高效的信息管理系统。在信息系统建设方面，应构建管理信息系统总体框架，确定动态和开放的信息系统架构，规划信息资源，开展信息标准化建设，组建高速、稳定、可靠的网络信息平台，制订开发计划等。对于后期开发各业务的相关管理信息系统制订统一的标准和遵循原则，使后期开发的系统满足统一规范，符合总体规划、不重复开发、与已开发系统兼容并资源共享、补充和完善原有系统功能的要求。

二、各地国资委等政府部门的考核要求

各地国资委都出台了一些考核办法，对资产收益率、创新等方面都有严格的考核标准，这就要求企业建立更为高效的管理体制，不断提高效益、降低成本，实现国有资产保值增值最大化。

在竣工决算前后做好清晰化资产管理在多个制度中都有规定，如《中华人民共和国财政部令第 81 号——基本建设财务规则》第四十二条规定，项目竣工验收合格后应当及时办理资产交付使用手续，并依据批复的项目竣工财务决算进行账务调整。《基本建设项目竣工财务决算管理暂行办法》（财建〔2016〕503 号）第五条规定，编制项目竣工财务决算前，项目建设单位应当完成各项账务处理及财产物资的盘点核实，做到账账、账证、账实、账表相符。

第四节　一体化资产管理模式的提出

从 20 世纪 90 年代开始，资产全生命周期管理理念在资产密集型企业中得到了广泛关注，尤其在电网企业的应用更为广泛。

广州地铁于 2009 年在行业内率先提出了一体化资产管理的理念。广州地铁从城市轨道交通企业特点分析，基于一体化管理机制下的企业运营视角，启动了“一体化资产管理信息平台”（Integrated Asset Management information platform，简称 IAM）项目的建设，项目以资产的全生命周期管理为主线，涉及线路策划、设计、购置 / 构建、安装验收、移交、运营、维修维护、处置等阶段，建设财务管理、合同管理、采购物流管理、设备维修维护、项目管理、人力资源、客服、知识管理等职能，覆盖了企业内部管理的 80% 以上的业务面。目标是以“资产分类的统一、资产编码的统一、信息平台的统一”，建立资产架构体系和资产编码体系，运用信息化手段支撑广州地铁资产全生命周期管理业务，从而达到保障资产安全、提高资产利用率的目的，实现资产配置优化，实现从“设备运营为核心”向“资

产运营为核心”的转变。

以资产全生命周期理念进行资产的一体化管理，打通资产管理各阶段的业务流与数据流，减少重复管理，避免各阶段的信息不一致，提升资产信息的共享，建立资产编码体系及一体化资产管理信息化体系，实现资产的全过程、精益化管理，对城市轨道交通企业建立现代企业管理制度具有很强的指导意义。

目前广州地铁、京港地铁、宁波地铁、杭州地铁、郑州地铁等城市轨道交通企业普遍采用一体化资产管理模式对资产进行管理。

伴随国内城市轨道交通事业的迅速发展，城市轨道交通企业资产除城市轨道交通运营资产外，还包括房地产、车辆段上盖物业等商业经营资产。对于商业经营资产，涉及规划、建设、运营和管理四个阶段，按照“资产全生命周期管理”的理念，与城市轨道交通运营资产一起进行智慧一体化开发，包括横向一体化和纵向一体化，实现经营性资产开发的资源整合、高效集约及价值最优。一体化资产管理对商业经营资产的开发同样也有指导意义。

一、符合国际先进标准要求

城市轨道交通一体化资产管理应用贯彻了 PAS 55 的资产管理理念以及 ISO 55000 精神，实现了与世界资产管理先进标准的接轨，也符合城市轨道交通建设项目管理规范要求，为贯彻国际、国家、行业标准奠定了基础。

公共交通指向型城市开发（TOD）提供了一种城市发展的方向，实现了基础设施与经营项目的统一协调互相促进式的发展。不仅在房地产方面，在广通商等方面进行一体化开发，也有利于经营资源与轨道交通运营资产的全寿命周期的协同。

而基于城市轨道交通一体化资产管理的信息系统开发，制订、统一了后期开发各业务的相关管理信息系统标准和遵循的原则，使后期开发的系统满足统一规范，符合总体规划、不重复开发、与已开发系统兼容并资源共享、补充和完善原有系统功能的要求。

在新线移交方面，城市轨道交通一体化资产管理创新出标准化、精细化的行业标准流程、职责、模板，在建设阶段即完成了满足后续管理要求的实物资产清单，保证了资产交付的效率与质量。

二、创新管理提升行业标准化水平

一体化资产管理实施创新梳理完善了面向资产全生命周期各流程的标准化管理流程体系、标准化固定资产目录、多项目标准化编码体系、互相连接的标准化信息系统，针对行业管理盲点，进行了系统性的管理标准化创新。该管理体系已在多个城市轨道交通企业得到推广和应用，具有了一定的应用基础，有利于提高城市轨道交通行业整体资产管理标准化、精细化水平。

三、提高城市轨道交通企业资产管理效益

1. 实现信息和数据的互联互通

通过数据的共享，为资产管理方式由分散粗放向集约精益的根本性转变奠定基础。

实现资产配置优化，提高资产利用率、完好率。降低企业管理成本，提高设备投资利润率，使可持续发展的高效资产运营效益最大化，并实现安全运营和提供快捷服务的社会效益。

2. 促进资产管理模式的创新

实现资产全生命周期各环节状态分析、质量分析、生命预测及评价，以期达到资产全生命周期管理要求，不断提升资产精益化管理水平和业务流程的优化，利用资产全寿命周期管理系统实现优化管理流程，业务管理各个环节的申请、审核、审批流程把控，方便资产管理者对资产全过程的管控，及时发现其中存在的问题，为资产管理工作提供有效的管理手段和参考依据，为生产经营决策和配套体系的运行提供有力的支撑。

3. 提升公司资产运营效率和整体经济效益

通过实施一体化资产管理，以量化的指标、科学的方法，指导资产运营全过程相关管理工作，提高资产的健康水平和使用年限，在满足安全、效能的前提下实现资产全生命周期成本的最优化。

第三章 城市轨道交通企业一体化资产管理体系

城市轨道交通企业一体化资产管理体系，应以企业整体资产的运营与发展为主线，以实现安全、效能、成本等管理目标的综合最优为目标，自上而下地建立纵向融合、横向贯通的管理体系，应从业务流程入手，分析、总结、提炼一体化资产管理的业务管控重点，明确业务标准，并应具备关键的管控能力。

第一节 一体化资产管理指导思想

城市轨道交通企业开展资产一体化管理，应以保障资产安全、提高资产利用率为目的，实现资产配置优化，实现从“以设备运营为核心”向“以资产运营为核心”的转变。具体可围绕以下几个方面去开展。

一、以企业整体资产的运营和发展为主线

一体化资产的管理对象应由单个的设备上升为资产层面。这里的资产以实物资产为主，包括设备的集合、设备组的集合以及固定资产的组合。

第一，应采取自上而下的视角，开展企业资产的顶层设计。推动资产管理的相关制度安排，包括组织、战略、策略、标准、流程和信息化等。

第二，应充分发挥资产组合的关联效应和外部效应。随着资产规模的增加，尤其是形成网络化运营的城市轨道交通企业，会表现出资产整体的价值要远远大于单个价值的总和的情况。进入网络化运营期的城市轨道交通对公共交通乘客运送量占比将更大，需更多关注其资产在生产运营时对社会外部的影响。

第三，应关注企业在不同阶段、时期资产的运营和发展。将企业的短期目标和中长期目标进行统筹考虑。

二、以实现安全、效能、成本的综合最优为目标

一体化资产的管理以全局最优为目标，即以企业核心目标的实现为基准，是对资产管理的目标、计划、实施和退出等方面进行平衡和协调的过程。全局最优包括目标协调统一、资源协调统一、计划协调统一等方面。这点在城市轨道交通企业中尤为显著，企业公共属性决定了在资产管理的目标上，除了考虑经济效益、成本目标之外，还需要特别关注社会效益和政治效益。在兼顾企业自身发展的同时，要重点考虑社会责任目标。

城市轨道交通企业的一体化资产管理视角，还应从资产的整体性出发，综合运用战略导向、规范制约、资源调配、集约化服务等多种手段影响企业各个业务单元的经营管理行为，发挥各单一业务之间的协同效应，使企业整体所实现的价值大于成员企业各自独立运营所创造的价值总和。

三、自上而下建立纵向到底、横向到边的资产管理体系

城市轨道交通企业一体化资产管理体系，重点在于将资产管理活动中的实物流、价值流、信息流进行有机统一，从而使全局最优的思想能够贯彻到企业运营管理的各个环节中。推进一体化资产管理的过程，就是优化企业整个运营管理的过程。

一体化资产管理体系应以资产管理相关的各个管理要素为重点，强化运营管理的协同一致与运行高效。管理要素包括组织、战略、策略、业务实施、流程、制度、标准、信息化。在实施时，从管理源头就要上注重制度与流程的衔接、流程与标准的衔接、流程与信息化的结合等，从而解决资产管理中制度与流程脱节、关键点缺乏协同、管理职责不清等问题。

第二节　一体化资产管理业务流程

城市轨道交通企业一体化资产管理流程可以从以下两个视角来看。

一是从整个城市轨道交通企业的视角来看，整体流程自上而下包括资产的管理流程、业务流程和基础流程，具体内容如图 3-1 所示。

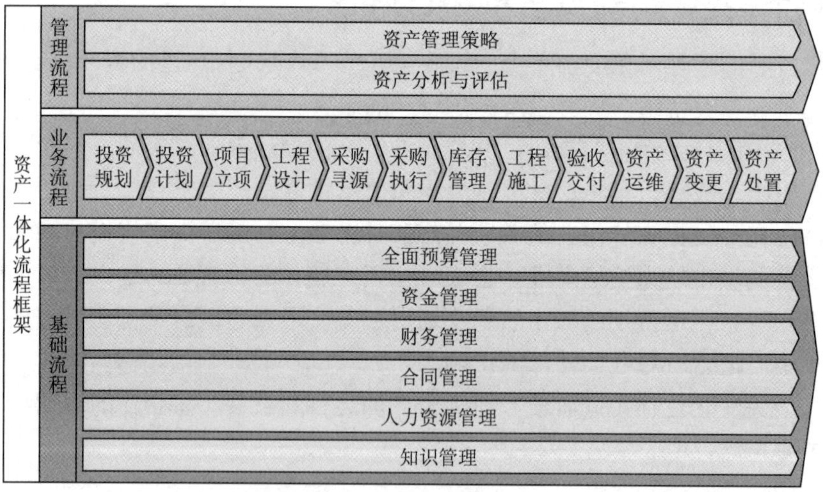

图 3-1　城市轨道交通企业一体化资产管理整体流程

二是从城市轨道交通项目资产的全过程视角来看，主要包括从投资 / 计划、设计、采购、安装验收、运行 / 经营 / 销售、维修维护、报废 / 处置七个阶段，覆盖了建设财务管理、合同管理、采购物流管理、设备维护维修、项目管理、人力资源、客服、知识管理等职能，涉及基于城市轨道交通工程建设、城市轨道交通企业运营、衍生资源经营、物业开发资源一体化经营全业务链条，具体内容如图 3-2 所示。

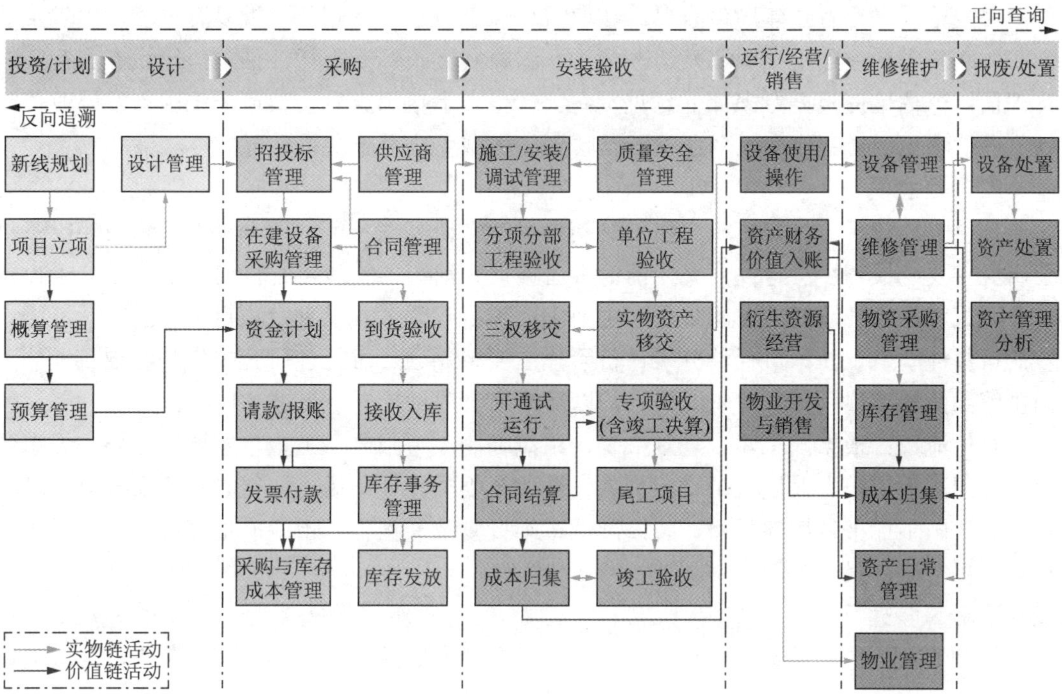

图 3-2　城市轨道交通企业一体化资产管理全业务流程

一体化资产管理全业务流程涵盖城市轨道交通各类资产形成过程，包括实物链活动与价值链活动。

一、投资 / 计划阶段

开展新线规划、项目立项、概算管理、预算管理等工作。

1. 新线规划

本书轨道交通新线规划项目主要指城市轨道交通新线、交通衔接工程、沿线地下空间开发、新型有轨电车等项目。

新线规划项目实施细则遵循坚持依据现行法律、法规、坚持有利于城市轨道交通企业战略目标的实现，与城市轨道交通企业的企业文化相匹配、坚持实施细则系统性、科学性和实用性统一等原则。

根据城市总体发展规划、城市社会经济现状与发展规划、城市综合交通规划、轨道交通线网规划及各条线在整个线网中的定位，和实现城市战略目标、实现城市总体规划、保持城市社会经济可持续发展、解决城市交通紧张局面、优化交通结构、解决城市轨道交通线网发展以及实现城市环境保护目的迫切需要，编制《城市轨道交通线网规划》，完成报市政府、市委、市人大审批程序，报省住房和城乡建设厅审查，纳入城市总体规划，并报住房城乡建设部、国务院审批。

根据政府已经批准的《城市轨道交通线网规划》，组织编制《城市轨道交通近期建设规划》，完成后上报市发展改革委，市发展改革委报请市政府同意后上报省发展改革委，省发展改革委联合省住建厅审查后，在取得环保部对建设规划环评批复意见后，由省发展改革委联合省住建厅上报国家发展改革委，国家发展改革委委托评估单位组织专家对其进行评估；评估单位根据专家评估意见撰写评估报告上报国家发展改革委；国家发展改革委收到评估意见后会签住房城乡建设部，收到住房城乡建设部意见后再批复。

2. 项目立项

项目立项包括项目投资机会研究、初步可行性研究以及可行性分析评价阶段。投资机会研究主要开展初步可行性研究之前的准备性调查研究；初步可行性研究阶段是介于投资机会研究和可行性研究的中间阶段，主要完成项目建议书，以判定项目是否需要开展进一步的可行性研究工作；可行性分析评价阶段主要编制项目可行性研究报告，经项目评估，由主管部门批准项目可行性研究报告，以最终确定项目投资是否进入启动程序。

具体流程：根据国家建设规划批复，组织编制工可报告，上报市发展改革委，经市政府批复同意后上报省发展改革委，由省发展改革委委托评估后，取得省住建厅批复选址意见书、省国土厅批复用地预审、省发展改革委批复节能报告、市政府批复社稳评估报告后批复可行性研究报告。

3. 概算管理

编制城市轨道交通新线估算与概算，并报市政府财政局、建委等部门审查，形成轨道交通工程投资概算，设置概算结构，分解形成概算单元。

4. 预算管理

依据城市轨道交通工程投资概算，结合工程建设年度计划，形成轨道交通工程年度投资预算。

二、设计阶段

设计管理是城市轨道交通建设工程管理的重要环节，包括工程的总体设计、初步设计和施工图设计。工程设计以批复的项目可行性研究报告为依据，对拟建工程的实施在技术和经济两方面提出详尽的方案，阐明在既定地点、时间和投资内工程技术的可行性和经济合理性，为组织工程实施提供依据。

具体流程：根据可行性研究报告，组织城市轨道交通工程初步设计，完成后业主组织专家评审批准后，开始组织城市轨道交通工程施工图设计。

三、采购阶段

采购阶段包括招投标管理、供应商管理、合同管理、在建设备采购管理、到货验收、接收入库、库存事务管理、库存发放以及资金计划、请款 / 报账、发票付款、采购与库存成本管理等工作。

1. 招投标管理

招投标管理包括合同标段划分、招标文件编制、资格审查、法定招标、非法定招标等工作。通过系统化、标准化、全面化的管理制度，选择合适的供应商，推进工程建设目标实现、工程投资控制、项目管理水平和风险的防范。

2. 合同管理

合同管理包括合同签订、计量支付管理、合同变更管理、合同担保管理、合同结束与归档管理、合建[1]管理、合同管理考核、合同台账管理。

3. 资金计划

城市轨道交通工程作为重大基础城市建设项目，每年固定资产投资计划都纳入政府基础建设投资考核，同时，固定资产投资计划也是政府匡算城建项目下一年度资金预算的主要依据之一。编制资金计划的目的是为上级部门准确预测建设资金需求、统筹安排资金、提高资金利用率提供依据，同时确保施工单位专款专用。

资金计划主要包括年度固定资产投资计划、月度资金计划。

四、安装验收阶段

安装验收阶段主要依据批准的建设规模、技术标准、建设工期和投资，按照施工图和施工组织设计文件组织建设，按批准的设计文件全部竣工或者分期、分段完成后，按规定组织竣工验收，办理资产移交，完成基本建设阶段。

安装验收阶段主要包括施工 / 安装 / 调试管理、分项分部工程验收、单位工程验收、实物资产移交、三权移交、开通试运行、专项验收（含竣工决算）、尾工项目、竣工验收、质量安全管理、合同结算与成本归集工作。

1. 施工 / 安装 / 调试管理

施工 / 安装 / 调试管理主要包括前期工程、车站及区间土建工程、车站设备及系统安装等工作。

2. 分项分部工程验收

按照专业形式、工程部位将单位工程划分为分部工程，根据《建筑工程施工质量验收统一标准》（GB 50300—2013）及相关施工质量验收规范规定将分部工程划分为分项工程或检验批，并将分项工程分成检验批，按照相关要求开展工程验收。

3. 单位工程验收

综合考虑设计、施工的独立性、关系全线的系统性、发包的经济合理性等因素，将建设项目划分为单位工程，并原则上划分成土建结构、建筑设备安装、装饰装修、全线系统等单位工程。按照相关要求开展工程验收。

4. 实物资产移交

按照城市轨道交通企业业务及资产类型，实物资产移交工作包括经营性资产移交和非经营性资产移交两大类工作。经营性资产移交包括沿线物业、衍生资源等经营性资产的移交工作，具体将在第七章予以详细说明。以下将重点描述非经营性资产移交工作。

非经营性资产移交工作是指城市轨道交通建设部门将财政投资建设形成的实物资产实体移交给轨道交通运营部门，运营部门进行现场核查实物及签收实物资产移交表。主要是

---

[1] 合建是指合作建设。合建项目是指城市轨道交通企业与城市轨道交通周边物业产权人合作，共同建造或改造与城市轨道交通直接相连的工程项目。

指新线各类实物资产的审批形成与移交工作。

城市轨道交通新线移交的创新是打通建设与运营最重要的环节，且其创新性具有典型效果，下文特对此进行介绍。

（1）城市轨道交通实物资产移交工作概述

城市轨道交通实物资产移交工作在满足特定条件下才能开展，这主要是城市轨道交通单位工程通过质量验收，且不存在需要影响人身及运营的安全问题；对于机电系统则需要通过机电系统功能性验收。

按照年度轨道交通新线开通计划，需提前半年开启移交表编制工作；建设部门与运营部门应根据审核后的移交表初稿，在三权移交前后完成实物现场清点工作。城市轨道交通单位工程通过质量验收（机电系统通过功能验收）后，建设部门应正式启动实物资产移交表发出工作；运营部门应于城市轨道工程试运营前完成实物资产接收签署。

（2）城市轨道交通实物资产移交工作组织架构

城市轨道交通实物资产移交工作设立组织部门、指导部门、技术支持部门、各资产移出部门（即建设部门）以及资产接收部门（即运营部门）。为便于沟通和协调，各部门应专设联系人一名，负责本部门移交工作协调、进程跟进，对外报出移交工作资料，并向本部门分管领导汇报实物资产移交工作。

①组织部门。因实物资产移交工作为新线竣工验收及决算工作的一部分，一般组织部门为城市轨道交通企业验交办公室等机构，主要负责组织协调轨道交通建设工程验收与实物资产移交工作，以及协调工程遗留问题收集、类型判定、督促落实整改工作。

②指导部门。业务指导部门一般为财务部门，因实物资产移交工作结果作为新线工程竣工决算基础，实物资产移交需按照财务部门固定资产分类及划分单元进行。具体指导各资产移出、接收部门按要求编制并填写移交表格。在城市轨道交通企业验交办公室等的组织领导下，制订移交工作计划，督办和跟进移交工作进度，协调移交工作中产生的相关问题。

③技术支持部门。实物资产移交工作依靠实物资产移交系统进行，因此技术支持部门为信息服务部门，主要提供系统移交工作技术支持，组织移交系统的使用培训，解决移交系统存在的问题。

④实物资产移出部门。

建设部门：负责本部门建设的轨道交通实物资产的移出。

物资采购部门：负责新线物资备品、备件等库存实物资产的移出。

⑤实物资产接收部门。

运营部门：签收资产移出部门移交的资产。

对于外单位所接收的实物资产，其所有者为城市轨道交通企业，资产归口管理部门为运营部门，具体使用者为外单位；为提高移交工作效率，运营部门应同时与使用部门在移交表上签字接收资产，并积极协调移交过程中出现的问题，督促移交表签署工作的完成。

运营库管理部门：负责新线物资备品、备件的接收。

（3）实物资产移交条件及时间

移交条件：轨道交通单位工程通过质量验收，且不存在需要整改的影响行车、消防、人身安全及设备正常运行的问题；对于机电系统则需通过功能验收。通过验收后，资产移出部门应正式启动实物资产移交表发出工作；资产接收部门应于轨道工程试运营前完成实物资产接收签署。

按照年度轨道交通新线开通计划，需提前半年开启移交表编制工作；移出部门与接收部门应根据审核后的移交表初稿，在三权移交前后完成实物现场清点工作。

（4）实物资产移交工作难点

①跨单位移交，协调难度大。实物资产移交需按标准进行盘点，制定并审核移交表，工作量很大。建设部门需先协调设建施工单位及监理单位制定、审核移交表，运营部门移交流程跨职能、中心、分部，移交工作协调难度比较大。

②与同期新线开通相比，重视程度欠佳。新线实物资产移交一般在新线开通前开展（若在开通后移交，施工及监理单位离场，则移交工作更难推进），经办部门重点关注新线开通任务，对资产移交工作重视度不够，移交工作推进有难度。

③工作人员多为兼职，经验传承不足。经办人员多为资产移交兼职人员，且各单位对不同新线经常委派不同经办人开展移交工作，需重复培训移交要求与规范，各部门内移交工作交接与经验传承不足，影响移交工作熟悉度及效率。

④涉及专业众多，整改问题突出。新线移交资产涉及所有专业，多条新线涉及约四百份移交表，数万条资产数据，同时开通工期紧，部分专业存在整改问题，这大大制约了移交工作的完成。

（5）实物资产移交系统流程（表 3-1）

实物资产移交系统流程　　表 3-1

流程环节名称	职责内容	责任人
经办部门经办人拟稿	资产移出部门经办人创建资产移交表单及实物资产清单，并提交审批	移出部门经理
经办部门经理	资产移出部门经理审核资产清单的准确性	移出部门经理
中心级接管部门资产管理员审核	对移交清单表的资产目录、表格格式等进行审核，并将移交表分发至相应的部门级资产接管部门	资产管理部经理
部门级接管部门资产管理员审核	对移交清单表的资产目录、表格格式等进行复核，并将移交表分发至相应的分部级资产接管部门	资产管理部经理
分部级接管部门资产管理员	负责资产清单分发到具体的接管部门及验收班组	资产管理部经理
分部级接管部门资产验收班组审核	审核资产目录、表格格式是否符合要求；负责现场资产的清单和验收工作；登记移交清单是否通过验收，若不通过时，标明不通过的详细原因	资产管理部经理
建设部门经办人修改（退回环节）	根据接收部门意见修改表格，整改完成后重新提交审批。对于需要重新编制的表格，退回到经办人拟稿状态	移出部门经理
分部级接管部门资产复核人审核	对资产的清单和验收工作进行复核确认	资产管理部经理
分部级接管负责人审核	对整体资产清单验收通过后的审核确认	资产管理部经理
资产归口部门资产管理员审核	对移交清单表的资产目录、表格格式等进行复核，并将移交表分发至相应的中心级资产接管部门	资产管理部经理
运营财务部资产移交经办人审核	对移交清单表的资产目录、表格格式等进行初步审查，并将移交表分发至相应的资产归口部门	资产管理部经理
经办部门经办人	完成移交主表审查并负责上传主表审批扫描件	移出部门经理
运营财务部主表确认人	完成移交主表上传确认并结束流程	资产管理部经理

5. 三权移交

三权移交主要是指工程完工后，建设管理单位将基本建成的车站及其他建筑场地移交给运营管理单位，轨道交通线路由大规模建设期转向运营开通筹备期。三权移交是指线路调度指挥权、设备操作维护权、属地管理权的移交。

6. 开通试运行

城市轨道交通建设项目完工后，按照国家有关规定以运营模式进行系统试运转、安全测试等非载客试运行，试运行调试满三个月并达到试运营基本条件后，方可投入载客试运营。

7. 专项验收（含竣工决算）

专项验收包括质量专项验收、消防专项验收、卫生学专项验收、职业病卫生防护设施专项验收、人民防空专项验收、安全专项验收、环境保护专项验收以及其他专项验收工作。

8. 合同结算

合同结算包括工程类合同结算、采购类合同结算、服务类合同结算、前期工作类合同结算等内容。

9. 竣工验收

在工程试运营一段时间后，应进行建设项目竣工验收。竣工验收是全面考核建设工作是否符合设计要求和工程质量的重要环节，是对工程建设项目综合评价的过程，对促进建设项目（工程）及时投产、发挥投资效果、总结建设经验具有重要作用。

五、运行 / 经营 / 销售阶段

运行 / 经营 / 销售阶段主要包括设备使用 / 操作、衍生资源经营、沿线物业开发与销售、资产财务价值入账等内容。

六、维修维护阶段

维修维护阶段主要包括设备管理、维修管理、物资采购管理、库存管理、物业管理、资产日常管理、成本归集等工作。

城市轨道交通设备在运营期内需要进行维修保养，这是因为维修为设备运营提供了保障，提高了设备的可用性，增加了设备的安全性，延长了设备的使用时间。

资产管理部门制定固定资产养护维修和大修计划，根据资产使用状态及维修作业计划，经审核批复后，有针对性和预防性地开展维修工作，保证设备良好运行，降低维修成本。

实践证明，资产全生命周期管理系统对城市轨道交通资产的管理起到重要的支撑作用，通过系统中的维修工单对资产维修工作进行管理，城市轨道交通设备的使用情况、故障发生次数、维修次数、维修和保养具体时间都可查询，这样不仅增加了可靠性维修的可行性，也可以找到管理中的问题，提高了预防性维修能力。

七、报废 / 处置阶段

报废 / 处置阶段主要包括设备处置、资产处置以及资产管理分析工作等内容。

根据资产的使用状况，当资产丧失性能，不能正常运作时，由资产使用部门上报申请需报废的资产。是否达到资产报废的条件，需有关部门进行技术鉴定，认真分析报废原因，出具是否同意报废的鉴定意见。通过资产全生命周期管理系统进行报废流程的管理，审批通过后进行资产残体处置，并更新资产信息系统。

第三节　一体化资产管理体系模型

从上节可以看出，城市轨道交通企业资产管理从资产的投资计划开始，到设计、采购、施工验收、运营、维护维修直至报废处置阶段，覆盖了企业各个业务领域，包含了所有的业务层、管理层，涵盖了合同管理、工程项目管理、全面预算管理、财务管理、人力资源管理等多个业务管理层面，需要从价值管理维度和实物管理维度对资产进行管理，通过分析提炼，一体化资产管理体系模型如图 3-3 所示。

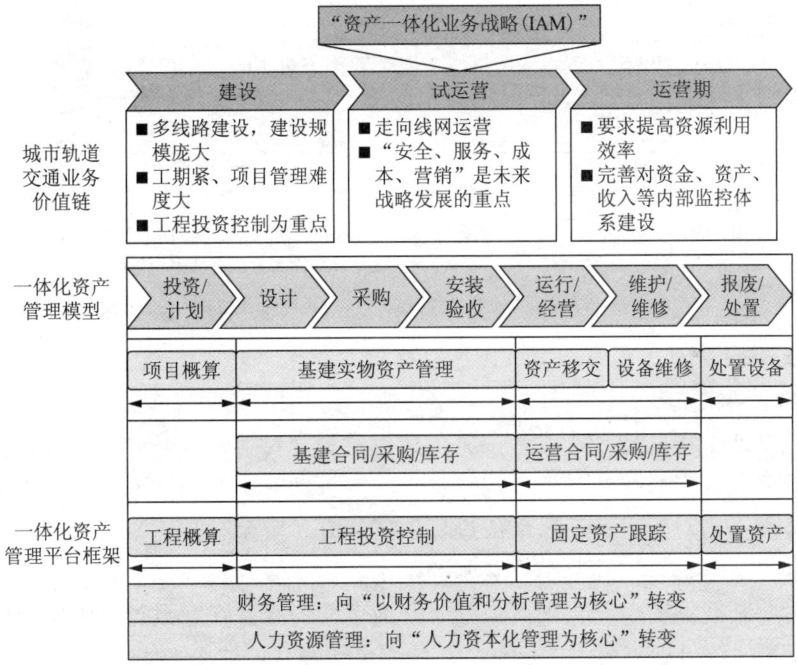

图 3-3　一体化资产管理体系模型

一、一体化资产管理过程

一体化资产管理过程可以从横向和纵向两个维度划分。

①从横向上看，根据资产管理的侧重点和管理要素不同，一体化资产管理过程可以分为资产实物流管理、资产价值流管理、资产信息流管理。

②从纵向上看，根据资产管理生命周期其所处时间节点不同，一体化资产管理过程可以归纳为资产形成（建设期）、资产移交及竣工决算（试运营期）、资产运行维护和管理（运营期）三阶段，每个阶段业务重心不同，带来的管理挑战也不同。

二、一体化资产管理主体

城市轨道交通一体化资产管理体系可归结为资产实物流管理、资产价值流管理、资产信息流管理三大部分，涵盖了从工程建设、城市轨道交通运营、衍生资源经营以及沿线物业开发等业务领域，如图 3-4 所示。

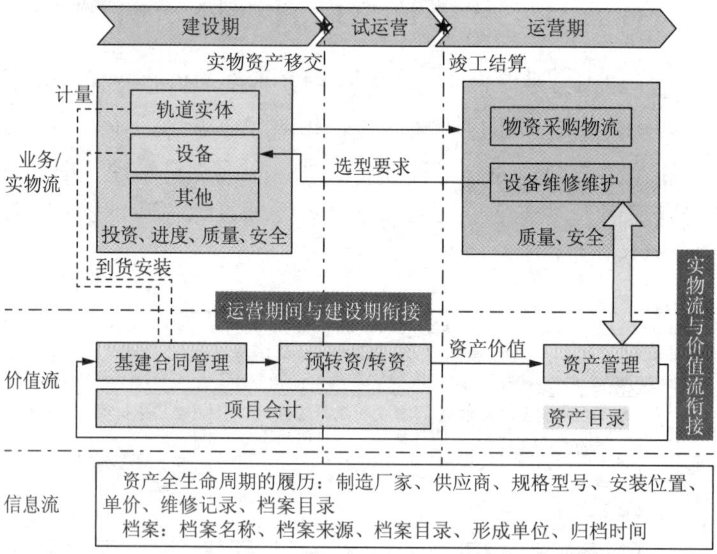

图 3-4　城市轨道交通企业一体化资产管理主体

1. 资产实物流管理

（1）建设期实物资产管理

城市轨道交通工程从规划、设计、施工建设直至交付运营，是一个庞大、复杂的系统工程，涉及多专业、多系统，是资产实物管理的源头。对于资产管理全生命周期而言，建设期的使命体现在需对资产建造及形成过程做好计划、安全、质量、信息精细化把控，为后续的资产移交运营、竣工验收奠定良好的基础。这主要体现在以下几个方面：一是按照工程计划准时将新线路交付运营部门，准时开通运营；二是在建设过程中确保整个工程质量符合国家标准，满足国家验收的标准；三是满足新线资产移交要求，建设期对资产结构、清单进行有效管理，建立清晰数据流，保障新线资产移交的顺利进行；四是满足为运营期资产设备的运营维护提供完整的履历，即资产结构、清单的单元、信息构成等，充分考虑后续运营期维护管理需要，确保建设期和运营期资产实物管理无缝链接。

（2）运营期实物资产管理

城市轨道交通运营设备的维修维护管理是运营期资产管理最核心的内容，从新线资产接收、三权移交后开始，开始以运维工单的创建、审批、执行、关闭为主线，通过合理地安排运营维护的人、财、物资源，保障设备资产高效运行的管理，也是建设期实物资产管理的延续。规范对建设期资产形成过程的管理，才能有效保障运营期资产设备的运行维护，从而满足城市轨道交通企业的运营管理要求。

（3）沿线地产物业实物资产管理

作为城市轨道交通企业重要的业务单元，沿线物业开发、销售与物业管理构成物业实物资产形成的全过程，也是物业资产管理的主要内容。此部分与房地产企业资产管理类似。

2. 资产价值流管理

资产价值流管理是指站在成本、价值或财务的角度，来看资产的全生命周期管控。资产价值流管理贯穿资产管理的每个环节，由于实物所处的阶段不同，其所体现的价值形态也有所差异。具体内容如下所示。

（1）建设期间

建设期间资产价值管理的核心是以合同为管理对象跟踪资产价值的形成过程，通过合同的执行过程跟踪资产价值的积累。即城市轨道交通企业提早规划设计好固定资产目录及其结构，建设合同签订时明确合同清单开项与拟形成的资产类别的关系；合同执行中按照合同清单开项的完成量和价值，以财务支付为准，累计的价值归至所形成的资产上，形成在建工程资产的建设期裸价。例如对于机电设备类合同，根据合同开项的设备购入价计入设备类固定资产的成本；对于建安类合同，根据开项的土建和安装成本计入车站、区间等固定资产的成本。

（2）实物资产移交期间

在新线资产移交时，将在建工程资产的裸价核算清楚后可以进行预转资，伴随着新线资产的移交，资产清单从基建合同转入基建固定资产，进入转资前准备。竣工决算完成后，将财务账上的建管费管理成本、咨询服务等成本按照不同资产的受益原则分摊至前述资产裸价中，形成固定资产的正式转资价值。

（3）运营期间

正式运营后，财务部归口管理固定资产的价值，固定资产在运行过程中基于耗损情况，会按照一定的规则进行累计折旧，降低其价值。同时，投入运营之后的维修成本，如备品、备件的使用费用，设备改造的费用等，也需视实际情况增加至固定资产价值中，形成最新的固定资产价值。

3. 资产信息流管理

资产信息流是站在信息传递的角度，作为设备资产全生命周期的属性，跟踪设备资产履历、档案的形成过程。设备资产履历主要包括：制造厂家、供应商、规格型号、安装位置、单价、维修记录等信息。档案资料主要包括：档案名称、档案来源、档案目录、形成单位、归档时间、档案源文件等信息。在建工程资产形成过程中，资产信息流的各类型信息通过过程管理不断地收集上来，作为后续设备管理部门确定设备维修方式和备品、备件替换选型的基准，对未来设备维修管理工作起着非常重要的作用。

三、一体化资产关联业务划分

基于一体化资产视角，根据资产全生命周期管理理念，分析城市轨道交通企业一体化资产涉及的关键业务的关联关系、流程与数据关系，根据与一体化资产的关联度，总结归纳出与一体化资产高度关联的一条主线和关联度相对较弱的一条辅线，即资产全生命周期主线和集团化财务管控辅线。

一体化资产关联业务关系、流程及数据关系如图 3-5 所示，具体切分内容见表 3-2。

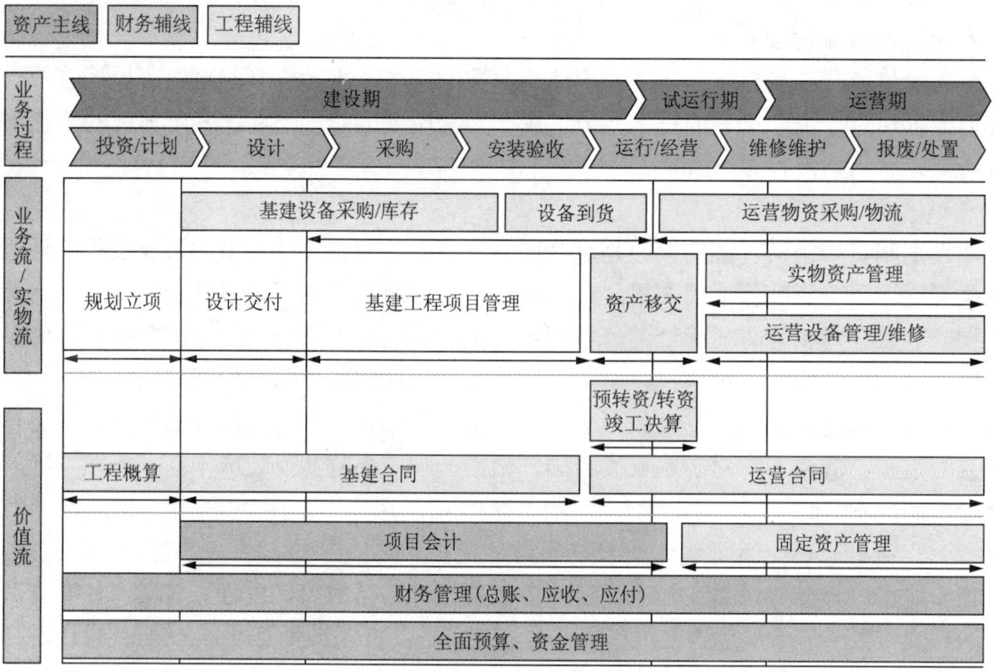

图 3-5　城市轨道交通企业一体化资产关联业务划分

一体化资产关联业务划分　　表 3-2

资产全生命周期主线	财务集团化管控辅线
1. 合同管理（基建合同、运营合同） 2. 供应链管理（基建供应链、运营供应链） 3. 竣工决算管理（资产移交、资产预转资 / 转资） 4. 实物资产管理 5. 财务固定资产管理 6. 运营设备维修维护管理	1. 财务管理（总账、应收、应付、项目会计） 2. 全面预算管理 3. 资金管理

第四节　一体化资产管理业务标准

城市轨道交通企业的资产管理过程产生了各种相关信息，如位置信息、合同信息、供应商信息、概算信息，在竣工决算形成资产后，还会有固定资产信息，而在不同的企业内部，这些信息由不同的部门，甚至不同的信息系统进行管理，非常有必要进行标准化，以保证信息和数据的一致性。

一、完善统一固定资产分类标准

城市轨道交通企业经营期绝大多数资产是由基建期转入，建设部门主要从项目管理的角度对基建期资产进行管理；运营部门主要从运营维修维护及实物安全的角度对经营期资产进行日常管理；财务部门在符合会计制度和准则的前提下，完成资产全生命周期的会计核算及财务管理工作。由于管理的侧重点不同，三个主要部门资产管理的颗粒度存在一定差异，造成项目管理、实物移交、结算与决算脱节的情况，难以完全满足运营需求，加大了资产清查难度，造成重复工作，增加管理、协调成本。要实现一体化资产管理，首先要建立全公司统一的固定资产分类及单元划分标准（以下简称固定资产目录），将经营需求反映到建设前端，指导合同按固定资产转资的要求建立合同开项，即每个合同开项都能够确定对应唯一的固定资产单元，以实现高效的竣工决算，基建转运营资产能明细、清晰、自动地完成系统割接。

目前，国家及城市轨道交通行业层面尚未出台统一的城市轨道交通资产分类标准，管理需求不同，规划、采购、维修管理标准也会有所不同。会计准则给予企业固定资产定义一定的自主权，不同企业固定资产标准有所差异。

企业应在符合会计制度的前提下，结合公司实际情况，组织资产全生命周期管理相关的业务部门进行讨论，同时可参考国家标准《固定资产分类及代码》（GB/T 14885—2010）及行业先进企业分类，制定出适合本企业的固定资产标准。

例如，广州地铁集团有限公司建立了三级固定资产分类体系，这就是考虑到管理可行性、维修需求、系统支持等因素，并充分考虑到会计政策要求。为保证资产目录执行标准化，还细化划分标准及分类说明。以第六大类机电系统为例，该大类共分为环控系统、给排水及消防系统、屏蔽门系统、低压配电系统、电力监控（Power Supervisory Control And Data Acquisition，简称 PSCADA）系统、机电设备监控系统、FAS、气体灭火系统、主控系统九个中类，以其中第三中类屏蔽门系统例举，见表 3-3。

第三中类屏蔽门系统例举 表 3-3

一级编码	一级	一级目录资产单元划分标准说明	二级编码	二级	二级目录资产单元划分标准说明	三级编码	三级	三级目录资产单元划分标准说明	末级资产单元划分原则
06	六、机电系统	使用机械、电器、电子设备所生产的各类机械、电器、电子性能的生产设备	03	屏蔽门系统	沿城市轨道交通站台边缘设置，将列车与站台候车室隔离的机电一体化设备	01	屏蔽门供电系统	包含控制电源主机、控制电源蓄电池、驱动电源主机、驱动电源蓄电池、屏蔽门灯带电源柜	按站划分作为一项资产
						02	屏蔽门控制系统	包含门机及 DCU（门控单元）/PSC（中央接口盘）柜、PSL（就地控制盘）	按站划分作为一项资产
						03	门体单元	含滑动门、固定门、应急门、端门、绝缘地板、安全踏板、后盖板、轨旁及轨旁线缆、过轨线缆、接轨地线	按站划分作为一项资产
						04	屏蔽门系统生产计算机及其附属设备	用于移动维护终端，系统数据下载、更新、故障查询等的笔记本电脑、台式电脑及其附属设备	按单台设备作为一项资产

固定资产目录成为企业、系统共用的“语言”，统一合同、交付、转固的管理口径，使前后的清晰对应和信息传递成为可能。固定资产目录的启用，统一了新线实物移交、竣工决算等关键结点的固定资产颗粒度，这就大大提升了数据质量，减少重复工作，提高了工作效率。保证在竣工决算时，可获得清晰、准确的资产清单，并与设备建立关联，清晰反映资产价值形成过程。广州地铁在业内首家实现按照运营、维修、决算需求在合同、移交阶段形成固定资产。

二、完善统一物资编码标准

城市轨道交通企业的生产性物资的持有量大，品种繁多，要想保障整体物资管理的效率和质量，就必须采取科学有效的管理体系来进行应对，而物资编码体系则是一个非常重要的管理体系。

1. 物资编码原则

（1）唯一性

一个物料编码只代表一种物料，同一种物料只对应一个物料编码，杜绝一个物料有多个物料编码，或一个物料编码有多项物料的情况。

（2）伸缩性

物料编码需考虑到未来新产品发展以及产品规格的变更而发生物料扩展或变动的情形，预留物料的伸缩余地。

（3）分类展开性

城市轨道交通行业所涉及的相关物料错综复杂，物料编码大分类后还要加以细分类别，如果细分项目太多，就难于查找，而细分项目太少，则分类展开太慢，故分类细分项目数量要适当。

（4）组织性

物料编码依其编码的系统，做井然有序的组织与排列，以便随时可以从物料编码查知某项物料账卡或资料。

（5）简单性

编码的目的在于将物料化繁为简，便于物料的管理，因此物料编码在应用文字符号或数字上应力求简单明了，并要执行统一标准。

2. 编码具体规则（表 3-4）

编码具体规则 表 3-4

<table>
<tr><th>编码位数</th><th>1</th><th>2</th><th>3</th><th>4</th><th>5</th><th>6</th><th>7</th><th>8</th><th>9</th><th>10</th></tr>
<tr><td>车辆新规则</td><td rowspan="4">运营为“1”</td><td>车型 / 通用</td><td colspan="2">批次</td><td colspan="2">中类</td><td>小类</td><td colspan="3">流水号</td></tr>
<tr><td>APM（旅客自动输送）线专有规则</td><td colspan="3">APM</td><td colspan="2">中类</td><td>小类</td><td colspan="3">流水号</td></tr>
<tr><td>其他物资规则</td><td colspan="2">大类</td><td>中类</td><td>小类</td><td colspan="2">细类</td><td colspan="3">流水号</td></tr>
<tr><td>临时物资规则</td><td colspan="4">临时（0000）</td><td colspan="5">流水号</td></tr>
</table>

3. 描述具体规则

为达到物料属性［物资名称、规格型号（图号）、计量单位等］在运营组织内部规范、统一的目的，运营部门应在《物资编码原则》下制定关于各专业物资的具体书写格式规范，形成各专业描述标准模板。以紧固件物资描述模板为例说明，见表 3-5。

紧固件物资描述模板　　表 3-5

物资编码	品类名称	型号规格	材质	强度等级	表面处理工艺	适用标准	适用性	订货号	品牌	是否标准件	图号	单位	物料类型	最小订货量

第五节　一体化资产管理关键能力要求

为了实现一体化资产管理的目标，城市轨道交通企业应注重培养以下六项关键能力。

一、前瞻性的战略思维能力

战略思维，是指从全局视角和长远眼光客观、辩证地去观察、思考和处理问题的科学思维方式，体现的是一种战略整体观、全局观和敏锐的洞察力、预见性，是科学的世界观、方法论在实际工作中的自觉运用。践行全生命周期的资产管理理念，要求城市轨道交通企业在资产管理的过程中，不能只考虑当前目标而牺牲长远目标，而应从资产全生命周期的视角考虑资产的营造、运营、维修维护等，在保证资产安全基础上，以期最小化资产的全生命周期成本，实现最优化资产整体经营效率。

二、全局考虑的统筹思维能力

全局考虑的统筹思维能力，就是指既要站在自己的角度，又要站在全局角度去思考，把自己和全局关系思考明白。

城市轨道交通企业资产全生命周期管理涉及线路策划、设计、购置 / 构建、安装验收、移交、运营、维修维护、处置等阶段，基本覆盖了企业内部管理的方方面面。要真正做好资产管理，应从整个企业的利益出发，要站在全局的高度通盘考虑企业内外部的管理要求，统筹安排各项工作，实现共赢或利益平衡的目标。

三、各方配合的协调组织能力

资产管理涉及多个主要部门，建设部门主要负责基建期资产的管理，主要包括项目立项、工程设计、合同招标、合同签订、合同审批、采购入库、项目发料、合同结算、实物移交、物资转固；运营部门主要负责基建期资产转为运营期后的管理，主要包括运营维修维护、资产报废处置；财务部门主要负责全过程的价值核算及财务管理工作。

资产管理这项业务情形复杂，涉及多项跨部门、跨业务领域的工作活动，存在职能间彼此关联、不确定性高、变更多、时间紧等特点，需要各部门积极配合、团结协作。这需要培养城市轨道交通企业资产管理人员的组织架构协调配合能力，增强部门间的流程协同配合，通过基于一体化资产管理理念的进行管理优化和流程梳理，使得建设、财务、运维在资产管理的某个层级口径达成一致，把自己的目标变成合作双方的共同目标。

四、复合型的专业能力

这里的专业能力，不是指我们在大学学习专业学科获得的专业能力。复合型人才包括知识复合、能力复合、思维复合等多方面。当今社会的重大特征是学科交叉、知识融合、技术集成。这一特征决定每个人都要提高自身的综合素质，个人既要拓展知识面又要不断调整心态，变革自己的思维，培养包括先见能力、构思能力、讨论的能力及适应矛盾等的能力，争取成为复合型的专业人才。

五、持续的创新能力

城市轨道交通资产存在体量大、涉及专业多、种类多、分布广、系统性强等特点，既包括传统的交通运营资产，又包括商业经营资产，它们的资产管理要求各有不同；当前各地城市轨道交通企业都在摸索创新资产建设运营模式，包括兴起的政府和社会资本合作（Public Private Partnership，简称 PPP）模式等。这就要求在城市轨道交通资产管理过程中，要适应时代需求，培养持续的创新能力，包括技术创新、思维创新，识别需要突破的问题，打破制约创新的政策、流程和习惯做法。

六、信息化支持能力

城市轨道交通因具有资产体量大、涉及部门多等特性，要求必须有高水平的信息系统建设能力，支持轨道交通资产的全过程管理。信息化支持能力包括拥有完整、立体的信息安全体系，要建立面向网络、系统、数据、用户的多层次体系，增强对信息安全的自我保障能力，确保信息系统和数据资产安全。还要建立体系化的信息标准体系，搭建一体化信息平台，实现轨道交通行业资产全生命周期一体化资产管理。同时要推广应用新技术，密切关注新技术发展趋势，包括云计算、大数据等。

第四章 城市轨道交通企业一体化资产管理信息化体系

城市轨道交通企业一体化资产管理信息化，是指利用有效的信息化手段支撑企业实现资产的全生命周期管理，打通资产从无到有，再到利用、报废等各个环节，帮助企业提高资产利用率、控制或降低管理成本、保障资产安全，最终实现资产的“保值和增值”。本章将对城市轨道交通企业一体化资产管理信息化体系进行详细的介绍。

第一节 一体化资产管理信息化概述

一、一体化资产管理信息化目标

一体化资产管理信息化目标是为打通资产管理各阶段的业务流与数据流，减少重复管理，避免各阶段的信息不一致，提升资产信息的共享，建立资产编码体系及一体化资产管理信息化体系，全面支撑企业资产全生命周期管理，实现“资产分类的统一、资产编码的统一、信息平台的统一”的标准，从而达到保障资产安全、提高资产利用率的目的。具体可分为以下三个目标。

①充分发挥价值链上下游的沟通合作，在资产采购、营造、运行、维护的过程中共享资源、信息并进行优化配置，最大程度发挥资产利用率。

②解决好各个环节的业务衔接、提高工作效率，降低总体成本。

③关注管理、技术的标准化、规范化，有效控制内部风险。

二、一体化资产管理信息化体系设计原则

1. 业务驱动

城市轨道交通企业资产管理存在业务情形复杂、职能间彼此关联、不确定性高、变更多、时间紧等特点，以建设期的设备采购为例，基本包括初步设计、设备需求定义、招投标、设计联络（审查）、部件首件检查、设备监造、样件检查、出厂检验、开箱检验、安装调试、总联调、验收等工作环节。

因此，在一体化资产管理系统的设计过程中，一定要从企业的业务实际需要出发，选择重点与关键的环节进行信息化管理与控制，解决目前在应用中存在呼声比较高的问题，在信息化价值和灵活性、管理工作量之间取得良好的平衡，保证在系统实施后能提升工作效率、为实现保障资产安全、保证资产保值增值、提高资产利用率，实现资产配置优化的

目标服务，而不以追求系统功能的覆盖度、系统集成度为目标。

信息化价值实现必须和具体的业务分析相结合，以业务目标、效益实现为主导，有选择性地加以实现，不能因求全责备而导致工作量过大，影响新建线路如期开通等目标的实现。

通过资产管理的相关信息化，可能带来的价值包括以下几个方面。

①通过相关文档和处理过程的记录，留下审计记录、过程记录。

②通过过程实施相关控制。

③提高业务处理、查询、统计等效率。

④为财务核算提供业务数据。

⑤建立物资、资产、设备方面的基础文档。

⑥提高营运资产可利用率、降低企业运行维护成本。

⑦数据的编码和规范化。

⑧流程的改造和固化。

2. 适度超前

信息技术的发展非常快，因此城市轨道交通企业在开展信息化设计时，要充分参考业界所出现的云计算、物联网、BIM（Building Information model，建筑信息模型）、人工智能等前沿新技术，在满足现有管理条件的情况下适度超前，以避免发生系统一投入使用就落后的局面。

3. 可扩展性

城市轨道交通行业是朝阳行业，各公司的管理业务呈高速成长态势，业务模式也在不断变化的过程中，例如，广州地铁经历了从分权管理到集权管理，再逐渐从集权管理过渡到授权与分权管理相结合的模式。部分城市轨道交通企业还在探索筹划上市。因此要求一体化资产管理平台具有良好的可扩展性，在复杂组织结构的映射、数据基础、业务处理上能适应企业不同发展时期、管控模式发展等发展的需要。

4. 实用性与可操作性

资产管理系统的用户由于分布广泛、使用人员众多，所以应用能力也就会参差不齐。与效益驱动设计原则相适应，要求设计的一体化资产管理信息平台具有实用性与可操作性的特征，使用性和可操作性的设计原则要贯穿到资产管理信息平台的设计过程中，具体体现为以下几个方面。

①区分用户群：区分专业操作用户、一般用户、领导、低频用户与高频用户等使用特点；信息的输入者、审核者、审批者、查询者、定义者、管理者等不同角色。

②在可能的情况下，通过门户等技术，提供整合、集成的信息；屏蔽一体化资产管理平台下各系统的界面与操作特色。

③必须特别突出为城市轨道交通企业各级管理层提供简便易用、面向最终用户的相关报表、分析、管理信息服务功能，报表、参数、配置、工作流等可以定义，有充分的灵活性。

5. 经济性

经济性是指城市轨道交通企业必须考虑投资收益原则，充分考虑现有情况，平衡投入和产出比，保证方案的经济性。

第二节　一体化资产管理信息化架构体系

一体化资产管理信息化体系基于资产实物链与资产价值链两条生命线，建立资产架构体系和资产编码体系，搭建一体化资产管理相关信息系统，实现业务及数据的顺畅流转，做到前端建设信息为后端移交及运营业务做好准备，后端运营信息为前端设计及采购提供指导与支持，运用信息化手段支撑城市轨道交通企业资产全生命周期管理，从而达到保障资产安全、提升管理效率、实现资产配置优化、创造价值的目标。

城市轨道交通企业一体化资产管理信息化体系如图 4-1 所示，它主要包含集成展现层、业务应用层、基础支撑层三个层级，涵盖投资 / 计划、设计、采购、安装验收、运行 / 经营、维修维护、报废 / 处置七个阶段。

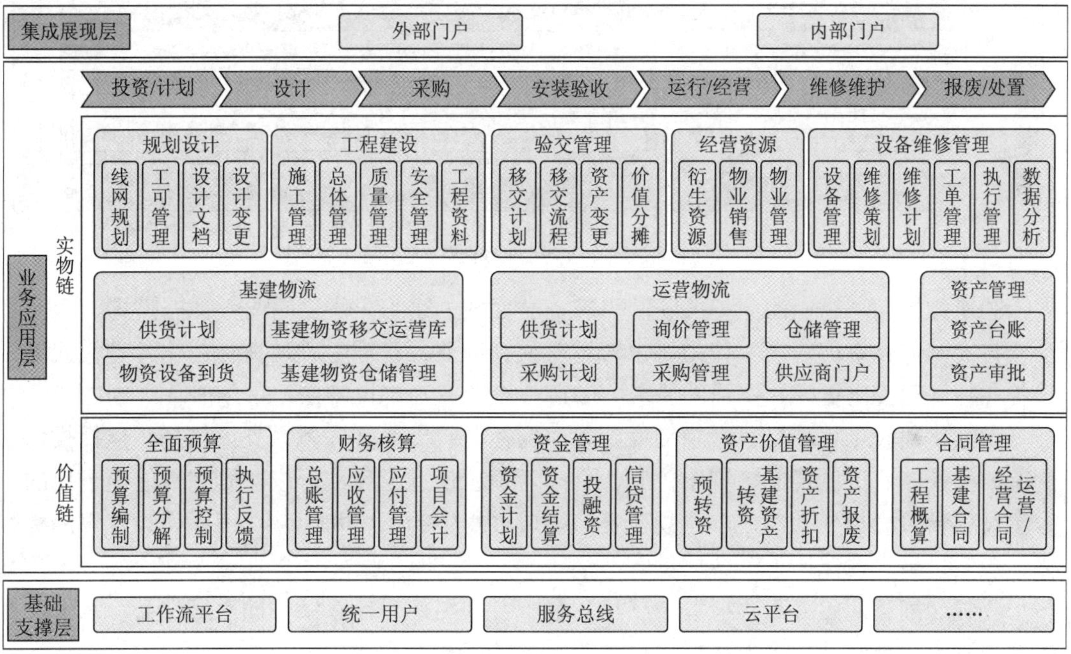

图 4-1　一体化资产管理信息化体系架构

一体化资产管理信息化体系可从以下架构设计和业务模块两个维度进行分类。

一、从架构设计角度划分

从架构设计角度来看，可分为业务架构体系、应用架构体系、数据架构体系、技术架构体系四部分。

1. 业务架构体系

基于一体化资产总体概述与分析，按照横、纵两个维度绘制出城市轨道交通企业一体化资产业务蓝图，如图 4-2 所示。

①横向：按照资产形成前、资产形成中及资产形成后划分为三个业务阶段。

②纵向：划分为决策层、管控层、执行层三个层次。

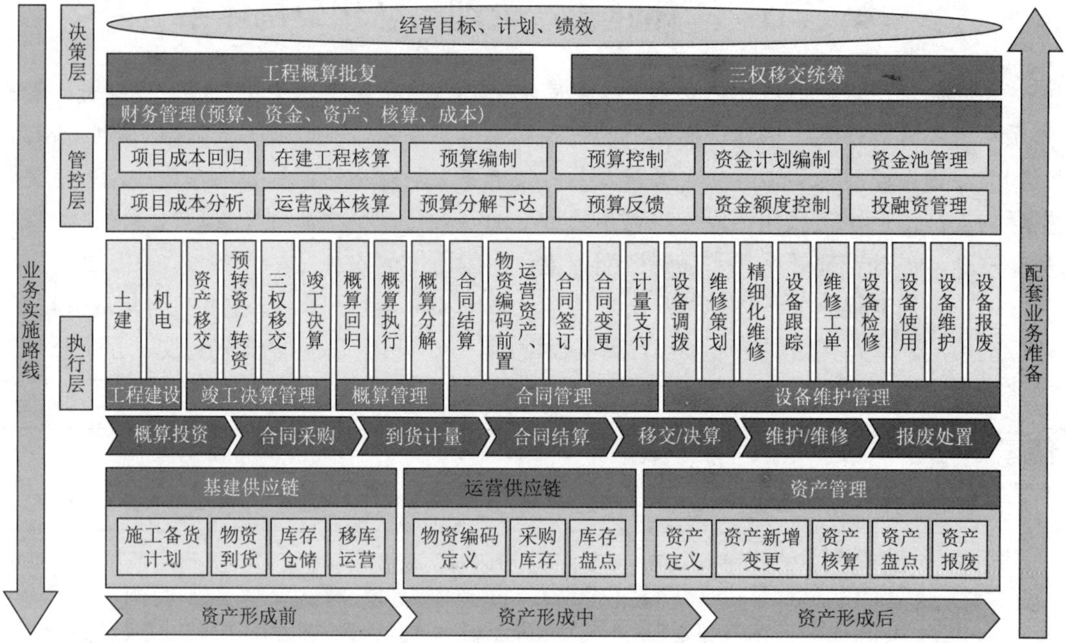

图 4-2　城市轨道交通企业一体化资产管理业务架构

③通过横向、纵向的业务关联，明确资产管理主线的一体化的业务管控模式。

将“一体化资产管理”作为城市轨道交通企业业务管理主轴，在一体化管理模式下，对各业务管理提出更高、更细的要求，如：

①强化建设工程项目管理精细度，以“四控两管”为管理体系支撑依托，包括投资控制、质量控制、进度控制、安全控制、合同管理、信息管理，形成一套完善的电子化的工程建设项目管理指导手册，严格规范资产形成过程中的工序和工艺。工程建设技术的标准化、规范化极大地保证了资产质量。

②管理前移，建立工程概算—项目预算—合同结构—核算结构的对应性与一致性，有效地控制工程投资，为竣工决算后资产转固提供良好的基础。

③加强建设采购供应商信息的累积和管理，为运营物资采购提供良好基础。

④在设计和建设阶段充分考虑运营阶段对设备物资管理的要求，通过合理的设备及物资编码体系，建立新线工程项目设计、采购、到货安装、设备移交、运营维护等不同阶段资产全生命过程的管理，实现实物与账务相符目标。

⑤加强物资管理管控力度，优化物流管理体系、采购制度、有效降低库存成本。

⑥从资产全生命周期全方位管理和考虑资产最优成本，实现资产配置优化组合。

⑦以维修现场作业精细化为设计重点，将作业管理标准优化与固化，利用先进工具有效监控作业过程，提升质量管控能力，同时提供更直观的工作指引，确保设备设施稳定运行。

2. 应用架构体系

应用架构体系是一体化资产管理信息化体系的核心，作为业务管理与信息化实施的桥梁，指导 IT（信息技术）建设的总蓝图，可有效地支持城市轨道交通企业各类资产管理业态的管理和流程的实现。应用架构体系体现信息化管理层次、信息化应用组件及功能和应用集成等信息。

作为城市轨道交通企业，一体化资产管理应用架构体系应以支撑企业资产全生命周期管理为目标，采用模块化、分层级的设计思想，有效整合企业内的IT资源，为一体化资产管理信息化体系的搭建提供明确和敏捷的蓝图。城市轨道交通企业一体化资产管理应用架构体系如图4-3所示，图中的应用架构体系包括决策支持层、支撑管理层、核心业务层和渠道接入层四个层级。

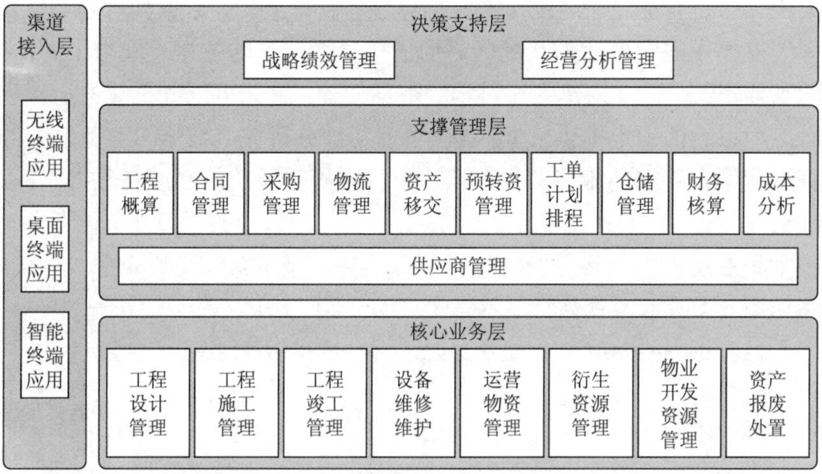

图4-3　城市轨道交通企业一体化资产管理信息化应用架构体系

（1）决策支持层

决策支持层应用综合提供各种定性和量化的绩效状况，结合大数据应用为企业管理人员提供公司各类业务和经营数据的统计和分析结果，为管理人员提供管理和决策的参考及依据，包括战略绩效管理、经营分析管理内容，是面向企业各级管理决策的应用，常常以图表方式展现。

（2）支撑管理层

支撑管理层应用是企业最基本的应用，是对企业各项职能管理业务的支撑，为企业的人、财、物、信息的管理提供信息化支撑手段，提供对各业务线的公共管理，包括工程概算、合同管理、采购管理、物流管理、资产移交、预转资管理、工程计划排程、仓储管理、财务核算、成本分析、供应商管理等应用。支撑管理类的应用之间以及与其他类应用之间的交互关系也非常紧密，为业务管理类和渠道接入类相关应用提供相关管理和服务支持信息，为业务决策类的应用提供决策支持信息。

（3）核心业务层

核心业务层作为企业主业开展的信息化载体，是服务于企业核心业务的应用，是决策支持类等应用的数据来源，是体现企业信息化价值的主要应用。由于企业一体化经营管理中业务价值链之间的有机衔接和相互支持，生产辅助类应用间以及与其他类次应用间也有较紧密的联系。核心业务层的应用为不同专业线的业务提供信息化支持，这些业务包括工程设计管理、工程施工管理、工程竣工管理、设备维修维护、运营物资管理、衍生资源管理、物业开发资源管理、资产报废处置等应用。核心业务层同时也为支撑管理层、决策支持层提供更直接的业务信息，为渠道接入层提供相关信息。

（4）渠道接入层

渠道接入层系统为其他应用系统提供公共技术支撑，为应用系统之间的交互和集成提供基础。渠道接入层系统包括无线终端应用、桌面终端应用以及智能终端应用等应用。

3. 数据架构体系

数据架构体系是企业集中、统一的数据体系和管理架构，数据架构是IT架构的核心，因为信息系统支撑下的业务运作状况，是通过信息系统中的数据反映出来的，数据是信息系统管理的重要资源。通过构建完整科学的数据架构，首先可以分析业务运作模式的本质，为未来核心应用系统的确定提供依据；其次可以通过分析核心数据与业务之间的应用关系，可以分析规划应用系统间的集成关系；再次可以明确企业的核心业务数据，而这些数据是应用系统实施与运行时IT系统实施人员和业务部门应该重点关注的，要时时考虑保证这些数据在整个企业层面的一致性、完整性与准确性。城市轨道交通企业一体化资产管理数据架构体系如图4-4所示，具体将在本章第三节介绍。

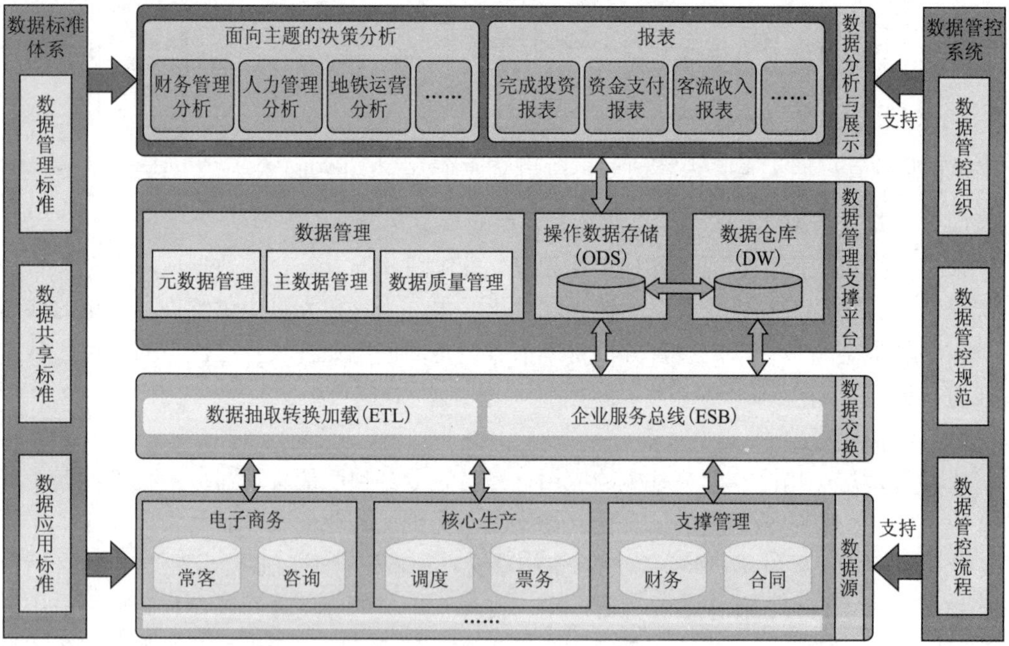

图4-4　城市轨道交通企业一体化资产管理数据架构体系

数据架构的设计思路如下。

①数据识别和分析。全面了解需要进行管理的数据，并按照企业数据抽取原则确定企业主数据；以业务目标和业务流程为基础，分析业务数据流的流转、各业务之间的数据关联关系、输入和输出的信息等内容。

②数据分类架构体系设计。以各业务的数据实体（包括数据单元）为元素，按照合理、

科学的分类原则，进行层级划分和分类，即数据分类体系架构；基于数据分类体系架构，按照数据全生命周期管理的概念，选取能够代表多数业务实体的关键核心业务数据，进行标准化的定义。

③数据管控体系设计。建立相应的数据管理组织、流程和标准规范体系。

在数据架构设计过程中，需要结合企业业务架构图，对业务组件间数据流转进行分析，分析结果如图 4-5 所示。

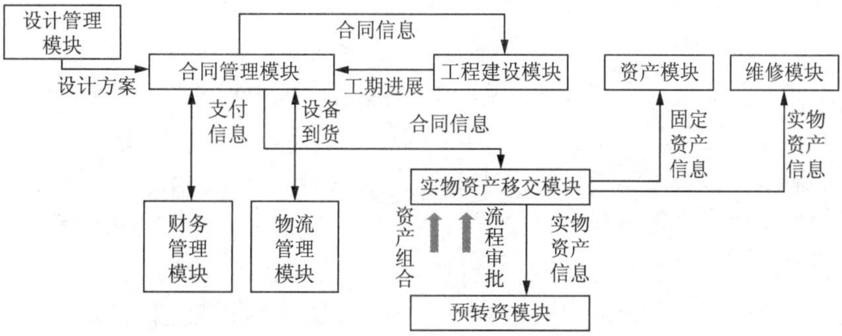

图 4-5　城市轨道交通企业一体化资产管理数据流

4. 技术架构体系

技术架构体系的设计充分考虑未来发展的需求，遵循面向服务的体系结构（Service-Oriented Architecture，简称 SOA），总体技术架构包括：IT 集成架构、IT 基础架构、安全技术和监控管理四大体系内容。城市轨道交通企业一体化资产管理技术架构如图 4-6 所示，具体将在本章第四节讲述。

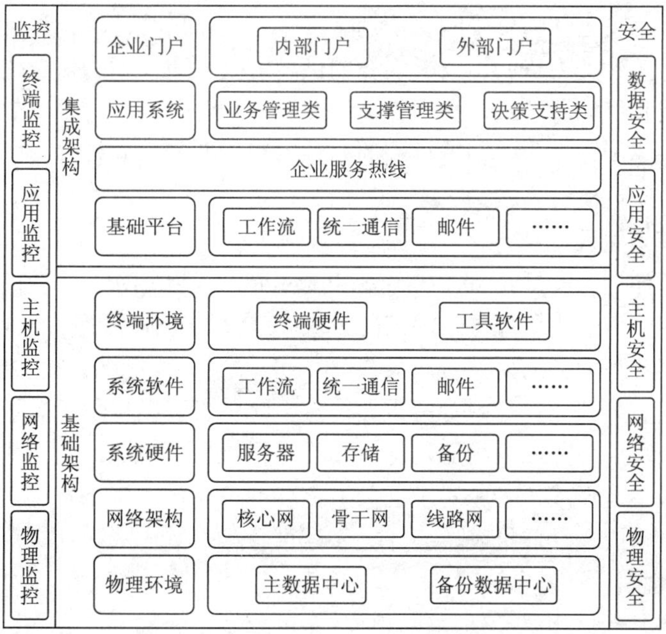

图 4-6　城市轨道交通企业一体化资产管理技术架构体系

二、从业务模块角度划分

从业务模块角度，可以分为工程建设、设备维修管理、仓储物流管理、财务及预转资管理、合同管理、新线实物移交管理、衍生资源管理、房产成本管理、房产销售管理、房产物业管理等模块。

1. 工程建设模块

工程建设模块可将工程从规划、设计、施工到验收的全过程进行了统一管理，实现从新线规划、设计管理、施工管理、验交管理、尾工管理全生命周期的管理。

该模块设计七个业务功能（新线规划、验交管理、技术管理、总体管理、质量环保管理、安全信访管理、工程资料库管理）、九个专业工程（设计管理、前期工程、土建工程、系统工程、车辆段工程、车站设备、弱电工程、车辆工程、尾工工程）。可作为城市轨道交通企业开展新线建设“规范化、标准化、精细化、信息化”管理的工作系统，支撑城市轨道交通企业对新线建设进行全过程、全员、全方位管理，支持新线建设各级管理人员、外部参建单位的协同管理，为城市轨道交通企业新线建设各层级提供信息化服务。

2. 设备维修管理模块

设备维修管理模块对城市轨道交通维修各个专业从维修策略、计划统筹、作业执行监控、作业执行分析全过程进行管理。功能包括位置管理、设备管理、设备履历管理、用户管理、故障代码管理、标准作业管理、预防性维护管理、检修计划管理、工单管理、状态监控管理等。

3. 仓储物流管理模块

仓储物流管理模块包括基建库存管理模块、运营采购模块、运营库存模块等子模块，涵盖了基建物资库存、运营物资采购、计划、采购寻源，采购订单、到货存储管理、需求领用等，可实现对基建类物资和运营类物资的供应链全生命周期的信息化管控，实现物流计划、采购、仓储和供应商管理，提供查询统计和多种台账及分析报表生成功能。基建库存管理实现了对基建工程设备的营造过程的跟踪管理，并与合同管理、资产移交、财务应付模块、运营维修维护模块集成。

4. 财务及预转资管理

基于企业资源计划（Enterprise Resource Planning，简称 ERP）系统的财务管理和预转资模块是一体化资产信息化管理体系的核心模块。ERP 的精髓在于财务业务协同一体化，其中预转资模块把各种业务来源的资产集成在一起，把符合条件的资产结转成固定资产，这样，预转资模块成为了业务和财务的重要衔接。财务管理模块包括总账、应收、应付、现金、项目会计、财务合并和分析等功能，作为数据流向的终端，全面而准确地反映了各业务模块的经营成果，形成了各个管理部门所需要的信息，如资产实物信息、资产财务信息、概算回归信息、成本管理报表、会计报表信息等。

5. 合同管理模块

合同管理模块是一体化资产信息化管理体系的重要组成部分，合同管理模块包括合同业务管理、合同台账管理、查询统计等功能，可实现对城市轨道交通企业所有类型的合同以及合同整个业务生命周期的信息化管控；合同管理模块强化和完善城市轨道交通工程项目建设过程中的成本归集，让概算单元和开支类型从合同开项开始到竣工决算贯穿项目合同的整个生命周期，在概算执行过程中进行跟踪管理，从合同计划、议题申报、招投标以及合同审批、支付到决算实现全过程信息化管理，有效地实现概算的日常回归和有效的投资控制。

6. 新线实物移交管理模块

新线实物移交模块将合同管理系统中需要进行移交的合同清单，根据固定资产目录拆分组合成为固定资产管理维度的实物资产清单，经过三权移交审批后，同步至预转资模块结转成固定资产，并在新线移交模块中进行固定资产价值分摊，分别流转至财务管理模块和实物资产管理模块、维修管理模块，实现了各个模块对固定资产管理颗粒度的统一，实现了一体化资产理念下的固定资产全过程数据流转。

7. 衍生资源管理模块

根据城市轨道交通企业衍生资源经营范围，衍生资源管理模块一般包括广告业务管理、商业及通信业务管理、经营分析管理等子模块。广告业务管理模块包括广告资源信息管理、广告资源变更管理、广告画面业主审批、广告合同信息管理、广告资源维护抽检等；商业业务管理模块包括商业资源信息管理、应收租金管理、招商管理、客户管理等；通信业务管理模块包括通信资源信息管理、通信资源合同费用统计、通信资源电费管理等；也包括经营分析关键指标监控、统计报表、经营数据分析、线路工期信息管理等。为确保资源信息与合同信息的关联，衍生资源管理模块需实现与合同管理模块之间的接口。在合同签订前，合同管理模块需要从资源管理模块获取最新的资源台账，以保证合同能够与最新的资源进行关联。在合同完成签订后，合同管理模块会将商铺的应收信息传到资源管理模块。资源管理模块在获得应收信息后，还会从财务管理模块获取客户的实际交租情况，即实收信息，因此资源管理模块与财务管理模块存在接口，从财务管理模块获取客户信息、实收信息。业务人员根据应收信息与实收的比对情况完成租赁相关的后续工作。

8. 房地产开发管理模块

根据房地产开发的业务范围，房地产开发管理模块一般包括房地产开发项目管理、目标成本管理、销售管理以及物业管理等核心子模块。此块内容具有房地产行业的通性，将在本书第五章“沿线物业资源资产管理信息化”进行具体介绍。

第三节　一体化资产管理数据体系

城市轨道交通企业一体化资产管理是资产的全生命期管理，涵盖了资产在各阶段的管理，而数据正是各阶段产生联系的关键和核心。因此，需要搭建完善、稳健的一体化资产管理数据体系。

数据体系主要包括数据标准体系、数据应用体系及数据管控体系。数据标准体系是支撑一体化资产管理的基础与根基，数据应用体系是一体化资产管理过程在数据和各个阶段相关联系的体现，而数据管控体系则是保障数据标准的落地，保障数据应用的实现。三者缺一不可，构成了一体化资产管理数据体系，支撑着城市轨道交通企业的一体化资产管理！

一、城市轨道交通企业一体化资产管理数据标准体系

城市轨道交通企业的一体化资产管理，围绕资产的全生命期管理，以资产实物管理与价值管理两条生命线为基础，将资产各阶段的信息有效地联系在一起。如何保障各阶段信息的有效性和一致性，需要明确信息的数据标准，因此，一体化的管理数据标准体系至关重要，是一体化管理的基础，也是实现一体化资产理念的关键。

城市轨道交通工程建设周期长，从设计到建设，再到验收移交，形成资产，而资产的价值一般都会在一年甚至更长的时间后才能形成，这样的时间差如何解决，如何保证资产的实物与价值信息能够对应，如何实现资产与合同的关联关系，首先要明确整个资产全生命期内涉及的关键数据分类，找出资产管理中关键核心的主数据，明确相应的数据标准和编码体系，最后形成有效的数据管理规范，才能真正奠定坚实的数据基础。因此城市轨道交通企业一体化资产管理的数据标准体系主要包含的内容如下。

1. 一体化资产管理概念数据模型

一体化资产管理相应的概念数据模型包含了企业管理、工程建设、维修管理、采购库存等多个主题域的数据实体，定义了主题域下的子类、数据实体及属性、子类中数据实体的关系。主要的数据实体如固定资产、实物资产、合同、移交清单、设备、物资等。

如企业管理主题域下有资产管理子类，子类定义了资产管理所包含的数据实体的分类，如图 4-7 所示。

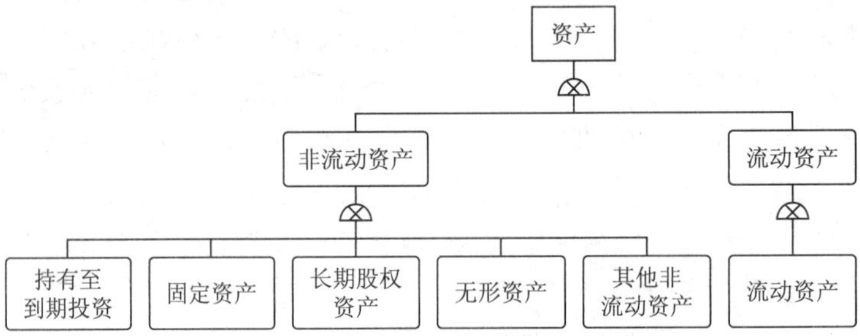

图 4-7 城市轨道交通企业资产管理子类

从图中可以看出，一般来说，城市轨道交通企业资产分为非流动资产与流动资产，非流动资产又再进行细分。而对于每一个数据实体，概念数据模型又定义了它的属性，以固定资产实体举例如下，见表 4-1（以下表格为示例，不包括完整的固定资产实体属性）。

城市轨道交通企业固定资产实体举例　　表 4-1

实体属性	实体属性说明
资产编码	资产的编码，按照固定资产编码规则进行编码
线路编号	使用资产的线路编号，按线路编码规则进行编号
名称	资产的名称
资产分类	固定资产的目录
资金来源	固定资产资金的来源
地点位置	资产的物理存在位置
规格型号	固定资产的规格型号

续上表

实体属性	实体属性说明
供应商编号	供应商的编号，按供应商编码规则进行编号
购入日期	购入该固定资产的日期
原值	建造、购置固定资产时实际发生的全部费用支出
净值	固定资产原值或重置完全价值减去累计折旧后的余额

概念数据模型还包括了子类中数据实体的关系，具体描述各数据实体的关系，资产管理子类中各个数据实体因为都是并列的关系，暂无具体的关系体现，以合同管理子类来看，关系举例如图4-8所示。

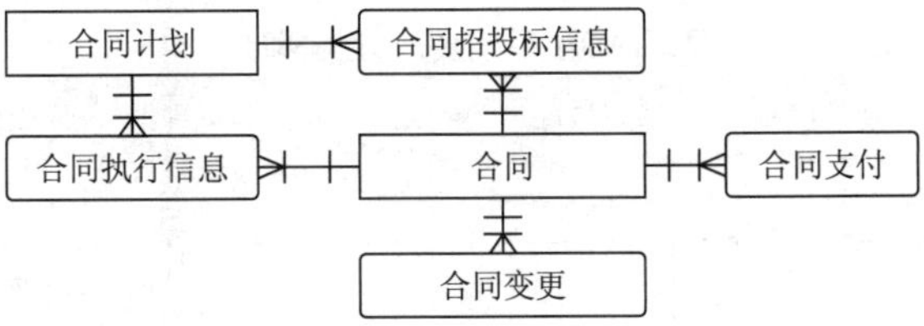

图4-8　城市轨道交通企业合同管理子类关系举例

2. 资产管理业务领域的主数据标准

制定主数据标准是城市轨道交通企业一体化资产管理信息化建设的基础，资产管理业务领域的主数据是跨业务系统应用、共享的企业核心数据，是用统一的语言来描述各个不同业务阶段的资产，识别主数据、统一主数据标准和实现相关数据的关联，是一体化资产管理的重要基础。“资产”“物资”和“设备”三大主数据涵盖了资产管理业务领域的各个不同状态。主数据标准明确数据关键属性、源系统及业务主管部门，定义了数据维护流程，保证了数据在企业内的唯一性、一致性和准确性。

主数据标准的明确，避免了主数据出现多源头录入、数据不唯一的情况，如资产数据，产生来源明确，并根据主数据标准设计相应的信息系统逻辑，这样就能保证资产全生命期的管理，不会出现一物多码的情况。

人员信息及组织架构信息，是多个信息系统应用的基础数据，企业内人员调整是非常频繁的操作，如果无统一的标准，各个系统分别管理、分别维护，必将会逐步出现各种数据不一致的问题，影响多个信息系统的应用，因此有必要统一标准，定义源系统，从而通过源系统向各个业务系统提供统一的数据服务，既保证了数据的一致性和准确性，又减轻了各个系统的维护量。

资产管理业务领域中涉及的“资产”“物资”和“设备”主数据，是一体化资产的关键数据，任何一项资产，都应该有清晰的属性，而不应该出现数据不一致的情况，以致于一个资产在不同系统或不同模块中有各自的表现方式，却又完全不对应，完全背离一体化资产的思路。因此，必须明确“资产”“物资”和“设备”三大主数据的标准，明确数据的流转，确定数据的来源，保证数据的唯一性。

3. 固定资产分类及单元划分标准

制定固定资产分类及单元划分标准是城市轨道交通企业一体化资产管理信息化建设开

展的前提，城市轨道交通企业资产经历设计期、建设期、验收移交期及运营期四个时期，时间跨度长，各阶段管理重心不同，在建设期，主要从工程项目管理的角度对资产进行管理，在运营期，主要从运营维修维护及实物安全的角度对资产进行管理，同时，在运营期还会完成资产的会计核算、价值管理，这三种管理维度在资产专业、类型及资产管理颗粒度方面都不可能一致，因此，要实现资产全生命期管理，需建立企业内统一的固定资产分类及单元划分标准（以下简称“资产分类标准”），并将运营维修维护管理及财务管理要求反映到建设前端，指导采购合同按资产分类标准建立合同开项，既统一了企业内“资产”的口径，也加快了验收移交阶段资产的形成，提升了竣工决算工作的效率。

以第六大类机电系统中的第三中类 PSCADA 系统为例，见表 4-2。

PSCADA 系统资产分类标准　　表 4-2

一级编码	一级	一级目录资产单元划分标准说明	二级编码	二级	二级目录资产单元划分标准说明	三级编码	三级	三级目录资产单元划分标准说明	末级资产单元划分原则
06	六、机电系统	使用机械、电器、电子设备所生产的各类机械、电器、电子性能的生产设备	05	PSCADA 系统	PSCADA 含 CADA，指变电所自动化系统，是对城市轨道交通变电站进行远程自动监控的系统	01	PSCADA 中央设备	包含通道柜、前置机柜、服务器柜、前置处理机、复式系统、调度工作站、UPS（不间断电源）等	按线路划分作为一项资产
						02	变电所 PSCADA 系统站级设备	即 NSC，包含 RTU（远程终端单元）柜体、通信控制器、测控装置、人机接口单元、光电转换器、调制解调器、通信规约转换器等	按单台设备作为一项资产
						03	PSCADA 系统 UPS		按站划分作为一项资产
						04	PSCADA 系统生产计算机及附属设备	如：工控机、打印机、笔记本电脑	按单台设备作为一项资产

资产分类标准既对资产进行了分类，同时对每一类别，也都明确定义了三级目录资产的说明及资产单元划分原则，避免了不同部门对于资产的不同定义，减少了资产移交过程中的意见不统一，提升了企业的资产管理水平和效率。

4. 一体化资产管理编码体系

编码体系是企业数据标准体系中不可或缺的部分，是企业数据统一语言的基础，没有清晰的编码体系，企业信息系统中的数据流转将受到影响，而重复、冲突的编码体系将更加损害一体化资产的实现。因此，一体化资产管理需要有统一的、相关联系清晰的编码体系，明确并定义好资产管理全生命周期各个阶段相关的编码原则及使用要求，才能支撑各阶段数据的关联，保证资产数据在各业务阶段的有效流转及集成。一体化资产管理涉及的编码体系主要与资产管理涉及的各阶段业务相关，如合同编码、固定资产编码、实物资产编码、设备编码等，编码体系的内容主要包括编码原则及使用要求，同时，含义码和非含义码的应用，编码之间的隶属及关联关系，也是一体化资产管理编码体系中的重点内容。下节将详细进行说明。

（1）位置编码

位置编码是用功能位置信息来表示设备设施的位置信息，编码内容应包括：专业、系统、功能位置等基本要素，非车辆专业的还应包括线路和公共位置两个基本要素，车辆专业的还应包括车型、车号两个基本要素。

位置编码是较为固定的编码，一般来说较少出现调整，所以位置编码可以采用含义码＋流水码的方式来编码。在实际应用中，位置编码可以作为设备、BIM 模型构件等的属性来描述位置信息。

同时，可结合 BIM 技术的应用，模型构件的编码可以和位置编码采用一套编码规则，位置编码一般管理到资产设备级别，而模型构件编码可以在位置编码的基础下更细化，细化到部件或更细的颗粒度。表 4-3 以非车辆段专业为示例列出了位置编码结构。

位置编码结构（非车辆专业）　　表 4-3

编码段	编码位数	取 值 范 围	实现方案举例	
线路	三位	字母和数字组合	L3B	三号线北延段
公共位置	三位	一位字母＋两—三位数字、OC+一位数字、两位数字＋一位字母或者三位数字	D01	嘉禾望岗车辆段
专业	三位	AAA—ZZZ	COM	通信
子系统	三位	AAA—ZZZ	WXS	无线设备
功能位置	不定长	字母＋数字	CZ06	无线基站及天馈系统
组合编码	L3BD01COMWXSCZ06			
数据源系统	维修信息系统			
编制部门	运营事业总部			

（2）合同编码

城市轨道交通企业合同管理是贯穿企业建设至运营阶段的一项重要业务，合同编码内容应包括合同类型和年份两个基本要素，再加以流水号进行唯一标识。同时，合同编码应由城市轨道交通企业的合同管理系统或合同管理模块根据编码规则自动产生，以避免编码重复或冲突。

在合同中的开项清单的编码，即开项号，不需要再使用含义码，采用类似 1.1.1 这种纯数字的有层级关系的编码即可。

（3）供应商编码

城市轨道交通企业应使用企业统一的供应商编码，编码宜采用无含义的流水号，以适用于城市轨道交通多业务的现状，同时供应商数据应为企业的主数据，城市轨道交通企业内各业务应使用统一的供应商主数据，包括供应商编码。

供应商编码中如果加入了线路、业务等内容，将大大制约了供应商编码的应用，最关键的是让一个供应商在同一个企业中有多个编码，数据的不一致性也增加了数据的分析应用难度。

（4）概算编码

每条城市轨道交通线路的概算编码根据统一的编码规则编制，并共享至各业务系统及业务操作中使用。概算编码对于城市轨道交通企业的概算管理有着非常重要的地位，是实现概算回归的一个有效技术手段。编码内容应包括：线路、费用分类、专业等基本要素。

（5）档案分类编码

结合城市轨道交通企业档案管理的需要，档案应定义分类编码，编码可以采用无含义编码，并按照层次关系，逐层编码。

（6）资产 / 设备编码

在城市轨道交通企业中，资产和设备是重要的主数据，它们有着很多相同的属性和紧密的联系，但又不能完全等同。在城市轨道交通企业中，存在着固定资产、实物资产和设备几个概念，对于一个既是固定资产又是设备的物品来说，它同时具有了固定资产、实物资产和设备三个属性，固定资产指的是设备或资产的财务维度信息，实物资产对应实物信息，而设备对应的是维修维护信息。固定资产编码、实物资产编码和设备编码可以采用一套编码，宜用无含义流水码，由相应的信息系统自动生成。如在实际应用中，固定资产管理、实物资产管理及设备维修维护管理均在不同的系统，在无法采用一套编码的情况下，应做好编码的对应关系，才能保证一体化资产理念的实现。固定资产编码结构示例见表 4-4，设备编码结构见表 4-5。

固定资产编码结构 表 4-4

编码段	编码位数	取 值 范 围	实现方案举例	
流水号	8 位	F+7 位数字（0000001 ～ 9999999）或 8 位流水码	F0060660	潜水泵（32）
组合编码	F0060660			
数据源系统	财务管理系统			
编制部门	财务总部资产管理部			

设备编码结构 表 4-5

编码段	编码位数	取 值 范 围	实现方案举例	
流水号	10 位	1000000001 ～ 9999999999	1000001796	无线基站及天馈系统
组合编码	1000001796			
数据源系统	维修信息系统			
编制部门	运营事业总部			

（7）物资编码

物资编码如同物资的身份证，在物资管理中发挥着重要作用。物资编码是物资管理的基础，影响到物资计划、采购、库存管理、物资使用和成本核算等所有环节，科学使用的物资编码体系是采购物流管理信息化的关键数据。常用的物资编码方法分为两类。第一类方法是系统自动编制形成流水码，第二类是设置固定的编码位数，基于编码位置进行编码形成位置编码，在编码的不同位数上代表不同的意义，如第一位代表公司码，第二到三位代表物资分类等。两类物资编码的方法各有不同，各有优劣，物资管理过程中可根据各企业的实际需要进行物资编码设计，避免一物多码和重复编码的问题。具体物资编码将在本书第六章第二节介绍。

二、城市轨道交通企业一体化资产管理数据管控

上游数据影响下游数据的质量和应用，数据既然是城市轨道交通企业一体化资产管理中的关键，就需要在业务过程中严格把控数据的质量。本章第二节中提到了数据管控体系由管控组织、管控规范及管控流程三个重要部分构成，因此在一体化资产数据管控的过程中，首先要建立一体化资产管理的数据管控体系。

1. 数据管控组织

一体化资产数据管控组织包括三层，即信息化管理决策组织，信息化执行组织及各业务领域执行组织。在具体的管控过程中，信息化执行组织应会同各业务领域人员共同研究及规划一体化资产管理思路及原则，报决策组织确定，并在日常工作过程中，组织一体化资产理念的执行和实施，协调存在的问题，保障一体化资产理念能够有效、顺畅地执行。

2. 数据管控规范

数据管控规范包含数据管控多方面的管理要求，包括数据标准管理规范，数据质量管理规范，归口管理规范，安全管理规范及元数据管理规范等。管理规范从制度层面上明确具体的管理组织、管理要求。

3. 数据管控流程

数据管控流程主要包括数据标准管理流程、数据质量管理流程、主数据维护流程、元数据维护流程等。流程从操作层面明确定义了具体的管理流程，如主数据维护流程，明确流程的发起、审核及审批部门，并可以通过信息化手段稳定到信息系统中，更好地促进主数据的管理。

一体化资产数据管控体系建立之后，管控工作主要从以上三个方面来推进，但结合一体化资产管理的特性和实际工作的要求，较为主要的有效数据管控手段如下。

（1）数据标准管理规范

一体化资产管理涉及的数据标准包含了主数据标准、资产分类标准及相关的数据编码体系。企业在明确数据标准的同时，还需要发布数据标准管理规范，并定期对标准进行检查，以保证标准得到有效的执行。

（2）专项数据质量检查

一体化资产管理的数据，有非常强的关联关系，某个环节的数据出现问题可能会引起多个环节的数据问题，因此应该定期针对关键核心数据进行专项数据质量检查，或结合临时出现的问题启动专项数据质量检查。数据质量检查的标准遵循相应的数据标准及管理规范。

比如资产移交的数据是以合同数据为基础，按照资产分类标准进行资产组合，最后形成资产。在资产组合过程中，因为不是所有的合同开项都是需要移交的开项，所以无法通过系统验证功能的方式获知资产组合的完整性和准确性，这样的情况下就可以开展专项数据质量检查工作，在移交工作完成后对系统数据进行清查，找出存在问题的数据，再分析数据，最后针对有问题的数据进行整改。

（3）发现解决数据问题

通过数据共享的方式，在数据统计分析过程中不断地去发现数据问题，解决数据问题。城市轨道交通企业在逐步实现一体化资产管理的同时，各业务阶段数据不断集成，数据不再是孤岛，不断推进企业各种数据共享，并通过简单便捷的数据统计、分析工具开展数据应用，在高度数据集成的数据统计分析应用中，数据的问题非常容易凸显，因此通过数据共享的应用方式，也是一体化资产数据管控的有效手段。

数据共享首先应该形成企业内统一的数据共享目录，明确哪些数据是可以在企业内各个业务系统所共享的，并定义清楚具体的数据项。企业数据共享目录公开发布的同时，逐步推进企业各业务系统的集成，形成数据集，并提供相应的数据服务。业务系统及企业所有人员在使用数据服务进行报表统计、报表分析、数据查询等操作时，能够很直观地发现数据与现实业务之间的关系，能更好地发现数据问题，是数据管控一个非常有效的手段。

三、城市轨道交通企业一体化资产管理数据应用

梳理各业务领域数据的关联和关系，明晰各项数据的产生、更新及删除关联，是城市轨道交通企业一体化资产实现的重要基础。数据标准体系定义了各项标准的内容，但仅仅只有标准内容是不足够的，还需要规范标准内容的应用，而对于一体化资产管理而言，更应该理清关键数据之间的关联关系，保证数据流的畅通流转，真正实现从合同甚至设计阶段追溯到资产设备的维修维护、报废，并能通过维修维护阶段的信息反向促进，提高合同采购、设备安装等的质量，从根本上做好资产的保值和增值。与此同时，资产数据的有效应用也会促进一体化过程管理模式持续优化。

任何有价值的数据分析，均需要有一个明确的目标和价值观。一体化资产管理中，最核心的数据主要有合同数据、概算数据、档案分类数据、资产 / 设备数据、位置数据，最核心的数据应用就是分析资产的产生、维修维护及报废的数据关联关系。最核心的价值就是让资产保值和增值。本节就资产的全生命期数据应用关系进行详细阐述。

1. 资产的产生

城市轨道交通工程从设计阶段开始，到合同签订和工程项目启动，资产在企业业务和信息系统中，均未以实际资产的形式存在，资产的最早形式是设计清单和合同清单。因此如何把合同清单变成资产清单，是城市轨道交通企业中最重要的数据关联应用。同时，在合同及工程建设阶段，就需要引入概算数据、档案分类数据，为概算回归和档案归档打基础。

在工程建设完成，形成资产并完成验收移交，合同数据就根据资产分类标准形成了资产，至此，资产真正以资产的形式存在了。

具体来说，几种关键数据在资产产生及之前阶段的关联关系如下。

①合同清单中定义资产分类标准、概算数据相关属性。

②工程建设中根据建设的工序明确对应的档案分类数据。

③验收移交阶段，合同清单进行组合，按要求形成资产数据，实现了合同数据与资产数据的关联，也是一体化资产的关键点。

作为资产的多种不同形式，包括固定资产、实物资产及设备，在一体化管理中需要实

现资产的统一管理，即一个资产，应尽可能地只有唯一的一个编码。但由于业务或信息系统的原因，存在多个编码（如物资编码、资产编码、设备编码、设备位置编码等）。资产在整个生命周期内，也会流经多个业务系统（如合同、库存、财务、维修等）。应做好各系统间的编码之间的对应匹配，才能保证资产各阶段的所有信息能全面贯通，真正实现资产的一体化管理。

在应用BIM技术后，位置编码可在设计阶段即产生，并将位置信息更新至对应的BIM模型构件中，随着合同的签订、工程的建设、资产分类标准、合同数据、概算数据、档案分类数据等都不断地在模型构件中添加及完善，位置信息也应根据模型的实际情况进行更新完善。到了验收移交阶段，根据资产分类标准及位置信息，按规则生成资产/设备，并根据设备之间的父子关系，形成完整的设备树。

2. 资产的维修维护及报废

进入资产的维修维护阶段后，资产相关属性数据在不断地完善和更新中，主要体现在设备的维修履历在不断地丰富。

3. 资产数据的应用

一体化资产管理其实是一套体系，中间包含众多业务领域，数据需在多个信息系统产生。一体化资产管理让资产数据从设计开始，到合同采购、到货入库、安装、预转资、验交、维修维护、维护成本消耗、直至报废等各个环节有机地与各业务阶段的数据产生关联起来。

数据之于企业的价值，除了支撑最基本的业务运作外，还应该能够反向促进业务的持续优化。例如，通过对资产维修履历的数据分析，反向引导设计优化、引导采购过程优化、引导维修规程优化，不断通过良性循环，提高资产质量，减少设备故障，提升乘客满意度。

以下为广州地铁在经过多年的实践后，总结出的一些较为通用的数据应用例子。

（1）维修类

《工单完成率统计》《月度检修计划统计》《故障工单报送及时率》《故障工单关闭及时率》《故障工单实时统计》《GLINK报障信息汇总》《设备履历查询》《设备及故障情况月报表》《分部维修信息周报》《班组维修业绩统计》等。

（2）物资类

《资产库存报表》《历史库存标准成本调整报表》《库存调整日志报表》《库存分析分类账报表》《所有库存值报表》《固定资产登记表报表》《资产转移报表》《资产报废报表》等。

（3）成本类

《维修材料费用分析报表》《维修材料费用汇总》《分类公式汇总台账》《支持管理费用台账》《××（共分12个专业）专业维修费用台账》等。

上述各类报表数量众多，在此不一一罗列。上述这些报表单独拿出来在各自领域都能很好地为业务人员提供服务。不同领域间的报表组合起来，也能或多或少地不断促进城市轨道交通企业的业务优化。如通过结合查看系统的资产编码、资产价值、《呆滞物资清单报表》《定额业绩报表》《采购计划汇总报表》《设备履历查询》，可分析优化定额设置，优化采购计划及库存量。

又如，财务人员可通过从多个系统间获取基础业务数据（合同、物流、财务、维修等），深入研究预算、成本管理模型，依据作业成本标准、定额要求，结合历史成本数据，通过信息系统预测未来业务的成本变化趋势和需求。成本预测分析思路如图 4-9 所示，年度预算分析思路如图 4-10 所示。

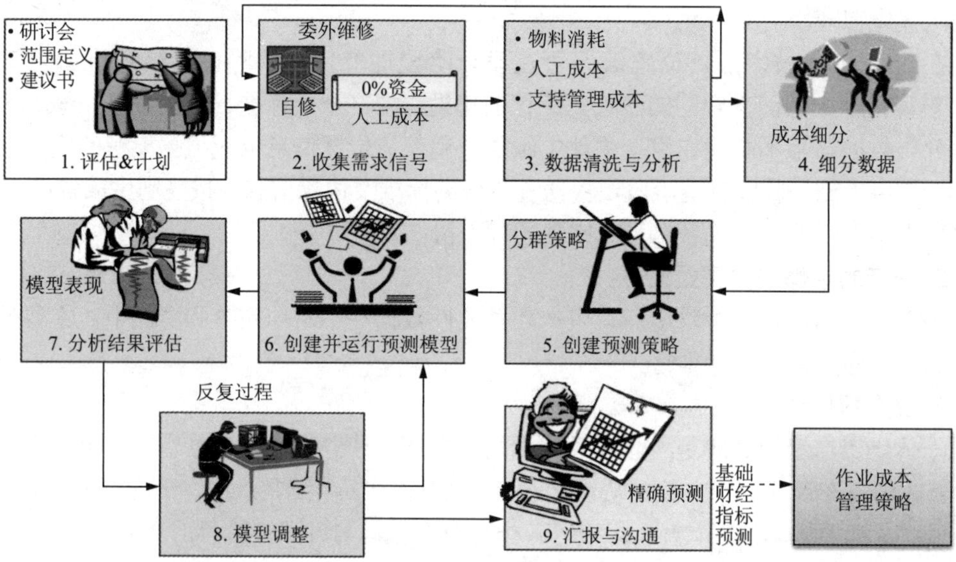

图 4-9　成本预测分析思路

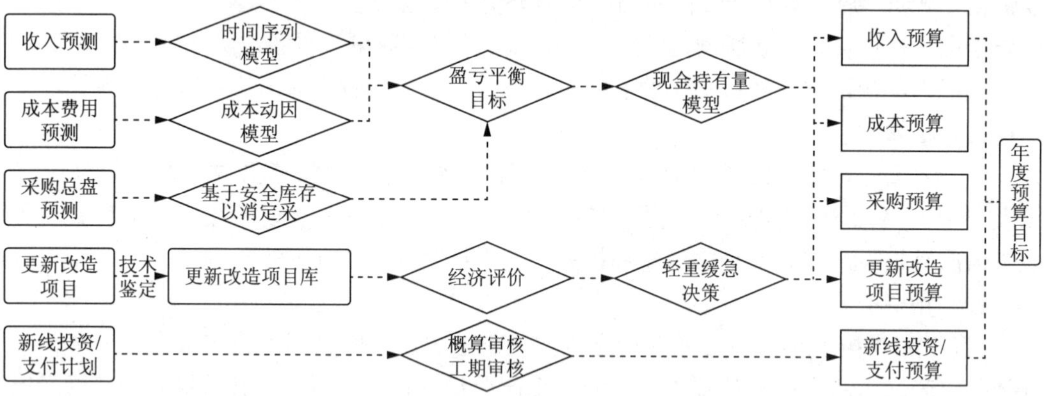

图 4-10　年度预算分析思路

上述业务分析的关键点就是资产在各业务、各系统间的关联关系，也就是编码匹配表，这也再一次印证了编码的重要性。

第四节　一体化资产管理技术平台

一、信息化平台架构概述

随着近年来信息技术的发展，特别是以云计算、大数据、物联网、移动互联等为代表的新技术，已对传统信息化平台架构的建造和运行带来了巨大的冲击。新技术会带来数十倍的效率提升，极致的用户服务体验，对传统信息技术架构带来了革命性的冲击，进而给业务的运作模式带来颠覆性变化，各行业都在积极地运用“互联网 +”思维去重构业务重构 IT，这就需要我们用全新的思维模式去设计、建设城市轨道交通企业一体化资产管理信息系统平台。

根据云计算的分层理论模式，平台架构设计分为基础设施即服务（Infrastructure as a Service，简称 IaaS）、平台即服务（Platform as a Service，简称 PaaS）、软件即服务（Software as a Service，简称 SaaS）三层。其中 IaaS 是指基础架构云，PaaS 是指技术平台云，SaaS 是指应用服务云。IaaS 为整个云服务提供基础支持，PaaS 为 SaaS 提供了开发平台，降低 SaaS 的开发难度，在 PaaS 之上，可以快速建设 SaaS 化应用。本节主要对 IaaS、PaaS 进行介绍，SaaS 与具体业务紧密结合，将在本书第五章予以介绍。

通过云计算，系统使用方式将从独立建设转变为租用方式，整个系统架设在互联网上，服务对象的重心将从业务管理人员转变为业务用户，具备提供资源弹性、应用弹性的能力，极大提升资源使用效率、满足用户各取所需的服务要求以及具备强大的系统安全能力。

1. 基础架构云概述

IaaS 是指基础架构云，是实现计算、存储、网络的云化，提供资源弹性能力。相比传统基础架构，IaaS 抹平了专业的竖囱，将原来的基础硬件实现通用化、扁平化，实现了专业的大融合，整合为一个集中化的平台、统一的控制器，实现了资源使用人对于基础设施资源的透明使用，即资源使用人只需关心操作系统及其上的应用系统，同时能够充分利用虚拟化和云化带来的弹性资源服务，对数据中心的运作带来了质的飞跃。传统基础架构与 IaaS 的对比如图 4-11 所示。

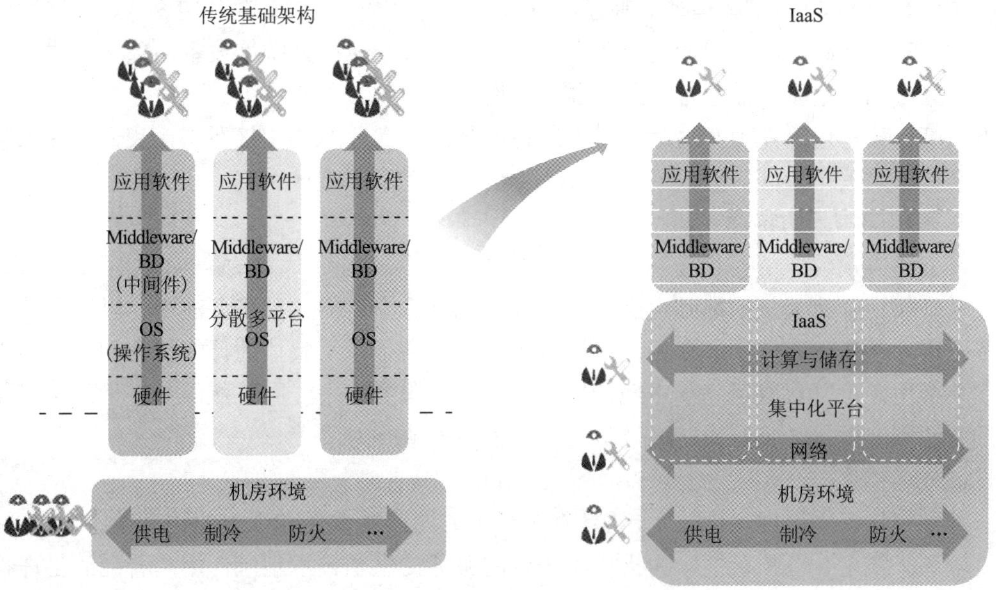

图 4-11　传统基础架构与 IaaS 的对比

2. 平台架构云概述

PaaS 是指平台架构云，由运行环境层、开发运维一体化（DevOps）、平台服务层三部分组成，运行环境层是提供技术架构运行的容器管理、资源管理、服务管理、应用管理等能力；DevOps 是指开发自运维，能够在运行环境层的基础上实现迭代开发、持续交付能力；平台服务层是提供可配置式的 IT 需求实现能力。平台架构云 PaaS 技术架构如图 4-12 所示。

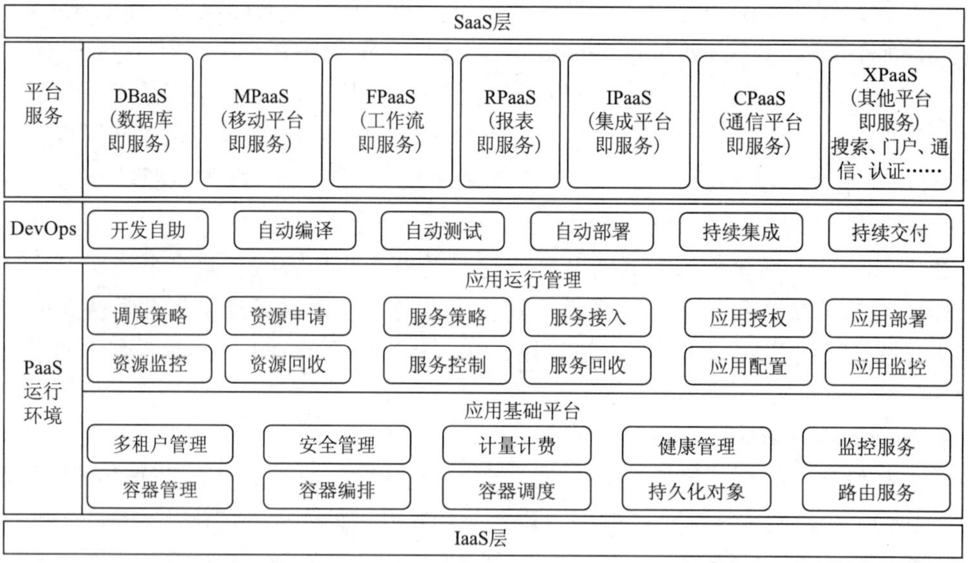

图 4-12 平台架构云 PaaS 技术架构

二、基础架构云（IaaS）

传统企业的 IT 基础架构都面临建设投入大、建设周期长、资源利用率低、扩展性差、维护成本高等问题。随着企业的业务发展，单靠为每个应用系统堆设备的部署模式已经无法满足业务的快速变化需求，因此，需要采用一种能为上层应用提供高效、廉价、安全、标准的基础架构运算能力，这就是我们所说的基础架构云 IaaS，接下来，我们将深入了解基础架构云的关键特性。

1. 基础架构云的特性

（1）超大规模

基础架构云将大量的基础设施运算资源汇聚到一个大的共享资源池中，以租用的方式让多个用户共享运算资源。采用汇聚资源的方式提高了系统整体的计算能力和存储能力，不仅单个用户可以获取远高于本地计算设备提供的服务水平，同时从服务提供的角度，这样的资源整合增加了资源的使用效率，提高了整体生产力。

（2）虚拟化

基础架构云采用虚拟化技术，将计算平台上方的应用软件和下方的物理设备分隔开来，这种隔离降低了设备依赖性，为提供跨平台的服务提供了技术基础，用户看到的是虚拟化出来的虚拟设备，而不是真实的物理设备，通过软件将计算能力和物理设备解耦，这种解耦，就是业界所提出的软件定义，包括软件定义计算、软件定义存储和软件定义网络。未来，软件定义还可以用于数据中心其他组件，甚至可以软件定义数据中心。

随着计算机技术的发展，使得物理机的处理能力以摩尔定律增长，在通常的IT环境下，物理机CPU（中央处理器）平均利用率多数时间都不超过20%，这样就有40%～70%的CPU处理能力处于闲置状态，引入虚拟化技术Hypervisor后，一台物理机能虚拟出多台虚拟机，每台虚拟机能部署一个应用系统，这样就带来了物理机数量的减少，降低能耗，节省采购成本，提高资源使用率。虚拟化带来的成本降低如图4-13所示。

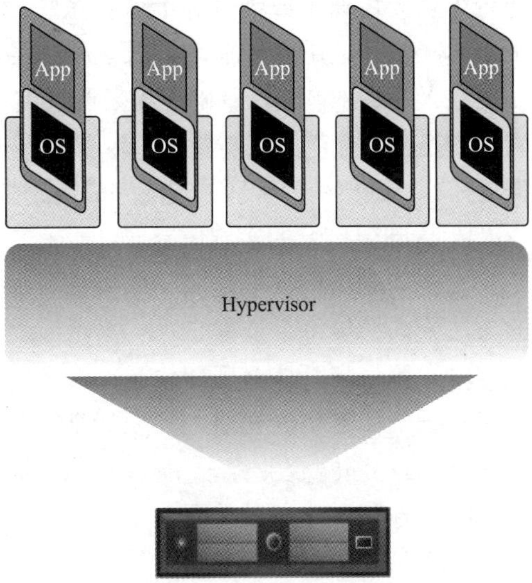

图4-13　虚拟化技术优势

（3）弹性伸缩

弹性（Elasticity）是指使用基础架构云系统中各类资源时的自由伸缩性，弹性的主要特点是可增可减地利用运算资源，它的目的是为了让用户在资源分配时无须担心资源的过度供给或供给不足，使得应用程序不能很好地运行并满足用户需求。所有资源均以自适应伸缩的方式提供，这种自适应伸缩表现为资源的实时、动态和按需分配，即随着任务负载和用户请求的大小来弹性调整资源的配置。

弹性伸缩的具体表现方式分为：纵向伸缩和横向伸缩。纵向伸缩是指增加（Scale Up）或者减少（Scale Down）现有服务节点或虚拟机的能力，例如CPU、内存、存储空间。横向伸缩是指在原有资源池的基础上扩展（Scale Out）更多的服务节点或复制多台虚拟机，这包括新资源的纳管、自动部署、负载均衡、弹性复制。

（4）按需服务

基础架构云根据应用访问量的变化，动态调整计算、存储、网络资源的分配。对用户而言，按需提供服务和按需付费可以节省基础设施的购置和运维费用。

（5）高可靠性

基础架构云使用了数据多副本容错、多计算节点相互切换等措施，来保障服务的高可靠性，这些措施，使得运行基础架构云的分布式数据中心将云端的数据备份到地理上相互隔离的云主机中，这种强大的分布式集群建立的数据冗余和备份，提供了快速恢复数据的能力，同时提高了系统的安全性和容灾能力。

（6）低成本

在资金成本方面，基础架构云不仅可以为企业省去基础设施的购置和运维费用，而且能够根据企业成长的需要不断扩展订购服务，或者更换更加合适的服务。

在时间成本方面，软件开发人员为企业开发管理信息系统还要考虑服务器配置和数量，考虑服务器今后的可用性和可扩展性，花费大量时间去安装、配置和调试。而基础架构云能否为企业快速生成带有标准操作系统设置的虚拟机，极大简化了部署环境的大量初始化工作，降低了应用系统非软件开发工作的时间成本。

在人力成本方面，基础架构云通过虚拟化技术屏蔽了底层硬件的差异，把计算、存储、网络的资源池化，原来需要多个专业的人员配合协助才能完成基础架构资源的交付，现在只需要一名基础架构云管理员就能完成快速交付，明显提高了人员的生产效率，节省人员成本。

2. 基础架构云的实施思路

实施基础架构云不是买一堆硬件设备，把软件装上去就大功告成，而是需要一个完善的方法论来指导每个过程。

（1）第一步，战略规划

基础架构云实施之前，需要清晰地理解企业的业务战略规划，综合分析当前业务现状和 IT 环境，匹配企业需求中哪些可以利用基础架构云，了解基础架构云可能带来的价值和风险，判断企业是否需要入云，然后制定 IT 技术演进路线，输出实施规划。

（2）第二步，方案实施

这是实施基础架构云的关键，在方案中要明确选择什么样的技术架构、硬件平台（例如服务器、存储设备、网络交换机）、虚拟化操作系统平台（例如 KVM、XEN、ESXI、HYPER-V）、用户访问模式以及如何进行系统安全设计和自动化流程设计等。

（3）第三步，系统运维

基础架构云面向企业的所有业务提供服务，其可用性、可靠性、稳定性、安全性、可扩展性尤其重要，这就需要一套完善的云运维体系以及符合企业的云服务流程，从而保证基础架构云的持续发展。

3. 基础架构云的技术架构

完善的城市轨道交通基础架构云技术架构体系，是城市轨道交通企业一体化资产管理信息系统的有效保障，城市轨道交通企业基础架构云 IaaS 的技术架构如图 4-14 所示，主要包括 IaaS 云虚拟化操作系统层、IaaS 云平台管理层、IaaS 云平台服务层。

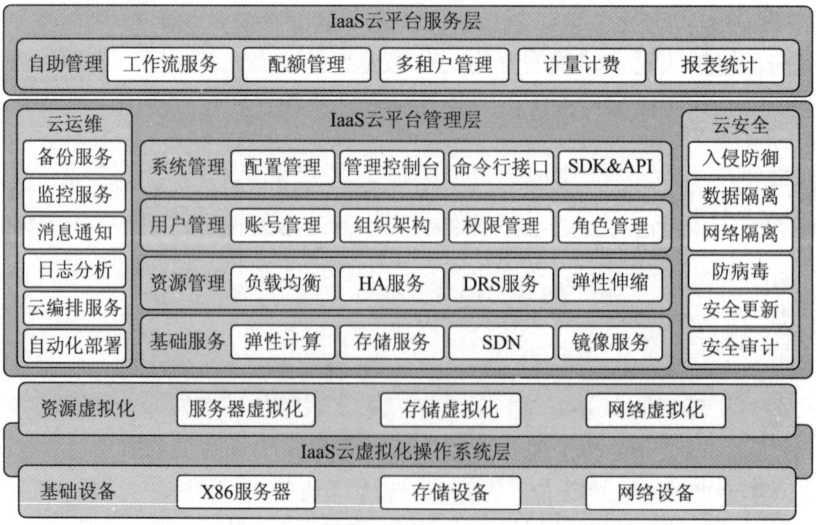

图 4-14　城市轨道交通企业基础架构云 IaaS 技术架构

1）IaaS 云虚拟化操作系统层

IaaS 云虚拟化操作系统层通过虚拟化技术，把数据中心的基础设备抽象化，通过模拟硬件驱动，屏蔽了各个厂商的硬件差异性，实现对数据中心基础设备的整合，并把这些资源池化，为实现 IT 基础架构资源的动态调配、灵活调度、提高 IT 资源利用率提供了技术支撑。

业界主流虚拟化操作系统

业界主流的虚拟化操作系统有 KVM、XEN、ESXI、HYPER-V。

① KVM。KVM 全称是 Kernel-based Virtual Machine（基于内核的虚拟机），它是 Linux 的一个内核模块，能将 Linux 转换成一种可以裸机安装的虚拟化管理程序，相较于 XEN，KVM 核心代码很少，更轻量化。KVM 虚拟机管理界面如图 4-15 所示。

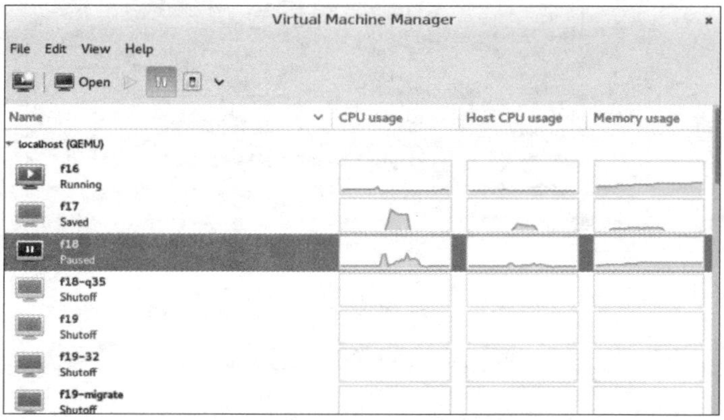

图 4-15 KVM 虚拟机管理界面

② XEN。XEN 全称是 XEN Hypervisor（开放源代码虚拟机监视器），它是介于操作系统和硬件之间的一个软件描述层，它负责对运行于硬件设备之上的各虚拟机的 CPU 调度及内存划分，它不仅能抽象出虚拟机的硬件，而且作为它们共享的公共处理环境来控制虚拟机的执行。其管理界面如图 4-16 所示。

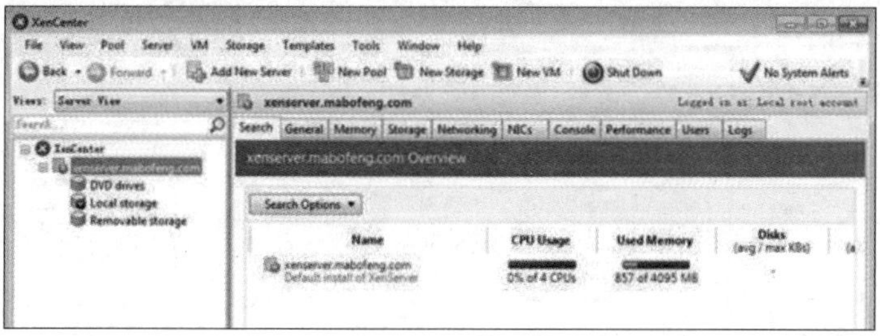

图 4-16 XEN 虚拟机管理界面

③ ESXI。ESXI（企业级虚拟化产品名称）是商业软件公司 VMWARE（威睿）专门构建的裸机 Hypervisor（虚拟机管理程序），ESXI 能直接安装在物理服务器上，ESXI 5.0 之前的版本中提供的 ESXI 体系结构依赖基于 Linux 的控制台操作系统（COS）来实现可维护性和基于代理的合作伙伴集成。在独立于操作系统的新 ESXI 体系结构中，去除了大约 2GB 的 COS，并直接在核心 VMkernel（虚拟机内核）中实现了必备的管理功能。去除 COS 使

vSphere ESXI 虚拟化管理程序的安装占用空间急剧减小到约 150MB，并因消除了与通用操作系统相关的安全漏洞而提高了安全性和可靠性。EsxI 虚拟机管理界面如图 4-17 所示。

图 4-17　ESXI 虚拟机管理界面

④ HYPER-V。HYPER-V 是微软的一款虚拟化产品，是微软第一个采用类似 VMWARE 和 Citrix 开源 XEN 的基于 Hypervisor 的技术，同样支持直接在裸机上安装虚拟化管理程序。微软从 Windows 2008 Server 开始，提供了自带的虚拟机管理工具，并在其 System Center（系统中心）解决方案中提供管理能力更加强大的 Virtual Machine Manager（虚拟机管理器）工具。其管理界面如图 4-18 所示。

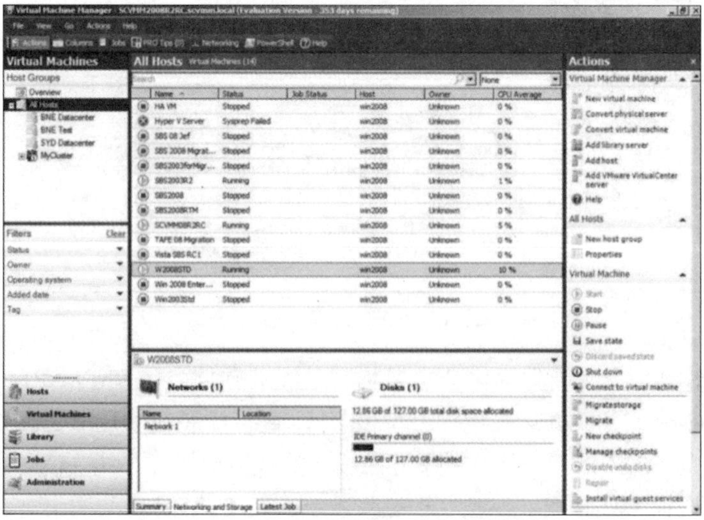

图 4-18　HYPER-V 虚拟机管理界面

虚拟化操作系统实现了对底层硬件设备的集中统一管理、资源池化，使得硬件设备在云数据中心内不再是孤立的计算单元，硬件资源得到充分的利用，具体体现如下。

①服务器虚拟化。服务器虚拟化是指将服务器物理资源抽象成逻辑资源，让一台服务器变成几台甚至上百台相互隔离的虚拟服务器，我们不再受限于物理上的界限，而是让CPU、内存、磁盘、I/O（输入 / 输出）等硬件变成可以动态管理的“资源池”，从而提高资源的利用率，简化系统管理，实现服务器整合，让 IT 对业务的变化更具适应力。服务器虚拟化的过程如图 4-19 所示。

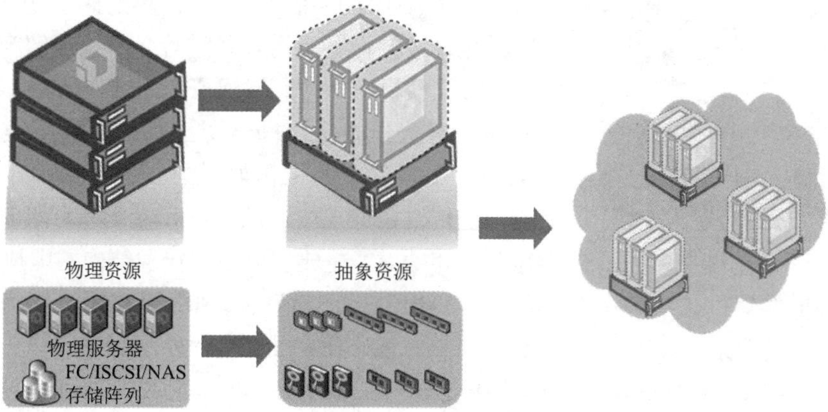

图 4-19　服务器虚拟化

②存储虚拟化。随着企业业务数据的沉淀，一台存储设备已无法满足逐渐增加的数据存放容量需求，各种品牌的存储设备都会部署在数据中心内，这就增加了运维管理的复杂性，并且各存储厂商的管理系统只能管理自己的设备，不利于存储资源的有效整理和充分使用，因此需要通过存储的虚拟化网关，把不同厂商的存储设备都统一管理起来，屏蔽了各厂商存储硬件差异，形成一个大的存储资源池。存储虚拟化过程如图 4-20 所示。

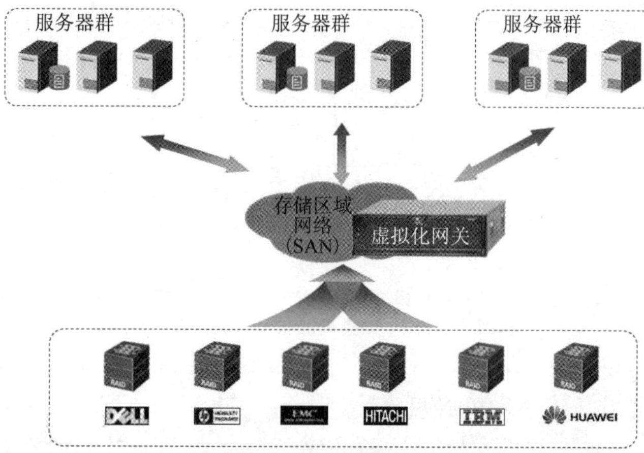

图 4-20　存储虚拟化

③网络虚拟化。目前，业界主流的网络虚拟化技术主要分为两个方向：分别是控制平

面虚拟化与数据平面虚拟化。

a. 控制平面虚拟化，是将所有设备的控制平面合而为一，只有一个主体去处理整个虚拟交换机的协议处理、表项同步等工作。从结构上来说，控制平面虚拟化又可以分为纵向与横向虚拟化方向。

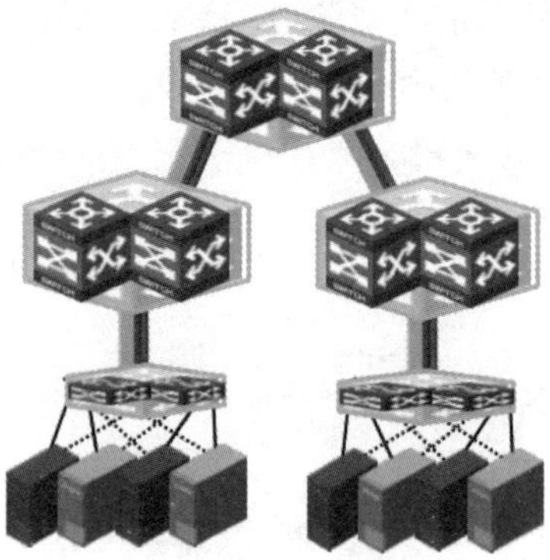

图 4-21　纵向网络虚拟化

纵向虚拟化是指不同层次设备之间通过虚拟化合多为一，相当于将下游交换机设备作为上游设备的接口扩展而存在，虚拟化后的交换机控制平面和转发平面都在上游设备上，下游设备只有一些简单的同步处理特性，报文转发也都需要送到上游设备进行，可以理解为集中式转发的虚拟交换机。纵向网络虚拟化的过程如图 4-21 所示。

横向虚拟化多是将同一层次上的同类型交换机设备虚拟合一，控制平面工作如纵向一般，都由一个主体去完成，但转发平面上所有的机框和盒子都可以对流量进行本地转发和处理，是典型分布式转发结构的虚拟交换机。

b. 数据平面虚拟化，是用 L2（二层）的 ISIS（中间系统到中间系统）作为控制协议在所有设备上进行拓扑路径计算，转发的时候会对原始报文进行外层封装，以不同的目的 Tag（标签）在 TRILL/SPB（多链接透明互联 / 最短路径桥接）区域内部进行转发。对外界来说，可以认为 TRILL/SPB 区域网络就是一个大的虚拟交换机，以太网报文从入口进去后，并能完整的从出口吐出来，内部的转发过程对外是不可见且无意义的。

2）IaaS 云平台管理层

IaaS 云平台管理层主要包括六大模块，分别是基础服务、资源管理、用户管理、系统管理、云运维、云安全，下面将逐一进行介绍。

（1）基础服务

①弹性计算（Elastic Compute Cloud，简称 EC2）是一个可以为用户提供租用服务的云端系统，该系统包含了相应规模的运算资源，并通过 Web 服务的方式让用户可以管理和运行自己的虚拟机，用户可以在这个虚拟的机器上安装任何软件或应用程序。

②存储服务：基础架构云能够识别的存储资源包括 SAN 存储、NAS 存储、本机存储、S3[1] 对象存储。

③存储区域网络（Storage Area Network，简称 SAN）采用网状通道（Fibre Channel，简称 FC），区别于 Fiber Channel 光纤通道技术，通过 FC 交换机连接存储阵列和服务器主机，建立专用于数据存储的区域网络。

④网络附属存储（Network Attached Storage，简称 NAS）基于标准网络协议实现数据传输，为网络中的 Windows/Linux 等各种不同操作系统的计算机提供文件存储服务。

⑤本机存储顾名思义就是本机磁盘空间。

⑥ S3 对象存储是基于 HTTP 协议访问的简单存储服务，其构建在基础架构云的分布

[1] S3 是一个公开的服务，Web 应用程序开发人员可以使用它存储数字资产。

式存储上，可直接为物理服务器或虚拟机提供文件存储、共享和访问服务，无须担心存储扩容、带宽瓶颈、存储设备故障等问题，对象存储架构示意图如图 4-22 所示。

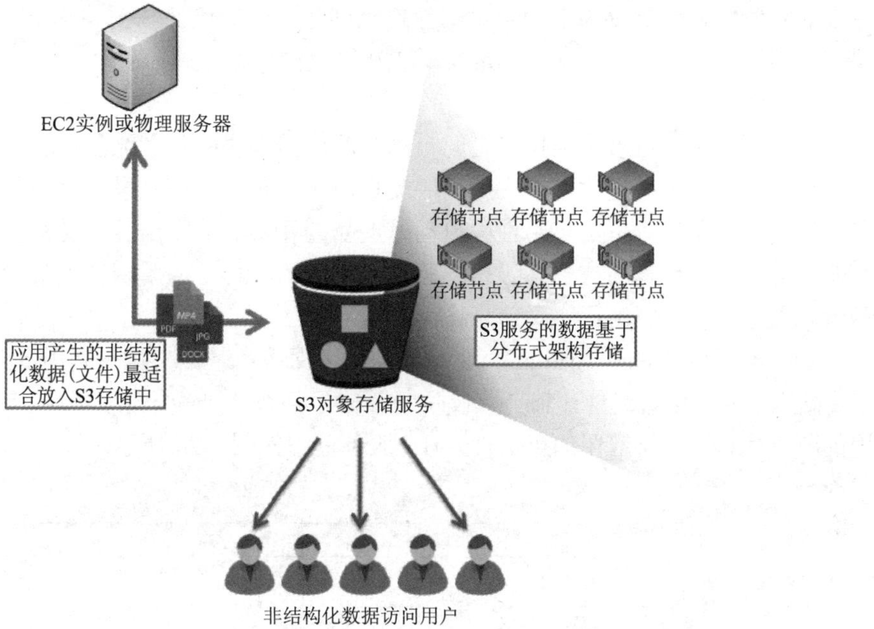

图 4-22　对象存储架构示意图

⑦软件定义网络（Software Defined Network，简称 SDN），是网络虚拟化的一种实现方式，其核心技术 Open Flow[❶] 通过将网络设备控制面与数据面分离开来，从而实现了网络流量的灵活控制，使网络作为管道变得更加智能。当前的 SDN 一般有一个控制器（或集群），负责收集整个网络的拓扑、流量等信息，计算流量转发路径，然后通过 Open Flow 协议将转发表项下发给交换机，交换机按照表项执行转发动作，转发动作的交换机一般称为转发器，这样就使得整个网络的控制面从传统网络的单个设备上剥离，集中到了控制器上执行，网络管理更加扁平化，效率更高。SDN 示意图如图 4-23 所示。

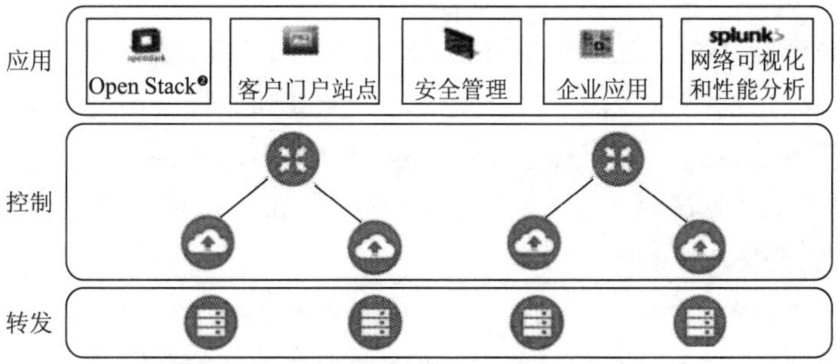

图 4-23　SDN 示意图

❶ Open Flow：一种新型网络交换模型。

❷ Open Stack：一个开源的云计算管理平台项目。

⑧镜像服务：在基础架构云里，可以把一个标准配置的虚拟机转化成镜像（也称为模版），为后续快速交付虚拟机提供一种便捷的手段。通常情况下，镜像里面已经安装了标准的服务组件，可以为不同用途的虚拟机创建不同的镜像，例如基于 Linux 操作系统的 Web 应用，可以预装 Apache、Nginx、PHP 等组件。

（2）资源管理

①负载均衡：在多个虚拟机之间自动分配应用程序的传入流量。它可以实现应用程序容错能力，从而无缝提供路由应用程序流量所需的负载均衡容量。有两种类型的负载均衡器，这两种类型均具备高可用性、自动扩展功能和可靠的安全性。其中一种是传统负载均衡器，可基于应用程序或网络级信息路由流量；另一种是应用程序负载均衡器，可基于包括请求内容的高级应用程序级信息路由流量。

②高可用性（High Availability，简称 HA）服务：基础架构云是由多台计算节点组成，HA 服务确保当任意数量计算节点发生故障时，运行在节点上的虚拟机都能迁移到其他可用的节点，从而保持应用的可用性。HA 服务过程如图 4-24 所示。

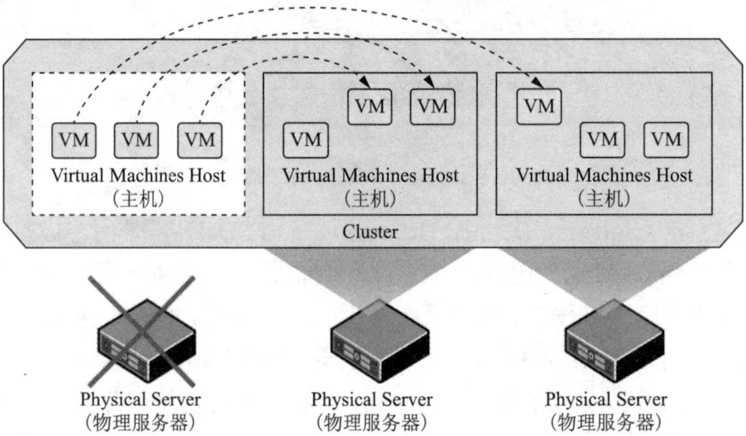

图 4-24　HA 服务过程示意图

VM- 虚拟机

③分布式资源调度（Distributed Resource Scheduler，简称 DRS）服务：基础架构云根据对资源池资源负载的动态监控，合理触发均匀分配规则，最终实现资源池中的计算节点之间重新分布虚拟机的目的，均衡每台计算节点的负载率，当某个计算节点上的虚拟机遇到负载增大时，DRS 服务将会在计算节点之间重新分布虚拟机来自动为其分配更多的运算资源。DRS 服务过程如图 4-25 所示。

④弹性伸缩（Auto Scaling）：它是一项能够体现基础架构云“弹性”能力的服务功能，它可以根据用户定义的策略、运行状况检查和计划来自动创建新的或终止旧的虚拟机。包括横向扩展方式和垂直扩展方式。

横向扩展方式是指当用户访问量增加时，可以自动增加虚拟机的数量以维持正常的应用服务响应水平，当用户访问量下降时可以自动减少虚拟机数量来最大限度地合理利用运算资源。虚拟机横向扩展过程如图 4-26 所示。

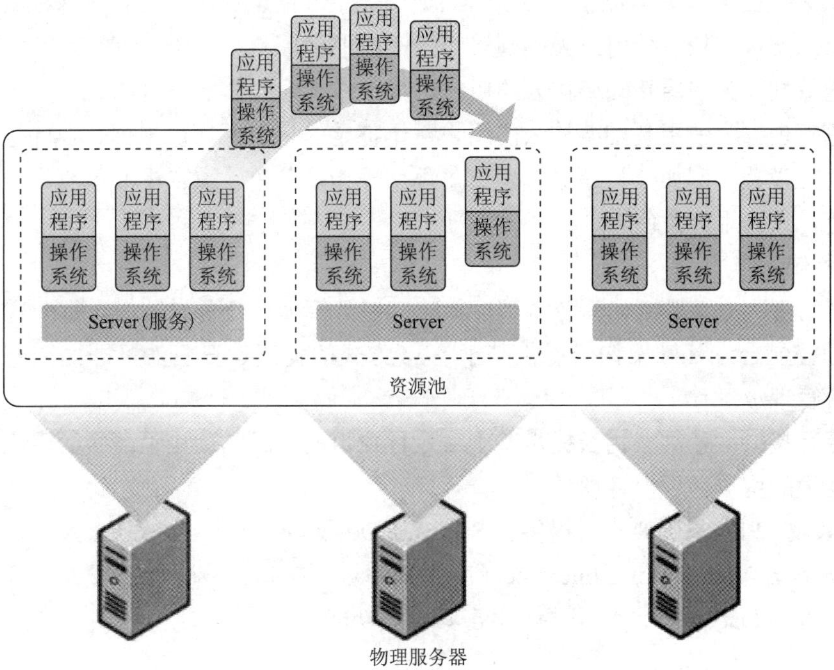

图 4-25　DRS 服务过程示意图

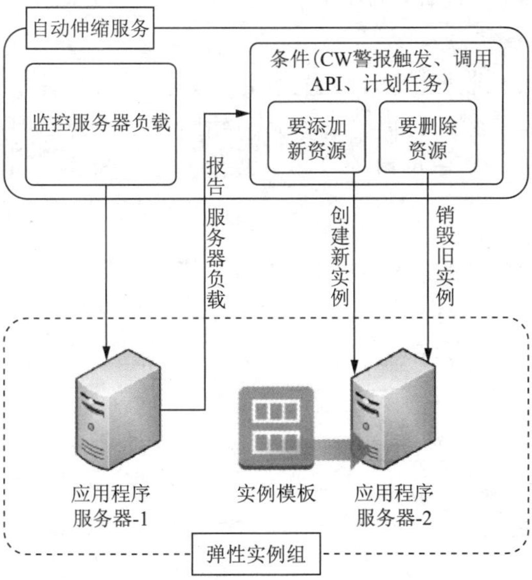

图 4-26　虚拟机横向扩展过程示意图

垂直扩展方式是指用户可以在线调整虚拟机的运算（vCPU 和虚拟内存）规模，从而快速响应访问需求。

（3）用户管理

①账号管理。为使用基础架构云的用户进行账号创建、修改和删除操作。

②组织架构。可以按照企业内部的组织架构关系，在企业内部的私有基础架构云上建立相应的组织架构，然后把用户关联到对应的部门中。

③权限管理。为使用基础架构云的用户进行操作权限的分配。

④角色管理。为使用基础架构云的用户赋予特定的角色，可以根据企业的管理授权体系进行角色的设置，例如分为超级管理员角色、操作员角色、数据中心值班人员角色、普通用户角色、只读用户角色等。

（4）系统管理

①配置管理。对基础架构云资源调度策略、服务管理、任务设置等进行配置。

②管理控制台。基础架构云提供基于 Web 方式的使用运算资源，即面向普通用户，也面向后台管理员。

③命令行接口。基础架构云提供基于命令行窗口的方式的使用运算资源，主要面向有一定技术能力的用户和后台管理员。

④ SDK & API。基础架构云提供了 Software Development Kit（软件开发工具包）和相应的 Application Programming Interface（应用程序编程接口），帮助开发人员开发自定义的功能，嵌入到 IaaS 云平台管理层，丰富其管理功能。

（5）云运维

①备份服务。基础架构云提供虚拟机的磁盘备份能力。

②监控服务。基础架构云提供针对计算节点和虚拟机的监控能力，用户可以选择相应的指标进行监控。

③消息通知。当某个被监控的指标发生异常时，会触发事件信息，同时该事件信息可以被配置成消息，以邮件、短信、微信等方式通知用户或后台管理员。

④日志分析。基础架构云提供日志记录和分析功能，帮助用户和后台管理员快速定位问题的原因。

⑤云编排服务。云编排服务（Cloud Formation）是时下最流行的概念 DevOps（意即通过一些方法帮助应用开发团队和运营 / 运维团队间更好地沟通协作）的一种实现方式，其通过脚本化的方式调用、组合基础架构云提供的原生云服务功能，以达到自动化、标准化运维的目的。OpenStack Heat 云编排架构如图 4-27 所示。

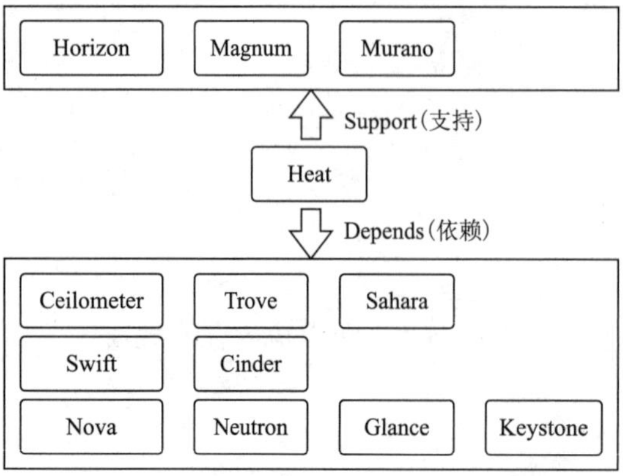

图 4-27　OpenStack　Heat 云编排架构示意图

⑥自动化部署。基础架构云为开发人员提供应用程序自动化部署的能力，开发人员可以为安装某一类应用程序的自定义安装部署脚本，并进行验证，今后这类应用程序需要上线时，直接可以从基础架构云自动化执行安装部署过程，提供更高级、更高效的虚拟机交付服务。自动化部署流程如图 4-28 所示。

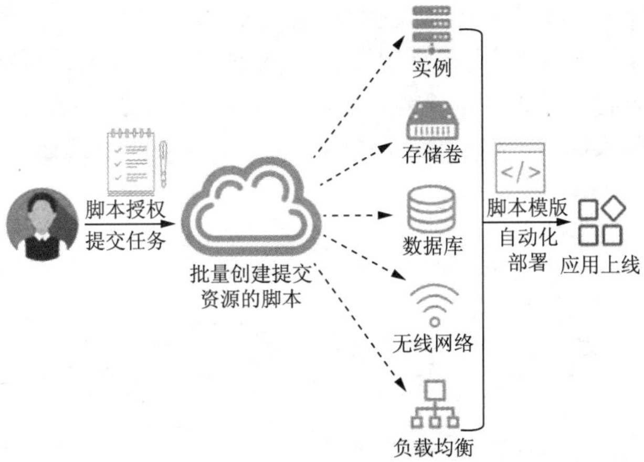

图 4-28　自动化部署流程示意图

（6）云安全

①入侵防御。入侵防御是一种有过滤攻击流量的特殊网络交换功能，它对数据包的检测进行防御包括检查入网的数据包，确定数据包的真正用途，然后决定是否允许其进入内网。

②数据隔离。随着云计算多租户应用的发展，所有客户数据将被共同保存在唯一一个软件系统的实例内，因此需要开发额外的数据隔离机制来保证各个客户之间的数据不可见性并提供相应的灾备方案，目前已经有几种相当成熟的架构用来帮助系统实现数据隔离：Shared Schema Multi-tenancy（共享表架构）、Separated Schema（分离表架构）以及Separated Database（分离数据库架构）。

共享表架构即所有的软件系统客户共享使用相同的数据库实例以及相同的数据库表，但是可以通过类似于 Tenant ID（租户身份证明）的字段来区分数据的从属。共享表架构如图 4-29 所示。

因为共享表架构最大化地利用了单个数据库实例的存储能力，所以这种架构的硬件成本非常低廉，但是对于其程序开发者来说，却给他们增加了额外的复杂度，由于多个客户的数据共存于相同的数据库表内，因此需要额外的业务逻辑来隔离各个客户的数据。此外，这种架构实现灾难备份的成本也十分高昂，不但需要专门编写代码去实现数据备份，而且在恢复数据时，需要对数据库表进行大量的删除和插入操作，一旦数据库表包含大量其他客户的数据，势必对系统性能和其他客户的体验带来巨大的影响。

分离数据库架构即每个软件系统客户单独拥有自己的数据库实例。分离数据库架构如图 4-30 所示。

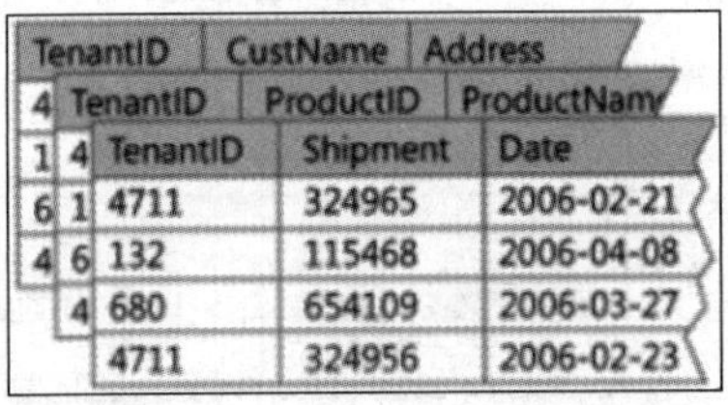

图 4-29　共享表架构示意图

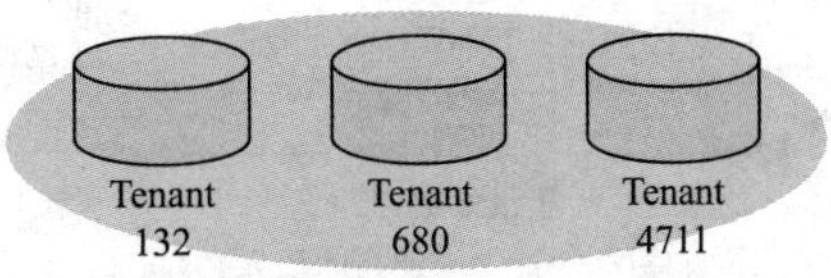

图 4-30　分离数据库架构示意图

相较于共享表架构，由于每个客户拥有单独的数据库实例，这种架构可以非常高效并便捷地实现数据安全性和灾难备份，但是随之而来的缺点便是其硬件成本非常高昂。

分离表架构即软件系统客户共享相同的数据实例，但是每个客户单独拥有自己的由一系列数据库表组成的 Schema（数据库对象的集合）。分离表架构如图 4-31 所示。

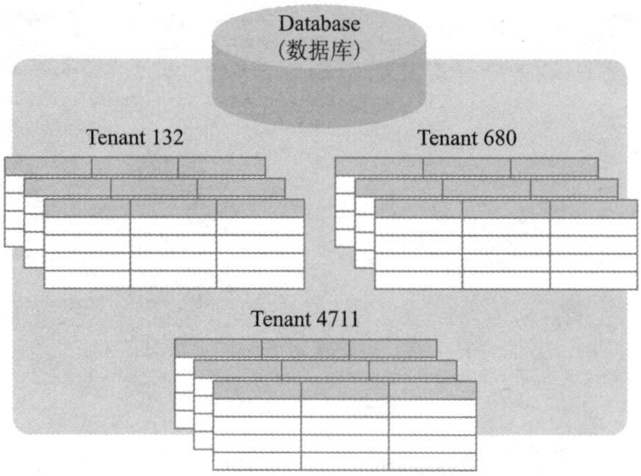

图 4-31　分离表架构示意图

它是一种折衷的多租户下的数据隔离方案，在这种架构下，一方面，实现数据分离和灾难备份相对共享表架构更加容易一些；另一方面，它的硬件成本也较分离数据库架构低。三种数据隔离架构的关系如图 4-32 所示。

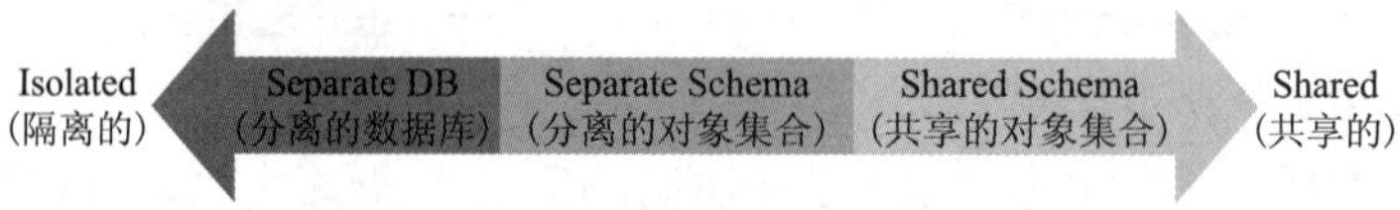

图 4-32　三种数据隔离架构的关系示意图

③网络隔离。随着网络虚拟化技术的发展，基础架构云可以将一套物理网络抽象成多套相互独立的虚拟网络，提供给不同的租户，因此在多租户网络环境中，需要保证租户网络的安全隔离，确保租户数据不会遭到其他租户或外部网络的非法访问，这里涉及的三种使用场景，如图 4-33 所示。不同的场景有相应的网络隔离技术支持。

a. 对于不同租户的虚拟网络之间的边界。可以采用虚拟路由和虚拟防火墙技术实现网络隔离，如图 4-34 所示。

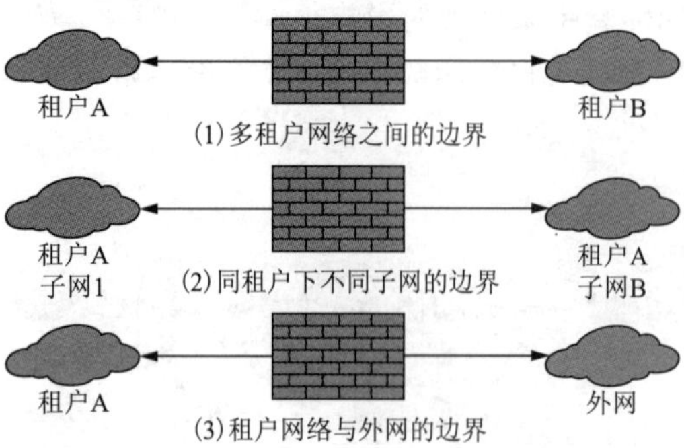

图 4-33　多租户下三种网络隔离场景

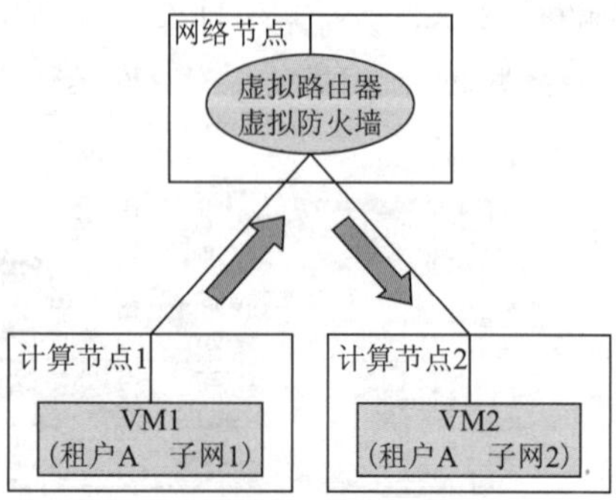

图 4-34　场景一的网络隔离示意图

b. 对于同一租户虚拟网络下，不同虚拟子网之间的边界。可以采用 VXLAN、分布式虚拟理由和分布式虚拟防火墙技术实现网络隔离，如图 4-35 所示。

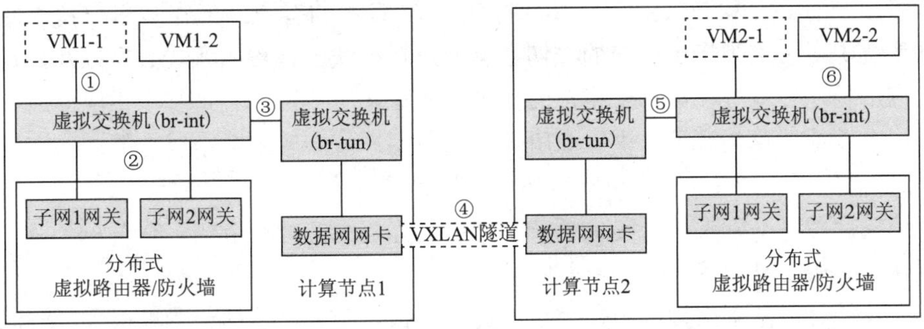

图 4-35　场景二的网络隔离示意图

c. 对于租户虚拟网络与外网之间的边界。可以采用分布式路由和分布式防火墙技术实现网络隔离，如图 4-36 所示。

④防病毒。在基础架构云计算节点和虚拟机实现防病毒功能。例如 VMWARE 公司的 vShield 和 VMsafe 解决方案，实现底层虚拟化操作系统层和虚拟机的防病毒安全管理。VMWARE 虚拟化环境防病毒过程如图 4-37 所示。

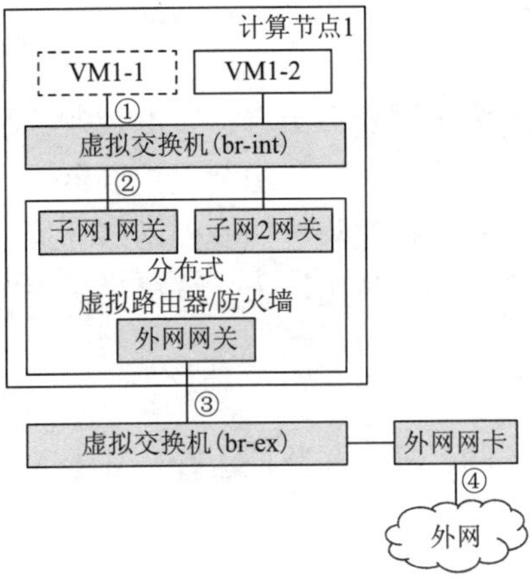

图 4-36　场景三的网络隔离示意图

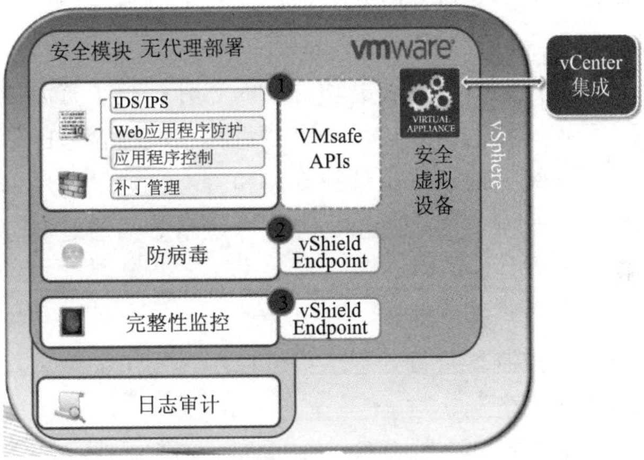

图 4-37　VMWARE 虚拟化环境防病毒示意图

⑤安全更新。无论是 KVM、XEN、ESXI、HYPER-V，其 Hypervisor 都是由代码实现，这就意味着有漏洞的可能，因此这类 Hypervisor 也需要定期安装安全更新。

⑥安全审计。在基础架构云的任何操作都应该被记录在日志中，并通过日志分析，对影响基础架构云稳定运行的安全风险进行标记，作为审查依据。

3）IaaS 云平台服务层

IaaS 云平台服务层面向租户提供了基于 Web 方式的自助管理运算资源功能，主要包括工作流服务、配额管理、多租户管理、计量计费、报表统计。

①工作流服务。基础架构云内置了工作流引擎，按照工单申请的流程，为云资源租户与后台管理员建立沟通的桥梁。

②配额管理。基础架构云为每个云资源租户提供一定规模的运算资源，租户可以在这个规模的范围内随意调配使用。

③多租户管理。租户（tenant）是指使用运算资源的客户，但在多租户技术中，租户包含在系统中可识别为指定用户的一切数据用户在系统中建置的各式数据以及用户本身的定制化应用程序环境等，都属于租户的范围，而租户所使用的则是基于供应商所开发或建置的应用系统或运算资源等，供应商所设计的应用系统会容纳数个以上的用户在同一个环境下使用。

④计量计费。基础架构云提供了一套使用运算资源的计费方式，它对每个租户都进行了资源使用的可度量计费。

⑤报表统计。基础架构云为每个租户提供了报表服务，包括计费单报表、资源使用率报表等。

4. 基础架构云的部署架构

1）基础架构云服务器角色介绍

（1）云控制器

云控制器面向云数据中心系统管理员提供后台管理服务，负责接收系统管理员的请求，并校验请求的合法性。根据请求类型的不同，云控制器自动处理请求，或者将请求按策略调度到合适的集群控制器处理。

（2）集群控制器

集群控制器根据业务功能区的划分把整个资源池配置成不同业务集群，集群控制器收到了云控制器的请求后，按策略将其调度给合适的节点控制器处理，并由节点控制器通过计算子系统完成计算资源的创建和管理；通过调用网络子系统搭建集群的受控网络环境，包括虚拟子网、网络路由、防火墙策略等；通过对存储子系统的调用，为集群提供数据存储能力。

（3）节点控制器

节点控制器负责处理从集群控制器发出的请求，并控制、管理和监控运行在其上的虚拟机的运算资源。

（4）分布式存储系统

分布式存储系统由多台配满本机大容量磁盘的节点控制器组成，它将数据分散存储在多台独立的节点服务器上。

传统的网络存储系统采用集中的存储服务器存放所有数据，存储服务器成为系统性能的瓶颈，也是可靠性和安全性的焦点，不能满足大规模存储应用的需要。分布式网络存储系统采用可扩展的系统结构，利用多台节点服务器分担存储负荷，不但提高了系统的可靠性、可用性和存取效率，还降低了设备购置和维护成本，更易于扩展。

2）基础架构私有云的部署

基础架构私有云依据业务功能区将整个资源池划分为不同业务集群，私有云的部署架构参考如图 4-38 所示。

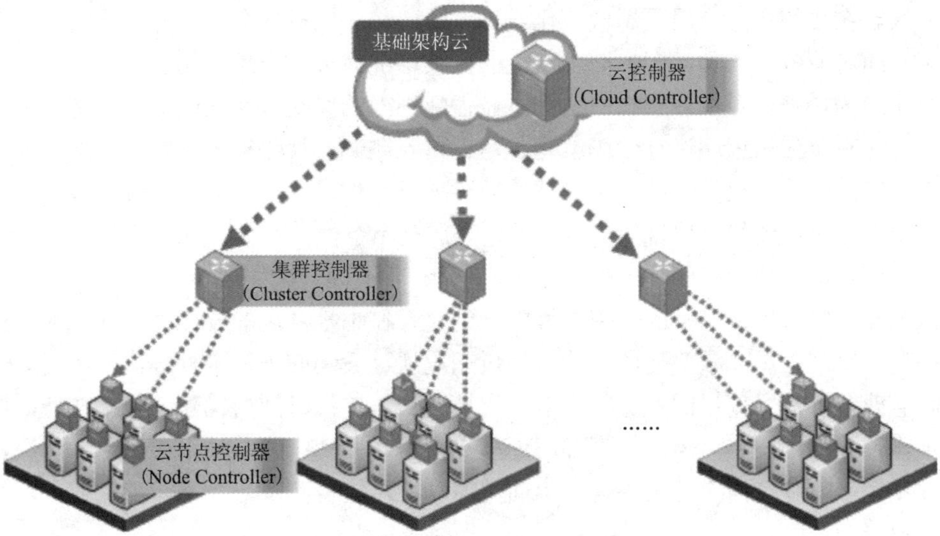

图 4-38　私有云部署架构参考

3）基础架构混合云的部署

将重要数据存放在私有云中，但是同时又希望可以获得公有云的计算资源，在这种情况下混合云的模式被越来越多的采用，它将公有云和私有云进行混合和匹配，以获得最佳的效果和达到了既省钱又安全的目的。容灾环境可采用公有云或行业云的方式，可高效实现并大幅减少投资。混合云部署架构参考如图 4-39 所示。

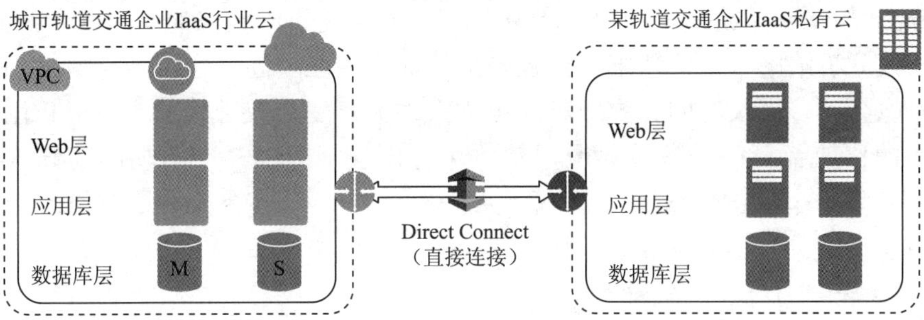

图 4-39　混合云部署架构参考

VPC- 虚拟私有云

三、技术平台云（PaaS）

1. 背景

在早期传统企业应用采用模块化设计逻辑，程序完成后会打包并部署为一个个具体的应用，随着业务的不断扩大，需求功能的持续增加，单块架构已经很难满足于业务快速变化的需要。一方面，代码的可维护性、扩展性、灵活性在降低；另一方面，系统的测试成本、构建成本以及维护成本却在显著增加。

（1）系统运维成本高

新系统建设完成后，城市轨道交通企业仍需根据业务变化不断投入资金以对系统进行优化升级。在传统企业应用采用模块化设计逻辑，程序完成后会打包并部署为一个个具体的应用，随着业务深入和扩大，需求功能的持续增加，代码会越来越复杂，构建和部署时间也会相应的增长。对单体架构应用程序做任何细微的修改以及代码提交，都会触发部署流水线，对整个应用程序进行代码编译、运行单元测试、代码检查、构建并生成部署包、验证功能等。因此，项目实施单位在评估后续项目工作量时，都会将系统复杂度考虑到成本中，从而导致后续优化项目的成本投入一直居高不下。

（2）业务需求响应慢

系统建设完成后，日常的使用过程中肯定会存在小量需求的变化，如何响应这些业务需求是信息管理人员非常头痛的事情。如果期望通过后续的项目进行解决，久而久之，这就意味着业务部门所提出的业务需求响应周期变长，单位时间内构建的效率变低，服务满意度下降，业务部门将对信息管理部门逐渐失去信心。期望公司技术人员自行解决，却由于软件系统非常复杂而无从下手，一个简单的功能可能得花费一个月才能完成，这绝对是极大的浪费。

（3）用户体验低

随着信息化的不断发展，会使得未来城市轨道交通企业的应用系统不断增加，如缺乏统一的技术架构平台，将导致各应用系统的风格各异，用户需频繁在多个系统中切换，操作复杂，影响相关业务信息的获取和利用。对比互联网非常人性化的应用系统，将严重影响业务人员对信息系统的使用体验，对系统的使用更是产生抗拒心理。

（4）系统管理风险高

随着应用程序功能的增多，当出现缺陷时，有可能引起缺陷的原因组合就会比较多，这也会导致分析缺陷、定位缺陷、修复缺陷的成本相应增高，也就意味着缺陷的平均修复周期可能会花费更长时间。上线风险也越来也大，变更或升级的影响分析困难，任何一个小小的修改都可能导致单体应用整体运行出现故障，一个小功能的修改，打印一个日志，修复一个 BUG（漏洞），都需要整体上线，一旦有一个地方修改错了，整个系统就都崩溃了。

（5）系统性能扩展难

单体的应用程序的所有功能代码都运行在同一个服务器上，将会导致应用程序的扩展非常困难。伴随着业务的增长，数据的增长，垂直扩展会变得越来越吃力，成本越来越高。

因此，随着项目或者产品规模的不断扩大，单块架构应用的改造与重构势在必行。近些年来，随着云计算技术的不断发展，它逐渐对整个 IT 产业带来了颠覆性的变化。各家 IT 企业纷纷建设自己的私有云，带来了大量的经济和社会效益。容器技术的发展和应用，将为各行业应用云计算提供了新思路，同时容器技术也将对云计算的效率、PaaS 平台的构建等方面产生深远的影响。

2. 技术架构需求分析

云计算平台是一体化资产管理平台的基础平台，它提供海量的存储和可伸缩的计算能力，提升未来快速业务需求响应的工作效率。

提出建设公司云业务平台，通过此云业务平台，来承载的日常管理业务各种云服务。

它主要包括以下两方面的需求。

（1）硬件基础设施

搭建一个云计算的 IaaS 平台，提供服务器、存储、网络等各种硬件资源，构建一个良好的云业务平台，满足一体化资产管理平台的稳定运行。

（2）统一基础软件服务

搭建一个云计算的 PaaS 平台，将一体化资产管理平台的所有公用的基础软件，进行归类整理，迁移到云业务平台，实现统一的管理和维护，在后期可以立项实现统一门户管理，打通各个应用之间的接口，实现应用的集成。

3. 技术架构设计

目前，城市轨道交通企业的发展正处于高速发展期，公司将不断调整适应新形势要求的建设管理、运营管理和资源开发经营的组织形式，并实行“多元化业务发展战略”，因此，在客观上需要建立随需应变的技术体系架构，支撑以及为互联网化对企业 IT 建设提出更高的能力要求，以适应不断变化的管理政策和市场环境。

技术体系架构总体框架包括 PaaS、IaaS、网络架构和物理环境，具体框架内容如图 4-40 所示。

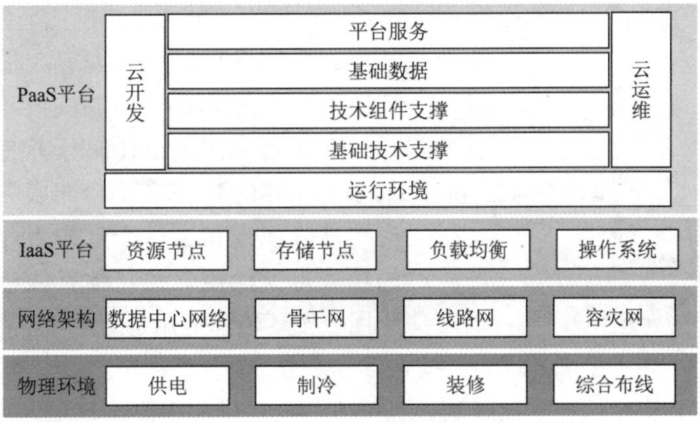

图 4-40　技术体系架构总体框架

1）PaaS 平台规划

（1）规划目标

结合对城市轨道交通企业业务需求、信息系统建设和维护要求，建议遵循 SOA 的架构体系思想，引入云计算 PaaS 新技术，构建面向企业级的技术架构体系，争取实现以下目标。

①构建可快速开发和部署的软件开发和运行的体系，使企业应用开发逐步进入快速响应、标准开发、易于维护的良性循环。

②构建框架化的平台服务和基础组件，通过“搭积木”的方式快速拼装业务功能。

③量化所有应用功能质量，跟踪用户对应用功能的使用情况，为提升用户体验提供数据支撑，从而反馈应用使用的服务质量。

④同构化所有应用系统，避免因系统的增多，使得用户在不同的系统中切换，造成对系统的抗拒心理。

⑤通过技术手段实现“一个企业一个系统”的效果和数据共享的高效。

⑥建立统一的标准和规范，明确未来应用开发的开发准则和技术要求。

（2）实施方式

城市轨道交通企业各应用系统的建设，原则上是基于软件包驱动 + 定制的方式，此外，也存在软件包驱动 + 二次开发、委外开发、合作开发和自主开发等方式，相关的实施部署原则如下。

①以软件包驱动 + 二次开发方式建设的应用系统，采用微服务架构进行构建。

②以委外开发、合作开发和自主开发方式建设的应用系统，应尽可能多地通过对已有组件的调用实现系统功能，以减少开发、集成和维护等工作。

③所有应用系统都必须提供开放的接口，支持 Web Service 和 JSon（一种轻量级的数据交换格式）协议。

2）PaaS 平台构成

PaaS 平台架构是 IT 规划体系的重要组成部分，应根据企业发展、应用架构变化、业界新技术应用（特别是云计算技术的发展）以及企业内外部环境情况建立合适的平台架构体系。

PaaS 平台在云架构中位于中间层，其上层是 SaaS，其下层是 IaaS，基于 IaaS 之上的是为应用开发提供接口和软件运行环境的平台层服务。平台架构包括平台服务、应用开发环境和应用运行环境等内容，是信息化应用落地实现的软件支撑。具体构成内容如图 4-41 所示。

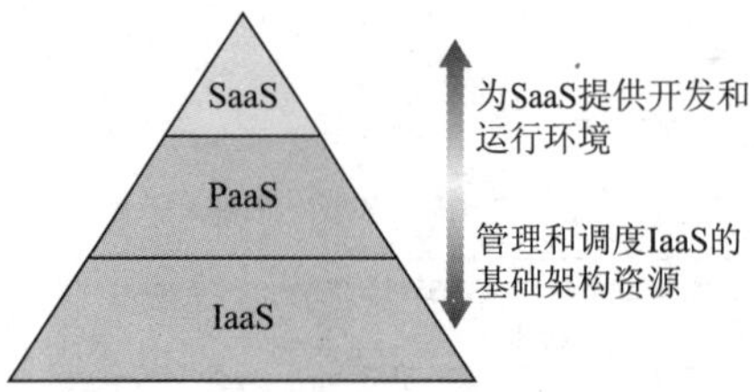

图 4-41　PaaS 平台

平台架构体系设计充分考虑了未来发展的需求，云计算的 PaaS（平台即服务）的新技术，将应用软件研发和运行平台作为一种服务，以服务的模式提交给用户。总体架构包括：平台服务、应用开发环境和应用运行环境三大体系内容。

（1）PaaS 平台特性

①资源池化。资源池化非常重要，为弹性和按需供应提供了基础。因为是资源池，所以 PaaS 平台能够自动化切割和重新部署资源，便于满足个性化用户需要。资源池化常见的方式是虚拟化，在前面介绍过，需要特别强调的是服务器集群及其软件构成的多合一的计算资源也可以视为“池化”。

②服务化。PaaS 将软件研发的平台作为一种服务，加快 SaaS 应用的开发速度。PaaS 能够提供企业进行定制化研发的中间件平台，同时涵盖数据库和应用服务器等。

③平台化。平台为动态服务组合提供基础，有了平台，才是取得云计算成功的关键一步。PaaS 是一个平台集合，承上启下，整合下面的物理和虚拟资源，同时又为上层提供服务支持。在 PaaS 当中最为关键的就是平台服务，做好了它，才能够为实现软件即服务提供强大的支撑，才能最终与业务应用相关联，才能引导企业的真正变革。

④微服务化。软件微服务化已经成为未来软件发展的趋势。未来软件将会以组件群的方式出现在企业或者网络服务领域，每个软件组件实现特定的有限功能，它与分布式计算资源、分布式数据库资源以及其他的必要资源相关。

⑤多租户。多租户弹性是PaaS区别于传统应用平台的本质特性，其实现方式也是用来区别各类PaaS的最重要标志。

城市轨道交通企业云计算PaaS技术架构体系如图4-42所示。

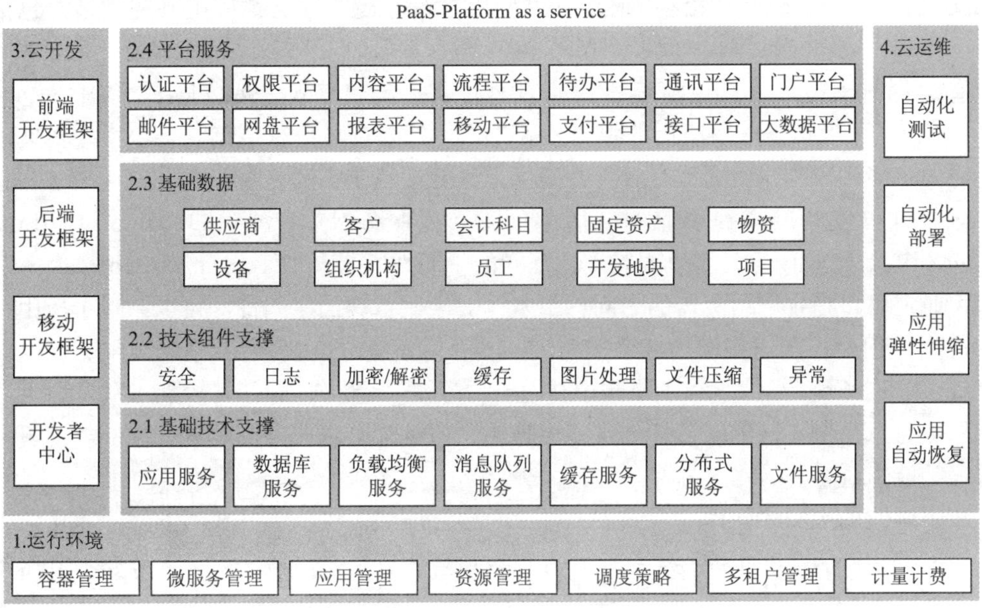

图4-42 城市轨道交通企业云计算PaaS技术架构体系

（2）PaaS运行环境

PaaS运行模式的重要应用场景之一是向用户提供一个支撑应用运行的应用平台。城市轨道交通企业云计算PaaS运行环境如图4-43所示。基于PaaS模式构建应用运行平台，需要满足以下几个需求。

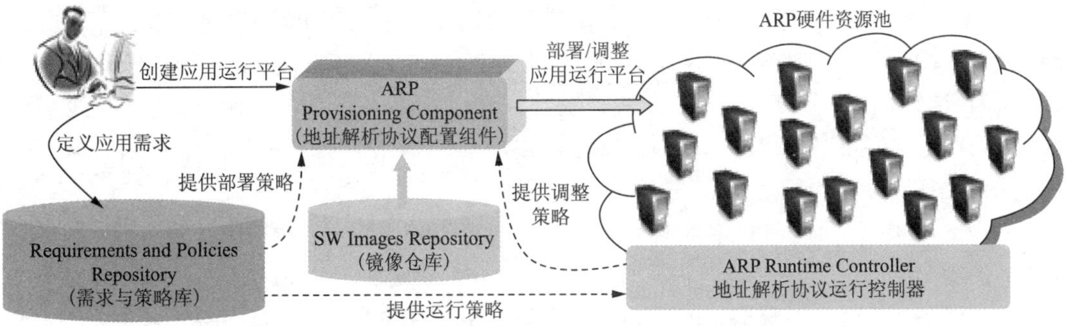

图4-43 城市轨道交通企业云计算PaaS运行环境

提供定义应用需求的接口，用户可以方便地定义满足应用功能需求所需的组件，同时可以定义应用的非功能性需求，例如可用性、服务水平等；

提供基于应用需求快速构建应用运行环境的能力，能将应用需求映射为物理的IT资源和基础设施的具体配置和拓扑结构，并进行快速部署；

提供运行实时动态满足应用需求的能力，将应用需求映射为运行策略，在运行时，根据系统运行的实际状况，例如负载状况对物理的 IT 资源和基础设施进行动态地调整，例如调整负载分配或增减计算资源，使 ARP 具备足够的弹性和灵活性，以实时动态地满足应用需求。

①运行支撑。PaaS 应用运行时，提供应用运行环境，以支撑应用顺利运转，包括运行时支持和中间件支持等。

②运行时支持。内置主流编程语言及程序运行时，包括 .Net、Java、PHP、Ruby、Node JS 等。可以指定应用所需的中间件版本。运行时环境可以定制，平台支持扩展内置运行时的功能，或创建新的运行时，并提供详尽的文档或实例说明。

③中间件支持。内置主流的应用中间件（或服务），包括 .Net、Tomcat、JBoss、MySQL、Redis、MQ 等。可以同时支持不同的中间件版本，如 Tomcat7 和 Tomcat8，在发布应用时，可以指定应用所需的中间件版本。对于服务类的中间件，可以为每个应用（或每组应用）创建不同的实例，各个实例之间相互隔离需要有高可用（HA）配置，以保证服务提供的连续性。

服务可以提供不同的服务计划供应用使用，服务计划对服务的配额、性能、高可用等级等服务能力进行差异化区分。

除了内置的应用中间件（或服务）外，平台还应该提供简单开放的方式，将第三方的应用中间件（或服务）集成到平台中，并可以统一管理、统一鉴权，详细请参考 0 服务管理。具体如下：

Redis：高性能的 key-value 数据，支持集群，高可用、可扩展。

MySQL：关系型数据库管理系统，支持集群，高可用、可扩展。

MQ：消息队列，实现应用程序对应用程序的通信。RabbitMQ 和 ActiveMQ，支持集群，高可用、可扩展。

（3）资源管理

① IaaS 平台适配。PaaS 平台必须适应城市轨道交通企业的 IaaS 环境，需要支持所有 IaaS 平台。PaaS 平台支持多 IaaS 环境同时部署，PaaS 平台组件必须支持集群部署。

②组件管理。提供平台组件的配置、安装、升级、卸载等功能。平台组件的升级或更新不能影响业务的正常使用，不影响已有的功能配置。平台组件的配置应该提供方便的配置形式及操作说明，需要提供 Web 管理界面。

平台需要根据定时策略、各组件使用 CPU、内存的使用情况，动态地伸缩组件实例（虚拟机）的数量。

③资源设置。可对平台运行所需要的各个资源进行额度控制，包括组件实例的个数（虚拟机个数）、虚拟机资源配额（内存、CPU）等。可以在平台部署时进行初始设置，也可以在平台运行时进行设置；平台运行时设置配额时，需要保证当前业务的正常使用。

平台资源配额可以手动设置，也可以根据配置，做到自动设置，提供 Web 管理界面，并设置平台资源。

④ API 能力。提供应用编程接口（Application Programming Interface，简称 API），可以通过 API 实现平台所提供的功能。API 应该功能丰富、使用简单明了，对不同用户（管

理员、普通用户）有权限控制。

根据云平台的通用 API 形式，平台管理 API 应该以 REST（表述性状态传递）方式提供。API 应该有常用的开发语言客户端，例如 java、Node JS 等。

（4）微服务管理

①服务集成。平台需要集成数据库（DB2、Oracle、MySQL）、消息中间件（ActiveMQ）、工作流引擎（Activiti）等第三方服务。集成的第三方服务和平台内置的服务使用方式一致。

②服务发布。第三方服务可以在平台中发布，平台提供通用的接口供服务接入并发布。服务的提供方可以发布或取消发布服务。服务的提供方可以指定服务的使用范围（权限）。

③服务部署。第三方服务可以部署在平台内部，也可以部署在平台外部。服务异常只能影响到使用服务的应用，而对其他应用或平台不能造成影响。在平台内部的服务，可以根据需要运行在容器或虚拟机中。

④服务管理应用编程接口（Application Programming Interface 简称 API）。提供 API，可以通过 API 实现上述 0 服务集成、0 服务发布、0 服务部署的所有功能。API 应该功能丰富、使用简单明了，对不同用户（管理员、普通用户）有权限控制。

根据云平台的通用 API 形式，应用管理 API 应该以 REST 方式提供。API 应该有常用的开发语言客户端，例如 java、Node JS。

⑤服务管理 CLI。提供命令行接口（Command Line Interface，简称 CLI），可以通过 CLI 实现上述 0 服务集成、0 服务发布、0 服务部署的所有功能。CLI 应该功能丰富、使用简单明了，对不同用户（管理员、普通用户）有权限控制。

CLI 应该有常用的运行平台客户端，例如 Windows 和 Linux。

⑥服务管理 Console（控制台）。提供 Web Console 可以通过 Web Console 实现上述 0 服务集成、0 服务发布、0 服务部署的所有功能。Console 应该提供操作友好的 Web 用户，对不同的用户（管理员、普通用户）有权限控制。

（5）应用管理

①应用生命周期管理。可对应用的整个生命周期进行管理，包括应用的发布、启动、停止、下线、重新启动、版本更新等，需要有相应的界面操作。

应用的版本更新可以做到灰度发布，即在不中断业务使用的情况下，更新应用的版本。

可以根据定时策略、应用的内存和 CPU 的使用情况、请求并发量，动态地伸缩应用的实例数量。在应用多实例运行时，平台可以根据路由策略（如请求数、内存使用情况），让各个实例同时分担流量。

平台提供会话保持机制，在一个用户的请求被分发到多个实例时，用户的会话可以保持。

②应用资源设置

可对应用运行所需要的资源进行额度控制，包括应用实例数、内存、磁盘、网络、路由、服务等。可以在应用发布时进行初始设置，也可以在应用运行时进行设置；应用运行时设置配额时，必须保证当前业务的正常使用。应用资源配额可以手动设置，也可以根据配置，做到自动设置。

可以根据策略，为应用分配路由；可以在应用发布时分配，也可以在应用运行时分配。一个应用可以分配多个路由，也可以不分配路由。应用路由的更改不应影响到应用的实例运行。

可以根据需要，为应用创建服务实例。一个应用可以使用多个服务实例，一个服务实例也可以被多个应用使用。

（6）Docker 容器管理

Docker 是一个开源的应用容器引擎，它提供了一种在安全、可重复的环境中自动部署软件的方式，它的出现拉开了基于云计算平台发布产品方式的变革序幕。Docker 让开发者可以打包他们的应用以及依赖包到一个可移植的容器中，然后发布到任何流行的 Linux 机器上，也可以实现虚拟化。容器是完全使用沙箱机制，相互之间不会有任何接口（类似 iPhone 的 App）。几乎没有性能开销，可以很容易地在机器和数据中心中运行。最重要的是，他们不依赖于任何语言、框架以及系统。

Docker 是一个非常轻量级的方案，而且还拥有虚拟机所没有的一些功能，例如标准化 Image（镜像）、Imagc 共享等，更重要的是，利用 Docker，你可以运行非常多的容器，在你的 Mac 下搭建一个分布式的开发环境根本不是什么大的问题，而且对内存、磁盘和 CPU 的消耗相比传统的虚拟机要低许多。

对于运维人员，Docker 提供了一种可移植的标准化部署过程，使得规模化、自动化、异构化的部署成为可能甚至是轻松简单的事情；而对于开发者来说，Docker 提供了一种开发环境的管理方法，包括映像、构建、共享等功能。

虚拟化关注硬件底层资源的池化和资源隔离，也就是资源的管理贯穿在整个虚拟化技术的生命周期里面。而容器技术一开始就是关注应用层面，在现有的资源上如何实现应用的敏捷开发，应用是容器技术的核心。

Docker Container（容器）和普通的虚拟机 Image 相比，最大的区别是它并不包含操作系统内核，Container（容器）有时候也会被称为操作系统级虚拟化，以区别于传统的 Hypervisor 虚拟技术。它不对硬件进行模拟，只是作为普通进程运行于宿主机的内核之上。如图 4-44 所示。

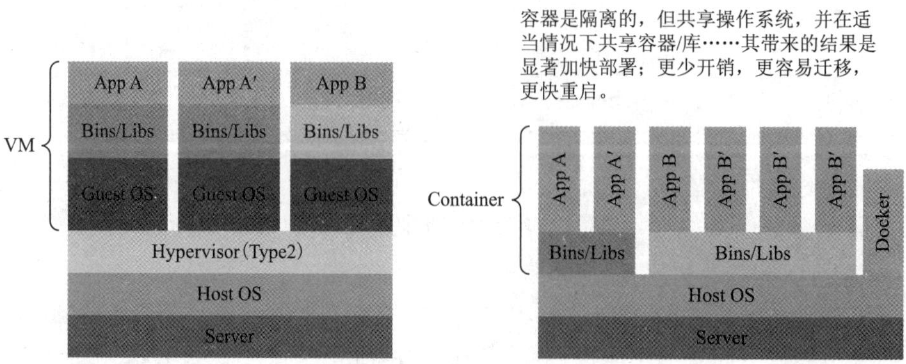

图 4-44　Docker container

普通虚拟机将整个操作系统运行在虚拟的硬件平台上，进而提供完整的运行环境供应用程序运行，而 Docker 则直接在宿主平台上加载运行应用程序容器技术，和 Hypervisor 技术虽然不属于同一层次的概念，但是作为具有计算能力的应用运行载体来说，它们还是有一定的共通性和竞争关系的，他们之间的对比见表 4-6。

容器技术与虚拟机技术对比　　表 4-6

	容器技术	虚拟机技术
占用磁盘空间	小，甚至几十 KB（镜像层的情况）	非常大，上 GB
启动速度	快，几秒钟	慢，几分钟
运行形态	直接运行于宿主机的内核上，不同容器共享同一个 Linux 内核	运行于 Hypervisor 上
并发性	一台宿主机可以启动成千上百个容器	最多几十个虚拟机
性能	接近宿主机本地进程	逊于宿主机
资源利用率	高	低

Docker 可以应用在各种场景下，比如公司内部开发测试使用，或者作为共有或者私有 PaaS 平台等。

①在开发中，构建开发环境变得简单，简单包括以下几个方面的意思。快速：只需 docker run 即可；共享：通过 Dockerfile（镜像构件命令）或者 Registry（注册）；自动化：一切代码化的东西都可以自动化；统一：每个人的开发环境都是一模一样的。

②在测试中解决环境构建问题。有时候构建测试的环境是一项费时费力的工作，而 Docker 能让这变得轻松。如果你的测试比较简单的话，甚至直接拿开发构建的镜像就可以开始了。

③部署和运维，基于容器的部署和自动化。Docker 定义了重新打包程序的方法。

Docker 容器 + 用户应用 = 部署单位（构件）。

Docker 可以看作是用代码编写出来的国际集装箱，它可以把任何应用及相关依赖项打包成一个轻量、可移植（Portable）、自包含的容器。

以前部署代码都是代码级别的，有了 Docker，则可以进行容器级别的部署。这样带来的最大的好处就是开发者本地测试、CI（持续集成）服务器测试、测试人员测试以及生产环境运行的都可以是同一个 Docker 镜像。

④快速进行横向扩展。Docker 容器的启动速度很快，可以瞬间启动大量容器，所以它非常适合在业务高峰期进行横向扩展。这可要比传统的启动 EC2 实例或者物理机快多了。它天生的和云计算技术相结合，当然，由于 Docker 具有很好的移植性，所以它更强大的地方还在于和云环境结合使用。

Docker 容器是可移植，或者说跨平台。将来的应用部署可能是在本地进行打包（成 Docker 镜像），然后传送到云端运行，至于是 AWS（亚马逊云服务）还是 GCE（谷歌计算引擎） 都不是问题，Docker 都能在其上运行。这样不仅能在一定程度上解决了 Vendor-lockin（厂商锁定）的问题，同时也使得在不同的云服务提供商之间迁移变得简单。尤其是未来在使用多云（Multi-cloud）环境的时候，这将非常便利。

⑤调度策略。当应用被扩展到多台宿主机，管理每个宿主系统和抽象化底层平台的复杂性变得更有挑战。在这个环境下，“调度”指的是一个管理员可以在一个宿主机上启动

一个服务文件来实现如何运行特定的容器。当调度指加载服务配置的特定操作时，一个更普遍的情况下，调度器的责任是嵌入一个宿主系统来管理任何需要的服务。

为了在整个集群的宿主机上启动和管理容器，调度必须与每台宿主机上的init（初始化）系统进行交互。同时，为了管理的简便，调度器抽象出一个统一视图关于整个集群上所有服务的状态。这最终功能像一个集群范围的init系统。正是这个原因，许多调度器复制了init系统的命令结构。

调度器最大的责任之一就是宿主选择。如果管理员决定在集群中启动一个服务（容器），调度器通常是被要求自动的选择一个主机。管理者可以选择性地提供调度限制，根据他们的要求或者需要，但是调度器是最终负责执行这些要求的。

a. 调度决策。调度器通常定义一个默认调度策略。这决定了服务在没有管理员输入时将如何调度。例如，一个调度器可能选择最近激活服务的宿主机上部署新服务。

调度器通常提供覆盖机制，使得管理员可以调优特定的进程来满足特殊需求。例如，假定有两个容器必须同时运行在同一个宿主机上，因为它们作为一个单元来运行，这种关联性就可以在调度时被声明。同样，如果两个容器必须不能在同一个宿主机上运行，例如这是为了确保同一个服务的两个示例的高可用性，它也可以被预定义。

一个调度器应该注意的其他限制条件也可以通过任意的元数据来表示。单独主机可以被调度器打上标签和定位。这很有必要，例如如果一个主机包含了某个应用必需的数据卷。一些服务可能需要被部署在集群中的每个独立主机上。大多数的调度器都支持上面的操作。

b. 多容器部署调度。有时，尽管一个应用的不同组件已经被打碎成离散服务，它们依然需要被作为一个整体来管理。有时候它可能并不起作用，当部署了一个服务而没有部署另一个时，也需要被作为一个整体去管理，因为他们相互依赖。

高级调度策略通过一些其他项目考虑了容器组的存在。这种功能获得的收益确实非常少。

分组容器管理使得管理员可以将一个集合的容器作为一个单独应用来处理。运行紧密关联的组件作为一个单元简化了应用管理，也不会牺牲功能划分带来的好处。事实上，它使得管理员从容器化和面向服务体系架构上持续保持收益，同时尽量减少额外的管理开销。

分组容器可以简化调度它们和提供同时启动或关闭的能力。它同样可以使得一些复杂的场景，例如为每组应用配置单独的子网、扩展整组的容器。

3）*云开发*

建立企业的开发环境，有助于帮助提高企业进行应用系统的多元化和产品定制化能力；能够更好地沉淀项目经验，有助于加快开发速度，提升用户需求的响应速度；有助于降低供应商的依赖，从而降低优化和维护成本。

城市轨道交通企业可以根据自身的技术力量，考虑采用微服务架构搭建PaaS的应用开发环境。

（1）微服务架构

微服务是SOA的传承，微服务是采用一组服务的方式来构建一个应用，服务独立部署在不同的进程中，不同服务通过一些轻量级交互机制来通信，例如RPC（远程过程调用）、HTTP等，服务可独立扩展伸缩，每个服务定义了明确的边界，不同的服务甚至可以采用不同的编程语言来实现，由独立的团队来维护。微服务架构如图 4-45 所示。

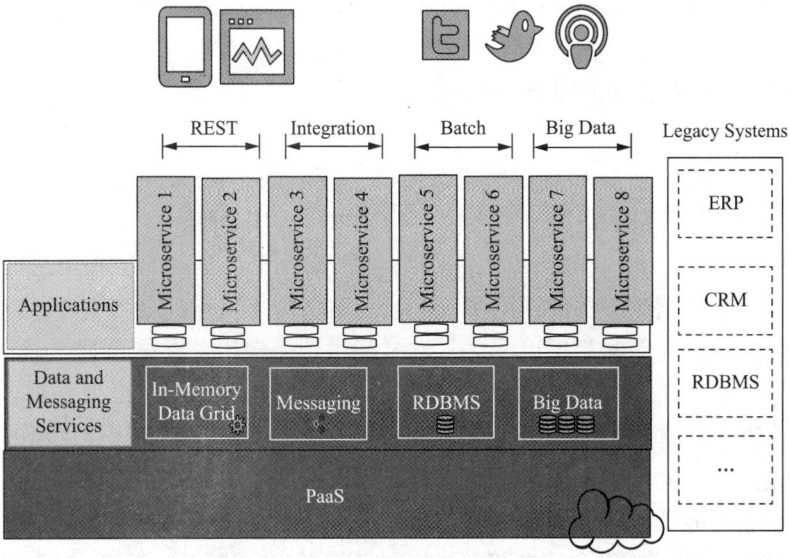

图 4-45 微服务架构

①通过服务实现组件化。传统实现组件的方式是通过库（library），传统组件是和应用一起运行在进程中，组件的局部变化意味着整个应用的重新部署。通过服务来实现组件，意味着将应用拆散为一系列的服务运行在不同的进程中，那么单一服务的局部变化只需重新部署对应的服务进程。另外将服务作为组件可以更明确的定义出组件的边界，因为服务之间的调用是跨进程的，清晰的边界和职责定义是设计时必须考虑的。

②按业务能力来划分服务与组织团队。传统开发方式中，我们将工程师按技能专长分层为前端层、中间层、数据层，前端对应的角色为 UI（用户界面）、页面构建师等，中间层对应的角色为服务端业务开发工程师，数据层对应着 DBA（数据库管理员）等角色。事实上传统应用设计架构的分层结构正反应了不同角色的沟通结构。而微服务架构的开发模式不同于传统方式，它将应用按业务能力来划分为不同的服务，每个服务都要求在对应业务领域的全栈（从前端到后端）软件实现，从界面到数据存储再到外部沟通协作等。因此团队的组织是跨功能的，包含实现业务所需的全面的技能。近年兴起的全栈工程师正是因为架构和开发模式的转变而出现，当然具备全栈的工程师其实很少，但将不同领域的工程师组织为一个全栈的团队就容易的多。一般具有以下三个特征。

a. 服务即产品。传统的应用开发都是基于项目模式的，开发团队根据一堆功能列表开发出一个软件应用并交付给客户后，该软件应用就进入维护模式，由另一个维护团队负责，开发团队的职责结束。而微服务架构的倡导者提议避免采用这种项目模式，更倾向于让开发团队负责整个产品的全部生命周期。

开发团队对软件在生产环境的运行负全部责任，让服务的开发者与服务的使用者（客户）形成每天的交流反馈，来自直接客户端的反馈有助于开发者提升服务的质量。

b. 去中心统一化。传统应用中倾向于采用统一的技术平台或产品来解决所有问题。

不是每个问题都是钉子，也不是每个解决方案都是一个锤子。问题有其具体性，解决方案也应有其针对性。用最适合的技术方案去解决具体的问题，在大一统的传统应用中其实很难做到，而微服务的架构意味着，你可以针对不同的业务服务特征选择不同的技术平台或产品，有针对性的解决具体的业务问题。

c. 基础设施自动化。单一进程的传统应用被拆分为一系列的多进程服务后，意味着开发、调试、测试、集成、监控和发布的复杂度都会相应增大。必须要有合适的自动化基础设施来支持微服务架构模式，否则开发、运维成本将大大增加。

③故障设计（Design for Failure）。正因为将服务独立在不同的进程中后就引入了额外的失败因素。任何时刻对服务的调用都可能因为服务方不可用而导致失败，这就要求服务的消费方需要优雅地处理此类错误。这其实是相对传统应用开发方式的一个缺点，不过随着一些开源服务化框架的出现，对业务开发人员而言适当地屏蔽了类似的错误处理，不过开发人员依然需要知道对服务的调用是完全不同于进程内的方法或函数调用的。

④进化设计。一旦采用了微服务架构模式，那么在服务需要变更时我们要特别小心，服务提供者的变更可能引发服务消费者的兼容性破坏，时刻谨记保持服务契约（接口）的兼容性。对于解耦服务消费方和服务提供方，特别适合用伯斯塔尔法则（Postel’s Law）的思想：发送时要保守，接收时要开放。

按照伯斯塔尔法则的思想来设计实现服务调用时，“发送的数据要更保守”，意味着最小化地传送必要的信息，“接收时更开放”意味着要最大限度地容忍信息的兼容性。多余的信息不认识可以忽略，而不应该拒绝或抛出错误。

（2）微服务架构应用

采用微服务架构面临的第一个问题就是如何将一个单一应用拆分为多个服务。有一个一般的原则就是，单一服务提供的功能是可以独立被替换和升级的。也就是说，如果有A和B两个功能，如果A功能发生变化的同时B功能也需要变化，那么A和B这两个功能应该被划在一个服务中。

微服务架构应用获得的成功经验近年已越来越多，例如国外的Amazon（亚马逊）、Netflix（网飞）；国内的阿里等都采用了微服务架构取得了很多正面的成功案例。微服务架构需要根据实际的业务、团队、环境进行了仔细的权衡利弊。其中的服务拆分带来了额外开发、测试、运维、监控的复杂度，要判定在现有的环境、团队下是否能够很好地支持。

（3）开发框架

软件开发框架是软件系统的设计、开发过程中的一个概念，它强调对已完成的设计、代码的重复使用，并且，一个框架主要适用于实现某一个特定类型的软件系统，框架在于确定上述每种因素的具体技术实现，并规定它们在系统中的组织方式和协作方式，从而给出完整的企业应用解决方案。

开发框架应选用业界相对成熟和主流的开发框架，当前主流的开发框架主要基于J2EE（Java 2 platform Enterprise Edition，Java 2平台企业版）和.Net上进行构建，而且基于云计算、大数据的架构已成为当今社会的主流。快速响应、轻量化、松耦合、分布式并行处理将是社会的要求，同时也是企业未来开发框架的基本技术要求。通过采用标准、统

一、成熟的应用开发框架可以给企业信息化建设带来显著的效益。

①缩短开发周期。采用标准化的框架进行软件开发，通过成熟的组件重用（reuse）机制，能最大限度地加快一个特定应用系统的实现，效率相比传统模式可以提升3倍以上。

②客户化。基于框架的系统有很多功能通过配置而不是编程实现，这样也就给用户带来了一定的便利。比如，企业内部的IT人员经过一定培训，就能够独自完成一种新的工作流程的设置。这对于不断变化的业务需求是一个很理想的解决方案。

③不要重新发明轮子。“不要重新发明轮子”，即Don’t Reinvent the Wheel，这是IT界的著明谚语。它代表着“无论遇到什么样的问题，你都有这样的机会，那就是总有什么人在什么地方遇到过类似的问题。”因此，在具体开发时，可以套用成熟、稳定的做法。这不仅能加快开发进度，更能够提升系统的质量和健壮性。

④可维护性/知识共享。完全通过委托开发完成的系统很难由其他厂商维护。框架往往是多个企业、大量开发者实践的成果，因此能在一定程度上打破上述壁垒，增进系统的可维护性。当框架使用者形成社区之后，还能实现更高层次上的知识共享。

⑤基于J2EE的开发框架。J2EE企业体系结构由原IT及互联网技术服务公司Sun Microsystems（已被甲骨文公司收购）设计的基于Web应用系统的开发规范，可提供基于Java语言开发服务器端EJB组件规范开发的可移植、多用户、安全和标准的企业级Java服务器端部署平台。J2EE是通过一个基于组件的应用程序模型为分布式应用程序提供一个统一的开发规范和标准，通过指定应用程序的功能和接口以及部署应用程序的运行环境，提供应用程序与运行基础结构的明确分界线，使应用程序开发人员可以集中考虑应用程序逻辑和相关服务。

基于J2EE开发规范构造基于Web的软件应用系统主要有以下几点优势。

a. 独立于系统平台。应用软件拥有Java的跨平台特性，增强了软件的适应性。

b. 集成企业信息资产。系统可以在企业已有的信息系统的基础上开发，并可以使用其信息资源。

c. 系统开发效率高。J2EE可以使开发人员使用中间件供应商提供的中间件来负责通用的、复杂的和烦琐的服务器端任务，而主要开发业务处理组件，提高了开发速度，来适应不同企业软硬件的环境。

d. 实现了软件复用。根据系统的要求，开发人员可以集成不同的已有组件完成整个应用系统的开发。

e. 可扩展性高。基于开发的应用程序可以部署到各种操作系统中。

f. 系统稳定性、持续性和安全性高。J2EE为应用系统提供了良好的安全和运行模型，系统可以稳定、高效地运行。

基于J2EE的企业级应用体系结构是拓展了当前的分布式Web应用程序体系结构的思想。它引入了组件技术、服务技术和通信技术，依靠通信、服务技术的支持，系统通过访问服务器端组件来完成系统的业务处理功能。由服务器端组件来完成系统的业务处理功能。随着软件工程技术的发展，特别是面向对象技术的出现和应用，基于数据和行为封装的对象技术使基于组件技术的企业级应用体系结构的实现变成可能。通过开发和扩展系统里的中间件，将不同的应用功能组件化，让多个应用程序使用一组共同的组件，简化系统结构，实现软件的复用。

4）云运维

自动化一切是云运维核心思维，开发、测试、技术运营需要一起优化交付过程，自动化构建、自动化部署、自动化测试、自动化运维。在组织文化能力中，自动化不是指使用具体工具实现工作的自动化，而是团队需要具备自动化一切的思维，持续的寻找交付过程中一切可以自动化的工作。

（1）自动化测试

自动化测试是把以人为驱动的测试行为转化为机器执行的一种过程。通常，在设计了测试用例并通过评审之后，由测试人员根据测试用例中描述的规程一步步地执行测试，得到实际结果与期望结果的比较。在此过程中，为了节省人力、时间或硬件资源，提高测试效率，便引入了自动化测试的概念。

自动化测试的目标是对验证产品是否符合需求，使用自动化测试工具对产品进行测试，生成自动化测试报告。

测试人员在自动化测试的基础上根据业务需求和以往的测试经验进行探索性测试，以此发现隐藏的缺陷。

如果没有持续测试，也就不能对持续集成进行及时验证，自然也就无法做到有效的持续交付。作为持续测试必需的能力，测试自动化自然不可或缺，但它也不仅仅只是工具的运用，还需要过程、方法等多方面的支撑。

测试通过将待发布的产品部署包到预发布环境，并进行验证的过程，包括性能测试、渗透测试、功能探索性测试等，预发布的目标是确定待发布产品部署包是否可以部署到生产环境。在确认可以发布后，需要生成发布说明包括新特性和缺陷修复的信息等。

自动化测试与软件开发过程从本质上来讲是一样的，无非是利用自动化测试工具，经过对测试需求的分析，设计出自动化测试用例，从而搭建自动化测试的框架，设计与编写自动化脚本，测试脚本的正确性，从而完成该套测试脚本。

①自动化测试需求分析。当测试项目满足了自动化的前提条件，并确定在该项目中需要使用自动化测试时，我们就要开始进行自动化测试需求分析了。此过程需要确定自动化测试的范围以及相应的测试用例、测试数据，并形成详细的文档，以便于自动化测试框架的建立。

②自动化测试框架的搭建。所谓自动化测试框架就是像软件架构一般，定义了在使用该套脚本时需要调用的哪些文件、结构，调用的过程以及文件结构如何划分。

而根据自动化测试用例，我们很容易能够定位出自动化测试框架的几个典型要素。

a. 公用的对象。不同的测试用例会有一些相同的对象被重复使用，比如窗口、按钮、页面等。这些公用的对象可被抽取出来，在编写脚本时随时调用。当这些对象的属性因为需求的变更而改变时，只需要修改该对象属性即可，而无须修改所有相关的测试脚本。

b. 公用的环境。各测试用例也会用到相同的测试环境，将该测试环境独立封装，在各个测试用例中灵活调用，也能增强脚本的可维护性。

c. 公用的方法。当测试工具没有需要的方法时，而该方法又会被经常使用，我们便需要自己编写该方法，以方便脚本的调用。

d. 测试数据。也许一个测试用例需要执行很多个测试数据，我们便可将测试数据放在一个独立的文件中，由测试脚本执行到该用例时读取数据文件，从而达到数据覆盖的目的。

（2）自动化部署

自动化应用部署是 PaaS 平台的必备能力，通过对每个应用部署过程的自动化，可以为提升应用持续发布的效率带来显著的好处。一般地，目前部署过程涉及到应用、环境和部署流程主要的模型，要实现自动化首先要做的是将需要部署的应用、环境和流程进行建模，因此还是需要一个自动化部署系统来支撑的。

对于习惯于开发和部署本地应用的组织来说，设置自动部署工具的确给软件开发引进了一个新的步骤，需要一个学习的过程，还要有相关的投入。但是见效很快，因为每进行一轮开发，你都可以快速地部署到云上然后进行测试过程，第一次把东西设好是个挑战，但这完全是值得的。

自动应用部署也改进了软件的总体质量。在整个软件生命周期都使用好的工具，能够把人的干预最小化；能够节省必须等待某人做某事的时间。一旦把人的干预去掉，质量就更加可被预测，也会变得更好。

在持续集成和持续部署的基础上，持续交付水到渠成，实现持续性地将特性代码发布为在线服务供用户使用。

在选择自动化应用部署工具时需要考虑几个因素，这在很大程度上取决于内部开发流程和策略。

①变更和配置管理能力。应用的任何部分发生变化之后，工具可以重新部署整个应用过程，因此需要选择支持内部变更和配置管理策略的工具。

②是否支持多个云部署。自动化部署工具除了可以快速地把应用部署私有云的 PaaS 平台上，还需要同样能够部署到公有云上。

（3）应用恢复

系统检测到应用故障、容器故障、虚机故障等均可以自动恢复。系统出现故障以及故障以后的恢复是传统环境运维人员的另外一大噩梦，排除故障需要强大的内心。

对于 PaaS 平台中的每个组件，如何做到简单、自定义地监控，并且在服务异常时启动服务的快速恢复功能。容器异常自动恢复、服务内容器跨地域部署，可快速迁移；有状态服务数据支持多种形式进行持久化存储，保证用户的数据安全。

云运维的应用恢复要包括以下几个方面。

①虚机故障自动恢复。

②物理机故障自动恢复。

③进程故障自动恢复。

（4）弹性伸缩

微服架构支撑更高效的应用可伸缩性，PaaS 平台提供的微服框架来从框架层面支撑应用的弹性伸缩。大部分的应用，都有其利用忙时与闲时，往往应用系统发生故障的原因是由于突发的大流量使得应用系统崩溃而导致，而如果提前给应用系统预分配过多资源又导致资源紧张并且利用率不高。而且，有时候这些突发性流量又是无法预估其并发量的。

基于 paas 平台部署应用，能根据应用的当前状态，实现应用的弹性伸缩，防止突发性流量导致的应用崩溃同时增加系统的资源利用率。应用扩容缩容，面对突发大规模访问，需要快速重新分配资源再部署，也是运维人员的一个重要工作，而 PaaS 平台的弹性伸缩能自动解决这类问题。

①手动伸缩。PaaS 平台提供 API 和命令行，对应用进行手动的伸缩，包括对应用的容器实例数、运行容器的内存大小、磁盘大小等，进行实时的伸缩，如增加或是减少应用运行实例数。

②自动弹性伸缩。提供应用自动弹性伸缩的服务，对于需要弹性伸缩的应用，绑定服务即可。

内置的服务可以配置应用容器的平均 CPU，进行弹性伸缩设置，比如对目标应用进行配置，如果平均 CPU 的使用率低于 20% 就对运行实例数进性缩减，直到最少运行一个实例，如果平均 CPU 达到 80%，那么就对运行的实例数进行扩展。

5）技术组件

随着软件规模的不断扩大，对软件质量和生产效率的要求就会越来越高，软件重用使得软件开发不再一切“从零开始”。组件，又称构件，它是迄今为止最优秀的软件重用手段。

为了提高应用系统的开发效率和开发成本，更好地满足企业应用组件的可重用性，人们会越来越关注轻量级容器和轻量级企业应用组件的应用，开发者可专注于业务逻辑和脱离框架的单元设计开发和测试。组件库框架内容如图 4-46 所示。

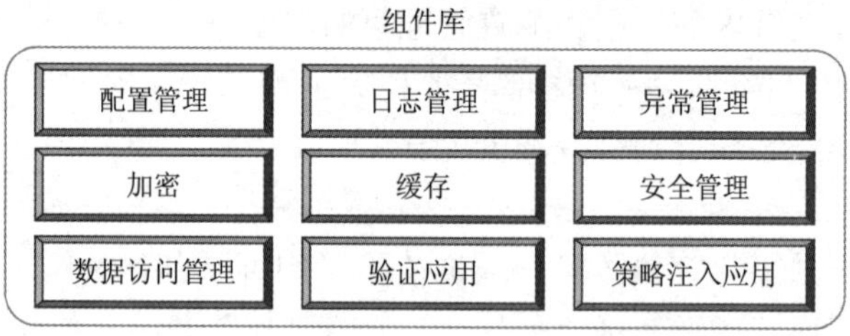

图 4-46　组件库

（1）安全组件

安全组件主要提供用户认证、用户授权、用户凭据缓存和 Profile（配置文件）管理。

（2）日志组件

日志组件主要提供标准的日志和监测功能，支持以电子邮件（Email）、数据库（Database）、文本文件（Text File）、消息队列（MSMQ）、WMI 等方式记录日志信息。

（3）异常组件

异常组件主要提供常用的异常处理功能，包括异常包装处理程序、异常替换处理程序、异常日志处理程序。

（4）数据访问组件

数据访问组件主要提供标准的数据库操作功能，它包括表对象支持数据操作、对象继承、视图对象映射、统计对象映射等。

（5）加密 / 解密组件

加密 / 解密组件主要提供加解密功能，提供MD5、RSA、DES、IDEA、DSA等加密算法。

（6）缓存组件

缓存组件主要是存储与数据使用者尽可能接近的相关数据，以提高应用程序的性能，避免重复进行数据创建、处理和传输。支持内存驻留型缓冲和磁盘驻留型缓冲。

（7）配置管理组件

配置管理组件主要为配置信息提供了简单的接口，支持不同的配置存储，支持配置信息的加密，支持配置文件的动态更新。

（8）验证应用组件

验证应用组件主要为业务对象创建验证规则，这些规则可以跨越应用程序的不同层。

（9）策略注入应用组件

策略注入应用组件主要是实现拦截策略，实现如权限认证、日志记录、异常处理、缓存等功能。

6）基础数据

PaaS平台的基础数据主要是对城市轨道交通企业的供应商、客户、惠及科目、固定资产、设备、物资、组织机构、员工等业务主数据和公共数据进行封装，形成基础数据服务提供给上层的业务应用使用，以便快捷地构建出新的业务应用。

基础数据内容具体见本书数据架构规划章节。

4. 平台服务

平台服务是业务逻辑应用和基础架构平台之间的一个中间层，它主要解决“应用软件的业务描述和操作系统平台、软件基础架构平台之间的交互与管理问题”。基于组件化集成平台和传统的业务基础平台主要的差异在于组件化业务基础平台具有更多的灵活性、可扩展性，能够更加方便地进行组件升级和组件维护。特别是对于大型的行业软件来说，易于升级、易于维护，能够灵活地扩展成为评测一个集成平台的一个重要标准。

企业可以不用重复建设应用基础凭条，统一采用行业云的所提供的成熟的平台服务，减少信息化成本的投入，缩短信息系统的建设周期。

企业的平台服务采用云计算技术来构建，集成平台利用企业服务总线整合企业的各应用系统和企业门户、工作流平台、统一用户平台等基础技术平台，形成SOA架构的分层设计方法来构建整体框架实现与各应用系统和基础技术平台的集成。

1）企业服务总线（系统）

（1）系统建设背景

随着越来越多的应用系统投入使用，需要传递和关联的数据内容也相应地越来越多，相互之间的交互复杂度逐渐提高、应用集成难度也越来越大。企业最初识别的集成关系比较简单。简单的系统间集成关系如图4-47所示。

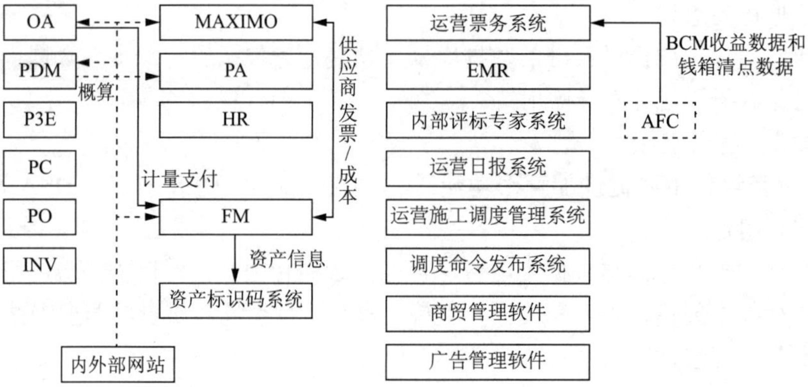

图 4-47　简单的系统间集成关系

随着信息化的不断发展，目前的集成关系已经越来越复杂，这种复杂的系统间集成关系如图 4-48 所示。

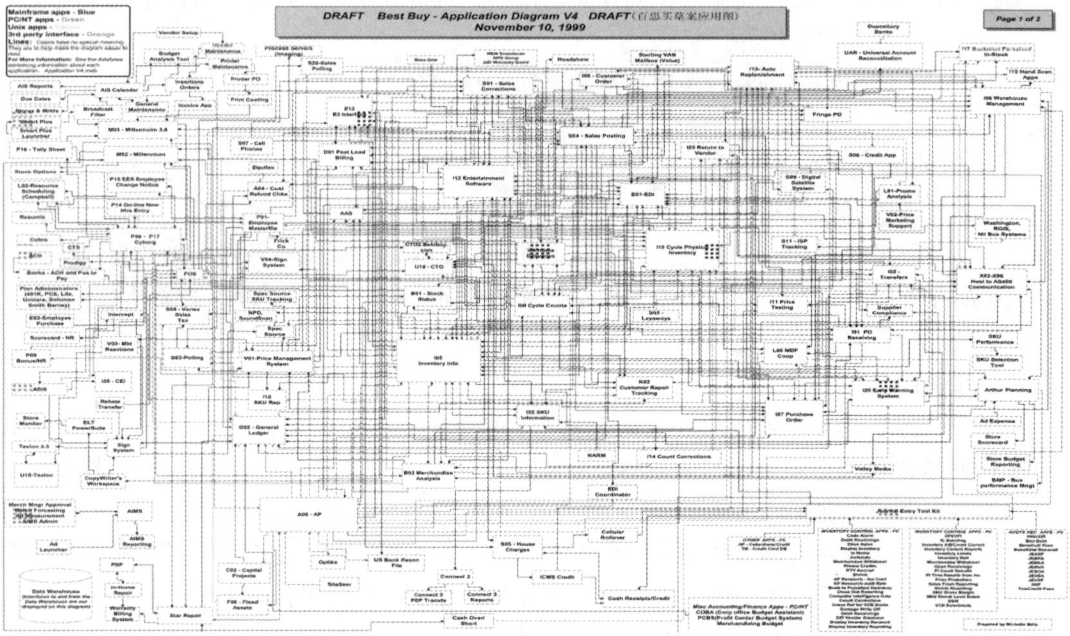

图 4-48　复杂的系统间集成关系

通过企业服务总线 ESB 的建设，可实现集成体系从无序、难以管理的蛛网状向集中统一、标准化且可扩展的方向提升，转变后的集成关系图如图 4-49 所示。

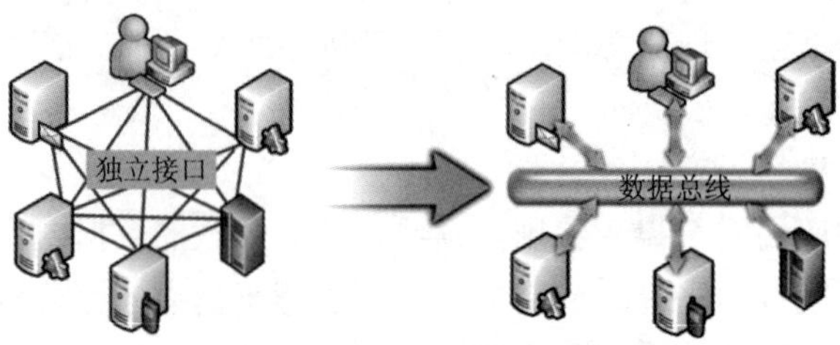

图 4-49　集中统一的集成关系

（2）系统建设目标

搭建企业统一的服务总线平台，针对非微服务架构原生开发的应用系统的提供集成服务，实现该部分系统的业务协作和数据应用提供技术标准统一、平台统一、运作高效的集成服务，以辅助其业务开展。

（3）企业服务总线功能（图 4-50）

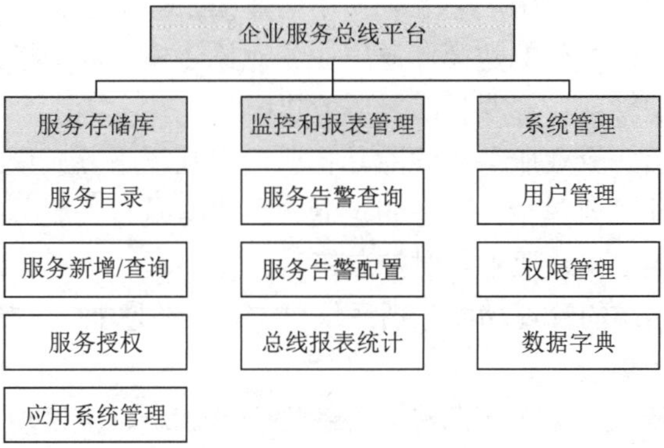

图 4-50　企业服务总线功能

①服务存储库。服务存储库主要包括服务目录、服务新增 / 查询、服务授权。

服务目录：服务根据数据、功能等类型进行划分，并在统一的界面进行展示，以便用户进行查看和操作。

服务新增 / 查询：由管理员进行服务内容的增加和查询。

服务授权：由管理员进行服务操作权限的控制，包括授予某系统或回收授权等。

②监控和报表管理。监控和报表管理主要包括以下几个方面。

服务告警查询：针对服务运行的情况，对服务及企业服务总线运行所报告的异常信息进行查询。

服务告警配置：通过对服务的监控，分析服务访问日志，对异常的情况生成告警事件，这主要包括三个方面的内容：服务监控，是指对服务的调用、运行信息进行采集，将采集到的记录进行记录。一个服务对应一个 WSDL（网络服务描述语言）资源，监控是对整个服务的监控，而不是对服务里面的各个方法。告警产生，指通过定时服务，定期对服务运行日志的分析，对于有异常的日志，则产生了相应类型的告警。告警处理，对于生成的告警事件，维护人员可单个进行处理，也可以批量处理。

总线报表统计：分析统计是指对服务的访问量、服务的数据流量进行统计。统计维度：按时间，分年度、分月度。分析源：分析的数据来源于服务监控程序产生的服务调用日志。呈现方式：以图形化的方式呈现。每天对访问的数据进行汇总，每月再对每天的数据汇总，逐层汇总最终形成月度、月度的分析图。

消息处理：作为面向服务的企业服务总线，消息处理是其重要的功能模块。主要功能要求包括：消息编码的逻辑处理、基于消息内容的逻辑处理、消息和数据的转换控制、消息 / 服务聚合及相互关系管理、消息有效性控制、消息中介、消息对象标识映射、服务 /

消息聚合、消息存储和转送控制。

服务质量管理：为了保证企业服务总线接入的各个服务的服务质量，企业服务总线需要具备服务质量管理功能：包括事务管理[原子事务，补偿，Web服务事务(WS-Transaction)]，Web 服务的可靠消息传递（WS-Reliable Messaging）等，通过对服务过程和反馈结果的内容进行监控，对异常的服务情况进行记录和预警。

建模工具：企业服务总线中还需要有易用的建模工具来进行针对服务总线的开发和管理。主要功能包括：消息对象的建模、通用业务对象建模、数据格式库管理、业务到业务集成的公共与私有模型管理、开发和部署环境建模等。

服务的管理和自治：企业服务总线除具备服务交互、服务质量管理的功能外，还需要具备的一系列管理功能主要包括：服务的定制、注册与发布，服务跟踪，服务的质量监控（包括流量控制、错误隔离、服务超时控制等）。

系统管理：实现系统的管理功能包括系统日志，系统性能（如流量等）的测量和监控，系统管理和管理工具的集成。

安全性管理：设计和实现服务总线系统的安全性模块，主要功能包括：身份验证、功能授权、操作的不可抵赖性、机密性、遵循安全标准［例如 Kerberos 和 Web 服务安全性（WS-Security）］。对接口接入和操作传递的信息通过加解密进行安全的控制。

通信接入：包括通信地址的寻址和路由，标准通信协议接入的标准转换（包括 FTP、HTTP、HTTPS、JMS、MQ、SOAP 等）、通信请求响应的会话管理、消息发布订阅管理、同步和异步的消息传递、事件管理等。

服务交互：包括服务接口定义（如 WSDL）、服务的实现和替代、通信和集成业务所需要的服务消息传递模型（通过 SOAP 协议方式、XML 文件方式实现）、支持服务的目录管理等。

数据集成：包括数据库操作、应用程序的适配器（Adapter）、企业应用程序集成中间件的连接性、服务映射、协议转换、数据压缩、数据转换映射、应用程序服务器环境（例如 J2EE ™和 .Net）服务调用的语言接口（包括 JAVA ™、C/C++/C# 等技术类型的接口）等。

服务订阅和分发：根据所接入业务的要求情况，对服务的主动推送、订阅、分发等操作方式进行设计实现，并设定操作所需要遵循的标准规范要求，要在项目成果中体现，以指导和规范后续工作的进行。

2）统一用户管理系统

（1）系统建设背景

企业信息系统数量和用户数量不断增加后，用户数据在各个信息系统的分散管理，会导致用户账号开通时间长、同一用户具有多个不同账号、用户和组织信息更新不及时、用户账号审计复杂、用户信息维护成本高以及用户数据安全隐患等问题。并承担起对企业内部用户统一认证和授权的职能，是安全的重要组成部分。

建立统一用户管理系统，能有效地解决用户数据分散管理带来的各类问题。首先需要确定用户数据和组织数据的数据源，通常为人力资源管理系统。当数据源中用户数据和组织数据发生变化时，统一用户管理系统会自动地从数据源进行用户数据和组织数据同步，并对用户数据和组织数据进行标准化转换，同时自动管理维护企业 AD 域中的用户数据，为各个应用系统提供用户数据和组织数据同步的服务，形成用户统一管理体系。

（2）系统建设目标

通过统一用户管理系统，明确用户数据和组织数据的数据源；建立用户账号生成规则；实现用户账号的自动化生成；实现用户数据和组织数据从数据源的自动同步；建立用户数据和组织数据的标准规范；实现对用户数据和组织数据的统一管理和发布；实现对 AD 域系统的自动管理；实现与单点登录的集成。提高用户使用体验，提升企业运行效率，降低企业维护成本和信息化投资成本，提高信息系统安全性。

（3）系统主要功能

统一用户管理系统的主要功能如图 4-51 所示，具体描述如下。

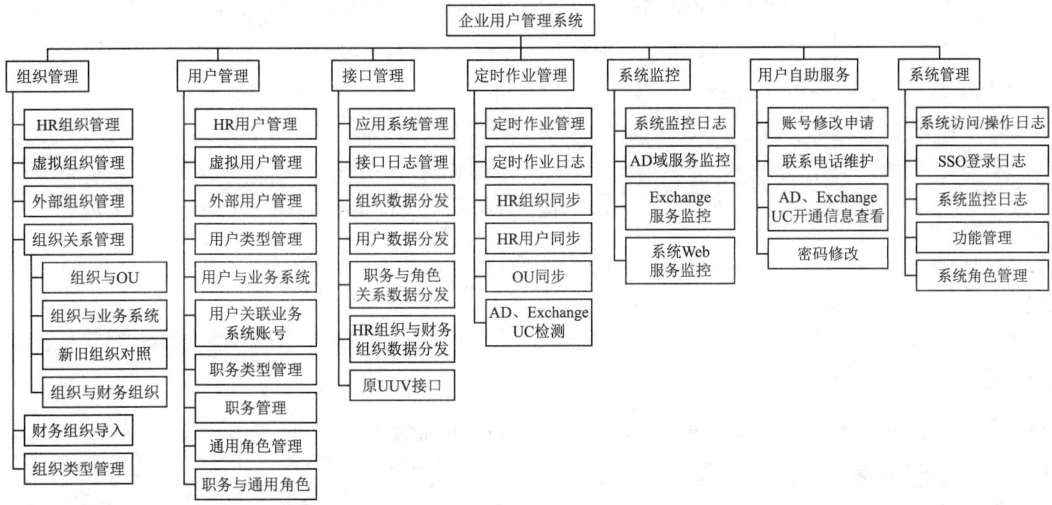

图 4-51　统一用户管理系统功能框架图

①组织管理。它是指管理企业组织信息、管理虚拟组织信息、管理外部组织信息、管理组织与业务系统映射关系、管理组织与 AD 中 OU 的映射关系。

②用户管理。 它是指管理企业用户信息、管理虚拟用户信息、管理外部用户信息、管理用户与业务系统映射关系、管理职务和角色映射关系，管理用户 AD 账号、管理用户邮箱账号。

③接口管理。它是指管理接入到统一用户管理系统的应用系统信息，提供组织信息、用户信息等其他关联关系的接口，记录并查看各应用系统访问各接口的日志信息。

④定时作业管理。 它是指管理系统后台服务，提供即时启动定时作业，查看定时作业运行状态，查看作业运行日志。

⑤系统监控。 它是指监控本系统的数据库服务器、应用服务器、数据源服务器、AD 服务器、邮箱服务器的可用性及告警功能，记录监控日志。

⑥用户自助服务。 它是指提供用户信息的查看和自助维护功能，提供密码自助维护功能。

⑦系统管理。它是指管理系统权限、系统配置参数，查看系统访问 / 操作日志。

3）统一门户

（1）系统建设背景

企业一般都会有很多信息系统，同一个用户需要频繁的切换和登录各个系统以获得所需要的信息，操作起来非常麻烦，需要一个统一登录的平台对企业内的各种信息系统进行集成，从单一的渠道访问其所需的信息。同时还需要将各个业务应用系统的结构化和非结构化的信息等数据资源进行整合，经加工、整理和综合后有效地利用起来，使企业员工、管理者可以更方便地、个性化地浏览企业内部所有的信息和数据资源。

（2）系统建设目标

实现企业内信息发布和浏览，通过统一搜索功能，整合分散在各个业务应用系统及企业内部不同地方的结构化和非结构化的信息和数据资源。建设单点登录模块，解决跨系统的互信、权限分配问题，实现待办中心集成、功能中心集成、搜索中心集成等。实现各应用系统的信息集中展现，为企业内部用户提供一个方便、快捷的个人工作平台和访问界面。

（3）系统主要功能（图 4-52）

①信息共享。用户可以通过系统发布企业新闻资讯、通知公告、企业文化、精彩专栏等信息。用户可以自行管理信息栏目及其子栏目，可以分级设置和管理发布及审核权限。

②网站搭建。提供标准化的应用组件，用户无须开发人员参与即可实现内部网站的搭建。

③信息整合、统一搜索。信息整合是指各应用系统通过接口提供数据视图发布在 ESB 服务总线上，统一搜索中心通过定时服务调用该接口同步应用系统到中间库，再由搜索索引模块对该中间库爬网实现数据同步，从而实现数据采集和信息整合。搜索数据同步接口模型如图 4-53 所示。

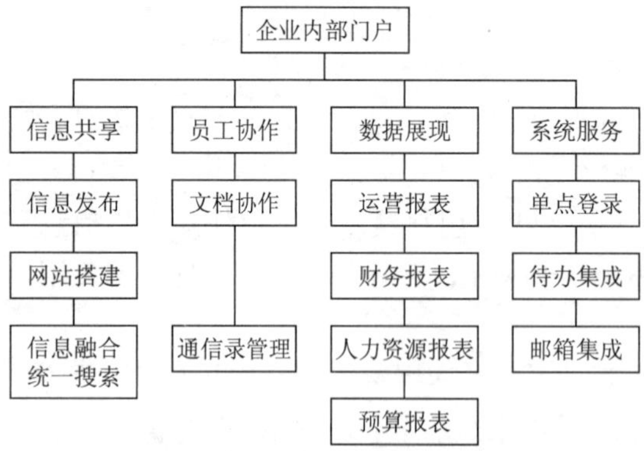

图 4-52　企业内部门户系统功能框架图

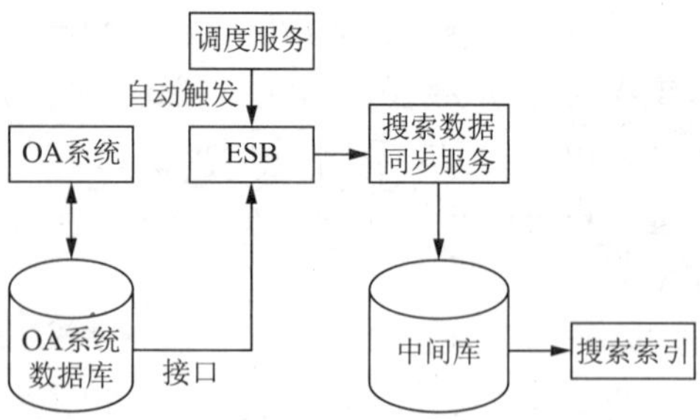

图 4-53　搜索数据同步接口模型

④员工协作。

⑤文档协作。它是指各二级单位和部门可自行搭建个性化的文档协作专区，实现文档在线协作功能，为企业的文档提供高效的、集中的管理。其管理的文档包括日常管理规范、操作维护手册、项目工作产生的相关文档、课件等。

⑥通信录管理。它是指在门户提供查询界面方便用户获取员工的联系信息，可指定部

门，或输入员工姓名、拼音、手机号码进行模糊搜索。

⑦数据展现。它是指向企业领导推送相关的报表数据，领导工作台通过图表的形式形象地展示报表信息。如图 4-54 所示。

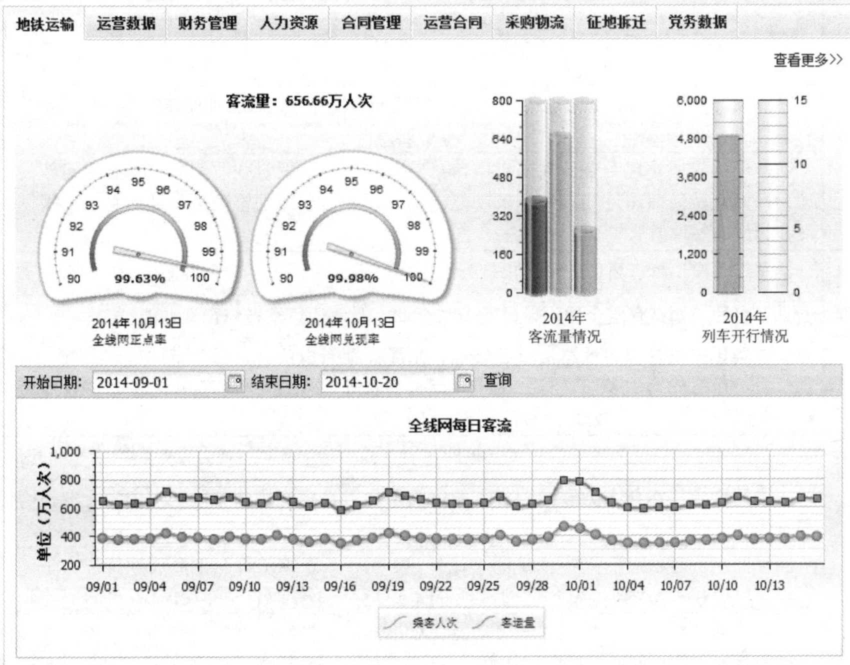

图 4-54　领导工作台示例图

⑧系统服务。单点登录：建立统一单点登录认证、完善的权限体系，解决跨系统的互信、权限分配等问题。

待办集成：提供各业务系统的入口，通过员工工作台待办中心，并使其待办任务集中展现（图 4-55）。

邮箱集成：将个人邮件和个人日程展现在员工工作台上，使员工无须登录邮箱系统便知道是否有新邮件到达。

4）企业外部门户（图 4-56）

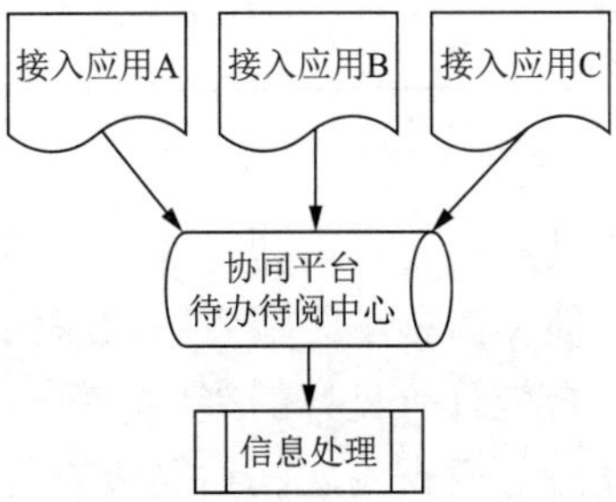

图 4-55　待办接入流程图

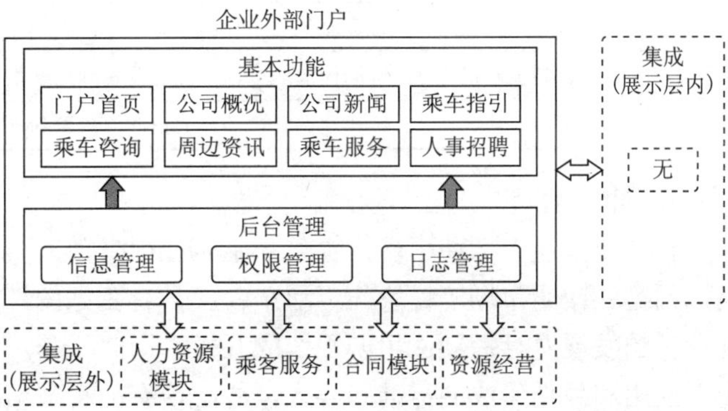

图 4-56　企业外部门户方案

（1）应用功能分解

外部门户的应用功能分解见表 4-7。

外部门户的应用功能分解 表 4-7

功能模块	模块功能分解
A.1 门户首页	门户首页用于对外发布与运营相关的所有信息，并为内部员工和合作伙伴提供外部快速入口
A.2 公司概况	企业概况模块具有企业管理类信息发布与查询的功能，包含企业基本简介、组织架构、大事记、联系方式等
A.3 公司新闻	新闻中心模块实现企业新闻的集中信息发布与管理，按照企业新闻管理要求对新闻进行分类管理，同时支持新闻图片的在线编辑功能。企业新闻信息经过管理员审批后直接或根据时间设定呈现在相应的展现模块中
A.4 乘车指引	乘车指引模块具有票价查询、出行指引、出口资讯查询、换乘查询服务时间查询等功能
A.5 乘车咨询	乘客咨询模块具有安全知识信息发布与查询、票务信息发布与查询功能
A.6 周边资讯	周边资讯模块具有各线路沿线各站点、站厅商铺指引信息、每个车站周边商城、道路及公交换乘信息、所有线路的各站点与公交换乘指引信息等信息的发布和查询功能，并以线路为维度，展示每条线路及每个站点公交分布情况
A.7 乘车服务	乘车服务模块提供各种乘车相关常见问题解答、失物招领栏目以及满足乘客需要的其他服务功能
A.8 人事招聘	人事招聘模块将与人力资源管理系统中的招聘管理模块协同与联动，实现企业招聘信息的发布与查询功能
B.1 信息管理	实现门户内容信息的采集、编辑、发布、更新、后台维护等全生命周期管理。管理员通过后台管理模块进行录入管理，对相应的内容可以进行审核、修改、删除及保存
B.2 权限管理	针对不同的模块具有相应的编辑功能，对不同的权限组、不同权限的网站管理人员进行设置，根据各自权限的不同有相应的操作管理界面，以便于公司各部门分工管理相应内容
B.3 日志管理	通过后台管理模块可以查看后台管理员的日常操作日志，便于了解各部门用户操作明细

（2）应用协同关系

企业外部网站与以下功能模块存在信息交互与协同见表 4-8。

企业外部网站信息交互与协同 表 4-8

ID	功能模块	交互信息
集成（展示层外）		
1	人力资源管理	该模块将与人力资源管理模块中的招聘管理模块协同与联动，实现企业招聘信息的发布与查询功能
2	乘客服务	乘客服务的相关内容如乘车指引等信息可推送至外部门户
3	合同管理	合同模块的招标信息可发布到外部门户中
4	资源经营	广商通等资源经营的招商信息可到外部门户中

5）统一沟通

构建企业统一沟通平台，提供基于企业内外部人员的协作功能，包括：即时通信、群组、网盘、应用市场等模块。沟通平台应具有良好的扩展性，能伴随移动终端应用的深化和业务的发展进行后续应用子系统的开发；同时，统一沟通平台应具有良好的接口，符合企业应用和数据集成的标准和要求，能与现有的管理信息系统进行数据集成，抽取或捕获其他系统的数据，实现各种应用系统的业务预警和提醒信息的推送，大幅度地提升企业内部各种沟通协作效率。

系统主要功能

①即时通信。提供通信录内外部用户即时消息通信的功能，发送内容包括文字、图片、语音、地理位置等丰富的沟通方式，其中文字信息不少于5000字。

②签到。通过手机移动定位功能，记录使用签到人员的签到地点和签到时间，实现员工上下班考勤签到或外勤活动签到等。

③消息中心。包括聊天消息、应用消息。

④企业通信录管理。企业通信录，基于全体同事快速发起聊天、协同、创建工作群组等功能；支持拼音及中文方式的模糊查询功能。

⑤应用管理。提供企业内部私有应用市场，支持Android及IOS双平台通过该平台进行新应用的添加。

⑥网盘。提供个人文档管理，支持企业内部和企业外部分享；手机端网盘管理支持对文件夹/文件的添加、删除功能。

6）工作流平台

（1）系统建设背景

在城市轨道交通企业的日常工作中，有许多流程类工作，如业务的分级审批工作、各类申请表单、公文签审、业务处理等工作。在企业信息化建设过程中需要对诸多繁琐复杂的业务流程进行梳理、优化和自动化，并对其进行有效地管理。

传统的流程设计方式将业务流程以编码的方式固化在应用系统中，在业务流程和组织结构发生改变的情况下，需要将系统进行大幅度修改，甚至重新设计。当企业信息系统不断增加时，用户需要在不同的系统间进行审批事务处理，风格迥异的界面往往让用户无所适从。企业还会出现跨系统的业务流程，需要调用多个业务系统的数据进行集成。为此，很有必要引入一套企业级工作流管理系统。

（2）系统建设目标

建成一个符合工作流管理联盟（Workflow Management System，简称WFMC）标准要求的企业级工作流管理系统，实现全公司统一的流程审批中心，向流程审批业务提供集中、统一的流程管理支持。

（3）系统主要功能

企业涉及的流程类系统主要包括嵌入式工作流引擎和独立运行类工作流引擎两种类型。

嵌入式工作流引擎是以一个软件组件（或者说构件）的形式运行在使用它的业务应用中，它不能独立运行，但是业务应用又依赖于工作流引擎，它们是一个有机的整体，互不可分。一方面，嵌入式工作流引擎通过提供WAPI（Workflow API，工作流接口），为展现层或业务逻辑层的其他部分提供服务（如启动指定工作流程、查询工作任务、设置流程运行业务数据等）；另一方面，工作流引擎经常需要业务相关的数据或逻辑来决定流程流转，或者需要在不同任务之间传递业务数据，这时候，流程引擎会调用业务应用中业务逻辑或数据访问模块提供的API接口来完成相应操作。

独立运行工作流引擎本身就是一个单独的应用，作为服务应用如果又没有基于某个中间件技术的话，独立运行工作流引擎必须自己实现多线程同步、网路通信处理、资源池等服务端技术，因此实现的成本高、技术复杂。同时，独立运行工作流引擎反过来也必须为如何调用业务应用提供解决办法。一方面，独立运行工作流引擎在一般情况下应该能够直接调用外部业务应用提供的远程接口（如基于 RMI、JMS 或者 Web Service 的业务接口）；另一方面，业务应用也必须为独立运行工作流引擎提供远程调用业务方法。

对于需要多方面业务支持、多系统集成应用的工作流应用，独立运行的工作流引擎具备更好的优势；而针对某些成熟产品，其所具备的嵌入式工作流引擎则可以很好的完成流程处理的任务。

工作流管理系统的总体框架如图 4-57 所示。

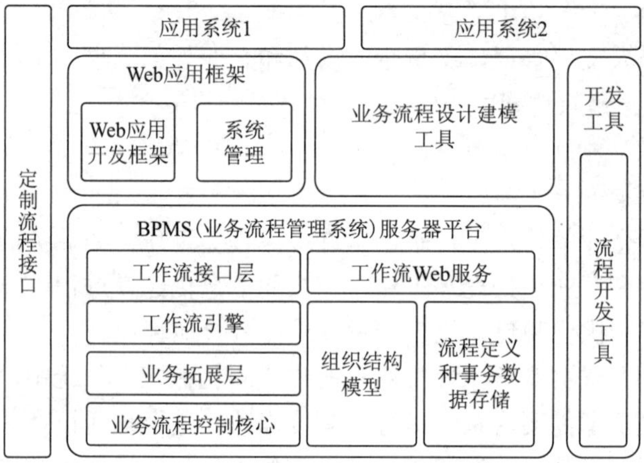

图 4-57　企业工作流系统总体框架图

系统包含四个组成部分：流程运行核心服务、流程设置工具、开发工具、Web 应用开发框架。这四个模块的具体内容如下。

①流程运行核心服务。它主要提供核心的流程运算服务，自动控制业务过程的执行，同时也为管理和跟踪业务的执行提供支持；通过 WCF（通讯开发平台）技术为各应用系统使用工作流引擎服务提供支持。

②流程设置工具。集成的、图形化的流程设计建模工具，可快速直观的设计业务流程。同时该工具还包含了一个 Silverlight 技术实现的 Web 在线设计建模工具。

③开发工具。工作流开发工具和 SDK（软件开发工具包）资源，与 Visual Stutio 无缝集成，通过重写各适配器及类方法，满足不同层级的功能扩展需求。

④ Web 应用开发框架。提供一套应用开发框架，为用户快速建立应用程序提供支持。

以上四大组成部分为应用系统提供支持，应用系统可以以组件的方式通过 Workflow API 使用流程引擎，也可以 WCF 的方式使用工作流平台 Web 服务（Web Service）。

应用系统将工作流运算相关数据传递给工作流系统接口，工作流服务进行流程运算后，将运算结果返回给各应用系统，所有与流程运算相关的数据由工作流系统统一维护，业务相关数据由各应用系统自行维护或存放在流程平台。

7）报表平台

（1）系统建设目标

满足企业的各种报表填报和所展示的要求。报表服务应该能从多个业务系统中提取数据从而快速制作报表，并对报表进行安全、发送、归档等管理。该服务应该实现企业报表的灵活制作、管理与丰富展现。

在项目具备报表设计、展现应用要求，且项目所采用软件无自带报表工具或报表工具无法满足其需求的情况下，向信息系统提供报表的数据获取、样式设计、展现的功能。

（2）报表平台功能（图 4-58）

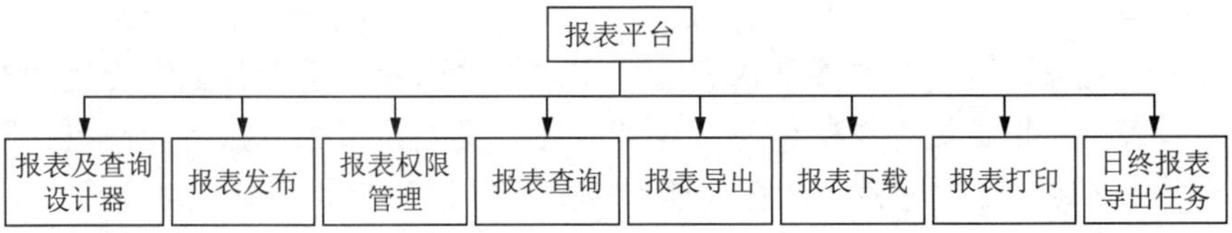

图 4-58 报表平台功能

①报表及查询设计器：提供基于 Birt（一种报表系统）进行可视化设计报表的字段与样式及查询规则。

②报表发布：设计好的报表可以发布到报表服务器。

③报表权限管理 / 报表查询：对已经发布的报表可进行权限配置，不同权限的用户可以查询不同的报表，相同报表用户机构不同其查询的数据也不一样。

④报表导出 / 下载 / 打印：其查询出的报表可以以不同的格式导出（如 PDF、HTML、WORD、EXCEL、 TXT 等），报表打印可以使用相应格式的阅读器来操作打印机打印。

⑤日终报表导出任务（EOD）：提供日终的一些任务（如每月导出月报、每季导出季报等），日终的任务提供 Web Service 接口由 CPS（信息物理系统）平台进行调度。

8）邮件系统（表 4-9）

邮件系统功能 表 4-9

功能模块	模块功能分解
基本功能	邮件客户端和 Web 客户端：可以在 Outlook 等客户端和 Web 客户端进行邮件操作和管理
邮箱服务器	邮箱服务器在本机构内提供高效的邮件服务，同时自动与其他外接系统通信，邮箱服务器只负责邮箱的存储管理。而为了提高系统的稳定性和可用性，后端邮件服务器采用 Cluster 群集结构，实现多台服务器相互备份和同步，当其中一台服务器意外崩溃或者服务器的数据库损坏以后，另外一台会马上接替它工作，不会引起服务中止
垃圾邮件过滤	提供反垃圾邮件功能和组件，实现多层保护措施，以多种不同的方式来阻止垃圾邮件。
防病毒管理	提供防病毒系统的 API，对于自行管理和维护的病毒防护，反病毒软件提供商和客户可以通过系统提供的传输代理 API 编写反病毒代理来与邮件服务器内建的传输代理直接交互。且邮件传输服务器可调用反病毒代理来检查信息并过滤掉包含病毒的信息； 系统提供反病毒解决方案，为边缘传输角色、中心传输角色和邮箱角色提供了全面的病毒保护功能。系统使用带有内容过滤功能的多重扫描引擎，提供层次化的保护来抵御带有病毒的信息
多种形式访问	用户可以通过系统客户端、Web 浏览器、手机（多种操作系统，如 Android、iOS）、普通电话、POP3 （邮局协议版本 3）或者 IMAP4（交互式数据消息访问协议版本 4） 客户端来访问和管理自己的邮件、日程安排、任务和联系人。且客户端，无论从用户界面、操作方式还是从提供的功能来看都和系统非常接近，为用户提供良好的使用体验，减轻系统维护和管理人员的培训工作量

续上表

功能模块	模块功能分解
消息传输和认证安全	系统使用 SMTP（简单邮件传输协议）在组织内部的邮件服务器之间传输信息。所有在系统组织内传输的信息缺省就是加密的。服务器与服务器间的传输使用传输层安全协议（TLS），系统与客户端的连接使用加密的远程过程调用（RPC），客户端访问使用 SSL（安全套接层）协议。阻止欺骗并保护信息的机密性； 邮件服务器可配置 SSL 证书，且内部的邮件服务器不仅能用 SSL 对信息进行加密，而且可以加密后发送给外部 SMTP 服务器的消息进行加密，只要接收邮件的外部 SMTP 服务器也被配置为可以使用 TLS 收发信息即可

9）内容管理平台

（1）系统建设目标

内容管理的对象，也就是“企业内容管理”中的“内容”泛指各类结构化和非结构化数据的数字内容，包括数据库中的信息，企业的各种文档、报表、账单、网页、图片、传真，甚至多媒体音频、视频等各种信息载体和模式。与业务信息系统中大量用于交易记录、流程控制和统计分析的数据相比，“内容”具有某种特定和持续的价值，这种价值在共享、检索、分析等使用过程中得以产生和放大，并最终对企业业务和战略产生影响。企业内容管理的功能覆盖内容采集、创建、加工、存储、发布（出版）以及检索、分析等，并随之技术发展和业务创新，将不断演化。

（2）系统主要功能

①文档借阅，实现审批流程，可自定义审批流程，实现流程固化，解决企业内部流程审批混乱的问题。借出过程中可控制用户访问权限。被借阅用户会收到系统发送的即时消息和通知。系统支持根据时间对借出的文档自动进行收回处理。

②全文索引，可以索引 Office、PDF 等文件内容，快速从海量资料中精准查找所需文件。

③存储加密，文件采用加密存储，防止文件扩散，全面保证企业级数据的安全性和可靠性。

④数据备份，支持数据库备份和完整数据备份双重保护，全面保障系统内部数据安全性。用户可自行设定备份时间及位置，到达指定时刻，系统自动执行备份操作。

⑤权限管理，可针对用户、部门及岗位进行细粒度的权限控制，控制用户的管理、浏览、阅读、编辑、下载、删除、打印、订阅等操作。实现锁定保护，文档作者和管理权用户可将文档锁定，确保文档不被随意修改。当文档需要修改或删除时，可以解锁，保证文档的正常操作。

⑥文档审计，描述了文档生命周期全过程中的每个动作，包括操作人、动作、日期时间等信息，通过审计跟踪，您可以全局掌握系统内部所有文件的操作情况。

⑦版本管理，文档关联多版本，避免错误版本的使用，同时支持历史版本的查看、回退与下载。

10）移动平台

（1）系统建设背景

解决企业快速发展的各个业务在移动互联网方面的信息化需求，建设移动应用标准和管理标准，提供统一的移动技术标准和安全规范。

移动平台应具备开发支撑能力、全面管理能力、业务整合能力和安全保障能力，提供统一的移动应用建设标准和管理标准，快速实现系统建设，降低企业信息化建设成本，加速企业信息化建设步伐；对移动信息化过程的不同阶段提供全面的支撑服务。

实现业务部门关键用户通过培训或考试掌握移动开发技能，可自行进行App应用开发，完成开发后的App可以在统一移动应用商店中进行发布、版本管理和应用统计。

（2）系统方案简介

移动平台应包括移动应用管理、移动开发支撑、移动开发管理、移动业务接入四大模块，通过这个四大模块，在移动信息化的各个阶段提供不同的支撑服务，采用开放式的架构设计，其功能架构和业务架构如图 4-59、图 4-60 所示。

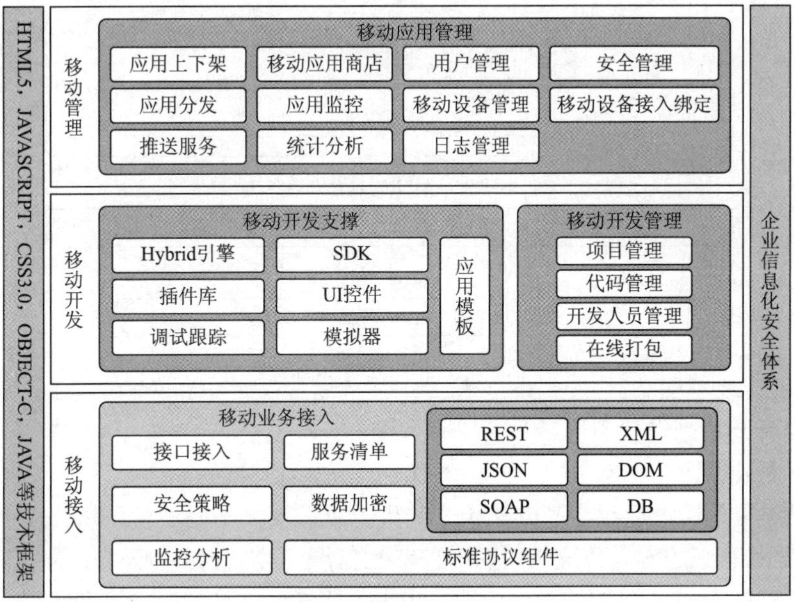

图 4-59 功能架构图

①移动应用管理。移动应用管理负责对移动应用的上线管理和运维，应提供企业移动应用商店，保证企业应用来源的安全性和易用性。

②移动开发工具。移动开发工具是作为移动开发环境（IDE），IDE 集成 Hybird（混合模式移动应用）引擎、插件库、SDK、模拟器、调试跟踪工具、应用模板作为移动开发人员进行移动应用开发和 UI 设计的工作台； SDK 集成 UI 控件、插件调用作为移动应用与后台集成和 UI 交互的框架。

③移动开发管理。移动开发管理作为企业移动应用项目开发的管理系统，应具备项目管理功能、项目源码管理功能、项目编译打包功能、与移动开发环境 IDE 进行集成。

④移动业务接入。移动业务接入作为企业移动后端的对接系统，它提供各种标准协议组件 [LDAP（轻量目录访问协议）、SOAP、REST、DOM 等] 对接企业众多业务系统，聚合业务数据，为业务移动化提供数据支撑。统一移动业务前后端技术开发接口和提供一整套完整的移动接入安全方案。

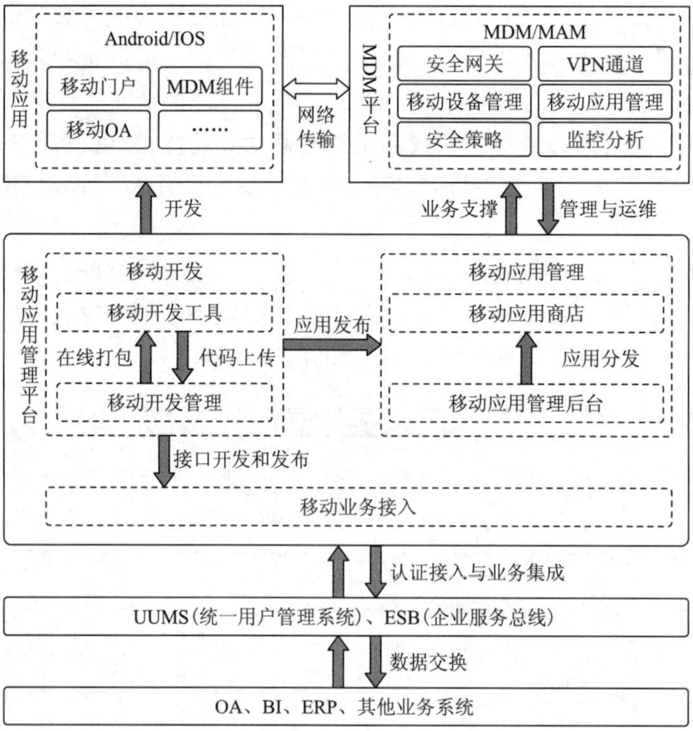

图 4-60　业务架构图

11）桌面云规划与设计

（1）桌面云设计

桌面云虚拟化通过运行在基础架构云的虚拟机，根据不同的使用场合提供更为方便和快捷的服务。桌面云方案与传统 PC 模式在第一次购置费用方面差别不大，但桌面云系统的采用大大提升了 IT 运维、管控的效率，同时也大大降低了维护的复杂度和难度，节约运维成本和人工成本，对于基础架构资源的同步利用可以在一定程度上降低桌面云环境的建设成本。

实现桌面云的物理环境主要就是由基础架构云平台和终端设备组成的。而其他组件均是由运行在基础架构云平台上的服务和虚拟机上的软件平台组成的。桌面云环境的架构设计如图 4-61 所示。

由图所示，在未来扩展时，只需要每种角色添加对应服务器即可。

（2）远程办公设计

与桌面云相结合，搭建企业的移动办公平台，使个人知识资源得到充分的管理和使用，可以为个人用户提供便捷的网络硬盘服务，可以随时发布和查阅自己的知识信息，并能将个人知识共享到全局知识库中，设置知识浏览权限，达到知识最大程度上的共享。

提供公共文件区域及私人文件区域，很方便各种文件分类存储。

支持在内外网登录网盘系统，支持不同的终端方式登录网盘。

针对网盘中的文件生成外链，可以把外链发送给需要下载此文件的客户，该客户无须登录网盘即可下载所需文件。外链可以设置下载密码。

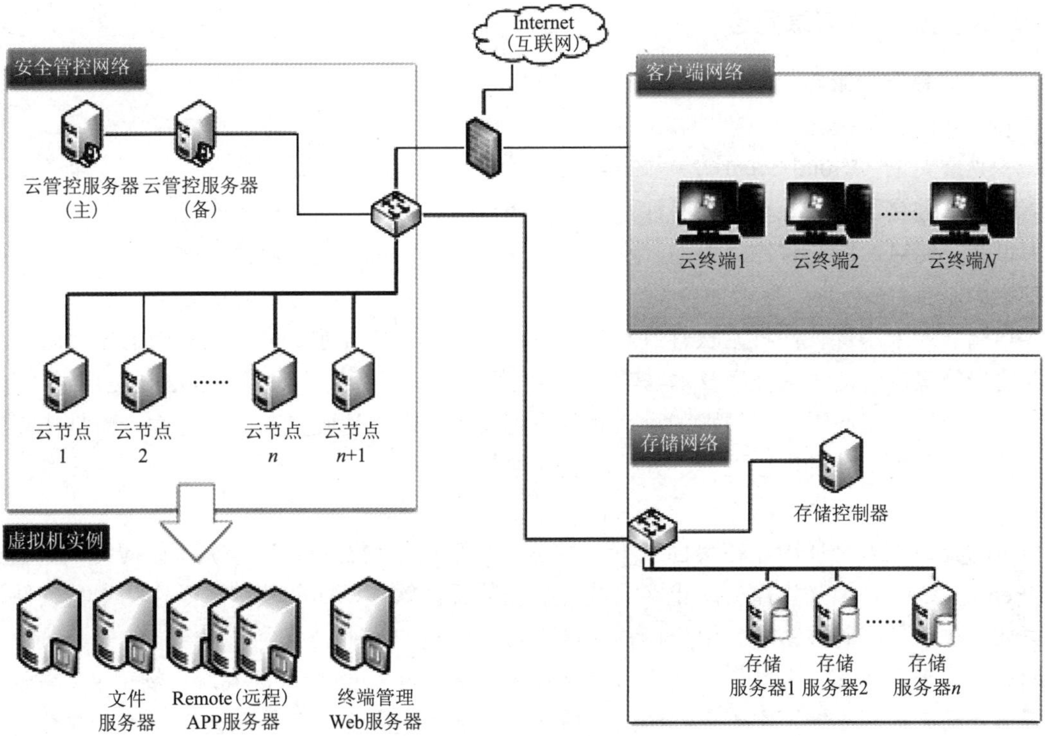

图 4-61　桌面云环境架构设计

支持批量传输、加密传输、断点续传、在线编辑，自动更新等功能。

根据移动办公使用终端问题应对设计，移动终端管理方案通过设备认证、用户认证管理，实现了一个用户通过一台设备完全认证后可接入移动网络。提供相应的设备管理平台和用户管理平台，保证应用用户的合法性、唯一性和高安全性。方案可归结为三点：一是对于移动应用的管理；二是对于移动内容的管理；三是对于移动设备本身的管理，方案应特别注重防范安全风险。

远程办公设计构成如图 4-62 所示。

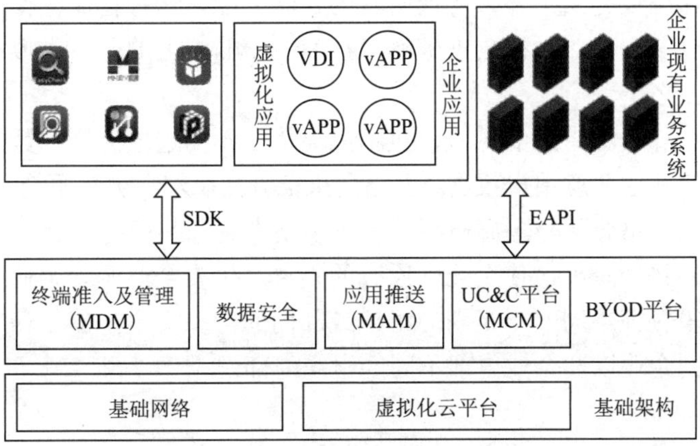

图 4-62　远程办公设计

四、云平台信息安全

1. 信息安全概念与安全风险

（1）云安全概念

“云安全（Cloud Security）”紧随着云计算之后出现。它是网络时代信息安全的最新体现，它融合了并行处理、网格计算、未知病毒行为判断等新兴技术和概念，通过网状的大量客户端对网络中软件行为的异常监测，获取互联网中木马、恶意程序的最新信息，并发送到服务（Server）端进行自动分析和处理，再把病毒和木马的解决方案分发到每一个客户端。未来杀毒软件将无法有效地处理日益增多的恶意程序。来自互联网的主要威胁正在由电脑病毒转向恶意程序及木马，在这样的情况下，原有的特征库判别法显然已经过时。“云安全”技术应用后，识别和查杀病毒不再仅仅依靠本地硬盘中的病毒库，而是依靠庞大的网络服务，实时进行采集、分析以及处理[1]。

（2）云应用安全风险

①云终端安全风险。在桌面云下，虽然用户数据不会存放在云终端 [如瘦终端（Thin Client，TC）]，但是也需要防止客户端上被安装恶意软件，如截获键盘操作的木马软件，可能导致登录密码被窃取；用户可移动接入带来便利的同时，也会引入一定的安全风险。如果用户密码泄露，非法用户可以利用网络从任意一个云终端可接入，（物理 PC 需要到近端登录）需要支持比密码更安全的身份认证机制；在桌面云下，因云终端不存放数据，对接入终端的管控在管理上会弱化，如接入办公区的门岗。需要考虑不合规或恶意终端接入网络，将虚拟机上的数据拷贝到终端而导致信息泄密的风险。

②接入网络安全风险。用户数据处理在桌面云数据中心，所有操作、界面交互都必须基于随时可以接入的网络。云计算资源的分布式部署使路由、域名配置更加复杂，更容易遭受到网络攻击，比如 DNS（域名系统）攻击和 DDOS（分布式拒绝服务）攻击；终端与数据中心的数据在传输过程中的数据私密性与完整性受到威胁。一些敏感信息如密码，可能被窃取；屏幕信息报文可能被截获，进行协议解析后可能会恢复一些重要信息。

③虚拟化技术安全风险。Hypervisor 为虚拟化的核心，可以捕获 CPU 指令，为指令访问硬件控制器和外设充当中介，协调所有的资源分配，运行在比操作系统特权还高的最高优先级上。一旦 Hypervisor 被攻击破解，在 Hypervisor 上的所有虚拟机将无任何安全保障，直接处于攻击之下。

多用户共享计算资源带来的风险，包括隔离措施不当造成的用户数据泄露、用户遭受相同物理环境下的其他恶意用户攻击；网络防火墙 /IPS（入侵防御系统）虚拟化能力不足、导致已建立的静态网络分区与隔离模型不能满足动态资源共享需求。

逻辑隔离代替物理隔离，使企业网原有的隔离产生安全漏洞。企业网络通常采用物理隔离等高安全手段保证不同安全级别的组织或部门的信息安全，但云计算采用逻辑隔离的手段能够隔离不同企业以及企业内部不同的组织与部门。

[1] 浅析“云安全”技术 [J]. 余娟娟 . 计算机安全 . 2011（09）。

在同一个物理主机的虚拟机间的通信，如果在同一个VLAN（虚拟局域网）内，可能直接在主机内完成通信，流量不会经过外部网络，导致现有网络监控审计系统无法对此流量进行确切的监控审计。

④数据安全风险。用户虚拟机删除或磁盘删除后，释放的存储空间将分配给其他用户使用，如果数据没有经过处理，其他用户可能利用数据恢复手段获取到原来用户的数据。数据集中在数据中心，如何防范管理员通过某些手段查看到用户的数据以及在物理磁盘更换过程的数据安全泄露风险。

⑤虚拟机终端安全风险。传统安全问题仍然存在，如病毒、木马等，传统的终端安全如防病毒、操作系统安全补丁更新措施同样需要，防止虚拟机上的用户或企业重要信息通过云终端或网络方式向外泄露。

⑥云基础设施安全风险。在基于云计算接口的开放性，基础设施提供商与应用提供商很可能是不同的组织，应用软件也被云调度到不同的虚拟机上分布式运行，应用安全必须考虑基础设施与应用软件的配合后的安全能力。如果配合不好，会产生很多的安全漏洞。像操作系统漏洞、应用组件漏洞、Web攻击、口令字典攻击破解等问题都会出现。

2. 云安全设计目标框架

（1）安全设计目标

为确保云计算信息的机密性、完整性、可用性、可控性与可审查性，通过部署安全系统、投入技术力量、加强信息安全管理，可达到如下目标。

①合理管理和分配网络资源，防止滥用网络资源导致网络瘫痪。

②抵御病毒、恶意代码等对信息系统发起的恶意破坏和攻击，保障网络系统硬件、软件稳定运行。

③保护重要数据的存储与传输的安全，防止和防范数据被篡改，建立数据备份机制和提高容灾能力。

④加强对重要敏感数据信息的保护，确保数据的机密性。

⑤构建统一的安全管理与监控机制，统一配置与调控整个网络多层面、分布式的安全问题，提高安全预警能力，加强安全应急事件的处理能力，实现网络与信息安全的可控性。

⑥建立认证体系保障网络行为的真实可信以及可审查性，并建立基于角色的访问控制机制。

（2）安全设计原则

①系统的标准化。坚持标准化的建设模式，贯彻国家和行业相关业务、管理和技术规范标准，并积极制订各项目相关标准规范。硬件的选用应遵循国家和行业技术标准。

②系统的安全性。充分考虑到用户、系统、网络方面的安全性要求，防止来自外部非法的访问。系统具有用户的身份认证和权限管理，来对应不同的应用层次。既能保证不同用户快速、高效地访问控制授权范围内的系统资源，也能有效地阻止用户之间的非法侵入、非授权访问等。

③系统可维护性。系统应能使管理员通过集中控制中心，方便地配置、监视、控制、

诊断整个系统，并且能够监视和控制用户情况、提高效率、消除隐患。管理人员可通过系统管理功能和权限管理方便地维护和管理该系统。

④系统可扩展性。系统技术平台设计时要分析现有需求并预测未来的增长，既满足目前的要求，又要适当前瞻。技术平台的结构要合理，应具有良好的扩展能力，以利于今后的扩展。对于未来的发展，要立足于现有的基础上再升级改造，保护现有投资。

（3）云计算安全框架

根据云计算面临的威胁与挑战，结合城市轨道交通行业云计算发展趋势和主流的安全防护技术，设计云计算安全框架，如图 4-63 所示。

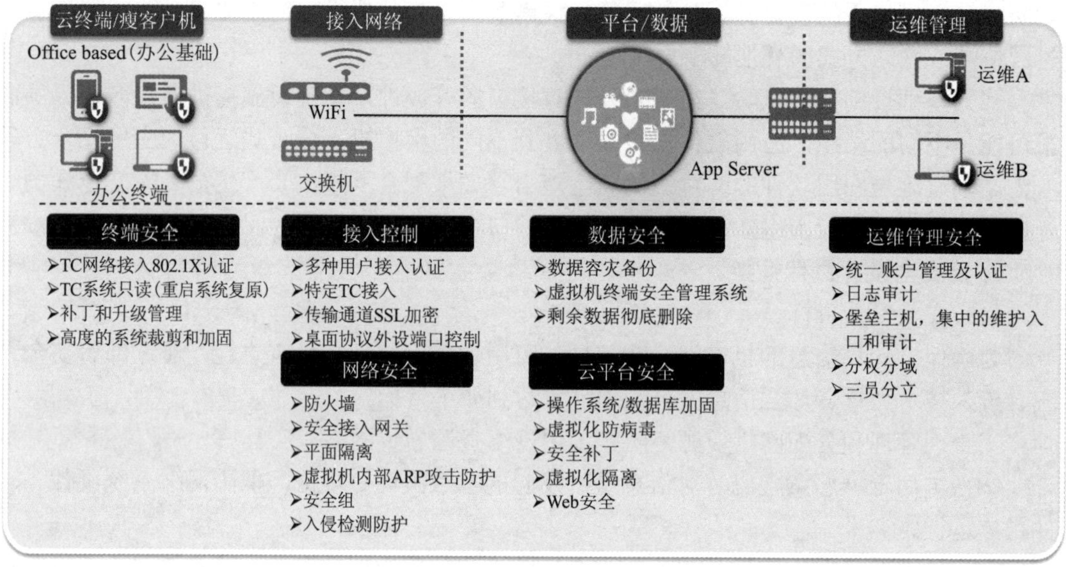

图 4-63　云计算安全框架

各分层简要介绍如下。

①云终端 / 瘦客户机。包含终端自身安全、接入云计算时对终端进行合法性校验。

②接入网络。接入与认证管理安全通过 AD 域认证、USB Key（加密盘）、动态令牌等方式对接入桌面云的用户进行认证，保证其接入安全。

网络安全，通过网络平面隔离、引入防火墙、部署安全接入网关、传输加密等手段，保证业务运行和维护安全。

③平台 / 数据。数据安全，从数据完整性、身份认证、数据访问控制、数据机密性等方面保证用户数据的安全。

虚拟化安全，根据虚拟化机制，保证虚拟机隔离安全。

基础设施和物理安全，通过操作系统加固、数据库加固、安装安全补丁等手段保证基础设施的安全。

用户虚拟机安全，虚拟机运行时，提供网络访问控制、员工行为监控、补丁管理、软件分发等功能，保证用户虚拟机运行安全。

④管理安全。从账号、密码、管理员和用户权限、日志等方面提供日常管理方面的安

全措施。

3. 云安全防护设计

1）瘦终端安全防护要求（表 4-10）

瘦终端安全防护要求 表 4-10

技术项	安全要求
系统安全	应采用加密或其他有效措施实现云终端内置存储数据的保密性； 云终端操作系统应遵循最小安装的原则，仅安装需要的组件和应用程序，并通过设置升级服务器等方式保持系统补丁及时得到更新
准入控制	应通过设定终端接入方式、网络地址范围等条件限制终端登录； 应根据安全策略设置登录终端的操作超时锁定
身份鉴别	应提供专用的登录控制模块对登录用户进行身份标识和鉴别； 应对同一用户采用两种或两种以上组合的鉴别技术实现用户身份鉴别； 应提供用户身份标识唯一和鉴别信息复杂度检查功能，保证应用系统中不存在重复用户身份标识，身份鉴别信息不易被冒用； 应提供登录失败处理功能，可采取结束会话、限制非法登录次数和自动退出等措施； 应启用身份鉴别、用户身份标识唯一性检查、用户身份鉴别信息复杂度检查以及登录失败处理功能，并根据安全策略配置相关参数
恶意代码防范	用户虚拟机应部署防病毒软件，通过设置定期任务，定期查杀病毒，防止用户虚拟机遭受病毒入侵

瘦终端系统安全设计包括以下几个内容。

（1）自身安全机制

瘦终端从硬件和软件设计上，应采用了多种安全机制，有效防止病毒入侵。瘦终端应具备的安全机制如下：

（2）硬件安全

瘦终端对内置的存储进行了硬件级别的加密，加密算法与硬件的唯一信息绑定，如果将 TC 的内置存储放在其他任何一台机器上（包括其他的 PC、TC），都将无法进行引导，也无法访问该存储内置的信息。这种设计能够有效地防止 TC 的数据被篡改，保证 TC 本地系统的安全。

（3）基本输入输出系统（Basic Input Output System，简称 BIOS）安全

TC 的 BIOS 应保留从内置存储引导的方式，没有保留其他的引导方式（如 USB 引导和 PXE 引导）。

TC 的 BIOS 运行时，会尝试根据硬件的唯一信息对存储进行解密，然后引导。如果该存储不支持加密、或者没有加密、或者加密的信息非本台 TC 硬件的唯一信息，TC 的 BIOS 都不能对该 TC 进行引导。这实现了内置存储与 TC 的双向唯一绑定，保证 TC 不会引导其他第三方的系统，第三方也无法访问 TC 内置存储的内容，从硬件级别保证了云计算终端的安全。

（4）操作系统安全

瘦客户机应采用精简的、封闭的 Linux/WES7/XPe 操作系统，系统设计全面考虑了安全性问题，主要包括以下几个方面。

瘦客户机的操作系统从驱动层可禁止 USB 存储设备的使用，不包含任何 USB 存储的驱动。包括 U 盘、USB 光驱等在内的 USB 存储设备都无法在瘦客户机本地使用。

操作系统的瘦客户机在本地没有暴露内置存储访问接口，用户只能通过系统提供的程序间接访问，这样能够有效地避免系统文件被破坏。

操作系统的瘦客户机在本地不提供安装软件的接口，用户或者其他第三方人员，无法自行安装任何软件。如果需要在瘦客户机上安装软件，则只能通过瘦客户机 M（专门的瘦客户机管理系统）将软件包下发到瘦客户机上，然后在瘦客户机上进行安装。

为防止恶意入侵，瘦客户机在本地只开放必需的端口，用于瘦客户机远程管理，其他端口均被限制对外开放。

从病毒的传播途径上来看，主要为通过存储类设备传播和通过网络传播。对于瘦客户机没有病毒所需要的传播途径及运行环境，完全阻断了病毒传播方式。

2）网络准入控制

瘦客户机支持必须通过 802.1X 协议认证通过后，才能接入网络，防止非法的终端接入。认证模式支持采用用户名密码的 EAP-MD5 方式和数字证书的 EAP-TLS 方式。特定 TC 接入在例如财务、工程等信息安全要求高的部门，只允许特定用户从固定地点的瘦客户机登录包含敏感信息的虚拟桌面，以避免敏感信息在其他地方被查看。

建议通过在瘦客户机 MAC 地址 /MAC 地址组与域用户 / 域用户组之间建立绑定关系，实现指定域用户 / 域用户组成员从固定瘦客户机 / 瘦客户机组接入桌面。

（1）身份认证与接入设计

①管理员接入认证。根据管理系统的不同，区分定义多个系统管理员，以下管理员均通过“账号 + 密码 + 验证码”认证方式，接入到管理系统。

②运维管理—系统管理员。

③业务维护—系统管理员用户接入认证。针对桌面云的场景不同，例如本地、远程、第三方等，用户安全接入可以采用的方式如下。

a. 用户通过 AD 域认证方式，接入桌面云。

b. 用户通过指纹登录认证方式，接入桌面云。

c. 用户通过 USB Key 认证方式（支持 AD 智能卡方式和第三方数字证书身份认证系统集成方式），接入桌面云。

d. 用户通过动态口令双因素认证方式，接入桌面云。

（2）恶意代码防范

为了对主机中所有虚拟机进行病毒防护，若采用传统的防病毒产品，则需要在每台虚拟机本地安装防病毒产品，这样不仅会占用较多资源，而且在全盘扫描、病毒更新等场景下会造成病毒扫描风暴，影响虚拟机的正常运行。虚拟化平台应提供防病毒所需 API，防病毒厂家可基于 API 进行二次开发，例如：Symantec SEP 12、McAfee Move 2.5 等，实现仅需在一台特殊的安全虚拟机中部署防病毒引擎，在用户虚拟机本地安装轻量级驱动和查杀协作即可完成杀毒。系统应支持文件的全盘扫描和实时扫描。

3）云平台安全防护要求（表 4-11）

云平台安全防护要求　　表 4-11

技术项	安全要求
身份鉴别	应提供专用的登录控制模块对登录用户进行身份标识和鉴别； 应对同一个用户采用两种或两种以上组合的鉴别技术实现其用户身份鉴别； 应提供用户身份标识唯一和鉴别信息复杂度检查功能，保证应用系统中不存在重复用户身份标识，身份鉴别信息不易被冒用； 应提供登录失败处理功能，可采取结束会话、限制非法登录次数和自动退出等措施； 应启用身份鉴别、用户身份标识唯一性检查、用户身份鉴别信息复杂度检查以及登录失败处理功能，并根据安全策略配置相关参数
结构安全	应防止虚拟机用户通过修改网络报文的 IP、MAC 地址发起 IP、MAC 仿冒攻击，增强用户虚拟机的网络安全。 云平台网络通信平面划分为业务平面、存储平面和管理平面，且三个平面之间是隔离的；保证最终用户不能破坏基础平台，管理员不能访问业务平面
数据存储安全	云平台 Hypervisor 应采用分离设备驱动模型实现 I/O 的虚拟化，实现不同虚拟机硬盘空间的安全隔离； 应对每个卷定义不同的访问策略，没有访问该卷权限的用户不能访问该卷，确保卷与卷之间是互相隔离的； 云平台系统进行资源回收时，支持对逻辑卷的物理位（Bit）重新用 0 复写，以保证数据的安全
虚拟化隔离	云平台 Hypervisor 统一管理物理资源，保证每个虚拟机都能获得相对独立的 CPU、内存等物理资源； 云平台 Hypervisor 截获处理虚拟机所有的 I/O 操作，保证虚拟机只能访问分配给该虚拟机的物理磁盘，实现不同虚拟机硬盘的隔离
安全审计	审计范围应覆盖到云平台和虚拟机、瘦客户端上的每个操作用户； 审计内容应包括重要用户行为、系统资源的异常使用和重要系统命令的使用等系统内重要的安全相关事件； 审计记录应包括事件的日期、时间、类型、主体标识、客体标识和结果等； 应能够根据记录数据进行分析，并生成审计报表； 应保护审计进程，避免受到未预期的中断； 应保护审计记录，避免受到未预期的删除、修改或覆盖等
恶意代码防范	基础架构虚拟机应部署防病毒软件，通过设置定期任务，定期查杀病毒，防止基础架构虚拟机遭受病毒入侵； 基础架构虚拟机建议采用加固的 Linux 操作系统，病毒感染风险低

（1）身份鉴别设计

①账户和密码安全。硬件设备及系统存在初始默认的账号和密码，主要是用于维护硬件设备及系统。这些默认密码在管理员首次登录就进行了修改，且修改满足密码复杂度要求，同时建议管理员定期修改密码，确保密码不被泄露。

系统中各类账户的密码加密、设置和修改原则见表 4-12。

密码加密、设置和修改原则　　表 4-12

项　目	原　则
密码首次设置原则	首次登录系统时，需要修改系统默认密码。密码设置需满足密码策略表的要求
密码加密原则	所有密码加密存放； 密码不以明文形式在界面中显示

续上表

项目	原则
密码修改原则	只有通过认证的用户，才能修改密码； 修改密码时，必须通过旧密码校验； 密码达到最长有效期后，当用户再次登录时，系统强制用户更改密码； 密码需要定期修改，对于管理员的密码，建议最多 180 天修改一次
密码策略表修改原则	系统安装时生成默认的密码策略表； 密码策略表只有系统管理员有权修改； 修改密码策略表后，根据原有密码策略表设置的密码能够正常登录

②分权分域管理。

通过对管理员区分权限，对被访问的数据区分权限，限制管理员访问系统的范围，保证系统的安全。

a. 分权。“分权”：区分“操作权限”，它由“角色”进行控制。一个“角色”可拥有一个或多个不同的“操作权限”，一个“用户”可拥有一个或多个不同的“角色”。通过绑定“用户”和“角色”，实现“用户”和“操作权限”的绑定。如果一个“用户”拥有多个“角色”，其拥有的“操作权限”是多个“角色”拥有的“操作权限”的并集。产品支持灵活的设置角色，并灵活赋予角色所拥有的权限。

b. 分域。区分“资源管理范围”，管理员只能管理属于自己域内的资源。

可按部门或分支机构进行划分的二级维护管理员：一级管理员根据企业的组织结构划分管理区域，创建虚拟机时可选择所属区域；二级管理员登录桌面管理系统，只能看到和管理自己区域的虚拟机。

c. 证书管理。为了保证桌面云中各组件间通信的安全性，在桌面云各组件间相互通信前，建议采用基于 SSL 的双向 HTTPS 证书认证并建立加密传输通道。

（2）结构安全设计

①网络传输安全。数据在传输过程中有可能遇到被中断、复制、篡改、伪造、窃听和监视等威胁，需要保证信息在网络传输过程中的完整性、机密性和有效性。网络传输安全应具备以下几个方面保证。

a. 系统管理员访问管理系统，均采用 HTTPS 方式，传输通道采用 SSL 加密。

b. 用户访问桌面门户，采用 HTTPS 方式。

c. TC 与虚拟机之间的桌面协议（HDP）传输通过部署 VAG 或硬件的 SVN 安全网关，实现 SSL 的加密传输，加密算法采用 AES 128。

d. 业务系统各个组件间通信（WI、HDC、ITA、License、VNCGate、HDA 等），均采用 HTTPS 方式，传送通道采用 SSL 加密。

HTTPS 可进行加密传输、身份认证，安全性高。HTTPS 的安全基础是 SSL，通过 SSL 实现加密，SSL 协议提供的服务主要有以下几种。

a. 认证用户和服务器，确保数据发送到正确的客户机和服务器。

b. 加密数据以防数据中途被窃取。

c. 维护数据的完整性，确保数据在传输过程中不被改变。

② DHCP 隔离。对虚拟机的动态主机配置协议（Dynamic Host Configuration Protocol，简称 DHCP）隔离。开启虚拟机所属端口组的 DHCP 隔离功能，可以防止该用户虚拟机通过私自安装的 DHCP 软件（为其他虚拟机分配 IP 地址，与桌面云系统的 DHCP 服务器冲突）而影响其他虚拟机的正常运行。

③网络平面隔离。网络通信平面划分为业务平面、存储平面和管理平面，且三个平面之间是隔离的。存储平面与业务平面、管理平面间物理隔离；管理平面与业务平面间是逻辑隔离。通过网络平面隔离保证管理平台操作不影响业务运行，最终用户不能破坏基础平台管理。如图 4-64 所示。

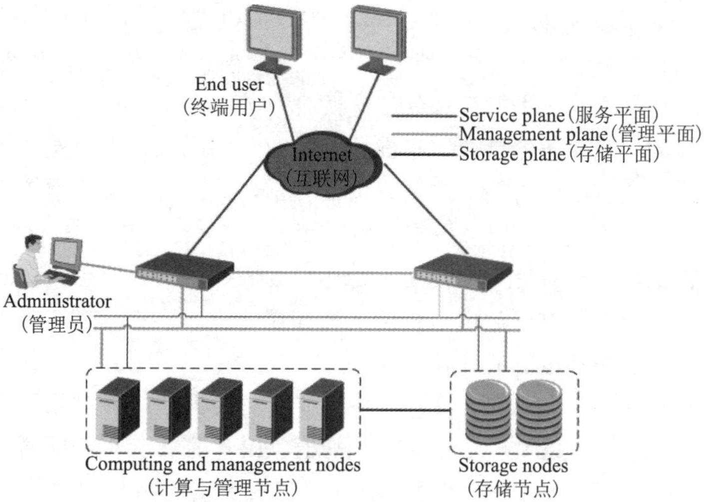

图 4-64　网络平面隔离

a. 业务平面。为用户提供业务通道，为虚拟机虚拟网卡的通信平面，对外提供业务应用。

b. 存储平面。为存储提供通信平面，并为虚拟机提供存储资源，但不直接与虚拟机通信，而通过虚拟化平台转化。

c. 管理平面。负责整个云计算系统的管理、业务部署、系统加载等流量的通信。

④ VLAN 隔离。通过虚拟网桥实现虚拟交换功能，虚拟网桥支持 VLAN 标签功能，实现 VLAN 隔离，确保虚拟机之间的安全隔离。虚拟网桥如图 4-65 所示。

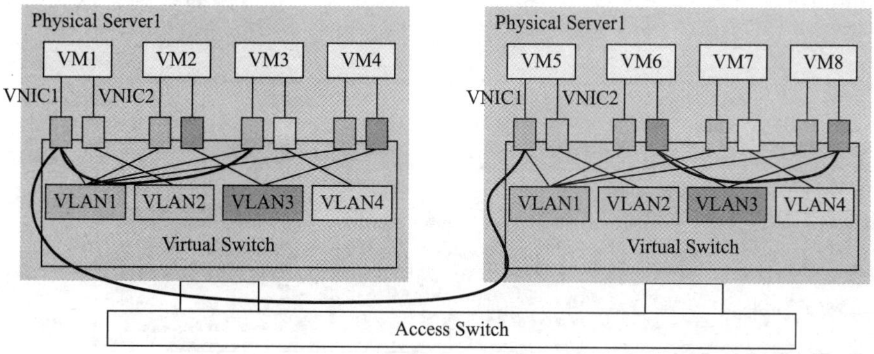

图 4-65　虚拟网桥

虚拟网桥的作用是桥接一个物理机上的虚拟机实例。虚拟机的网卡 eth0，eth1，……，称为前端接口（Front-end）。后端接口（Back-end）为 VIF，连接到 Bridge（桥）。这样，虚拟机的上下行流量将直接经过 Bridge 转发。Bridge 根据 MAC 地址与 VIF 接口的映射关系作数据包转发。

Bridge 支持 VLAN 标签功能，这样分布在多个物理机上的同一个虚拟机安全组的虚拟机实例，可以通过 VLAN 标签对数据帧进行标识，网络中的交换机和路由器可以根据 VLAN 标识决定对数据帧路由和转发，提供虚拟网络的隔离功能。

如图 4-65 所示，处于不同物理服务器上的虚拟机通过 VLAN 技术可以划分在同一个局域网内，同一个服务器上的同一个 VLAN 内的虚拟机之间通过虚拟交换机进行通信，而不同服务器上的同一 VLAN 内的虚拟机之间通过交换机进行通信，确保不同局域网的虚拟机之间的网络是隔离的，不能进行数据交换。

⑤广播报文抑制。在服务器整合、桌面云等企业应用场景，如果发生网络攻击或病毒发作等引起的广播报文攻击，可能造成网络通信异常，此时可以开启虚拟交换机的广播报文抑制功能。

虚拟交换机提供虚拟机虚端口发送方向 ARP 广播报文和 IP 广播报文的抑制开关以及抑制阈值设置功能。可以通过开启虚拟机网卡所在端口组的广播包抑制开关设置阈值，减少过量广播报文对二层网络带宽的消耗。

管理员可以通过系统 Portal（端口），基于虚拟交换机端口组对象，配置广播报文抑制开关、ARP（地址解析协议）广播报文抑制阈值、IP 广播报文抑制阈值。

⑥防 IP 及 MAC 仿冒。通过 IP 和 MAC 绑定方式实现：防止虚拟机用户通过修改网络报文的 IP、MAC 地址发起 IP、MAC 仿冒攻击，增强用户虚拟机的网络安全。具体技术能力包括通过 DHCP snooping（监听）生成 IP-MAC 的绑定关系，然后通过 IP 源侧防护（IP Source Guard）与动态地址解析协议检测（DAI）对非绑定关系的报文进行过滤。

（3）分组访问控制

通过建立安全组为云用户提供网络隔离和访问控制功能（将虚拟机按需要加入到安全组内，并为安全组设置访问规则）。安全组相当于在每个虚拟机的网络出口处部署一个虚拟防火墙，对进入本 VM 的流量执行访问控制，增强虚拟机的安全性，同一个安全组内的虚拟机之间的访问可以不受限制，但也可以指定不互通。分组访问控制具体内容如图 4-66 所示。

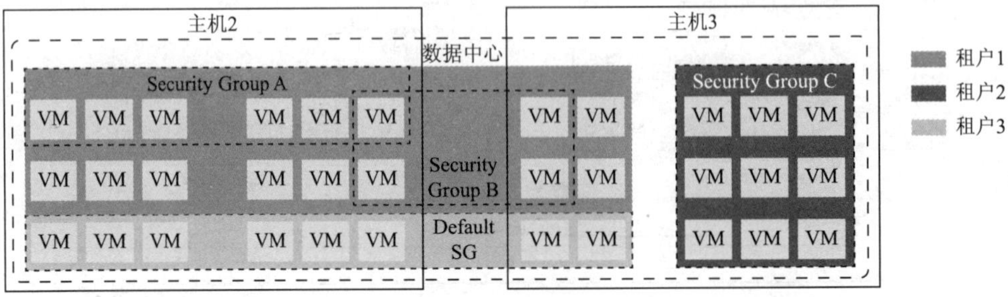

图 4-66　分组访问控制

①允许或禁止来自另一个安全组的请求通过指定协议及指定端口访问本安全组。

②允许或禁止来自指定 IP 地址段的请求通过指定协议及指定端口访问本安全组。

如：同一个部门，划分在一个 VLAN 内，但有不同的项目组，项目组间的 VM 之间需要隔离，不能实现共享访问；但是每个 VM 都可以和服务器通信。将项目组一和项目组二分别放入安全组一和安全组二。两个安全组都配置以下 ACL。

①缺省拦截所有未命中 ACL 的报文。

②允许服务 IP 地址段访问本安全组。

（4）安全日志审计

为了方便审计虚拟机用户的行为，将虚拟机 IP 和用户的身份一一对应，虚拟机需采用固定 IP 地址，指定 IP 的虚拟机创建成功后，能够正常地关联到用户，并且后续 IP 地址不再变更。

系统的运行情况和操作记录日志分为操作日志和运行日志，操作日志与系统安全相关。操作日志记录了用户对系统所做的操作以及操作的结果，用于跟踪和审计。记录操作日志，可以快速地识别出系统用户行为审计和问题定位，判断是否遭受恶意的操作和攻击。系统需要定期备份操作日志，并提供“定时周期性备份方式”备份操作日志；日志备份成功后，系统会自动删除已备份的日志。在界面上查看日志时，采用 HTTPS 方式进行传输。查看日志时采取的安全措施如下。

①根据管理员的权限定义日志查看范围。超级管理员能查看所有日志；但普通管理员仅能查看自己的操作日志。

②任何人员不能在界面上修改或删除日志。

③有查询权限的人才能导出日志。

④各系统针对操作日志提供多个字段，可详细记录外界用户在系统上执行的具体操作、用户信息、操作时间等信息，便于管理员根据操作日志识别有风险的操作或已导致问题的危险操作，并采取合理的防卫措施，以提高系统的安全性。

4）虚拟化隔离设计

Hypervisor 能实现同一个物理机上不同虚拟机之间的资源隔离，避免虚拟机之间的数据窃取或恶意攻击，保证虚拟机的资源使用不受周边虚拟机的影响。终端用户使用虚拟机时，仅能访问属于自己的虚拟机的资源（如硬件、软件和数据），不能访问其他虚拟机的资源，保证虚拟机隔离安全。虚拟机隔离的具体内容如图 4-67 所示。

（1）物理资源与虚拟资源的隔离

Hypervisor 统一管理物理资源，保证每个虚拟机都能获得相对独立的物理资源；并能屏蔽虚拟资源故障，某个虚拟机崩溃后不影响 Hypervisor 及其他虚拟机。

（2）VCPU（虚拟处理器）调度隔离安全

X86 架构为了保护指令的运行，提供了指令的 4 个不同 Privilege（特权）级别，术语称为 Ring，优先级从高到低依次为 Ring 0（被用于运行操作系统内核）、Ring 1（用于操作系统服务）、Ring 2（用于操作系统服务）、Ring 3（用于应用程序），各个级别对可以运行的指令进行限制。VCPU 的上下文切换，由 Hypervisor 负责调度。Hypervisor 使虚拟机

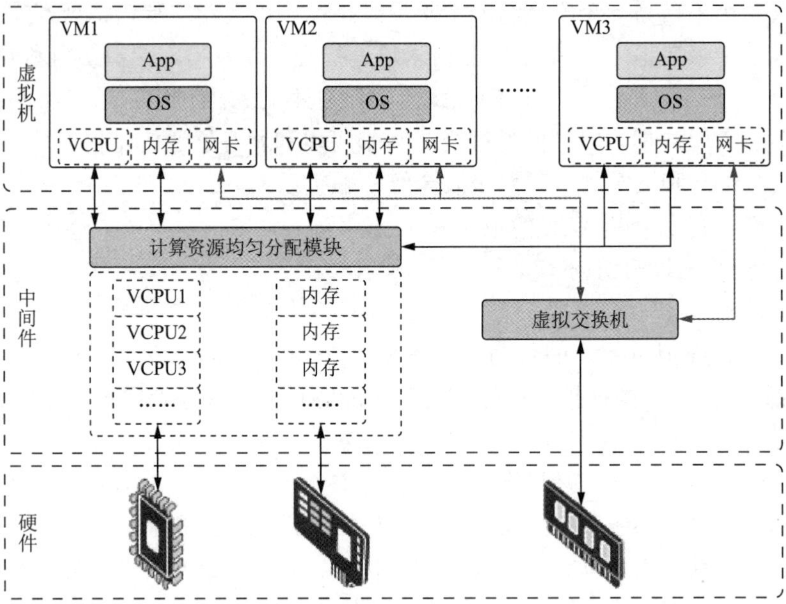

图 4-67　虚拟机隔离

操作系统运行在 Ring 1 上，有效地防止了虚拟机 Guest OS 直接执行所有特权指令；应用程序运行在 Ring 3 上，这就保证了操作系统与应用程序之间的隔离。

（3）内存隔离

虚拟机通过内存虚拟化来实现不同虚拟机之间的内存隔离。内存虚拟化技术在客户机已有地址映射（虚拟地址和机器地址）的基础上，引入一层新的地址——“物理地址”。在虚拟化场景下，客户机 OS 将“虚拟地址”映射为“物理地址”；Hypervisor 负责将客户机的“物理地址”映射成“机器地址”，然后再交由物理处理器来执行。

（4）内部网络隔离

Hypervisor 提供 VRF（虚拟路由转发表）功能，每个客户虚拟机都有一个或者多个在逻辑上附属于 VRF 的网络接口 VIF（虚拟端口）。从一个虚拟机上发出的数据包，先到达 Domain（域）0，由 Domain 0 来实现数据过滤和完整性检查，并插入和删除规则；经过认证后携带许可证，由 Domain 0 转发给目的虚拟机；目的虚拟机需要检查许可证，以决定是否接收数据包。

（5）磁盘 I/O 隔离

虚拟机所有的 I/O 操作都会由 Hypervisor 截获处理，Hypervisor 保证虚拟机只能访问分配给该虚拟机的物理磁盘，实现不同虚拟机硬盘的隔离。

5）数据存储安全设计

（1）用户数据隔离

Hypervisor 应采用分离设备驱动模型实现 I/O 的虚拟化。该模型将设备驱动划分为前端驱动程序、后端驱动程序和原生驱动三个部分，其中前端驱动在 Domain U 中运行，而后端驱动和原生驱动则在 Domain 0 中运行。前端驱动负责将 Domain U 的 I/O 请求传递到

Domain 0 中的后端驱动，后端驱动解析 I/O 请求并映射到物理设备，提交给相应的设备驱动程序控制硬件完成 I/O 操作。换言之，虚拟机所有的 I/O 操作都会由 VMM（虚拟机监控器）截获处理；VMM 保证虚拟机只能访问分配给它的物理磁盘空间，从而实现不同虚拟机硬盘空间的安全隔离。

（2）数据访问控制

对每个存储卷定义不同的访问策略，没有访问该卷权限的用户不能访问该卷，只有卷的真正使用者（或者有该卷访问权限的用户）才可以访问该卷，卷与卷之间是相互隔离的。

（3）剩余信息保护 [RAID（磁盘阵列）技术支撑]

建议存储采用 RAID 创新技术，系统会将存储池空间划分成多个小粒度的数据块，基于数据块来构建 RAID 组，使得数据均匀地分布到存储池的所有硬盘上，然后以数据块为单元来进行资源管理，大小范围是 256kB ～ 64MB（可调），默认 4MB。RAID 创新技术如图 4-68 所示。

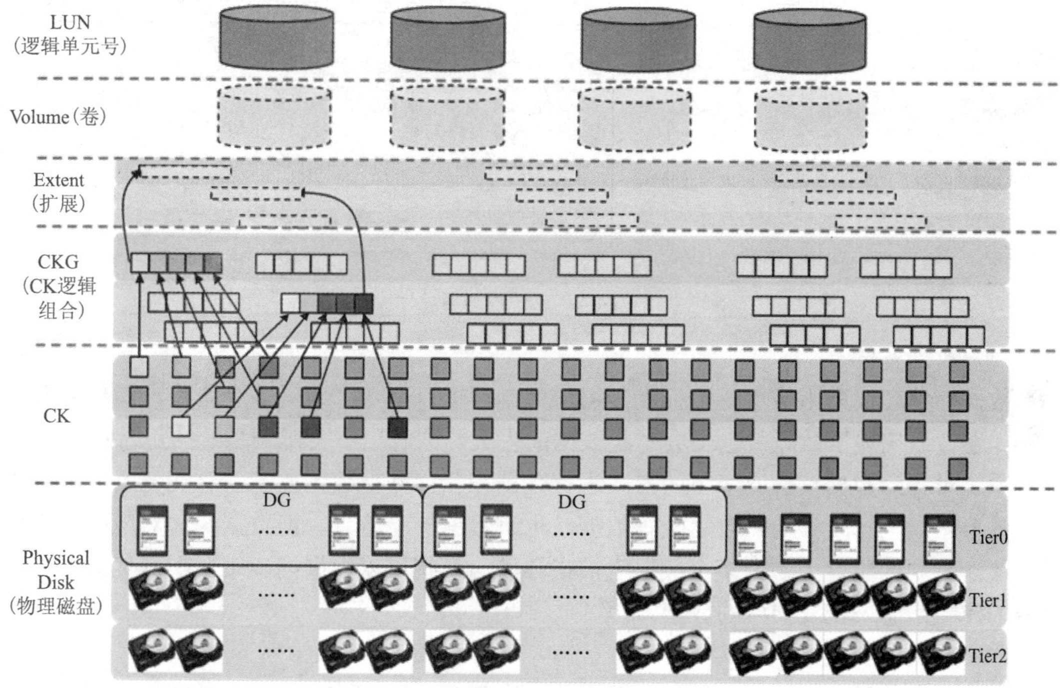

图 4-68　RAID 创新技术

DG- 磁盘分区；Tier- 磁盘存储层

VM 删除或数据卷删除时、系统进行卷（Volume）资源回收时，小数据块链表将被释放，进入到资源池。存储资源重新利用时，再重新组织小数据块，这样从新分配的虚拟磁盘恢复原来数据的可能性很小。

对高安全要求的场景，保证数据的安全，支持在卷回收时对逻辑卷的所有 bit（比特）位进行清零。在非高安全场景，系统默认将逻辑卷的前 10M 空间进行清零。

数据中心的物理硬盘更换后，需要数据中心的系统管理员采用消磁或物理粉碎等措施保证数据彻底清除。

（4）数据盘加密

为防范非法用户访问用户虚拟机磁盘数据，如管理员恶意挂卷后查看虚拟机磁盘数据，云平台建议采用虚拟机磁盘加密解决方案，在用户虚拟机中部署加密进程。虚拟机磁盘加密系统（VES）包含虚拟机磁盘加密管理（VEM）和虚拟机磁盘加密客户端代理（VEA）两个模块。VEM 负责授权客户端使用加密功能、登记客户端信息、安全地存储加密密钥、备份关键信息，并且对外提供管理接口。VEA 提供磁盘加密证书配置、选择待加密磁盘的本地 UI，并通过磁盘过滤驱动对虚拟机数据盘进行加密保护。 数据库加密的具体过程如图 4-69 所示。

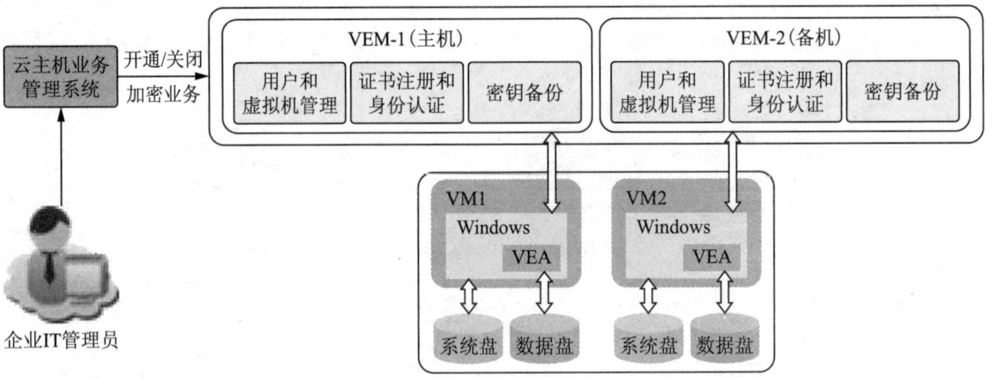

图 4-69　数据库加密

（5）数据备份

数据存储建议采用多重备份机制，每份数据都可以有一个或者多个备份，即使存储载体（如硬盘）出现了故障，也不会引起数据的丢失，同时也不会影响系统的正常使用。

系统对存储数据按位或字节的方式进行数据校验，并把数据校验信息均匀的分散到阵列的各个磁盘上；阵列的磁盘上既有数据，也有数据校验信息，但数据块和对应的校验信息存储于不同的磁盘上，当某个数据盘被损坏后，系统可以根据同一带区的其他数据块和对应的校验信息来恢复损坏的数据。

（6）数据库安全

许多虚拟化基础架构平台采用数据库较多为开源的 MySQL（关系型数据库管理系统）等软件，数据库作为数据管理的平台，它的安全性首先应由系统的内部安全和网络安全两部分来决定。对于系统管理员来说，首先要保证系统本身的安全，在安装 MySQL 数据库时，需要对基础环境进行较好的配置。

6）恶意代码防范

（1）基础架构虚拟机

基础架构虚拟机建议采用加固的 Linux 操作系统，病毒感染风险低，不部署防病毒软件。如果搭建在 Windows 操作系统上，应该安全防病毒软件，通过设置定期任务，定期查杀病毒，防止基础架构虚拟机遭受病毒的入侵。

（2）计算和存储节点

无须安装防病毒软件，原因如下：计算和存储节点应采用安全加固的操作系统。计算和存储节点处于封闭网络，且没有提供外部操作平台。

（3）用户虚拟机防病毒

部署防病毒服务器，为用户虚拟机提供防病毒软件功能，通过设置定期任务，定期查杀病毒，防止用户虚拟机遭受病毒入侵。用户可根据实际场景，判断用户虚拟机对安全的需求，来决定是否统一部署防病毒软件。为保证用户虚拟机使用安全，建议用户安装防病毒软件。

第五节　一体化资产管理信息化实施策略

城市轨道交通企业需要根据自身发展所处的不同阶段，制定符合自身实际的一体化资产管理信息化实施路线，为自身搭建一体化资产管理信息化体系提供明确的指引。

一、一体化资产管理信息化关键要素

城市轨道交通企业一体化资产管理信息化管理，可以结合城市轨道交通企业发展阶段具体提炼为以下五个关键要素。

1. 一条主线

一条主线是指以资产生命周期为主线，以资产为载体，在规划、形成、使用的全过程中规范流程、系统、数据。

2. 二个维度

二个维度是指价值管理和实物管理两个维度，综合考虑管理成本及有效性，为资产价值管理和实物管理确定切实可行的起点和终点。

3. 三个统一

三个统一是指建设、财务、运维三个口径在资产目录标准下的统一，资产目录及相关规范、标准成为企业、系统共用的“语言”，统一合同、交付、转固的管理口径，使前后的清晰对应和信息传递成为可能。

4. 四单相符

四单相符是指合同清单、到货清单、支付发票、移交清单的四单相符，资产形成到移交过程的严格可控，合同清单与到货、支付、交付相符，将使概算回归日常化，更好地监控投资进度，同时也使基建采购管理得到更好的规范。

5. 五项追踪

五项追踪是指项目、合同、概算、运营需求、实物这五项追踪，通过规范流程和操作得以掌握一体化资产管理过程中项目、合同、采购计划、实物周转、成本归集等关键业务活动，在主线畅通的基础上，解决好“毛细血管”的问题。

二、一体化资产管理信息化实施原则

城市轨道交通企业在实施一体化资产管理信息化时应该遵循以下原则。

1. 总体规划、分步实施

打通资产管理全业务流程，整合各类需求，搭建统一的一体化资产管理信息化架构体系，根据城市轨道交通企业发展阶段，合理安排资源，根据业务的紧迫性、重要性、成熟度分批分期组织信息化实施，发挥信息化对业务发展的整体效应和即时作用。可考虑先选择业务单位进行试点，试点成功后，然后再在相应的范围内进行推广。

2. 协同建设、统一管理

一体化资产管理信息化体系的搭建需要城市轨道交通企业从上至下的通力协作，需要各级领导的高度重视，这不仅是城市轨道交通企业一把手工程，也是各部门的一把手工程，需要各部门的紧密协作、合力推进，在过程中更需要参与人员的全情投入与付出。

3. 优化流程、消除壁垒

一体化资产管理信息化系统建设是一项浩大的系统工程，在搭建过程中，只有各参与方坚持以大局为重，坚持“一体化资产”的理念，消除部门壁垒，倾尽全力推进，并且持续开展，才能真正发挥资产全生命周期的管理价值。

4. 保护投资、效益最大

各城市轨道交通企业都或多或少地建立了各种信息系统，实施一体化资产建设时充分考虑了本企业已有的技术基础设施的投资是项目实施的重要原则。方案设计应充分考虑现有的基础设施和服务以及应用和网络现状，考虑操作环境的兼容性和支持度，实现现有系统建设的平滑迁移。

三、一体化资产管理信息化关键环节与解决思路

在推进城市轨道交通企业一体化资产管理信息化建设的过程中，需要在以下几个方面进行重点突破。

1. 统一的资产分类与标准是前提

城市轨道交通企业经营期绝大多数资产是由基建期转入，建设部门主要从项目管理的角度对基建期资产进行管理；运营部门主要从运营维修维护及实物安全的角度对经营期资产进行日常管理；财务部门在符合会计制度和准则的前提下，完成资产全生命周期的会计核算及财务管理工作。由于管理的侧重点不同，三个主要部门资产管理的颗粒度存在一定差异，造成项目管理、实物移交、结算与决算脱节的情况，难以完全满足运营的需求，同时也加大了资产清查的难度，造成了重复工作，增加管理、协调成本。具体表现为各管理环节开项标准不一致（合同按验工计价维度开项，移交按照实物维度交接，决算按照结算维度进行）。要实现资产全生命周期管理，首先要建立全公司统一的固定资产分类及单元划分标准（以下简称固定资产目录），将经营需求反映到建设前端，指导合同按固定资产转资的要求建立合同开项，即合同每个开项能够确定对应唯一的固定资产单元，进而实现高效的竣工决算，基建转运营资产能明细、清晰、自动地完成系统割接。

由于资产种类繁多，各部门需求难统一，要建立各部门都认可的固定资产目录难度很大，为此，城市轨道交通企业资产管理部门须在符合会计制度的前提下，结合公司实际情

况，制定编制固定资产目录的四大原则：稳定性原则、独立使用原则、寿命相类似原则、重要性原则，参考《固定资产分类与代码》（GB/T 14885—2010）及行业先进企业分类，建立了全面、分类清晰的固定资产目录。

新固定资产目录成为企业、系统共用的“语言”，统一合同、交付、转固的管理口径，使前后的清晰对应和信息传递成为可能。新固定资产目录的启用，统一了新线实物移交、竣工决算等关键结点的固定资产颗粒度，大大提升了数据质量，减少了重复工作，提高了工作效率。保证竣工结算时，可获得清晰、准确的资产清单，并与设备建立关联，清晰反映资产价值形成过程，使得城市轨道交通企业能够实现按照运营、维修、决算需求在合同、移交阶段形成固定资产的目标。

2. 统一的主数据与编码体系是基础

资产管理业务领域的主数据是跨业务系统应用、共享的企业核心数据，是用统一的语言来描述各个不同业务阶段的资产，其中“资产”“物资”和“设备”三大主数据，涵盖了资产管理业务领域的各个不同状态，可规范和统一资产全生命周期管理中各项业务对资产、物资与设备的描述，定义了主数据属性和数据关联关系，保证了数据的一致性。

进而搭建统一、关联关系清晰的编码体系，对一体化资产的管理起着至关重要的作用。在信息化的推进过程中，关键业务数据的编码是信息化建设的核心关注点，编码原则是信息系统的设计及集成管理的重要内容，关乎信息系统的应用。一体化资产管理的编码体系主要与资产管理涉及的各阶段业务相关，如合同编码、固定资产编码、实物资产编码、设备编码等，编码体系的内容主要包括数据分类、编码原则、使用要求等，而含义码与非含义码的应用、编码之间的隶属关系及关联关系，是一体化资产管理编码体系中的重点内容。

3. 精细化的管理标准是核心

精细化、规范化的业务流程是实施一体化资产管理的核心。建设、运营、资源开发“一体化”经营模式，虽有利于资源共享，便于各业务协调和分工合作，但这种模式涉及跨部门、跨业务领域的工作活动，存在职能间彼此关联、不确定性高、变更多、时间紧等特点，再加上轨道交通工程线网工点及参建单位众多，施工现场管理难度大的特点，使管理工作更加复杂，增加了管理的难度，因此，通过总结提炼管理中的流程工序，明确资产管理中各方的工作职责、管控要求以及工作完成质量标准，实现各相关方在线协作，形成跨企业的精细化管理平台。做到事前规范化指引、事中透明化监控、事后信息可以追踪、便于信息查阅和后续归档。从而确保了业务管理各项活动的标准化、高效化，同时奠定了管理活动的可量度的基础。

例如，在设备维修维护环节，标准化设备维修工单，增强单台套设备维修质量控制，实现对互检、他检、专检作业过程的有据可查，增强业务监管，管理风险降低，借助信息化工具一揽子解决“做了没有、做了什么、做得怎样”的监管问题。

4. 高效的新线移交管理模式是关键

新线实物资产移交作为一体化资产管理中的关键节点，其管理涉及建设合同管理、采购物流管理、设备维护维修、财务管理等多方面。由于新线移交业务情形复杂，移交物资种类多、数量大、移交时间跨度长；涉及的业务部门繁多等多方面的原因，且基建行业均未有新线移交的标准体系，使得城市轨道交通企业新线实物资产的移交管理工作难度加大。为全面规范新线实物资产的移交工作，确保实物资产移交的完整、账实相符，城市轨道交通企业要从业务的实际情况出发，创立新线实物移交管理模式，通过制度、指引等，规范内部管理，优化移交流程，以实现建设、运营及财务决算的一体化。通过新线移交，实现城市轨道交通企业在基建阶段即形成符合运营维护维修、资产、财务管理需求的固定资产、存货实物清单，打通了基建、运营管理衔接渠道。

①清晰鉴定建设部门、实物接管部门在资产接管过程中和资产接管后的职责分工；避免由于责权不清而产生的相互推诿，为基建资产移交工作的有序开展奠定了基础。

②明确移交条件、标准、内容、表格填制及立卷原则。移交条件的明确可切实保障移交资产的有效性。移交标准的规范能解决长期以来存在的由于建设合同维度、实物接管维度及财务决算维度不一致而产生的基建物资难以有效管理的困难，从而有效确保移交资产的完整性及基建移交物流管理一体化的实现。移交内容、表格填制及立卷原则的明确加强基建档案资料管理的科学性，保证基建移交资料能够得到及时、完整、规范的收集。

③详细规范基建移交的整体流程，有效指导建设部门和接管部门的现场接管及台账建立工作，从而确保资产的完整有效、账实相符。

5. 资产账实相符，保值、增值是目标

城市轨道交通企业一体化资产管理信息化体系须通过对财务核算、工程投资管理、合同管理、设备维修管理、采购物流管理等模块进行流程梳理，打通包括采购—合同—财务—投资等关键业务环节，实现从资产从前端合同数据直接通过信息系统转为资产数据和设备维修数据，确保数据的一致性，使城市轨道交通企业的资产信息从合同采购到建造和移交运营维护的全过程完整信息得到记录和可追朔，确保了数据一致性和完整性，资产信息分别以价值及实物资产信息存储，实现了信息联动，确保了账实相符，保障巨量国有资产安全，降低损失概率。

四、一体化资产管理信息化应用推广

一体化资产管理信息化价值的实现，不仅需要一体化资产管理信息化体系的设计、搭建，更需要持续的信息化应用推广工作。系统应用的好与坏，与整个系统生命周期，包括从系统规划、系统建设、系统优化、系统应用推广整个阶段，都是息息相关的。而一体化资产管理信息化各个模块建成后，如何更好地提升信息化的应用水平，也将成为信息化工作中的重中之重。

一体化资产管理信息化应用管理，包括为提升一体化资产管理信息化价值而采取的各种举措，以下从应用推广组织管理、系统友好性工作、信息化考核等方面进行实践分享。

1. 应用推广组织管理

要做好一体化资产信息化应用推广工作，首先需要搭建一套完善的一体化资产信息化应用管理体系。信息化应用管理体系一般采用“组织—计划—执行—检查—评估”闭环的管理模式。信息化应用管理体系包括纵向管理体系与横向协同体系。纵向管理体系一般采用三层组织架构，即决策层、管控层、执行层；横向管理体系一般由各系统业务主管部门、企业信息管理部门、系统使用部门共同开展的。信息化应用管理工作需要在信息化规划、建设、上线使用等全过程中给予重视。

1）应用管理体系

一体化资产管理信息化应用推广工作，涵盖城市轨道交通企业规划设计、工程建设、地铁运营、衍生资源经营以及沿线物业开发等业务，涉及财务部门、合同管理部门、建设部门、运营部门、房产部门、档案管理部门等多个组织，因此需要搭建一个跨部门、跨业务领域的一体化资产管理信息化应用管理体系，来确保一体化资产管理信息化的落地和应用。应用管理体系分为纵向管理体系与横向协同体系两部分进行阐述。

（1）纵向管理体系

①决策层。城市轨道交通企业一体化资产管理信息化领导小组，作为推进一体化资产管理信息化工作的最高领导机构，一般由城市轨道交通企业领导、建设部门负责人、运营管理部门负责人、房产部门负责人、财务部门负责人、合同管理部门负责人、档案管理部门负责人组成，由企业一把手担任组长。决策层的主要职责是对城市轨道交通企业年度一体化资产管理信息化应用推广目标与计划以及涉及多个业务模块、业务部门的重大一体化资产管理信息化应用推广工作计划等进行最终决策。

②管控层。城市轨道交通企业一体化资产管理信息化应用推广总体管理组，受企业一体化资产管理信息化领导小组委托作为推进一体化资产管理信息化工作的日常管理机构。它一般由城市轨道交通企业信息化管理部门以及建设部门、运营管理部门、房产部门、财务部门、合同管理部门、档案管理部门的信息化管理人员组成，由城市轨道交通企业信息化管理部门负责人担任组长。它的主要职责是对企业一体化资产信息系统的应用推广工作进行总体组织、协调与检查，组织制定一体化资产信息系统应用推广工作计划，定期检查与评估等。

③执行层。城市轨道交通企业一体化资产管理各模块应用推广小组，作为推进的一体化资产管理信息化工作的具体工作机构。根据一体化资产管理信息化构成，可分为工程建设、设备维修管理、仓储物流管理、财务及预转资管理、合同管理、新线实物移交管理、衍生资源管理、房产成本管理、房产销售管理、房产物业管理、档案管理等模块应用推广小组。各模块应用推广小组组长一般由各模块业务主管部门负责人担任。主要职责为制定模块应用推广方案，制定年度应用推广目标与工作计划，开展具体的应用推广工作，编制应用推广总结报告。

（2）横向协同体系

①城市轨道交通企业信息化管理部门。城市轨道交通一体化资产信息化应用推广管理工作的总体组织管理部门，统筹城市轨道交通企业一体化资产信息化应用推广日常工作。

②城市轨道交通企业一体化资产管理信息化各模块业务主管部门。它主要负责城市轨道交通企业一体化资产管理信息化具体模块的应用推广工作，包括财务部门、合同管理部

门、建设部门、运营部门、房产部门、档案管理部门等。

③城市轨道交通企业一体化资产管理信息化各模块使用部门。主要为城市轨道交通企业一体化资产管理信息化各模块的各级使用部门。

2）过程管理

（1）信息化规划阶段

要充分评估信息化的重要性、紧迫性等条件是否满足，是否具备明显的信息化价值。具体的可参照以下评估要素。

①一体化资产管理信息化承载的业务成熟度高，业务管控模式为强管控模式，容易固化到系统中，并受城市轨道交通企业各级领导大力重视，如财务管理模块。

②一体化资产管理信息化承载的业务在公司战略中重要性较高，且业务审批环节均需通过系统进行，如合同管理模块等。

③一体化资产管理信息化使用频率高、应用范围广，能为集团公司各层级员工办文、办公带来很大便利性，如内部门户等。

④一体化资产管理信息化承载公司核心业务，它是各级用户必须要用的模块，如工程建设、设备维修管理、房产成本管理模块等。

（2）信息化建设阶段

充分考虑以下几个要素，为用户提供良好的体验。

①对于业务影响重大的模块，确保模块业务主管部门全程参与项目建设。

②在用户测试环节，由模块业务主管部门参与测试方案的编制并对测试结果进行审核，各级用户参与测试全过程。

③在系统设计过程中，加大对系统功能易用性、界面友好性设计方案的考虑，充分考虑系统操作界面的友好性，为用户带来切实便利。

④细化一体化资产管理信息化各模块用户操作手册，为用户操作带来详细指引，促进系统操作精细化。

⑤根据业务职责分工，制定科学合理的权限分配方案，提升系统操作的规范性。当用户岗位发生调整时，用户权限能够及时调整。

⑥通过系统实现业务关键节点的控制，固化已经稳定的业务流程，不断提升用户对系统的依赖，促进系统单轨运行。

（3）信息化上线阶段

通过多方合作、多种应用推广措施相结合，最大化地发挥一体化资产管理信息化的应用价值。

①建立完善的一体化资产管理信息化各模块应用推广组织。成立由业务主管部门、使用部门、IT 部门组成的多级应用推广组织，保证系统的有力推广。

②制定完善的一体化资产管理信息化各模块管理制度与考核机制。系统管理制度与考核机制，是规范系统应用推广的重要手段，可以确保信息化应用推广得到强力推进。

③重视培训，提升与培养关键用户的能力。在系统使用前对各级用户进行多轮培训，确保在培训时，保证用户更好地使用系统及提出他们的需求。部分用户量大的系统还须培

养二级部门的关键用户的 IT 能力，使其能够独立开展部门内的用户培训。

④搭建高效快捷的用户响应机制。形成明确可执行的系统支持流程，对用户使用过程遇到的问题建立高效即时的用户响应机制。

⑤搭建 IT 数据管理体系以及数据质量管理机制。针对主数据、业务基础数据、业务交易数据，制定数据录入标准，对数据修改进行严格控制，并加强数据质量管理，提升数据录入的规范性。进而规范系统建设、系统运维和使用过程中的数据质量管理活动，对数据的采集、核对、修改进行规范管理，提高一体化资产管理信息系统中的数据质量，为一体化资产管理信息化应用推广工作提供优质的血液。

2. 系统用户友好性工作

城市轨道交通企业一体化资产管理信息化涵盖了企业各级用户，大部分用户集中在业务一线。业务一线用户更着重于系统功能的便捷操作等方面。因此，系统用户友好性工作，也是决定一体化资产管理信息化应用推广工作的一个重要环节。

1）系统用户友好性工作定义

基于用户思维，从用户使用体验角度出发，推进信息化工作的建设、服务水平的持续提升。系统用户友好性，主要包括实用、好用、想用的三用标准。实用是基础，好用是关键，想用是目标。具体内容如图 4-70 所示。

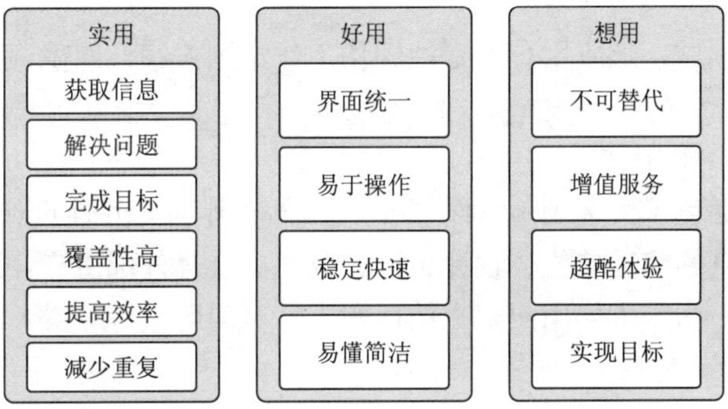

图 4-70　系统“三用”标准

2）提升系统用户友好性的关键因素

（1）业务要素

①信息化理念与文化深入人心。

②业务流程清晰、简洁，流程归属清晰，关联业务较少。

③数据录入后能得到有效应用，业务对系统依赖度较高。

（2）技术要素

①系统界面简洁、操作简单、指引清晰。

②系统速度快。

③移动信息化。

（3）推广要素

①业务主管部门持续推广，管理措施得当。

②及时单轨运作，减少重复劳动，提升数据质量。

③持续改进，建立良好的用户问题搜集、提升与反馈机制。

没有一个系统在开始时就已经非常完美，只有在系统使用过程中不断优化，更贴合实际应用和操作习惯，尤为重要的是要提高工作效率，能通过系统获得更多有用的业务分析数据，达到人力、物力的节省，这是用户最想用的一点。

“三用”建设中，IT 部门要持续改进系统问题，建立良好的使用、问题搜集、功能优化、更好使用的闭环管理机制，提升用户友好度。业务主管部门要重视与持续提升业务数据完整性，大大提高系统的“实用性”；业务部门在使用过程中，要以系统为业务管理关键手段，在系统使用过程中不断推进系统与业务的有机融合，使得系统逐步完全符合业务管理要求。

3）一体化资产管理信息化系统用户友好评估

基于“实用、好用、想用”的三用原则，一体化资产管理信息化应用推广总体管理组需要定期选择具体业务领域开展用户友好性评估工作，有效提升用户满意度。

以下以工程建设领域为例来阐述用户友好性评估具体工作。工程建设领域一般包括工程建设管理模块、合同管理模块、档案管理模块以及财务与预转资模块，是一体化资产管理的关键价值产生环节。用户友好性评估工作包括工作策划、现场调研、问卷调研、报告编制及问题更改计划、问题跟踪五个主要阶段。

（1）工作策划

针对工程建设领域，形成用户友好性评估工作策划方案，明确评估目标、范围、对象等内容。

（2）现场调研

工程建设领域涵盖了大量工地一线工作，用户范围不仅包括了城市轨道交通企业内部用户，也包括了大量的施工单位、设计单位、监理单位等外部用户。因此有必要开展用户走访与现场调研，来初步了解用户存在的问题，并对问题进行分类。现场调研问题分类如图 4-71 所示。

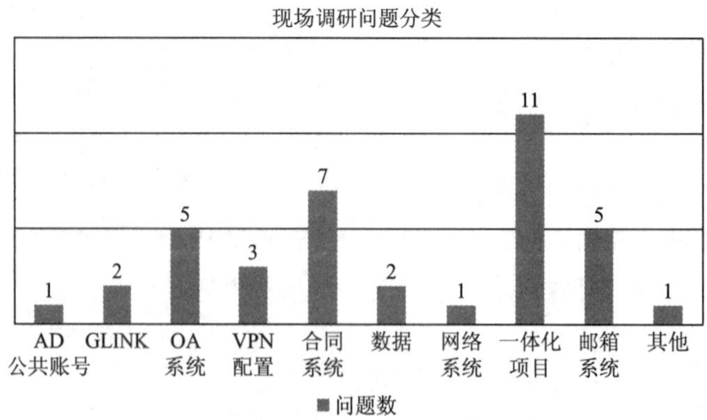

图 4-71　现场调研问题分类

（3）问卷调研

根据现场调研情况，制定更加详细的调研问卷，内容涵盖工程建设管理模块、合同管理模块、档案管理模块、财务与预转资模块等系统情况以及网络等基础服务情况，并将问卷发放至工程建设部门、施工单位、设计单位、监理单位等所有系统用户。

（4）报告编制及问题整改计划

根据问卷调研情况进行分析，形成详细的调研报告，针对收集到的问题制订问题更改计划。

如对于工程建设管理模块，形成用户友好性分析结果，工程建设管理模块友好性评估情况如图 4-72 所示。

对于工程建设管理模块，通过调研同步收集到模块应用中存在的问题，如缺少数据共享应用、存在双轨操作以及缺少移动端应用等问题，并制定了针对性的问题更改计划。见表 4-13。

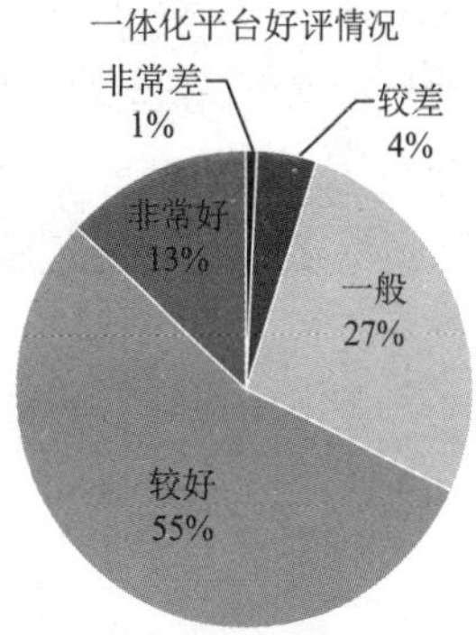

图 4-72 工程建设管理模块友好性评估情况

问题更改计划 表 4-13

类别	工作描述	责任部门	配合部门	计划时间	系统类别
数据的分析利用工作	工程项目数据综合查询功能开发	信息管理部	建设总部	2016 年 1 月	一体化工程项目管理系统
	一体化平台数据共享需求分析	信息管理部	建设总部	2016 年 1 月	一体化工程项目管理系统
	移动办公 APP 上线	信息管理部	建设总部	2015 年 12 月	一体化工程项目管理系统
推进系统单轨工作	双轨制优化方案推进	建设总部、信息管理部	验交办、集团办公室、财务总部、监审部	2016 年 2 月	一体化工程项目管理系统

（5）问题跟踪

将问题更改计划落实在各部门的工作计划中，通过计划管理跟踪问题更改情况，将问题更改结果纳入信息化绩效考核工作中应用，从而更有力地推动问题的更改工作。

3. 信息化考核

信息化考核是推进信息化工作有效推进的重要手段，同样也是推进一体化资产管理信息化应用管理工作的重要工具，对引导一体化资产各业务部门更好地使用一体化资产管理信息化有关模块和提升一体化资产管理信息化应用水平发挥着重要作用。

（1）信息化工作考核原则

①公平、公正、公开原则。考评过程按照考核标准开展，考评结果向所有一体化资产管理相关部门公开。

②差异化考核原则。根据信息化工作的特点，对信息部门以及一体化资产管理相关部门分开设置针对性的考核指标。

③易抽取、易检查原则。考核指标易抽取、易检查，以更好地引导推进系统深入应用为目标。

（2）信息化工作考核内容与标准

对于一体化资产管理相关部门，信息化考核主要从计划管理、计算机网络管理和系统应用三个方面进行考评，包括重点工作计划管理、计算机终端规范管理、网络接入管理、计算机资产管理、组织管理、规范管理、数据录入、应用分析、系统应用检查落实情况、培训推广等十类指标。其中考核重点在系统应用方面。系统应用方面指标包括以下六类指标。

①组织管理。组织管理主要考量系统应用推广组织的完备性，如是否在部门内建立部门领导负责的应用推广组织，是否有定期召开会议检查等。

②规范管理。规范管理主要考虑系统应用管理制度建设、制度执行情况检查。业务部门有无及时制定及发布与系统相关的制度，并定期进行检查、考核等。

③数据录入。考量内容主要是系统中按照设计方案里数据录入是否完整性、准确性、及时性。

④应用分析。考量的主要内容为系统应用范围、应用程度、业务对系统的依赖程度。

⑤系统应用检查落实情况。主要考量系统在实际运行过程中的应用检查结果、改进计划。

⑥培训推广。主要考量业务部门参加培训、会议情况和组织培训情况。

对于信息部门，信息化考核主要从计划管理和系统应用两个方面进行考评，包括重点工作计划管理、用户支持、用户培训和系统应用评估等四类指标。

（3）信息化工作考核流程

信息化工作考核流程具体内容如下。

①年度信息化工作考核方案发布。

②年度信息化工作考核过程开展。考核过程采用日常检查、年中检查、年底检查相结合的方式开展。

③年度信息化工作考核结果发布。

（4）信息化工作考核结果应用

报送企业绩效管理部门，作为组织绩效考核参考。并作为来年信息化工作任务计划与考核方案的制定依据。

另外，除信息化考核方式外，各企业还可结合劳动竞赛等方式，通过精神奖励为主、物质奖励为辅的正向奖励措施，推动城市轨道交通企业一体化资产管理信息化应用管理部门、各级使用部门及人员发挥主观能动性，促进城市轨道交通企业工程建设、设备维修、物业开发等一体化资产管理核心业务的规范化、标准化、精细化、信息化水平的深化提升，提升广大参赛部门及人员的应用热情。

第六节　一体化资产管理信息化评价指标体系

城市轨道交通企业信息化一旦投入建设，将会耗费巨大的人力、财力和物力。其成效需要有一套科学量化的体系评价指标来衡量，既能为信息化建设提供价值导向，也能在过程中呈现信息系统应用所取得的成果，继而开展持续优化工作，最终实现信息化价值的深度提升。

城市轨道交通企业一体化资产管理信息化评价指标体系，是一项具有探索性的工作。

目前，业界并无完全成熟的评价方法可供参考。城市轨道交通企业一体化资产管理信息化评价指标体系，可从收集城市轨道交通企业监管政府部门政策、城市轨道交通行业对标资料以及信息化业界评价材料等外部参考资料以及解读城市轨道交通企业业务战略、关键绩效指标，一体化资产管理业务流程管理关键点等内部导向资料，继而形成城市轨道交通企业一体化资产管理信息化评价指标体系，并搭建信息化效益评估的常态机制。

一、一体化资产管理信息化评价指标

主要包括企业外部、内部两大指标。下面将分别介绍这两大指标。

1. 外部指标

（1）监管政府部门考核与评价指标

由于城市轨道交通企业一般属于国有企业，国资委系统对国有企业的考核评价指标是必要的考虑要素。

2008 年 7 月份，国务院印发了《中央企业信息化水平评价暂行办法》（国资发〔2008〕113 号文），作为中央企业信息化水平与价值的评价指引，通过定量定性对比分析，对中央企业在一定时期内的信息化过程和信息化效果做出评价。经过近 10 年的实践，该办法不止广泛应用于中央企业，也在大型地方国企中得到一定的推广和应用。央企信息化水平评价指标包括战略定位、基础建设、应用状况、人力资源、安全和效益指数共六个一级指标，细分为 21 个二级指标，构成可见表 4-14。

央企信息化水平评价指标构成　　表 4-14

序号	一级指标	二级指标	指标解释	指标数据构成
1	战略地位	信息化重视度（分）	反映企业对信息化的重视程度和信息化战略落实情况	企业信息化工作最高领导者的地位；首席信息官（CIO）职位的级别设置；信息化规划和预算的制定情况
2	基础建设	信息化投入总额占固定资产投资比重（%）	反映企业对信息化的投入力度	软件、硬件、网络、信息化人力资源、通信设备等投入
3		每百人计算机拥有量（台）	反映信息化基础设施状况	大、中、小型机；服务器；工作站；PC 机
4		网络性能水平（分）	反映信息化基础设施状况	企业网络的出口带宽
5		计算机联网率（%）	反映信息化协同应用的条件	接入企业内部网的计算机的比例
6	应用状况	信息采集的信息化手段覆盖率（%）	反映企业有效获取外部信息的能力	采集政策法规、市场、销售、技术、管理、人力资源信息时信息化手段的应用状况
7		办公自动化系统应用程度（分）	反映企业在网络应用基础上办公自动化状况	是否实现了日程安排、发文管理、会议管理、信息发布、业务讨论、电子邮件、信息流程的跟踪与监控等
8		决策信息化水平（分）	信息技术对重大决策的支持水平	是否有数据分析处理系统，方案优选系统、人工智能专家系统等
9		核心业务流程信息化水平	核心业务流程信息化的深广度	主要业务流程的覆盖面及质量水平
10		企业门户网站建设水平（分）	反映企业资源整合状况	服务对象覆盖的范围；可提供的服务内容

续上表

序号	一级指标	二级指标	指标解释	指标数据构成
11	应用状况	网络营销应用率（%）	反映企业经营信息化水平	网上采购率；网上销售率
12		管理信息化的应用水平（分）	反映信息资源的管理与利用状况	管理信息化应用覆盖率及数据整合水平
13	人力资源	人力资源指数（分）	反映企业实现信息化的总体人力资源条件	大专学历以上的员工占员工总数的比例
14		信息化技能普及率（分）	反映人力资源的信息化应用能力	掌握专业IT应用技术的员工的比例；非专业IT人员的信息化培训覆盖率
15		学习的电子化水平（分）	反映企业的学习能力和文化的转变	电子化学习的员工覆盖率；电子化学习中可供选择的学习领域
16	安全	用于信息安全的费用占全部信息化投入的比例（%）	反映企业信息化安全水平	用于信息安全的费用包含软件、硬件、培训、人力资源支出
17		信息化安全措施应用率（%）	反映企业信息化安全水平	信息备份、防非法侵入、防病毒、信息安全制度与安全意识培养等措施的应用状况
18	效益指数	库存资金占用率（%）	反映企业信息化效益状况	库存平均占用的资金与全部流动资金的比例
19		资金运转效率（次 / 年）	反映企业信息化效益状况	企业流动资金每年的周转次数
20		企业财务决算速度（日）	反映企业信息化响应水平	从决算指令的发出到完成一次完整的企业决算所需的最短时间
21		增长指数	反映企业绩效	销售收入增长率、利润增长率（%）

同时，各地方国资委也对城市轨道交通企业制定了适合其发展阶段的考核指标。例如某城市国资委2016年对该地城市轨道交通企业制定的考核指标，将其作为准公益性企业进行考核。准公益性企业以强化公共服务保障能力和自我发展效能为导向，通过考核引导，合理控制成本，增强可持续发展能力，实现社会效益和经济效益双目标。具体包括战略管理、企业党建、经营决策、风险控制、基础管理、安全生产、人力资源、社会贡献八个方面。以下分别进行介绍。

①战略管理方面，主要反映企业所指定战略规划和年度计划的科学性以及指定响应的筹资、投资、开发、重组等经营策略的可行性，战略规划的保障措施及其执行力、战略规划的实施效果等方面的情况。

②企业党建方面，主要反映企业在深化改革中坚持党的领导，贯彻执行党的路线、方针、政策，落实企业党建工作责任制和从严治党的要求，发挥党组织政治核心作用，落实党组织在企业法人治理结构中的法定地位，坚持党管干部原则选人、用人，加强基层党组织建设等方面的情况。

③经营决策方面，主要反映企业在决策管理、决策程序、决策方法、决策执行、决策监督、责任追究等方面采取的措施及实施效果，重点反映企业是否存在重大经营决策失误，是否有效执行“三重一大”集体决策、董事会是否规范运作、企业章程和产权代表请示报告制度是否执行到位。

④风险控制方面，主要反映企业在财务风险、市场风险、技术风险、管理风险、信用风险和道德风险等方面的管理与控制措施及效果，包括风险控制标准、风险评估程序、风险防范与化解措施等，重点评价风险防控过程和效果。

⑤基础管理方面，主要反映企业在制度建设、内部控制、重大事项管理、信息化建设、标准化管理等方面的情况，包括财务预算管理、工资预算管理、对外投资、采购与销售、存货管理、质量管理、法律事务、廉洁风险防控、履职待遇和业务支出管理等，重点评价企业对基础工作的重视程度、管理是否规范、措施是否到位。

⑥安全生产方面，主要反映企业按照《安全生产法》等有关安全生产方面的法律法规和技术规范要求，制定规范的安全生产工作制度和措施，配备足够的安全监督管理人员，严格落实安全生产责任制，有效防范安全责任事故，落实职业病防治责任等方面情况。

⑦人力资源方面，主要反映企业人才结构、人才培养、人才引进、人才储备、人事调配、全员业绩考核、薪酬分配与激励、企业文化建设、员工工作热情等方面的情况，重点评价企业是否具备人力资源优势和竞争优势。

⑧社会贡献方面，主要反映企业在承担市政府、市国资委确定的特定或专项任务、上缴税利和国资收益、资源节约、环境保护、吸纳就业、商业诚信、和谐社会建设、维护社会稳定等方面的贡献程度和社会责任的履行情况。

（2）行业对标指标

目前，国际地铁协会（CoMET）分为CoMET和NOVA（轨道运输标竿联盟）两个组织，均设立于英国的帝国理工大学，隶属工程学院内的RTSC（轨道与运输策略中心）研究组织，RTSC除了研究世界地铁的CoMET和NOVA组织外，还有研究地面铁路和公交巴士的组织。协会工作人员共13名，均为帝国理工大学的员工。CoMET会员必须达到每年5亿乘次以上，而NOVA会员可能达不到这个标准。国内已有北京、香港、上海、广州四家CoMET会员，另外深圳、南京地铁也是NOVA会员。随着国内城市轨道交通行业的迅猛发展，在不久的将来，国内将会陆续地有更多的城市轨道交通企业加入国际地铁协会组织。

2011年，我国成立了中国城市轨道交通协会，是由与城市轨道交通有相关业务的发展规划、设计咨询、投资融资、工程建设、运营管理、装备制造、科研院校等单位和个人自愿结成的全国性、行业性、非营利社会组织，指导城市轨道交通行业有序发展。

其中，CoMET协会组织的行业对标指标在行业内是最权威的，也得到了广泛公认。CoMET关键绩效指标体系包括学习与成长、客户感受、运营安全、财务表现、内部环境五个主要指标，还有一个环境影响指标，在此不作分析。每年，CoMET协会组织会发布会员的行业表现。CoMET关键绩效指标体系构成如图4-73所示。

（3）业界评价指标

关于信息化价值评价指标，业界并没有太过权威的公允指标。国内大规模信息化工作起步相比国外也较晚，缺乏对信息化的价值研究，没有形成足够的理论和数据支撑。目前具备代表性的信息化价值评价指标主要来自于国外的一些研究机构。接下来将举出三家研究机构的研究情况。

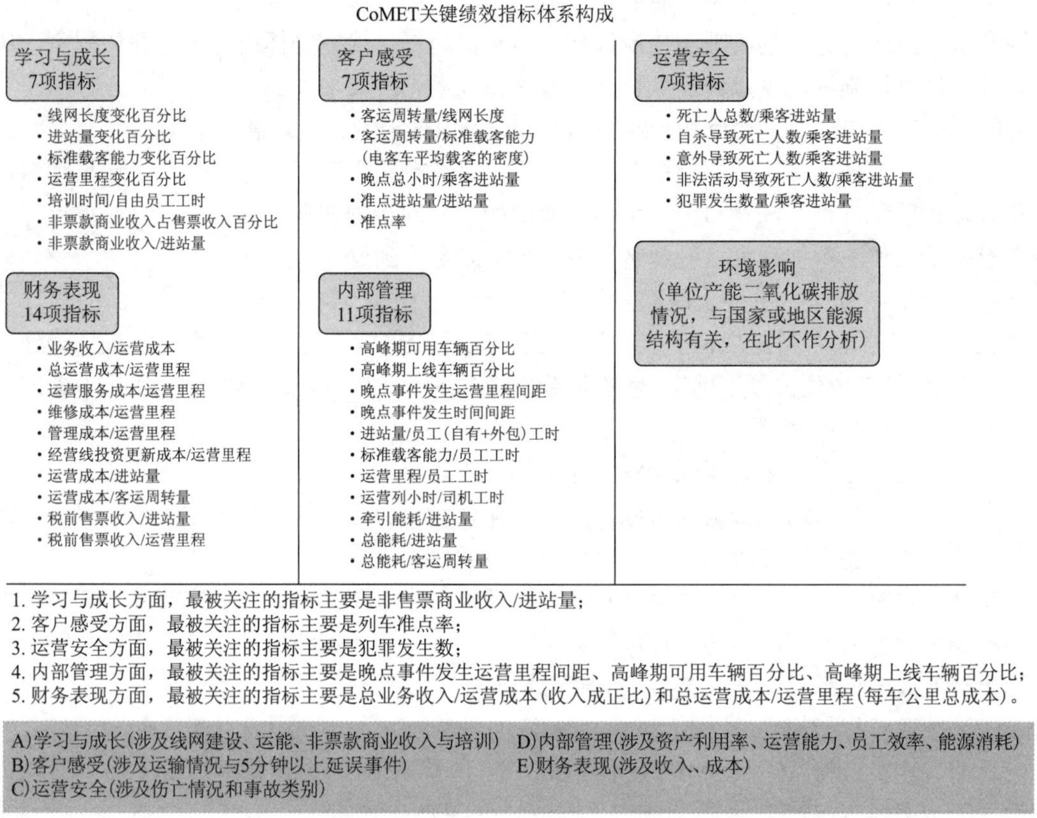

图 4-73　CoMET 关键绩效指标体系

①美国计算机世界（Computer World）。该机构 2001 年 12 月发表了对 IT 项目或投资的 ROI（投资回报率）的调查，显示了如何度量 IT 项目 ROI 的统计数据，见表 4-15。

美国计算机世界研究数据　　表 4-15

ROI 度量指标	被调查者应用比例（%）
降低成本（效率）	83
回报周期 / 时间	75
增加收入（效益）	71
增加生产率（效率）	70
项目在一定的时期启动和运行	67
减少的员工数（效率）	57
降低的现金流	32
特殊的 ROI 公式或标杆	19
没有对 IT 项目计算 ROI	6

②国际著名标杆公司（Benchmarking Partners）。该机构对企业应用 ERP 管理软件的效益进行分析和统计。见表 4-16。

国际著名标杆公司研究数据 表 4-16

指　标	可度量的结果	指　标	可度量的结果
生产成本的降低	11% ～ 24%	采购成本降低	17.5% ～ 20%
现金管理	13% ～ 24%	应收账款减少	6% ～ 7%
人员减少	33% ～ 44%	准时交货率提高	3% ～ 9%
库存资金降低	40% ～ 48%	财务结算周期缩短	13% ～ 20%
收入或利润增加	18% ～ 22%	生产效率提高	23% ～ 32%
销售费用降低	8% ～ 11%	订单处理周期减少	18% ～ 32%
产品合格率提高	3.5%		

③美国生产与库存控制协会（APICS）。该机构是最早研究信息系统的研究机构之一，发表了评估 MRP II 综合实施效果的“Oliver Wight 的 ABCD 考评表”。见表 4-17。

美国生产与库存控制协会研究数据 表 4-17

指　标	结　果	指　标	结　果
库存资金占用减少	35%	延误交货减少	80%
采购提前期压缩	50%	停工待料减少	60%
间接人工费用减少	12%	制造成本减少	12%
生产能力提高	10%		

以上这些评价指标尚不足以全面评价信息化价值，因为它们主要存在以下三个方面的不足。

a. 这些指标均属于有形的效益指标，并未挖掘出无形的、隐形的效益指标。企业带来的效益既有有形效益，也存在各种形式的无形效益。比如用户满意度能够提升企业的品牌和形象，员工的便利也能带来满意度和忠诚度的增加，这些对于企业来说非常重要的隐形效益无法被量化。

b. 企业信息化带来的是管理方式的变革，信息化带来的效益很多不是直接的效益，往往是渗透性的，需要与企业业务融合才能产生效益。也就是说，它的效益渗透在具体业务的效益中。目前并没有办法将信息化效益从企业业务效益中分离出来。上面案例的指标基本上体现了渗透性的指标。如何去识别渗透性的、或者说间接性投资效益指标，显得尤为重要。

c. 上述指标都是比较客观的指标，并且是与经济效益挂钩的。未能充分考虑非经济性效益的指标。

2. 内部指标

城市轨道交通企业根据自身业务特点和管理要求，细化出具体的业务关键绩效考核指标，也需作为一体化资产管理信息化体系评价指标体系的输入条件。而往往这些考核指标可能还比较笼统，就需要对业务部门人员进行多次调研与讨论，形成更为具体的业务绩效指标。

（1）企业业务关键绩效考核指标

该指标一般由企业战略部门组织制定。以下是某城市业务关键绩效考核指标示例。包括了具体的业务指标和财务指标。见表 4-18。

某城市轨道交通企业业务关键绩效考核指标　　表 4-18

指标类型	业务指标	指标类型	业务指标
业务指标	年度投资建设任务	财务指标	主营业务收入
业务指标	建设投资控制	财务指标	主营业务收入增长率
业务指标	重点项目建设	财务指标	归属于母公司所有者的净利润
业务指标	融资与经营性化债	财务指标	成本费用占主营业务收入比重
业务指标	集团整体改制	财务指标	资产负债率
业务指标	境外融资平台和境内融资租赁公司	财务指标	上缴国有资本收益
业务指标	多元化产业经营	财务指标	清产核资
业务指标	科技创新	财务指标	总收入运营成本比
业务指标	新三板挂牌	财务指标	单位客运周转量成本
业务指标	土地房屋建筑物确权和申报	财务指标	物业开发业务税前利润
业务指标	企业管理运营规范，安全生产、综治维稳、节能减排、环保等全面达标	财务指标	物业开发里程碑节点完成率
业务指标	企业管理制度健全，廉洁风险防控到位	财务指标	车辆业务单位成本控制
业务指标	履职待遇和业务支出预算管理机制	财务指标	餐饮业务单位成本控制
业务指标	财务预算执行偏差率不超过 10%，工资总额预算执行偏差率不超过 5%	财务指标	护卫业务单位成本控制
业务指标	列车正点率高达 99% 以上，运行图兑现率高达 99.5% 以上		

（2）企业业务流程指标

业务流程是对企业关键业务的一种描述，对企业的业务运营有着指导意义，它可以有效促进资源优化、企业组织机构优化以及管理制度的一系列改变。

业务流程优化的目的实际上也是企业所追求的目标：降低企业的运营成本，提高对市场需求的响应速度，争取达到企业利润的最大化。而信息化，是业务流程管理与优化的重要载体与工具。

因此，要搭建城市轨道交通企业一体化资产管理信息化指标体系，需要对企业业务流程进行详细分析，识别出流程的关键控制点，进而形成具体的信息化指标。

二、一体化资产管理信息化体系评价指标体系

综合考虑上述的内外部指标，形成具备广泛通用性的城轨企业一体化资产管理信息化体系评价指标体系。

从一般情况来看，信息化价值体系指标既包括定性评估指标，也包括定量评估指标；既包括已产生的阶段性效益，也包括预期的长期效益；既包括经济效益，也包括管理效益与社会效益；既包括直接经济效益指标，也包括间接经济效益指标。

直接经济效益指标可以很快识别，而对于间接经济效益指标的识别则需要花费一番功夫。对于间接经济效益指标的识别，一般要遵循以下原则，见表 4-19。

间接经济效益指标的识别原则 表 4-19

序号	原 则
1	管理体制是否进一步合理化
2	管理方法是否进一步科学化
3	管理基础数据是否进一步科学化
4	管理效果是否进一步最优化
5	管理人员的劳动性质是否发生了变化

1. 信息化价值评价指标体系分类及构成

信息系统往往要经历一段时间才能体现出具体的效益价值，那么也要将预期的效益考虑进来，才能算是完整地呈现出信息化投资效益。以下是一套完整的信息化价值评价指标体系所需要的构成内容。如图 4-74 所示。

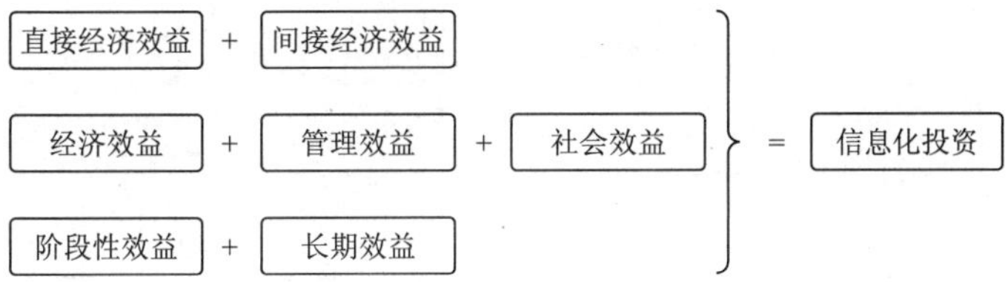

图 4-74 信息化价值评价指标体系构成

2. 信息化价值评价指标体系要素

信息化价值评价指标体系应体现为企业发展带来的整体价值方面，包括管理效率、管理的有效性、管理效益、品牌价值、社会名誉度、行业影响力、减本增效等多个方面。以下是一套完整的信息化价值评价指标体系所需要的构成要素。如图 4-75 所示。

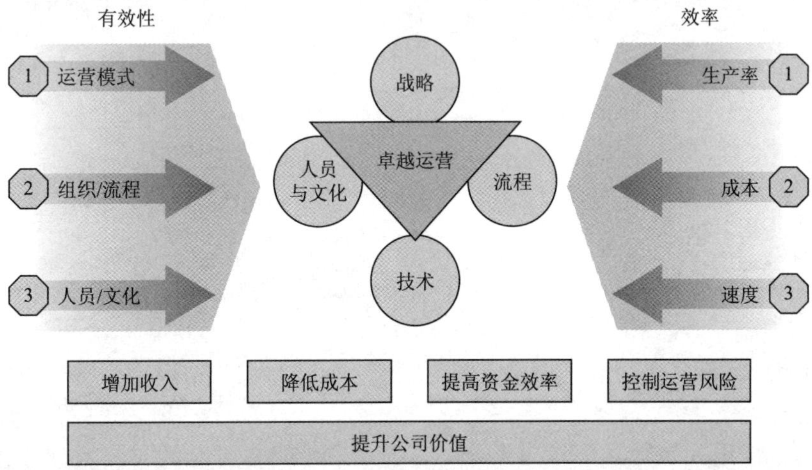

图 4-75 信息化价值评价指标体系要素

3. 城市轨道交通企业信息化价值评价指标框架

综合以上分析，形成一套完整的城市轨道交通企业信息化价值评价指标框架，见表 4-20。

城市轨道交通企业信息化价值评价指标框架 表 4-20

一级指标	二级指标	指标说明
管理效益		通过应用系统，带来一体化资产管理，业务管理规范化、标准化、精细化管理水平的提升、管理风险的降低等
经济效益	效率提升带来的直接效益	包括时间缩短、资产优化配置、业务变更量减少、故障减少、客户满意度提升等带来的经济效益
	节约的成本	通过应用系统，带来的企业运营管理过程成本中的减少，包括人力成本、生产成本、管理费用、维修成本、库存成本等
	增加的收入	通过应用系统，带来的业务收入的增加
	风险控制避免的损失	包括业务差错率减少带来的效益，风险预判避免的损失等
社会效益		通过应用系统，提升集团内外部的品牌效益，为政府、市民、供应商等社会各界提供更为卓越的服务
		系统在中长期应用中的预期效益

第五章 城市轨道交通企业一体化资产管理信息化解决方案

第一节　工程建设期资产管理信息化解决方案

在前文中，我们可以了解到，工程建设期其实就是城市轨道交通企业资产的形成期，强化工程建设领域的项目管理，就是强化资产形成的过程管理，以保证资产建造的质量符合标准。

一、工程建设期项目管理内容

城市轨道交通工程建设是在设计、土建施工、设备采购、设备安装以及建筑装修等相互联系的前提下，有效利用人力、资金等资源，为实现具备城市轨道交通运营条件所做的项目管理过程。城市轨道交通工程项目管理是以城市轨道交通工程项目的全生命周期为主线，统筹管理线路规划、设计、施工、验收等工程建设的全过程，同时涵盖财务、合同、采购物流、人力资源、档案管理等职能管理，因此也可称之为“一体化”的工程管理。一体化管理需要将各类管理要求规范化、标准化、精细化地落实到工程建设的前端，贯穿施工执行过程的始终。

1. 工程建设期业务管理内容概述

城市轨道交通工程建设管理业务可分为工程项目和职能管理两大类型业务共十一个模块。工程项目业务包括新线规划、前期管理、设计管理、施工管理、验交管理、后续管理六个模块，职能管理业务包括综合管理、总体管理、质量安全管理、合同 / 投资管理、技术 / 科研管理五个模块。业务架构如图 5-1 所示。

工程建设管理业务架构图							
总体管理（工程建设策划、计划、统计、生产调度、信息管理）	新线规划	前期管理	设计管理	施工管理	验交管理	后续管理	合同/投资管理（合同、预结算管理、投资控制）
质量/安全管理（质量、安全、验收及信访）	建设规划 立项报批 工可研究 工可报批	工可前期管理 设计前期管理 施工前期管理	总体设计 初步设计 招标设计 施工图设计	土建项目管理 系统项目管理 车辆段项目管理 车站项目管理	土建项目验交 系统项目验交 车辆段项目验交 车站项目验交 专项验收 竣工验收	尾工项目管理 问题 整改后评估	技术/科研管理（技术管理、方案/设计变更管理、科研管理）
综合管理（办公、人力、行政、党群、计生、规章制度、档案、后勤）							

图 5-1　业务架构

（1）新线规划

新线规划包括城市轨道交通线网规划，建设规划报告、专项报告编制的过程、成果，以及上级的批复文件等。

（2）前期管理

前期管理分为工可前期管理、设计前期管理和施工前期管理三类。其中，工可前期管理是为工可研究做准备的，内容包括选线勘察、选线测量等工作；设计前期管理包括初步地质勘察、工程测量等工作，初堪报告是总体设计和初步设计的依据；施工前期管理包括详细地质勘察和测量，是施工图设计的依据，在施工前，应完成相应的征地拆迁、绿地迁移、水电包装、交通疏解、场地移交等前期工作。

（3）设计管理

设计管理应完成总体总包设计招标，内容包括总体设计、初步设计、招标设计和施工图设计等工作。

（4）施工管理

根据施工图组织施工招标和施工项目管理，施工管理包括土建、车站、车辆段、系统项目管理，内容涵盖项目过程管理、项目投资管理、项目质量和安全管理等。

（5）验交管理

对初步设计进行验收，对土建、车站、车辆段、系统项目进行验收和移交，各专业验收后，须通过政府的消防、质量、安全等专项验收，专项验收通过后，须报市政府和国家发改委，申报竣工验收。

（6）后续管理

各专业施工项目完成验交后，对新线尾工工程开展项目管理。组织问题整改和后评估。

（7）总体管理

在工程可行性研究报告通过市政府报批后，组织开展总工期策划，明确新线工程设计、施工、验交等工作安排，开展概 / 预算管理、计划与进度管理、生产调度管理、统计管理和信息管理等工作，对新线工程实施工作进行总体把握和协调。

（8）质量安全管理

开展城市轨道交通新建线路（含相关代建项目）工程建设的质量、安全、验收及信访工作，对执行情况进行监督、检查、控制和协调。

（9）合同 / 投资管理

开展招标管理工作，包括招标文件审查，组织开标、评标，对实施项目进行合同管理和投资控制，对工程结算进行审核。

（10）技术 / 科研管理

组织工程建设全线性的设计原则、技术标准、技术要求、技术方案的制定，进行总体设计、初步设计审查，并监督实施，开展科研管理工作，推动新线建设技术进步，进行变更审查和控制。

（11）综合管理

组织工程建设文件资料、全面预算、文秘、人力资源、计生、行政后勤等管理工作，协助党委开展党群、工会工作，组织开展新线工程归档工作。

2. 工程建设期管控重点

工程建设期是城市轨道交通企业大部分资产形成的关键时期，为了实现一体化资产管理的目标，城市轨道交通企业应在工程建设期实现以下的管控：

（1）工程进度管控

城市轨道交通工程建设受征拆不可控、多方协同困难等影响，导致工期存在进度延误风险，需要加强工程进度反馈信息的真实性、及时性、准确性。

（2）质量安全管控

城市轨道交通工程建设线长、面广，安全防范任务重，参建企业多，水平差异较大，资源协调难度较大，且存在监理现场工作的作用发挥不够等因素和质量安全风险，需要加强现场施工环节的监控，保证工程质量。

（3）工程投资管控

城市轨道交通工程建设投资大，需要对线路概算、合同支付进行控制，需要对概算总体、单元使用情况实时控制，以避免工程建设费用超概及超付的情况发生。

（4）建设与运营期衔接的管控

由于工程建设、运营对资产的管理纬度存在差异，因此，工程应以合同清单为依据进行管理，运营应以单体设备资产进行管理。如何保证形成完整的资产履历，如何进行资产摊分，如何保障资产账实相符，将是一大挑战。

（5）信息全面、准确归集和移交的风险管控

城市轨道交通工程专业多，参建单位多，且周期长，需要有效的手段促使信息在各个环节顺畅流转，以避免造成信息传递不畅、断裂，影响业务协同，进而有效解决城市轨道交通工程普遍采取末端补录方式，建设工程过程施工记录、审批资料提交不及时，容易导致资料丢失的问题。

二、工程建设期项目管理信息化方案

工程建设期项目管理信息化的目的，就是通过建立集成的项目管理平台，实现项目进度、合同、物流、投资、质量等一系列功能的集成，实现信息共享、实时反馈，提高透明度。城市轨道交通工程建设周期长、资产类型与数量多、物资品种庞杂，系统专业性强、专业数量多、集成程度高、隶属关系复杂。因此，如何有效利用各种新技术，将其与现有的工程建设阶段信息化技术相融合，是城市轨道交通行业推进资产全生命周期管理的新课题。目前，城市轨道交通正在开展以 BIM 技术为代表的新技术研究，通过 BIM 技术推进与工程建设领域的融合，并延续至后续运营维护、物业经营等业务过程，进而为整个一体化资产管理提供良好的基础和先进的手段支撑。

BIM 技术作为资产管理信息化的新兴手段，对资产一体化管理思路践行与落地起到重要作用。基于 BIM 的资产一体化管理，与现有城市轨道交通企业提出的资产一体化管理理念不谋而合，并在其基础上进行了有效的补充和完善，实现各信息系统之间的业务及数据的顺畅流转，做到前端建设信息为后端移交及运营业务做好准备，后端运营信息为前端设计及采购提供指导与支持，以信息化、可视化手段支撑城市轨道交通企业资产全生命周期管理。从而实现资产全生命周期的各项业务管理，打通资产从无到有，再到运行、维护、更新直至报废的各个环节，在提高资产利用率、降低企业管理成本、保障资产安全的基础

上实现虚拟现实的资产管理全新视图，最终实现城市轨道交通企业资产在智能化的信息生态环境下的保值、增值。

1. BIM 技术简介 [1]

目前，在建筑领域，BIM 作为一种特殊的、符合建筑行业特征的建筑设施数字化表达方式，被视为推动建筑业生产力革命的关键性技术。2005 年，Autodesk 公司 BIM 提出者为《信息化建筑设计》一书中的序言写道："BIM 是对建筑设计和施工的创新，为设计和施工中建设项目建立和使用的互相协调的、内部一致的及可运算的信息。"这一定义中仅涉及 BIM 的应用过程，认识还较为粗浅。

2007 年年底，美国国家建筑科学研究院（National Institute of Building Sciences，简称 NIBS）正式颁布了《美国国家 BIM 标准》（第一版）（*National Building Information Modeling Standard*，简称 *NBIMS-US V1.0*），其对 Building Information Model（BIM）和 Building Information Modeling（BIM）分别给出了以下定义：

Building Information Model（BIM）：是设施物理和功能特性的一种数字化表达。因此，它是设施在生命周期内进行决策的共享知识资源和信息基础。

Building Information Modeling（BIM）：是一种为可视化、工程分析、冲突分析、规范标准检查、工程造价、竣工交付、预算编制等其他用途而创建设施数字模型的行为。

NBIMS-US V1.0 中的这两类定义简明、准确，得到了建筑业界的广泛认同。同时，还将 BIM 扩展到了过程与成果的范畴，并进行了明确的区分和解释。

关于"什么是 BIM"的讨论，bSI（building SMART International）组织给出了这样的论述：BIM 是三个相互关联功能的缩写，即

Building Information Model：是设施物理和功能特性的一种数字化表达。

Building Information Modeling：是一个在建筑物全生命周期内利用设计、建造和运营中产生数据的业务过程。

Building Information Management：是在资产生命周期内，利用共享的数字化信息对业务流程进行组织和控制。

可见，在 bSI 组织给出的框架体系下，BIM 的定义和内涵都已经有了很大程度的拓展和外延，并初步奠定和揭示了 BIM 的内在逻辑和本质。

2015 年，李建成、王广斌等在《BIM 应用·导论》中综合 *NBIMS-US V1.0* 和 bSI 组织的相关描述，认为 BIM 的含义包含如下三个方面：

BIM 是设施所有信息的数字化表达，是一个可以作为设施虚拟替代物的信息化电子模型，是共享信息的资源，即 Building Information Model，称为 BIM 模型。

BIM 是在开放标准和互用性基础之上建立、完善和利用设施的信息化电子模型的行为过程，设施的相关各方可以根据各自职责对模型信息进行插入、提取、更新和修改，以支持设施的各种需要，即 Building Information Modeling，称为 BIM 建模。

BIM 是一个透明、可重复、可核查、可持续的协同工作环境。在这个环境中，各参与

---

[1] 刘光武 . 城市轨道交通 BIM 应用研究与实践 [M]. 北京：中国建筑工业出版社，2016.

方在设施全生命周期中都可以及时联络，共享项目信息，并通过分析信息，做出决策和改善设施的交付过程，使项目得到有效的管理，即 Building Information Management，称为建筑信息管理。

这类定义以信息为核心，通过“模型—应用—管理”将全生命周期中的信息进行集成和整合，逐步深入、层层递进，最终形成统一的有机整体。

综上所述，模型承载着信息共享的知识资源，是应用和管理的基础，并在建筑物的全生命周期中提供决策依据。

2. BIM 价值内容分析

2011 年，美国 bSa（建筑智能联盟）的《BIM 项目执行计划指南》（2.1 版）[*BIM Project Execution Planning Guide*（*Version 2.1*）]。在对目前美国 AECM（建筑业 + 建筑物运营）领域的BIM使用情况进行调查研究的基础上，总结了25种BIM最佳实践应用，如图5-2所示。

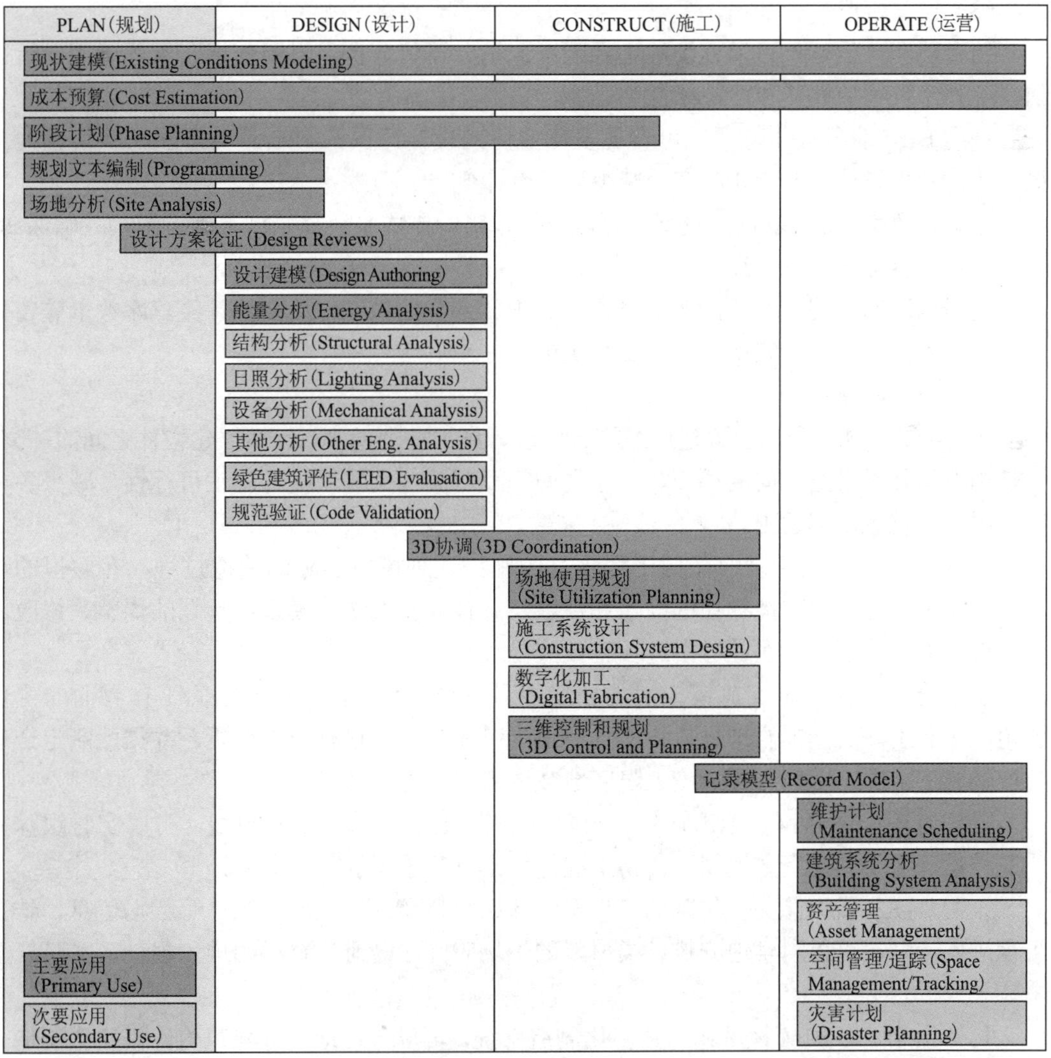

图 5-2　bSa 的 25 种 BIM 最佳实践应用

根据这25种BIM最佳实践应用，BIM技术在项目建设全过程或各阶段中的应用价值可以从以下几个方面进行归纳：

（1）项目全生命周期

利用BIM的可视化，在项目全生命周期中均可以3D方式进行直观、方便的沟通协调，避免2D（二维）所造成的沟通信息丢失或误解现象。

通过BIM的有效信息传递和共享，提升各方协同效率，可更好地明确项目需求、成本目标，减少信息“错、漏、缺、碰”，降低工期延误，从而使各方整体成本降到最低。

（2）规划阶段

业主方在估算、工期、成本等确定的前提下可以利用BIM进行虚拟设计、概念设计、可行性研究等，进而分析、制订比较明确可行的方案。

（3）设计阶段

结合功能分析软件可以方便地进行能源分析、流体分析、日照分析、风环境等分析评估，提升建筑物的性能和可持续性。

利用BIM的参数化特征，可实现多专业协同设计，保持图纸的动态联动和信息的协调一致，减少设计上的专业冲突，减少后期设计变更。

精确、数字化的3D设计模型，可以方便按需绘制成平、立、剖等施工图，并确保2D图纸设计内容上的协调一致性。

精确地进行工程量计算，实现对建筑面积、办公面积、使用面积、停车库数量等各类建筑指标的自动计算、统计及辅助方案决策。

（4）施工阶段

施工冲突分析：利用虚拟建造在施工前进行施工冲突检查，包括拟建构件之间的冲突、拟建构件和临时设施之间的冲突、工序之间作业时的冲突等，提升施工可行性，减少各类风险因素，避免后期返工。

4D（四维）进度管理：按照工程项目的施工计划模拟实际的建造过程，在虚拟的环境下发现施工过程中可能存在的问题和风险，并针对问题进行模型和计划的调整、修改，进而优化施工计划，并在过程中进行有效监控。

现场施工管理：施工前模拟现场环境，对总分包商/各分包商之间工作界面的合理界定、作业工序之间的合理搭接、进场—退场时序安排等进行详细分析，并据此制定合理的现场施工平面、空间布置，最大限度地减少施工过程中的矛盾。

投资监控：由BIM、施工计划和投资计划集成的5D（五维）模型，可以实时跟踪完成工程量，便于安排资金计划、实物工程量统计以及进度款审核工作。

采购协同：模型能提供精确的工程量统计、材料统计、预制件统计等数据信息，结合工程进度计划，可以科学地安排各类材料的进场时间，既避免材料的堆积损耗，又降低了采购了成本。

构件预制：将BIM模型输入数字化制造系统，可以方便地进行建筑构件模块化制造，如钢结构BIM模型输入到钢结构数控车间系统进行钢构件、部件、零件制作加工。

（5）运营阶段

数字化移交：工程竣工后，承包方将模型数据信息移交给运营管理系统，一方面便于资产后期维护管理，同时还可以检查工程实物的工作性能以及是否达到设计目标。

改进运营管理：将几何、物理的各种数据信息特别是机电系统信息提交到运营管理系统，待设施设备投入运营后可用来检查实际系统的工作状况，同时进行知识管理和持续改进。

3. 基于 BIM 技术的工程项目管理平台的基本架构

建设 BIM 管理平台，其功能上应该满足：BIM 标准规范成果文档发布、更新管理，BIM 标准化设计资源管理；提供对按标准设计的 BIM 模型文件集中化管理；BIM 模型转换管理，平台中模型信息的维护管理，模型的展示管理的要求并对城市轨道交通企业应用提供通用标准的服务接口，以便与城市轨道交通企业内部的应用集成，实现相关BIM应用。其详细架构如图 5-3 所示。

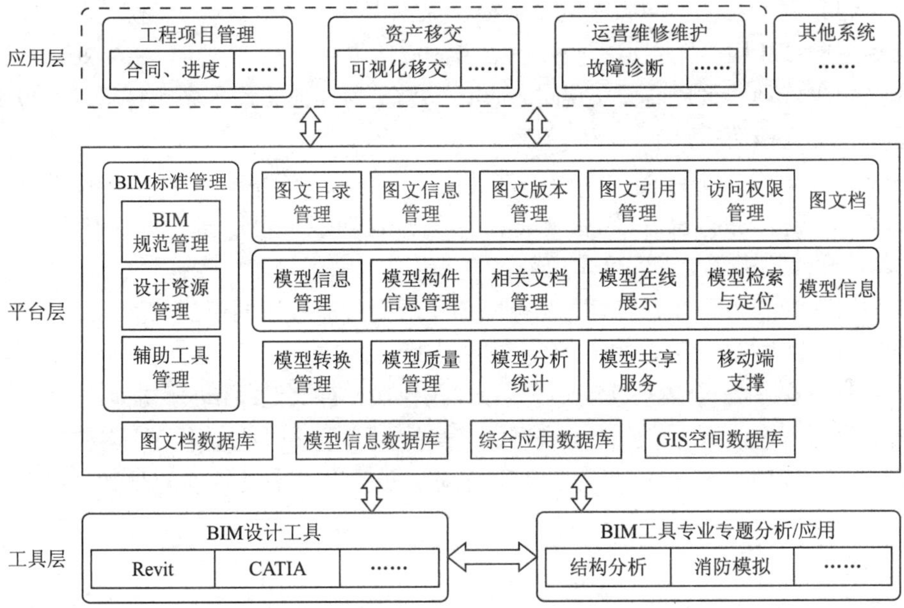

图 5-3 城市轨道交通业主单位基于 BIM 应用的基本架构

（1）BIM 标准管理

该功能模块主要发布和维护 BIM 标准规范和设计资源，并提供下载功能。

① BIM 标准规范管理。平台中发布 BIM 标准规范文档，设计总体可根据 BIM 标准规格发布各条线路的具体 BIM 设计规范文档。发布和维护文档时，需要把格式为 WORD、EXCEL、PDF 等规范文档进行上传，并需要有版本管理功能。可以通过平台下载各历史版本的规范文档。

②标准设计资源管理。实现平台发布和维护标准件 / 成品件库、材料库和模板库等 BIM 设计资源功能发布和维护设计资源时，平台可提供压缩传输及解压功能，以提高资源上传和下载的效率，且需要有版本管理功能。可以通过平台下载各历史版本的设计资源。

③工具发布下载管理。实现平台中发布和维护BIM相关的辅助工具，如模型格式在转换和模型自检等应用程序功能发布和维护工具时，平台提供压缩传输及解压功能，提高了上传和下载的效率。平台可以提供各工具下载功能。

（2）图文协作管理

该功能模块主要对平台中的文件进行统一管理，包括访问控制权限管理，文件版本管理，模型引用关系管理等功能。

①图文目录管理。平台提供目录组织管理功能，以便能按不同的层次、视图组织图文信息，方便查找文档。

②图文信息管理。平台提供图文信息的管理功能，包括图文的提交接收、属性信息维护等。

③图文版本管理。平台需要提供文件的访问控制功能，包括对文件进行签出/签入，提交和取消修改等操作，并对文件所有修改进行版本管理。平台需要提供图文的历史版本比较管理，包括查看对比不同版本的设计模型成果文件；需要实现3D模型对比功能，能列出对比结果明细和用高亮显示不同处；点击对比结果时，能自动定位结果处。

④图文引用管理。平台需要实现对各设计成果文档间的引用关系进行管理，以便简单明了地了解设计文档间的引用、组装关系。

⑤图文检索管理。平台提供文档查询功能，可按文档名称、属性等进行综合查询，便于快速查找到相应的文档；平台还提供全文检索功能，可以查询WORD、EXCEL、PDF、TXT、JPG等格式文件的文本内容。

⑥流程协作功能。平台需要对文图提交和变更提供流程协同审批功能，平台可以自定义流程审批环节并根据角色设置审批环节参与人信息。

⑦访问权限管理。平台需要实现通过用户/角色对文件夹/文件进行访问控制权限设置，访问权限应包括新增、修改、删除、查看、下载等，以便平台控制用户访问权限。

⑧BIM模型预览。平台需要实现在没有安装专业设计工具软件的时候，在平台中也可以预览3D模型信息。

（3）模型信息管理

设计模型文件导入平台数据库后，能在平台中进行模型相关信息管理和模型数据分析统计。

①模型属性信息管理。在模型文件导入数据库后，在平台中对模型属性和模型构件属性进行查看和修改操作，也可以通过EXCEL导入方式批量修改模型属性和模型构件属性信息。

②模型分类管理。平台可实现模型分类维护管理功能。模型分类是一种树结构模型，一种模型分类下可以挂靠多个模型，一个模型可以挂靠在多个模型分类下，即模型分类与模型是多对多的关系。

③相关文档管理。平台可对任意模型和模型构件上传、下载相关非“exe”的文档。

④3D模型在线浏览。平台可实现在浏览器中展示3D模型功能，且显示模型属性信息和相关文档信息。当鼠标点击3D模型某一个构件时，以高亮显示选中构件，并显示构

件属性信息和相关文档信息。平台还可实现根据模型构件属性值，以不同颜色渲染模型构件。如当某一构件某一属性值为 1，则该构件以红色进行显示；当属性值为 2 时，则以黄色进行显示。

⑤ 4D 模型在线浏览。平台在传入模型构件显示时间参数信息时，可实现在线 4D 模型展示功能。

⑥模型检索与定位。在平台可实现多维度检索模型和模型构件信息，并返回检索结果列表。如果检索结果为模型时，点击结果则直接在线显示 3D 模型；如果检索结果为模型构件时，点击结果不仅可在线显示 3D 模型，并且可定位和高亮显示选中模型构件。

（4）模型转换管理

①模型格式转换。根据城市轨道交通企业制定的 BIM 标准规范要求，可以将不同的 3D 设计模型成果转换导入平台中，确保标准中定义要求的信息不丢失。转换后的模型可以用平台的视图组件或工具进行展示。BIM 标准中定义信息包括支持设计模型成果类型，如 Catia，MicroStation 和 Revit 等，20 多个专业需要的不同属性信息列表。模型格式转换规则必须通过配置文件实现，当转换规则发生变化时，只须修改配置文件，而无须开发实现。

②模型结构化存储服务。当模型文件符合 BIM 标准规范后，平台可把模型文件的属性信息以结构化的方式存储到平台数据库中，以便之后在平台中进行数据管理。模型结构化存储匹配规则必须通过配置文件实现，当匹配规则发生变化时，只可修改配置文件，而无须开发实现。

（5）模型质量管理

①模型质检工具。设计单位在提交模型文件前，可使用平台提供的模型质检工具先进行模型是否符合 BIM 标准规范的检查，质检合格后，再提交业主进行审批。

②模型质检服务。平台根据之前的 BIM 标准规范要求，发布一个模型质检的服务，用于对提交的模型文件进行质量检查，自动判断模型是否符合 BIM 标准规范要求。如果模型文件不符合要求，则返回不符合要求的结果列表。模型检查规则必须通过配置文件实现。当检查规则发生变化时，只可修改配置文件，而不可修改质检服务。

③质量分析报告。可按接入的模型文件提供质量检测分析功能，汇总存在的质量问题，形成相应的分析报告，形成相应的质量统计图表，以便为管理提供持续改进的数据支撑。

（6）模型分析统计

①模型自定义报表。平台需要实现创建自定义报表功能，可以对模型数据进行统计与分析。

②模型共享服务。平台支持对其他业务系统提供的共享服务。

③模型构件展示服务。平台提供按单个 BIM 模型基于 Web 的展示组件、服务功能，可用于各应用系统的集成展示，并在展示组件服务中提供点击定位、高亮等展示功能。

④模型构件信息管理服务。平台提供按单个 BIM 模型基于 Web 的构件信息获取、新增、更新、维护等功能，可用于各应用系统的集成。

⑤模型构件信息汇总服务。平台提供按多个 BIM 模型基于 Web 的构件信息获取等功能，可用于各应用系统的集成，便于各应用系统做分析统计等应用。

（7）移动端支撑

①移动端 3D 模型展示组件。平台可提供移动端 3D 模型展示组件，包括 3D 模型展示、点击交互等功能，可与城市轨道交通企业移动应用程序集成完成数字化资产移动等功能。

②移动端 3D 模型二次开发接口。平台可提供移动端 3D 模型二次开口 / 接口，支持移动应用的二次开发。

4. 运营筹备期城市轨道交通企业基于 BIM 的管理平台架构

根据以上关于城市轨道交通企业基于 BIM 平台的定位和 BIM 管理平台的基本架构分析，城市轨道交通企业应用 BIM 应及早规划和实施，以建设基于业主级应用的 BIM 管理平台为基础，将涉及一体化资产管理全链条的业务管理应用在 BIM 平台上予以实现，即基于 BIM 管理平台对模型库读取和识别的基础上，做好业务数据与模型的对应关联关系，支撑城市轨道交通建设、运营资产管理全生命周期的管理模式功能得以实现。

运营筹备期城市轨道交通企业基于 BIM 的管理平台架构，如图 5-4 所示，核心建设为图上虚线框中的 BIM 管理平台，并通过平台软件进行扩展、二次开发，以实现建设阶段和运营阶段的进度管理、质量管理、安全管理、技术管理、成本管理、验交管理、运行管理、维护管理以及报废管理等业务管理的功能和需求。

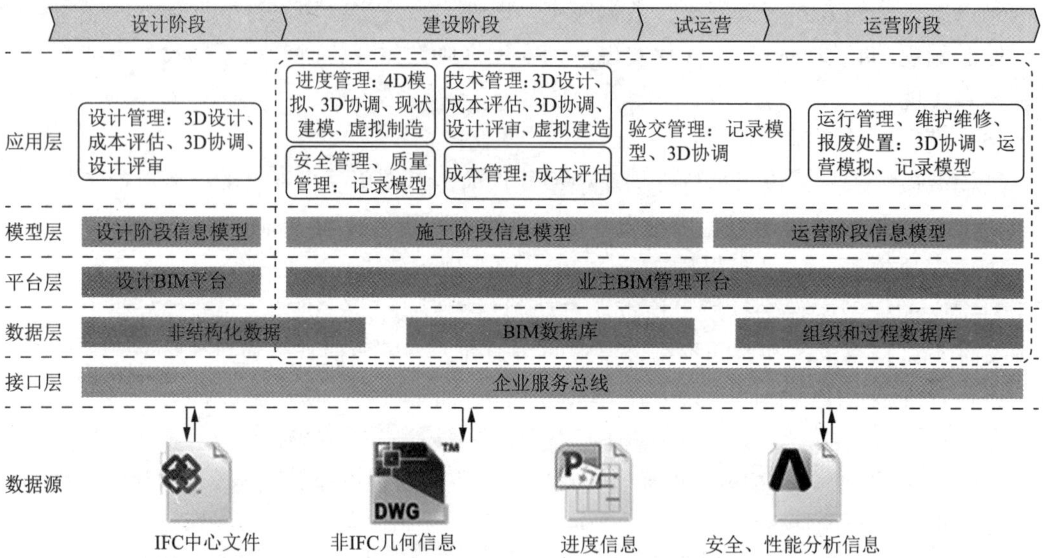

图 5-4　运营筹备期城市轨道交通企业基于 BIM 的管理平台架构

IFC- 工业基础类标准

为更有效地说明 BIM 除管理平台核心功能外，更多涉及应用层方面的功能，以下做了部分重要管理应用功能的介绍，介绍内容包括工程项目管理功能、实物资产移交管理和运营维修维护管理功能等。

1）工程项目管理功能

（1）设计管理

设计流程管理支持出图审核信息的提取，如碰撞结果，管理相关数据，并增加设计阶段 BIM 信息的存储管理、展示管理。设计变更流程依据模型检测分析结果进行审核，并关联查看最终设计变更后的模型。

（2）进度管理

基于 BIM 的构件工点总体计划 WBS 结构之间的关联，须事先将工点总体计划上报，在上报时须增加更新 BIM 进度的要求。当进度状态存在异常时，可依据规则自动更新已关联 BIM 中的构件外观状态，如变红色表示延迟等，且可用于进度的回放展示。

（3）施工管理

将机电专业按阶段分解的大纲内容改成以按设备构件结构进行分解，调整土建专业的精细化大纲，以实体的层次结构作为分解维度。将各专业精细化大纲与 BIM 模型结合，实现精细化进度管理，包括实现工序模型的匹配集成，实现现场施工、设备工序执行数据的填报，实现与工序交付成果的集成。通过 BIM 系统可直观提取机电安装工程的形象进度信息，输出项目管理所需的图表。

（4）质量管理

关联 BIM 模型质量整改问题，可以通过 BIM 模型直观地看到，质量信息、问题跟踪情况。通过基于单个 BIM 构件实体进行验收，并可以把验收状态反馈至模型中。

（5）安全管理

关联 BIM 模型与工程项目管理中的安全问题，可以通过 BIM 模型直观地看到施工全过程的安全信息、问题跟踪情况。

（6）项目中心

基于 BIM 的协同展现工具集成，支持 4D 全线网、线路、单个站点的综合形象进度展示，支持多种项目信息的形象化展示，如投资、质量、安全等，并支持层层钻取，以获取不同层级的项目视图。

（7）合同管理功能

合同数据管理，实现合同基本信息、清单信息等的数据封装；待 BIM 模型创建后，须获取模型库编码，将合同清单与模型库编码衔接，以实现编码的一一对应。

（8）设备到货数据管理

实现到货信息与 BIM 数据的对接，获取模型库编码，将同一编码构件下的设备到货属性自动同步和挂接，满足显示要求。

2）实物资产移交管理功能

实现在平台中通过模型自动生成移交清单，在系统开展移交清单的审批，并实现实物资产现场清点的可视化。

能够通过平台对建筑物及设备模型的属性信息进行多次完善，要求属性信息完善的页面填写方便简捷；录入的完善信息要根据属性字段的标准并结合资产组合、合同管理的业务要求进行数据校验。

通过对平台模型属性信息的完善，可实现根据设置的规则自动识别固定资产组合关系，按照固定资产标准自动组合资产功能。

实现在模型上设置相应的规则，在实物资产移交工作启动时，通过在模型构件上点选相应的资产，或者通过选择线路、站点和专业，根据后台设置的规则，自动按照资产目录的要求组合成实物资产，生成符合实物资产移交要求的移交清单，并直接生成移交待办流程。

通过模型构件与已确定的合同清单的关联，实现对移交总量的核对及控制。尚未与合同清单关联的模型构件，在模型构件中补充合同变更清单信息或新增合同清单信息，并在平台系统中按照实物资产移交系统的原则和方案处理此部分变更的合同信息。

实现在平台中直观地显示已移交 / 未移交的资产，并能查询到具体的移交信息。

3）运营维修维护管理功能

（1）设备履历信息将建设期设备资产履历信息、合同到货信息传递至运营维护维修管理模块中，与 BIM 管理平台对接，并将模型属性信息进行交互和展现。

（2）设备工单作业信息

基于工单的作业填报信息可以反馈至管理平台中，挂接至模型上，与 BIM 管理平台对接。能将工单执行反馈信息反馈至模型中，将模型属性信息进行交互和展现，且能调阅模型细化图纸，辅助执行维修管理功能。

（3）现场报故障

可与 BIM 管理平台对接；故障维修时可以调阅该设备或部件的三维图纸，辅助分析故障源，并将模型属性信息进行交互和展现。

（4）故障分析预警

对设备的偏离预警可以直接在模型中以不同显示手段进行预警，并与 BIM 管理平台对接，将模型属性信息进行交互和展现。

5. 运营期城市轨道交通企业基于 BIM 的管理平台架构

在国内，有部分城市轨道交通企业已经建成开通多条线路，建成不少信息系统，对企业业务管理提供必要的信息化支撑。以广州地铁为例，作为信息化的基础，其业务架构规划形成了两条贯穿整个业务价值链的业务主线，即工程项目管理和资产管理业务主线。

①工程项目管理作为企业核心业务链，将该城市轨道交通企业在建线路设计、建设、运维的三个业务串联起来，分为前期准备阶段、工程建设阶段和验收移交阶段三个主要阶段。在各个阶段的设计、建设、运维三大业务领域都会存在相应的工作职能和对应的工作模块，各模块依据城市轨道交通建设工程特点和政府各类政策要求相互关联，各业务间存在着关联关系与信息的交互。

②资产管理业务主线，应以一体化业务战略为依托，围绕资产密集型特点，引入“资产全生命周期管理”理念，以资产价值链为主线，关注各个业务模块之间的有机结合。资产管理可以划分为投资计划、设计交付、资产运维与资产处置四个主要阶段，企业需要对上述主要阶段进行管理，也就是对资产的全生命周期中的信息进行全面跟踪与控制。

基于这两个业务主线建成了大量信息系统，全面支撑了广州地铁设计规划、建设、验交和运维全过程的业务管理支撑。在这一阶段若开展 BIM 的规划建设，就必须考虑 BIM 管理平台和现有信息化系统的定位和数据接口问题。运营期城市轨道交通企业基于 BIM

的管理平台架构，如图 5-5 所示。图中点划线框是已建成的各类业务信息化系统，如工程项目管理系统、资产移交系统、合同系统、财务管理系统、维修维护系统等，图中虚线框则是城市轨道交通企业需要搭建的 BIM 管理平台。

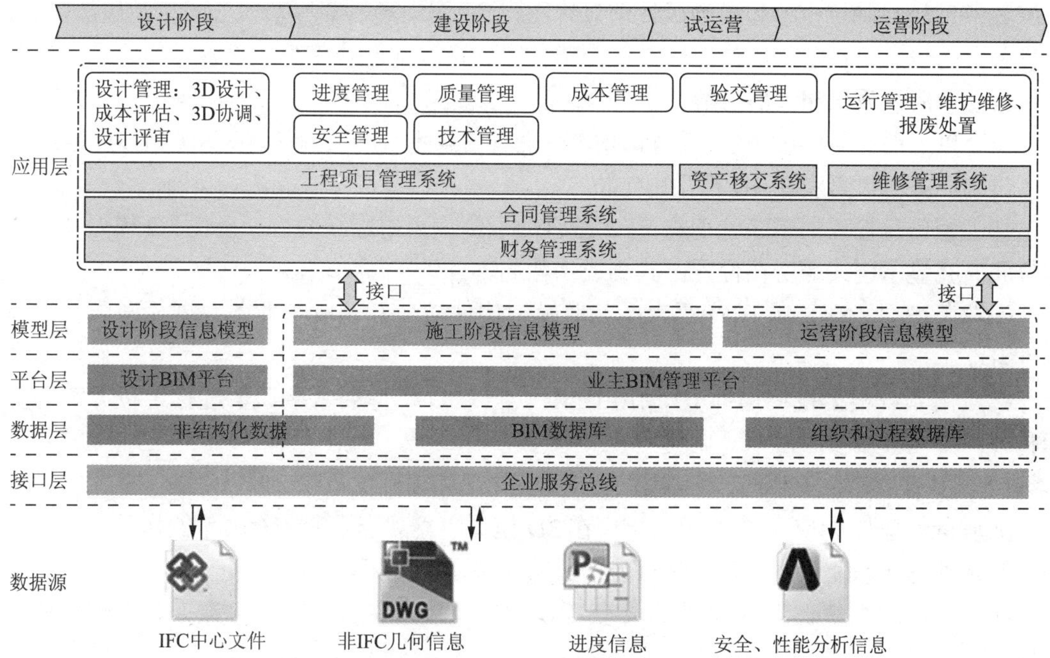

图 5-5　运营期城市轨道交通企业基于 BIM 的管理平台架构

BIM 管理平台解决的主要问题就是在城市轨道交通企业运用 BIM 技术以后，能与原来的系统进行口对接、有效运转，以优化原有的工作过程。BIM 管理平台协调管理的对象是运用基于 BIM 应用，产生数据交互的流转数据。BIM 管理平台是城市轨道交通公司与设计、施工单位等各方协作的阐述和工作内容的展开，各部门通过 BIM 管理平台，针对整合 BIM 技术的业务应用关联各系统并给出输入输出数据，这给 BIM 管理平台的工作一个清晰的架构描述和应用范围，且这些应用也都是可以再扩展的，也可根据各参与方需求再进行二次开发。

城市轨道交通业主单位于建设和运维阶段，在 BIM 管理平台上的交互工作和其他各参与方在 BIM 管理平台上的交互工作是 BIM 实时工作的体现。包括：

①设计阶段的模型查看。受 BIM 优化的设计方案审核和设计变更要在协同平台上走流程。

②工期计划与工序要在施工前通过模型进行匹配，并通过 BIM 协同平台发项目平台的计划归档功能，把工期计划等归档。

③分部分项工序完成和单位工程验收完成后，要在 BIM 平台中进行模型和信息更新。同时，模型在每项工序完成时触发项目管理系统的工序管理，项目管理系统抽取 BIM 模型负载的交付资料录入项目管理系统中，以便生成填报和审批材料、文件。

④在资产移交时，BIM 竣工模型附带所有资产属性数据（合同管理和物流管理产生的）、

设备及材料模型库全部集成在BIM平台中，且运营维护管理系统能够通过抽取这些数据来产生运维所需要的文件。

⑤运营维护管理系统能够通过抽取这些数据来产生运维所需要的文件，通过设备与模型配置，可以看到3D模型和模型属性信息视图，在视图中还需要展示设备的相关履历信息，如设备合同信息、设备部件信息、设计图纸信息、进场前监管信息、设备安装信息、设备调试信息和后续质保相关信息等。

结合以上的业务应用场景，可将BIM与既有信息系统的接口技术要求归纳为三类。

（1）业务对象直观在3D模型中定位

如工程项目管理的工序管理与BIM结合的示例，点击连续墙后，会在3D模型中自动定位和高亮显示连续墙所在位置。其集成步骤如下。

①业务应用系统调用BIM平台【获取模型构件接口】获取与业务数据相匹配的模型构件ID。

②应用系统根据模型构件ID调用BIM平台【3D模型展示接口】进行定位并高亮显示构件。

（2）在3D模型中直观查看某类业务对象分布和状态

如质量管理与BIM结合的示例，可在3D模型中直观查看所有有质量问题的区域，并根据问题处理状态使用不同颜色进行显示。其集成步骤如下。

①业务应用系统调用BIM平台【获取模型构件接口】获取与业务数据相匹配的模型构件ID。

②业务应用系统更新业务数据状态后，调用BIM平台【模型属性接口】同步业务状态数据。

③业务应用系统调用BIM平台【××状态渲染接口】进行业务对象分布和状态查看。

（3）在4D模型中进行施工进度模拟

如施工进度与BIM结合的示例，可按照时间顺序动态进行施工进度模拟展示。其集成步骤如下。

①业务应用系统调用BIM平台【获取模型构件接口】获取与计划相匹配的模型构件ID。

②业务应用系统调用BIM平台【模型属性接口】同步计划相关数据。

③业务应用系统更新计划执行情况后，调用BIM平台【模型属性接口】同步执行情况相关数据。

④业务应用系统调用BIM平台【施工进度模拟接口】进行施工进度模拟。

6. 基于BIM的城市轨道交通企业协同管理平台建设策略

基于BIM的城市轨道交通企业协同管理平台建设应结合城市轨道交通企业自身信息化所处阶段进行建设。其策略如下。

（1）继承已有成果，充分考虑信息化现状

如实施BIM建设时，城市轨道交通企业信息化还在起步期，应从IT战略规划层面明确企业完整的信息化体系规划，将基于BIM技术的协同平台作为基础平台进行建设，通过业务发展的程度，逐步建立新的业务系统，满足基于BIM的模型流在业务系统的数据接口和展现。

若城市轨道交通企业信息化处在发展期和成熟期，则需要在已有信息化成果的基础上，充分考虑现有项目的状况，根据当前的应用系统和项目进展状况，在考虑相互间的依赖关系基础上制定基于BIM的协同平台建设，并针对原有业务系统进行评估和优化，以形成有效的模型流接口和实现可视化展现功能。

（2）以工程项目管理业务为核心，逐步完善信息化整体技术架构

由于主流BIM协同管理平台产品未能满足城市轨道交通企业的全面应用，需要进行大量的二次开发才能满足业务应用，因此需要选择关键和迫切的业务作为突破口进行建设实施，以检验其技术架构和核心技术平台是否满足企业应用及相关业务系统的结合。其核心技术平台的建设需要经过项目的检验，以确定平台是否达到预期目标，同步应开展规范的建设，促进项目不断完善。

（3）充分重视实施过程中的风险，先试点、后推广

企业信息化系统的建设不是一蹴而就的，需要经过一个较长的积累过程，而在城市轨道交通一体化资产理念下开展的BIM建设在国内更是无先例，因此项目应实施分阶段推进，先基础再全面，先试点再推广，尽量降低项目建设风险。

三、工程建设期项目管理信息化建设的预期效益

工程建设期资产管理信息化的实践，支撑工程建设管理的过程，结合BIM技术的应用，可产生明显的社会效益、管理效益和经济效益和IBM应用效益。以下将详细论述。

1. 社会效益

①对新线建设业务进行了梳理，明确了管理流程和工作要求，推进新线建设领域实现了“规范化、标准化、精细化、信息化”管理，进而被推广至城市轨道交通行业应用。

②成为新线建设的窗口，实现过程跟踪、记录留痕，极大地支持城市轨道交通工程建设监管体系的实施，起到保护工程建设管理者，监督廉洁的效果。

③将城市轨道交通参建各方人员聚集在一起，通过系统的流程和数据交换，实现信息共享；审批的提速，提高了工程建设效率，提升新线建设工作的整体管理水平。

④可成为国内新一轮大规模城市轨道交通建设的重要保障。

2. 管理效益

可推广至所有新线开工工点，实现规模化管理。通过采取强有力的推广手段，推动现场施工单位和监理单位采用信息化手段加强施工过程关键点的监控，有效促进新线建设过程管理规范化、专业管理标准化、施工管理精细化、责任管理信息化，使得现场可监控、过程可跟踪，实现了施工方、监理方、设计单位、设计咨询等各参建单位的无缝协作，提升了工程建设管理水平与监管效率。

3. 经济效益

①对参建各方进行归集和统一管理，便于施工过程信息资源、物资和人力的协调管理。在大线网高强度建设期，可通过系统使用提高建设管理部门的工作效率和质量，降低项目管理的难度，以便发现及时发现隐患，及时采取有效措施，防范于未然。

②提高信息的透明度，系统的相关用户可方便地看到项目进展的相关信息，便于参建各方监督，无形中加强了对施工、监理单位的管控，提升项目的质量，减少建设返工，以及运营期出现故障等问题的机率。

③为工程管理提供准备数据，确保城市轨道交通建设安全。可通过对系统上报数据进行分析，及时识别风险，可通过采取有效的应对措施，避免发生更大的险情。

④减少因设计变更引发的合同变更周期，通过利用系统进行精细化管理，将施工管理各项规章制度及管理要求进行固化和落实，加强施工过程中的质量管理、安全管理，严把设计变更和合同变更关，进而实现对工程总体变更量的控制，有效节约工程投资。

4. BIM 应用效益

BIM 是信息化技术在建筑业的直接应用，服务于建设项目的设计、建设、验收及移交、运营维护等整个生命周期。

（1）管理效益

基于 BIM 技术，可以实现与现有管理信息系统进行整合、互通，为项目各参与方提供交流顺畅、协同工作的平台，其对避免失误、提高工程质量、节约成本、缩短工期等做出了极大的贡献。应用 BIM 技术可以提高设计质量，减少设计变更；提高施工精细化管理水平；以不低于验交要求而建立的 BIM 模型，为资产移交、运营接收奠定信息基础，包括图纸设计、变更情况设计、建设期设备资产履历产生、合同到货信息等，实现城市轨道交通各专业设备设施的数字化验交及支持后续运营管理的智能化和可视化管理，明显提高验收及移交效率；可以将运营管理需求尤其是资产管理的需求前置，保证各阶段资产信息的一致性、有效性及准确性，从而真正实现 BIM 在建造资产全生命周期的应用。

（2）经济效益

基于 BIM 一体化资产管理在工程建设阶段的应用，预期可达到的经济效益如下。

①减少设计变更，最大限度地避免因设计问题引起的资源浪费、能耗和工期损失；

②实现对施工过程进行有效控制，降低资源消耗；提高施工计划精确性，确保工期进度，避免因工程延迟造成损失；

③提高验收及移交效率，推进项目进展，避免反复及滞后情况，减少人力、物力投入。

四、BIM 主流软件产品介绍

1. BIM 软件分类

大多数 BIM 软件不只是一个设计工具，而是有其他应用程序的接口，用于浏览、分析、进行成本估算等。有些还提供多个用户功能，允许多个使用者协调他们的工作。在大多数单位中，BIM 将涉及多个软件，用于不同的用途。伊斯特曼（Chuck Eastman）采用以下层次分类来研究 BIM 应用软件。

（1）BIM 软件工具（Tool）

BIM 软件工具一个能产生具体结果的特定任务软件，包括模型生成、图纸生产、规格编写、成本估计、冲突和错误检测、能源分析、透视、进度安排和可视化的工具软件。工具软件输出通常是独立的，如报告、图纸等。然而，在某些情况下，工具软件输出可能汇出到其他工具软件，如工程量统计、成本估计以及将建筑结构的对应信息传到一个相关的BIM分析工具软件。这类软件以Autodesk（欧特克）公司的Revit、Bentley MicroStation和达索系统公司的Catia等产品为代表。

（2）BIM平台（Platform）

BIM平台是一个生成数据用于多种用途的软件。BIM平台软件提供了一个信息模型数据存放平台，而且大多数BIM平台软件还会附带其他工具功能，如图纸生成和冲突检测。它们通常整合多项功能，并提供与多种其他工具的接口。某些平台软件还有分享用户接口和互动的功能。这类平台软件以Autodesk的BIM 360、Bentley ProjectWise和达索系统公司的ENOVIA等产品为代表。

2. 主要BIM软件介绍

1）Autodesk公司的BIM软件

欧特克有限公司（简称欧特克或Autodesk公司），始建于1982年，总部位于美国加利福尼亚州的圣拉斐尔市。“欧特克”专注于三维设计、建筑工程及娱乐等软件开发，以AutoCAD为代表的二维和三维设计、工程与娱乐软件产品涵盖制造业、工程建筑业、基础设施业及传媒娱乐业等多个行业。1994年欧特克软件（中国）有限公司成立，2003年欧特克中国应用开发中心在上海成立，2008年在欧特克中国应用开发中心基础上，欧特克中国研究院在上海正式成立。

2002年，Autodesk公司以1.33亿美元收购Revit Technology公司，使Revit成为Autodesk公司建筑领域的旗舰产品之一。Revit系列产品在2003年投入中国市场。

Autodesk公司中有关BIM产品包括：

① Autodesk Revit Architecture。Revit Architecture是专为建筑信息模型（BIM）而设计的，能够帮助建筑师探究早期的设计构思和设计形式，使用由Revit Architecture提供的重要BIM数据进行可持续设计、碰撞检测、施工规划和制造。之后，共享模型，在集成流程中与工程师、承包商和业主高效协作。而借助参数化技术，所做出的任何变更都能自动更新到整个项目中，同时还能保持设计和文档的协调一致。

② Autodesk Revit Structure。Revit Structure是面向结构工程的建筑信息模型（BIM）软件，可实现结构分析、设计和文档创建。通过使用来自建筑和工程文件（Revit模型或二维文件格式）的关键信息来提高各部门之间的协作效率；通过双向关联，将分析集成到流行的结构分析软件。

③ Autodesk Revit MEP。Revit MEP是基于建筑信息模型的、面向设备及管道专业的设计和制图软件，它是一款专为水暖电绘图员和工程师开发的工程设计解决方案，能够帮助其提高工作效率。可利用建筑信息模型进行可持续建筑设计和分析，加强设计协作。

④ Autodesk Navisworks。Navisworks软件由英国Navisworks公司研发并出品。2007年，该公司被美国Autodesk公司收购。Autodesk Navisworks软件是一款功能全面的设计评审解决方案，可以集成、浏览和审核多种3D设计文件，可以实现对3D模型的实时交互漫游。Autodesk Navisworks软件系列包括四款产品。其中，Autodesk Navisworks Manage软件是供设计和施工管理专业人员使用的一款审阅解决方案，集成了错误查找、冲突管理、四维

项目进度仿真和可视化等功能；Autodesk Navisworks Simulate 软件能够再现设计意图，模拟四维施工进度，超前实现施工项目的可视化；Autodesk Navisworks Review 软件支持整个项目的实时可视化，并能审阅各种格式的文件；Autodesk Navisworks Freedom 软件是免费的浏览器，支持 Autodesk Navisworks NWD 文件与三维 DWF 格式文件的浏览。

⑤ Autodesk Ecotect。Ecotect 是建筑生态与环境模拟分析软件，具有基于 BIM 模型数据的日光分析 / 阴影和遮蔽、照明设计、热性能分析、计算流体动力学（CFD）计算结果三维可视化、声学分析等功能。用 Ecotect 作前期方案设计最有意义的是其交互式分析方法，设计师可直观地理解周围环境对建筑运营能耗的影响，从而为其提供 3D 环境下的建筑性能分析和可持续性设计的工具。

⑥ AutoCAD Civil 3D。 Civil 3D 是一款测量、设计、分析与制图软件，用于包括土地开发、道路交通、水利电力在内的土木工程方面。作为一款面向土木工程的建筑信息模型（BIM）解决方案，Civil 3D 能够帮助项目团队创建、预测和交付各类土木工程项目，帮助土木工程师探索更多的优化方案，推动项目开展。

⑦ Autodesk GreenBuilding Studio。GreenBuilding Studio 可通过与 Revit Architecture 和 Revit MEP，以及其他一些可以兼容的能源分析软件之间进行交互操作，也可通过绿色建筑扩展标记语言（GreenBuildingXML，简称 gbXML）与来自业界其他提供商的软件实现兼容，提供基于网络的能源分析服务。

⑧ AutoCAD Map 3D。用于创建与管理空间数据的主要工程 GIS 平台。

⑨ Autodesk 3DSMax。用于游戏、电影、电视和设计展示的 3D 动画、建模及渲染平台。

⑩ 其他产品。AutoCAD，Autodesk Inventor，Autodesk Sketch Book Pro，AutoCAD Plant 3D，Autodesk Buzzsaw，AutoCAD Electrical，AutoCAD Mechanical，AutoCAD Raster Design，Autodesk Alias Studio，Autodesk Backdraft Conform，Autodesk Bum，Autodesk Cleaner XL，Autodesk Combustion，Autodesk Design Review，Autodesk FBX，Autodesk Fire，Autodesk Flame，Autodesk Flint，Autodesk Inferno，Autodesk Lustre，Autodesk Map Guide Enterprise，Autodesk Map Guide Studio，Autodesk Maya，Autodesk Motion Builder，Autodesk Productstream，Autodesk Showcase，Autodesk Smoke，Autodesk Stone Direct，Autodesk Toxik，Autodesk Wire，Autodesk World of DWF（DWF Writer），Mental Ray，AutoCAD P&ID。

2）Bentley 公司的 BIM 软件

Bentley 公司于 1984 年在美国创建，是一家综合软件解决方案的主要供应商。Bentley 公司面向基础设施的全生命周期提供促进可持续发展的综合软件解决方案，包括用于设计和建模的 MicroStation，用于项目团队协作和工作共享的 ProjectWise，以及用于项目和资产数据管理的 AssetWise。1987 年公司发布了 MicroStation，1995 年在 MircoStation 上开发了高级实体建模功能，并发布了针对 Windows 平台的 MicroStation 95。1997 年在获得 Bricsnet' s 建筑建模软件后，将其打造为 MicroStation TriForma 的核心技术，并在 MicroStation 上发布了它的第一个 BIM 应用程序。2002 年，MicroStation V8 发布 2008

MicroStation V8i BIM 软件，实现了实时的建筑平、立、剖和裁剪平面视图。其产品应用领域涵盖工业与民用建筑、石油化工、发电厂、轻工工厂、桥梁、公路、轨道交通等，其工厂设计系统优势突出。

（1）AECOsim Building Designer

Bentley 公司于 2012 年 3 月正式推出新一代建筑行业一体化解决方案 AECOsim Building Designer（简称 ABD）及相应的能耗计算系统 AECOsim Energy Simulator（简称 AES），并于 2013 年 7 月正式发布包含中国标准库和工作环境的、具有全中文界面的中国版 ABD。ABD 是一个基于 BIM 理念的解决方案，关注建筑项目的协同设计及工程信息在设计、建造、运维整个生命周期的应用。ABD 涵盖了建筑、结构、建筑设备及建筑电气四个专业设计模块，其中建筑设备模块又涵盖暖通、给排水及其他低压管道的设计功能。

在软件架构上，ABD 将三维设计平台 MicroStation 纳入其中，解决了分别安装时的版本匹配问题，也使图形平台和专业设计模块结合得更加紧密。ABD 形成一个整合、集中、统一的设计环境，可以完成四个专业从模型创建、图纸输出、统计报表、碰撞检测、数据输出、效果图、动画等整个工作流程的工作。ABD 采用联合式技术，四个专业既独立（符合各专业自身的特点），又可以实现在数据互用基础上的协同设计，实现并行工作。ABD 对超大体量模型的支持较好，对计算机硬件的要求不高，一般情况下，普通电脑即可良好地工作。ABD 的特点包括：

①支持参数化的模型创建技术。在 ABD 中，各专业最终会形成一个相互参考的多专业建筑信息模型，而各个专业在形成各自专业模型时，都采用参数化的创建方式。这就方便了模型的创建与修改，提高了工作效率。

②支持管线综合与碰撞点自动侦测。在 ABD 中，内置了碰撞检测（Clash Detection）模块，可以在设计过程中，针对专业内部及专业之间进行及时的碰撞检测校验，及时发现设计过程中的问题。

③支持交互式全信息 3D 浏览。利用 ABD 可视化功能，可以对 BIM 模型整体或者建筑物内部场景进行实时自由浏览。如相机视角设置，视图保存；消隐、线框、光滑渲染等显示模式下的动态浏览；推进、拉出、旋转、仰视、俯视、平移等视角操作；行走，飞行漫游。

④支持工程量概 / 预算自动统计。将相应的施工量定额标准以编码的形式定制到施工构件上，可对整个模型的施工工程量进行概 / 预算自动统计。在此基础上，还可以进一步统计出构件的造价、密度、重量、面积、长度、个数等材料报表信息。设计方案和施工方案的调整，能够忠于原貌地反映到 BIM 模型的调整中，帮助决策者快速精确地评估方案调整对工程量的影响性质和影响量。

⑤支持 3D PDF，Google Earth（谷歌地球）等的电子发布功能。ABD 具备 3D PDF 模型发布能力，并能对模型进行数字签名。可以对特定对象赋予相应的数字权限，如只读、读写、不可打印、不可导出等。ABD 用户可以将 DGN 或 DWG 模型文件直接输入 Google Earth 中（KML，KMZ 格式），以便在实际的地理环境中查看和浏览工程效果。

（2）Navigator

Bentley Navigator 是一款设计检查工具，可实现建筑行业不同设计文档的读取和数据查询，并集成碰撞检查、红线批注、进度模拟、吊装模拟、渲染动画等功能。Navigator可以在不修改原始设计模型的情况下，添加自己的注释和标注信息。通过让用户可视化地、交互式地浏览大型的、工程复杂的智能3D模型，快速看到设计人员提供的设备布置、维修通道和其他关键的设计数据。

Navigator的特点包括：

①Navigator提供可支持设计和施工的管理过程，以及实时管理资产的可视化技术。主要包括：自动收集文件存储区中的二维/三维内容；深入评估的设计和模型；通过对模型添加注释，链接文档和数据集，丰富模型内容；通过专业碰撞/冲突检查，分析和模拟施工计划；生成下游操作所需的模型数据。

②Navigator支持多种文件格式，提供了对大量应用程序、行业标准和文件格式的广泛支持。支持的主要应用程序包括：AutoPLANT、TriForma、PlantSpace、PDS、SketchUp、Google Earth。支持的主要二维/三维文件格式包括：DGN、DWG、PDF、JPEG、TIFF、IGES、STEP、3DS等。

③Navigator满足移动工作组的需求。Navigator可在任何Windows笔记本电脑或PC上作为独立的应用程序使用。无须具有ProjectWise协作服务器就可以从不同地点收集二维和三维内容。同时，Bentley发布了便携式终端的Navigator版本，可以在AppStore上免费下载Navigator，并将项目模型发布到iPad上，同样，可以实现快速浏览模型和属性。

④Navigator可作为可视化客户端，用来直接访问分布在企业中由ProjectWise服务器管理的二维工程图和三维模型。功能包括：用于保证信息安全的登入/登出；用于了解人员、事件和时间的审核跟踪；用于搜索企业内信息的全文本和组件索引；用于高速访问的本地缓存服务器；用于打印和发布的自动处理和计划。

⑤Navigator支持i-model信息浏览。i-model文件是Navigator浏览模型的格式，是Bentley支持项目团队联合工作和信息交互的通用方法。

⑥Navigator界面更加简洁直观，通过使用i-model Composer发布的模型，能够更加快速、流畅地浏览三维模型，使3D模型检视更加方便、直观。

⑦基于Luxology的渲染引擎，功能更加丰富强大，通过缺省设置可以保证用户能够快速上手，使得非专业人员也能够做出“专业水准”的照片级图片和动画。

⑧Navigator的碰撞检测模块，包括静态碰撞检查和动态碰撞检查。静态碰撞检查：延续快速精准碰撞点自动检测的特点，并增加用户自定义碰撞规则功能，使操作更加简单。动态碰撞检查：可以实现吊/安装过程中的动态碰撞点检测，分析吊装过程中的隐性碰撞，做到提早发现问题。

⑨Navigator能够直接（原始数据格式）或间接（XML等开放数据格式）导入项目进度计划数据，支持Microsoft Project以及Primavera P6，用户可对施工计划进行模拟并为其制作动画，以分析进度计划的合理性。

（3）ProjectWise

Bentley ProjectWise为工程项目的内容管理提供了一个集成的协同环境，可以精确、有效地管理各种建筑工程文件内容，为用户提供强大的系统管理、文件访问、查询、批注、信息扩充和项目信息及文档的迁移功能。ProjectWise通过良好的安全访问机制，使项目各个参与方在一个统一的平台上协同工作。

ProjectWise的特点包括：

①可按具体需求灵活建立文档结构。在ProjectWise中，为了让信息获取更简单，通常可按功能或习惯将文档分成不同的组合，并以文件夹及子文件夹的层次结构方式来组织。用户可通过浏览分级式的树状结构，轻易地找到项目数据，而无须个别追踪所有相关的文件及图档。当文件被放入多个文件集时，系统会产生“虚拟拷贝”或是快捷方式，直接连结到真正的电子文档。因此，当该文件有所变更时，会反映到所有的文件夹中。利用这些文件集，终端使用者可以用对他们有意义的方式集成信息，并建立个性化的文件窗口，迅速获取信息。

②具有文档变更历史记录、日志跟踪功能。ProjectWise所提供的文档历史记录功能可以在文档的生命周期内为每个文档建立历史记录项列表。ProjectWise可以记录下每个用户对文档所做的所有操作。ProjectWise可以保护日志，只有得到授权的用户才可以查看到某个指定项目、目录或者文档的详细日志记录，满足了ISO规定的处处留痕的要求。同时，管理人员可以根据需要生成相应的日志报表。

③具有完备的文档版本管理功能。ProjectWise所提供的版本控制功能为存储和管理同一文档及数据的多个版本提供了有效的手段。旧的文档及数据版本将被自动地保护，并被保持在它们最终所处的状态。当新的文档及数据版本被建立后，旧的文档及数据版本将被转换为只读版本。只有最新的版本才能被检出、修改并检回项目库。版本控制功能，保证了所有用户使用一致且正确的文档及数据，并且可以对文档的历史进行回溯。

④可进行全面的文档参考关系管理。ProjectWise的一个关键技术是可以很好地管理图纸之间的相互参考引用关系。不论是基于AutoCAD的外部参考（Extemal Reference），还是基于MicroStation的参考引用（Reference），ProjectWise都可以很全面地加以管理。当打开一个有参考关系的图纸时，系统会及时提醒有参考的图纸更新了，需要更新当前图纸。

⑤可实现与现有的文档编辑软件（MS Office）的无缝连接。ProjectWise可以与常见的设计工具如MicroStation，AutoCAD和Office应用进行紧密集成。用户可以方便地在设计工具中进行文件的提交、查看与编辑操作，就跟平常往本机硬盘上存储或者打开文件一样，丝毫不需要更改用户目前的工作习惯，同时也不会增加用户额外的工作量。

⑥文档内容的发布功能。ProjectWise发布服务器可将数据以及各种文件的最新版本按照用户请求自动发布出来，在这个过程中，不需进行任何的预处理工作和数据转换以及管理干涉，同时也不会中断业务团队的工作。另外，在客户端不须安装任何特殊的应用软件，只需要一个标准的浏览器就可以满足要求。用户可以使用一种标准的解决方案访问企业范围的数据来协同工作，这些数据涵盖多种文件和格式。在不须改变现有工作流的情况下，ProjectWise发布服务器提供了迅速、广泛的手段来访问宝贵的数据。

⑦与企业门户进行集成。ProjectWise可以很方便地与微软的门户系统SharePoint进行集成。用户仅通过SharePoint门户，就可以很方便地对企业文档、目录以及组件进行管理。

ProjectWise 提供了现成的 SharePoint 组件，用户可以方便地将 ProjectWise 的组件添加到企业门户，快速实现在企业门户对工程信息进行浏览与查询，从而使得每一位用户仅在企业门户上就可以查询到自己权限允许范围内的所有信息。

⑧组件索引功能。工程信息的管理要求能够有一种比文件级管理更细化的管理办法。由于工程信息量是非常庞大的，而且都是存储于各类 Office 文档、设计图纸、数据库、PDF 文件中，因而需要一种方式，将各类信息连接在一起。ProjectWise 采用组件索引技术可以很好地满足用户的这一需求。对于不带属性的二维图纸，通过 ProjectWise 的自动索引模块，可以自动抽取图纸中的图层、图块、线型等组件信息，并能够按照这些组件建立索引，供用户进行浏览与查阅。

⑨具有文档信息的分布存储集中管理功能。ProjectWise 以项目为核心管理信息，对物理上分散的项目信息进行集中管理。项目信息的存储位置可以分散在不同的网络服务器上，服务器的物理位置可以位于同一城市的不同建筑中或不同的城市当中。与项目相关的成员，通过安全身份认证，能够方便地访问、查询相关的项目信息，而不必关心信息的实际物理位置。

⑩检入 / 检出——动态授权机制。ProjectWise 提供了文档检入 / 检出控制系统，更好地保证了协同工作过程中多用户操作同一文档时的安全性。当系统中的某个文件被打开修改时，它处于被检出状态，此时文档的一个拷贝从服务器被传送到客户计算机的临时工作目录中。对于系统中处于检出状态的文档，其他的项目参与者只能以只读的方式将其打开查看或参考引用。当文件的检出者完成对文件的修改，并关闭该文件时，ProjectWise 自动提示检出者检入该文件，此时客户端计算机上已经过修改的文件拷贝被传送回服务器，并覆盖了服务器上该文件的原始拷贝。这样，此文件就恢复到正常的读写状态。该机制有效地保证了某一时刻仅有一人可对同一文档进行修改，避免了同时修改所造成的冲突，同时也保证了项目库中信息的唯一性。

⑪安全的权限控制。对于企业而言，项目数据的安全控制是非常重要的，可通过 ProjectWise 来管理文档并确保安全。ProjectWise 对于所有传输的数据均采用先进的 SSL 方式进行加密。同时，ProjectWise 还提供了严密的多级权限控制，大到项目，小到某一具体的文件都可以在权限体系的控制之下，极大限度地保证了用户数据的安全。

⑫便捷的搜索功能。ProjectWise 为了方便用户在海量信息中快速找到所需的文件与信息，提供了高性能的搜索工具。用户可以按照系统的基本属性进行查询，如名称、描述、是哪一类应用的文件、文件大小、所属部门等；可以按照文件类型设定自定义的属性，并可以按照这些属性进行查询；可以对文件进行全文本检索，不仅局限文本文件，还可以去 DWG，DGN 图纸中的文本信息进行检索；可以进行全属性检索，即不指定是哪一个具体的属性，只须输入属性值，系统即可进行检索；还可以按图纸中的组件信息进行查询。所有的这些查询条件，用户都可以存成模板，供下次查询使用。

⑬功能强大的系统接口。ProjectWise 具有完备的二次开发工具包，可根据用户特定的需求进行开发。通过二次开发接口，ProjectWise 可以很方便、友好地和第三方的内容管理数据库、工作流程引擎等进行连接集成。当前，ProjectWise 已经实现了与档案管理系统、即时通信系统、移动通信系统的集成，实现了多个系统之间的数据共享。Bentley 有多年

的国内工程设计行业的图档管理系统成功实施经验，并能够提供本地化的技术支持与服务。

⑭及时沟通的消息系统。ProjectWise 用户之间可以通过消息系统相互发送内部邮件，通知对方设计变更、版本更新或者项目会议等事项，也可以将系统中的文件作为附件发送。同时 ProjectWise 还支持自动发送消息。当发生某个事件，如版本更新、文件修改、流程状态变化等，会自动发出一个消息，发送给预先指定的接收人。这个消息可以是 ProjectWise 的内部消息，也可以是企业内部的 Email，经过开发，可以实现与手机短信的集成。

3）达索系统公司的 BIM 软件

法国达索系统（Dassault Systemes）公司是产品生命周期管理（Product Lifecycle Management，简称 PLM）解决方案的主要提供者，与达索宇航（Dassault Aviation）公司同属法国达索集团。2013 年全球营收额 25 亿美元，大部分来源于 PLM 领域。达索系统公司专注产品生命周期管理（PLM）解决方案已有超过 30 年的历史。在这 30 年的间，达索系统公司一直与全球各个行业中的领袖企业进行合作，行业跨度从飞机、汽车、船舶直到消费品和工业装备及建筑工程。

达索系统公司的 BIM 全生命期解决方案包括：BIM 平台基础模块、BIM 项目管理（ENOVIA）、BIM 工程设计（CATIA）、BIM 施工仿真（DELMIA）、BIM 仿真分析（SIMULIA）等。

（1）BIM 平台基础模块

在建筑生命期中应用 BIM 的核心在于信息分享，而不是建模。只有在正确的时间把正确的信息传递给正确的人，才能真正发挥信息的价值。因此，BIM 全生命期管理的首要前提条件是对数据进行高效的管理，这也是 BIM 平台的第一个目的。

在达索系统的 BIM 全生命期解决方案中，可提供以下基础模块来满足数据管理的需求。

①平台用户管理（PCS）。建筑企业往往同时进行多个项目，每个项目又有不同的人员参与。在“3D 体验”系统中，可以给每个项目（或项目群）创建一个协作空间分别进行管理。每个人都可以在不同的项目中承担不同的角色，获得不同的权限。

团队成员可以使用项目协作空间来共享 BIM 信息或者 2D 文档信息；也可以自定义各种操作流程和角色权限，使团队成员能够按结构化的流程来开展工作。

②协作创新（CNV）。“3D 体验”系统以构件为单位进行 BIM 数据的管理，并支持多用户在网络平台上开展并发式协同设计。系统可以针对每个构件设定操作权限，并管理数据的历史版本。例如，建筑师可以把建筑模型的一个稳定版本分享给设备工程师作为参考，并使设备工程师只能读取建筑模型而不能修改。与此同时，建筑师继续改进建筑模型，直至获得下一个稳定版本，然后再分享给设备工程师。

针对大型 BIM 模型，“3D 体验”系统还提供了“Explore”（查看）和“Edit”（编辑）两种不同的打开模式。“Explore”模式下，使用轻量化方式打开模型进行快速浏览，可获得较高的系统性能；而当需要修改模型时，在“Edit”模式下可以打开局部模型进行修改，而不须打开整个 BIM 模型。通过这种方式，我们可以管理非常大型的模型，并把系统性能控制在合理的范围。

③数据标准管理（TXO）。在管理 BIM 信息时，需要制定数据标准。在“3D 体验”系统的建筑业模块中已经预置了基于国际标准 IFC 编制的 AEC 数据模型，其中定义了各

种 BIM 对象类型（如门窗、楼梯、幕墙等）及相关属性，并与 IFC 4 完全兼容。通过 IFC 数据接口，可以把多种业界软件创建的 BIM 模型导入“3D 体验”系统进行管理。

在此基础上，系统管理员可以通过专门的工具来自定义新的对象类型和属性，以满足企业灵活多变的业务需求。例如，同一个建筑对象在项目生命期的不同阶段需要使用不同的属性，或者根据不同的应用场景挂接不同的属性，并进行分类统计或者查询检索。在创建模型时，构件的 BIM 属性可以由用户手工填写，也可以根据模型的参数和预定义的公式进行自动计算，如面积、体积、重量等，如图 5-6 所示。

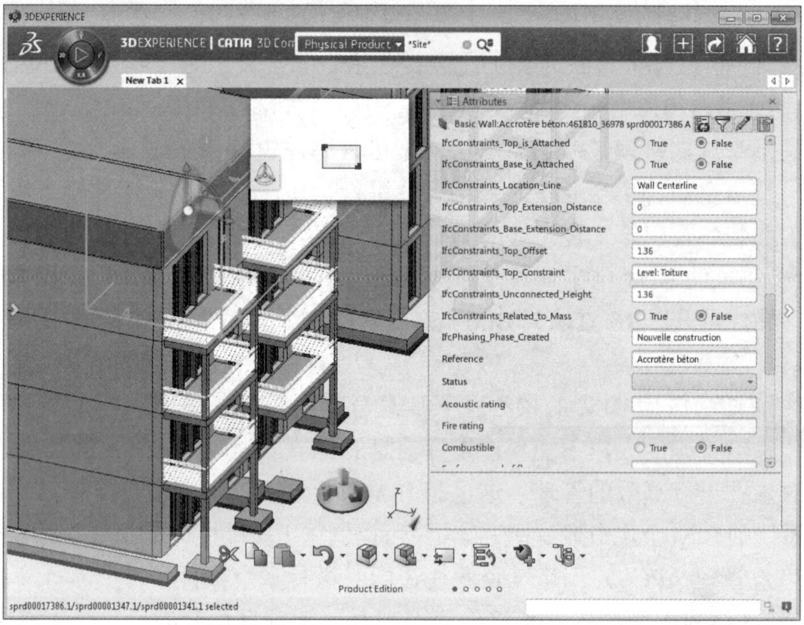

图 5-6　自定义工具

（2）BIM 项目管理（ENOVIA）

大型建设项目越来越需要全球化的团队协作，并及时获取来自各方的信息。同时，随着建筑业主对运营维护的需求越发提高，企业越发希望借助 BIM 模型来优化项目全生命期的成本与收益。为了帮助建筑业企业实现业务变革，进入可持续性发展通道，“3D 体验”系统中包含的 ENOVIA 系列应用模块，应满足以下方面的企业需求：

①项目管理模块，它包括项目经理角色（DPM）和项目成员角色（DPJ）。

项目开始时，项目经理可以新建一个空白项目，也可以根据既有模板快速创建项目并设置人员角色 / 权限等。

项目创建后，项目经理可以建立 WBS 结构，制订资源计划及财务预算等，并把任务分配给各个项目成员。项目成员将从系统自动接受任务，并可随时把任务完成情况汇报到系统。同时，系统自动生成项目监控图表板，供项目经理和相关负责人随时了解项目进展状况。

可以把项目任务与 BIM 对象关联起来，因此每个任务都可从 BIM 模型中获取相关信息。

对于已在使用 Microsoft Project、Primavera P6 等系统的用户，ENOVIA 可以与这些

系统进行双向集成。例如，项目经理可以在 Primavera 中制订初步的进度计划，然后导入 BIM 平台进行仿真验证和优化，最后再把优化之后的进度计划导出到 Primavera。

项目仪表盘及进度管理界面，如图 5-7、图 5-8 所示。

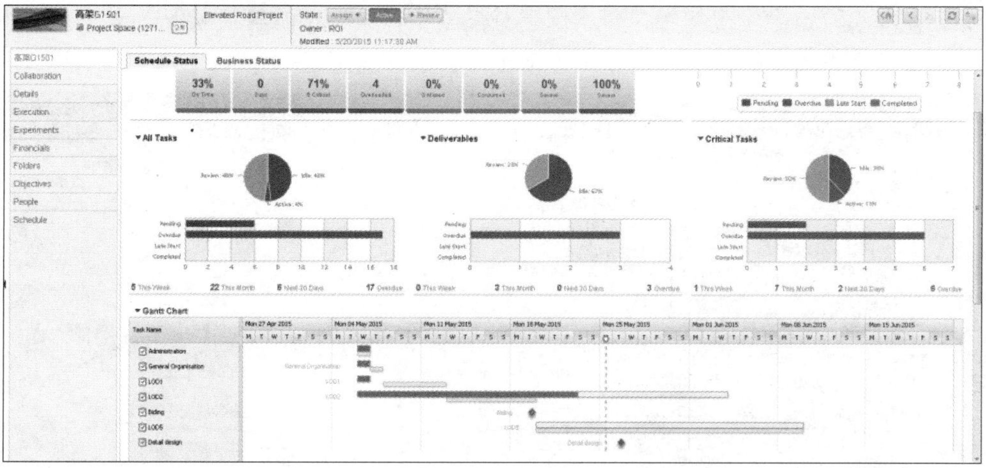

图 5-7　项目仪表盘

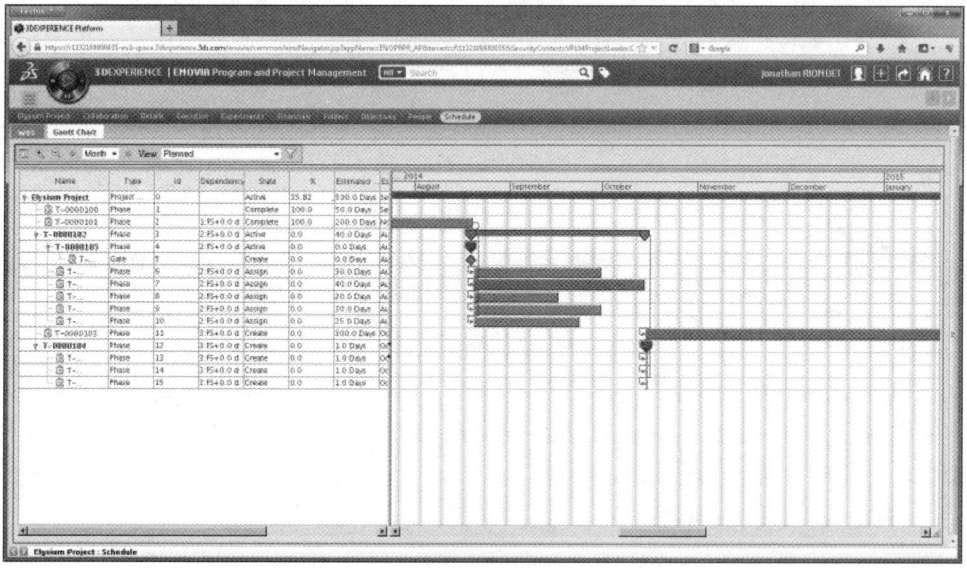

图 5-8　进度管理

②文档与流程模块（RWA）。在项目空间和文件夹中对各种信息进行管理和共享，不仅是 BIM 模型，也包括 MS Office 文档、DWG 图档等各种文件，确保项目各方都能随时获取最新的工作信息。

可自定义文档创建、审阅、批准和分发的流程和权限。同时，也可在系统中管理文档的历史版本和操作记录，实现信息管理的可追溯性。

是专为 AutoCAD 开发的集成接口（DED）。可以在 AutoCAD 中直接访问 ENOVIA 以保存 / 打开 DWG 文件，并集成了访问权限、版本管理和检入 / 检出机制。

③模型校审模块（DER / DEY）。设计校审人员可以集成多种不同来源的 BIM 数据。对模型进行装配、浏览，并进行批注、测量、以及动态 3D 截面、碰撞检查等。还可对新旧不同版本的对象进行 3D 可视化对比。

如果在模型校审中发现问题，可将问题分配给责任人并跟踪解决状况。责任人解决问题后，可提交审核人员确认关闭问题。模型校审界面，如图 5-9 所示。

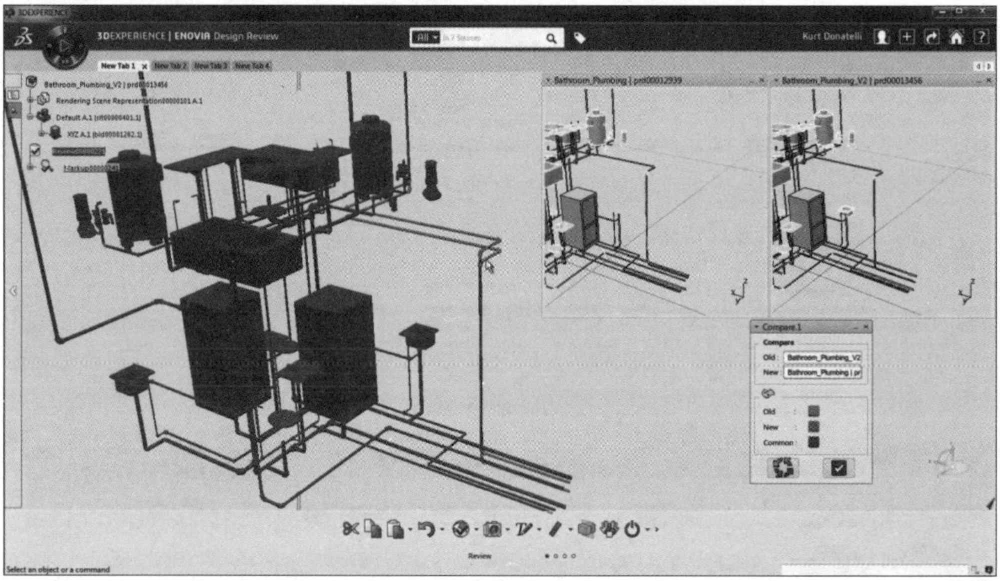

图 5-9　模型校审

④知识管理（CCM）。企业运营中往往产生大量的业务知识，这些知识是非常宝贵的无形资产。通过 ENOVIA 应用，可以建立企业知识库（包括构件库、标准库、风险库等），以便在不同的项目中重用和执行。

在丰富的模块之上，易于定制是 ENOVIA 的另一个重要特点。所有的数据结构和属性、业务流程以及用户界面，都可以用图形化的方式进行直观的定制和修改，无须任何编程，并且定制完成无须重启应用服务器就可以在系统中应用。因此，非常利于企业在 ENOVIA 的基础上进行定制实施。

（3）BIM 工程设计（CATIA）

CATIA 是达索系统的 CAD/CAE/CAM 一体化集成解决方案，现已整合到“3D 体验”平台。它覆盖了众多产品设计与制造领域，被广泛应用于航空航天、汽车制造、船舶、机械制造、消费品等诸多行业。在建筑行业，CATIA 常常被应用于复杂造型、超大体量的项目设计，其曲面建模功能及参数化能力，为设计师提供了丰富的设计手段，能够实现空间曲面造型、分析等多种设计功能，帮助设计师提高设计效率和质量。同时，CATIA 也非常适合设计与制造加工集成的工业化项目。

与业内其他 BIM 软件相比，CATIA 的主要特点包括以下几个方面。

①为从 LOD（多细节层次）100 到 LOD400 的全流程。有很多 3D/BIM 软件只侧重项目的某一阶段，如概念设计阶段（LOD100）或者详细设计阶段（LOD300）；而 CATIA 不仅

能从概念设计无缝过渡到详细设计，还可深入面向加工制造级别的深化设计（LOD400），如钢结构的节点设计、钣金设计等各种细节，设计成果可满足制造加工需求，并可输出到数控机床进行生产。

②强大的参数化建模技术。CATIA 具有强大的参数化设计能力，以及“骨架线 + 模板”的设计方法学。设计师只须通过骨架线定义模型的基本形态，再通过构件模板和逻辑关系来生成模型细节。一旦调整骨架线，所有构件的尺寸可自动重新计算生成，极大地提高效率。因此，CATIA 具有在整个项目生命期内的强大修改能力，即使是在设计的最后阶段进行重大变更也能顺利进行。

③标准化、模块化的知识重用体系。在 CATIA 应用的前期，往往要建立一定数量的参数化模板库和逻辑脚本，用于把企业的专业知识固化下来。此后，在规模化的项目设计中，设计师只须调用现成的模板和脚本，就可按照企业的设计规范和质量完成高速高效的设计。设计变更也能够快速进行。

④全生命期的数据流程。借助于“3D 体验”平台的出色集成，CATIA 的数据能够直接在生命期下游各个模块中使用，例如施工仿真、数控加工、项目管理、计算分析等流程。此外，CATIA 也支持通过激光扫描数据获取现场的真实三维信息，并进行逆向工程分析。

⑤良好的二次扩展性。用户可在 CATIA 中定义各种参数化设计模板和脚本，进行智能化设计。同时，CATIA 提供多种二次开发方式，包括宏命令、Automation（自动操作）方式（可通过 VBA 开发）、Caa（组件应用架构）方式（可通过 C++ 开发）等，可支持用户开发自动化设计功能。

（4）BIM 施工仿真（DELMIA）

DELMIA 致力于复杂制造 / 施工过程的仿真和相关的数据管理。在制造业，DELMIA 是最强大的 3D 数字化制造和生产线仿真解决方案。而在建筑业，DELMIA 被用作建筑施工规划的虚拟仿真解决方案，帮助用户高效利用时间、优化施工、降低风险等。

借助于“3D 体验”平台的集成数据环境和直观的 3D 场景，DELMIA 可以协助设计、施工、业主进行良好的沟通与分享。它具有以下优势：

①直观的工作任务分解。可通过 3D 图形界面，把整个工程项目逐步分解成具体的施工任务，并定义任务之间的逻辑关系，以及为每个任务分配资源。

②便捷的 4D 进度模拟。根据任务分解关系，自动生成甘特图。可调整任务起止时间，然后据此自动生成 4D 施工过程动画。

③模拟设备运作过程。可轻松地定义机械设备的运作过程并生成动画。优化现场工程设备的使用效率，节省成本。

④施工资源优化。根据施工计划，统计设备、材料等各种资源的使用效率，避免现场窝工，造成浪费。

⑤极具真实性的人机模拟。可模拟现场人员的各种动作，如操作设备、现场安装等，以验证施工操作的可行性，确保人员安全，并优化工作效率。

⑥与 CATIA 无缝衔接，省去了数据转化工作及数据处理带来的数据损失，节约数据转换时间，也更便于跨部门间的沟通与协作。

尽管很多软件都可以进行一定程度上的施工仿真模拟，但真正能进行精细化仿真的软件并不多。我们可以把施工仿真分为不同的精细度，而企业可以根据项目中的具体情况提出不同的精细度仿真需求：简单的施工过程可能只需要做到工序级别，而复杂的施工过程可能需要工艺级别甚至人机交互级别的仿真。借助 DELMIA 平台，无论是工序级别的进度规划还是工艺级别的操作流程，都可以在虚拟环境下得以验证，如图 5-10 所示。

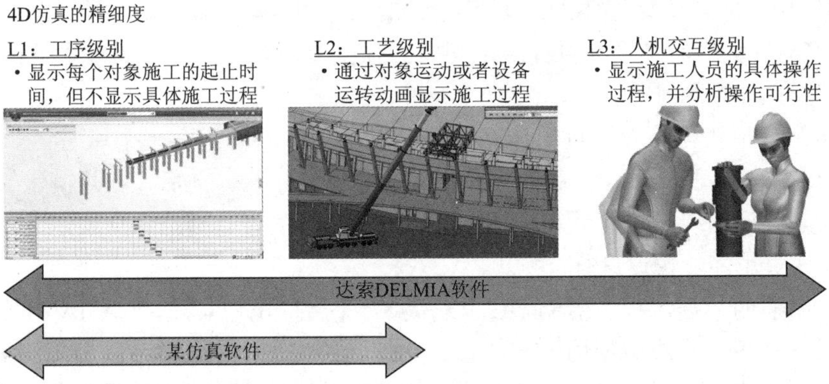

图 5-10　4D 仿真的精细度

在施工项目前期，可以先在系统中创建 WBS（工作分解结构）和进度计划，然后输出到 DELMIA，并与 CATIA 创建的 3D 模型结合起来，进行施工过程的 5D 仿真模拟，并据此来优化施工流程，不仅要考虑时间因素，同时也要考虑相关的设备、人力等资源及相应的成本。通过模拟和比较多种不同的施工方案，可以选择最优方案来提高效益，避免浪费和返工。可在确认最佳的施工流程方案后，再将其发布给团队成员。在施工过程中，还可以根据现场反馈记录实际进度，然后随之调整后续的工艺流程，然后再次到虚拟环境中进行验证和优化。3D 方式记录的工艺工法，可以作为企业的知识沉淀，在未来的项目中快速重用，如图 5-11 所示。

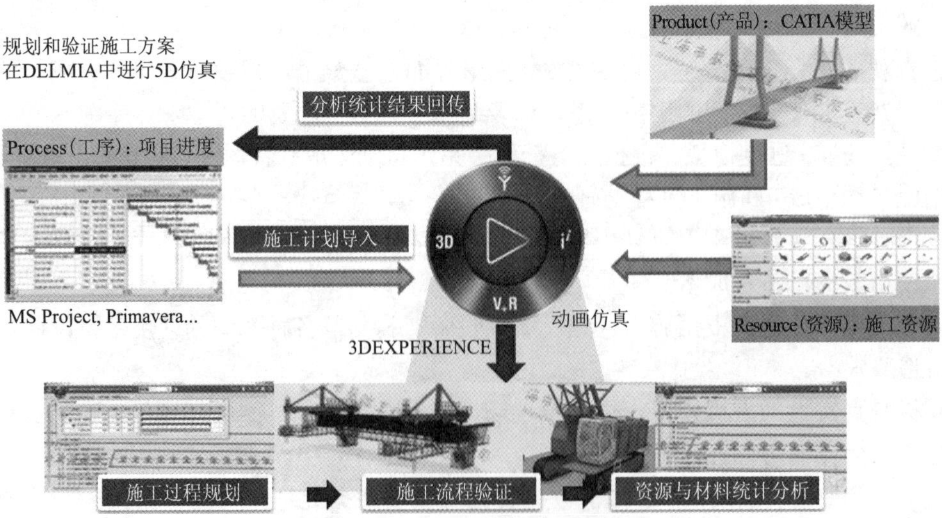

图 5-11　4D 规划和验证施工方案

在建筑工程行业，常用的 DELMIA 功能模块，见表 5-1。

DELMIA 功能模块　　表 5-1

模　块	功　能	图　示
施工进度规划（PPL/PPM）	通过可视化方式，把模型根据施工工序进行分解。定义各个工序结点的时间进度和资源，并生成甘特图和 4D 模拟动画	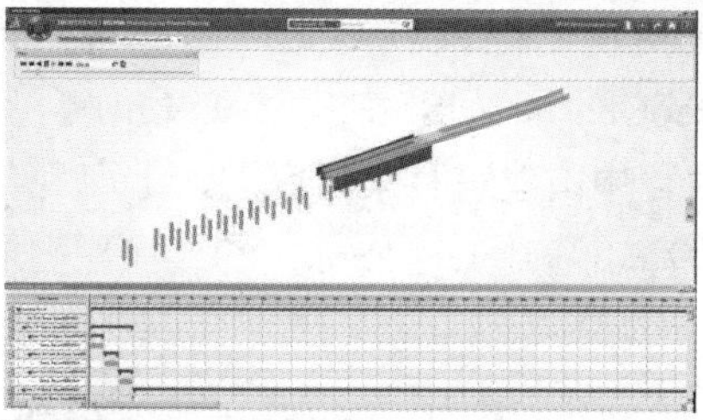
大型工程安装规划（MFM）	根据施工组织的需求，将设计模型的数据结构（EBOM）转化成施工数据结构（MBOM）	
施工工艺仿真（MAE）	可精确模拟 3D 对象的运动方式，从而进行精细化的施工工艺仿真分析	
机器人仿真（RTS）	使 3D 机械模型（如塔吊）能够自动进行运转，以模拟计划执行的活动，并分析运作过程。 提供上千种预定义的设备模型	
人机工程（EWK）	使用具有活动能力的人体模型模拟工人操作过程，如拾起物体、行走、操作设备等。用于评估人员操作效率和安全性	

（5）BIM 仿真分析（SIMULIA）

达索 SIMULIA 品牌（前身为 ABAQUS 公司）是世界知名的计算机仿真软件，创立于 1978 年，其主要业务是为世界上最著名的非线性有限元分析软件 Abaqus 进行开发、维护及售后服务。2005 年 5 月，前 ABAQUS 软件公司与达索系统合并，共同开发新一代的模拟真实世界的仿真技术平台 SIMULIA。

SIMULIA 不断吸取最新的分析理论和计算机技术，领导着全世界非线性有限元技术和仿真数据管理系统的发展。目前，产品线包括统一有限元技术（Unified FEA）、多物理场（Multiphysics）分析技术和仿真生命周期管理（Simulation Lifecycle Management）平台三部分内容，而旗下最知名的主要产品 Abaqus 是国际上最先进的大型通用非线性有限元分析软件，被全球工业界广泛接受，并拥有世界最大的非线性力学用户群。

Abaqus 软件以其强大的非线性分析功能以及解决复杂和深入的科学问题的能力，在结构工程领域得到广泛认可。土木领域是 Abaqus 软件的一个重要应用领域。目前 GeoConsult，ISMES，T. Y. Lin 等世界知名的工程企业都是 Abaqus 软件的重要用户。在国内，中国建筑科学研究院、上海现代建筑设计院、铁道科学研究院、中科院武汉岩土所、上海市基础工程公司、核二院等均采用 Abaqus 软件进行分析，如图 5-12 所示。

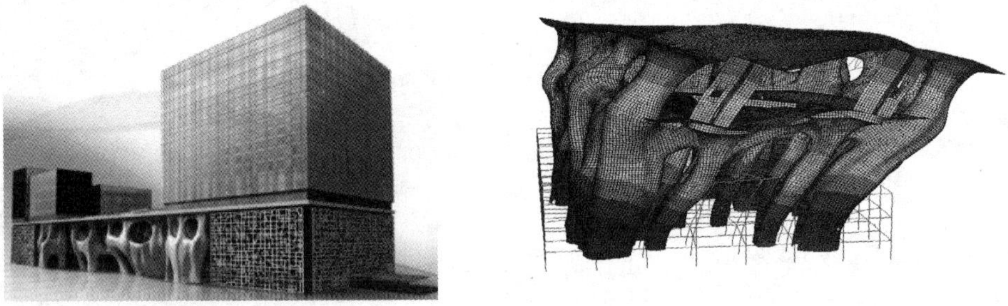

图 5-12　Abaqus 软件

4）Trimble（天宝）公司 BIM 软件

Trimble 公司成立于 1978 年，总部设在美国加利弗尼亚的森尼维耳市，是 GPS 技术开发和实际应用的行业领先企业。在 GPS 领域，Trimble 公司拥有五百多项专利，并以技术先进、产品耐用为产品特点。天宝的技术在导航、精确授时、无线网同步、高精度大地工程综合解决方案、精准农业等方面具有优势。

1998 年 6 月，Trimble 公司在北京成立了第一家代表处，直接为中国用户提供产品和服务。2005 年 9 月，Trimble 在中国上海成立亚太区培训、支援与服务中心，2007 年 8 月在上海市外的高桥保税区建设中国首家工厂。

近年来，Trimble 公司通过收购，整合了 Sketchup，Tekla Structures，Quickpen，Meridian，Vico 等建筑行业知名软件，建立了从设计、建造到运营的建筑全生命周期整体解决方案——Trimble Building。

（1）SketchUp

SketchUp 是一套直接面向设计方案创作过程的设计工具，其创作过程不仅能够充分表达设计师的思想，而且完全能够满足与客户即时交流的需要，它使得设计师可以直接在电脑上进行十分直观的构思，是三维建筑设计方案创作的优秀工具。

SketchUp 的主要特点包括以下几个方面。

①独特简洁的界面。可以让设计师在短期内掌握。

②适用范围广阔。可以应用在建筑、规划、园林、景观、室内以及工业设计等领域。

③方便的推拉功能。设计师通过一个图形就可以方便地生成 3D 几何体，无需进行复杂的三维建模。

④快速生成任何位置的剖面，使设计者清楚地了解建筑的内部结构；可以随意生成二维剖面图并快速导入 AutoCAD 进行处理。

⑤与 AutoCAD，Revit，3DSMAX，PIRANESI 等软件结合使用，快速导入和导出 DWG，DXF，JPG，3DS 格式文件，实现方案构思、效果图与施工图绘制的完美结合，同时提供与 AutoCAD 和 ArchiCAD 等设计工具的插件。

⑥自带大量门、窗、柱、家具等组件库和建筑肌理边线需要的材质库。

⑦轻松制作方案演示视频动画，全方位表达设计师的创作思路。

⑧具有草稿，线稿，透视，渲染等不同显示模式。

⑨准确定位阴影和日照。设计师可以根据建筑物所在地区和时间实时进行阴影和日照分析。

⑩简便地进行空间尺寸和文字的标注，并且标注部分始终面向设计者。

（2）Tekla Structures

Tekla Structures 是 Tekla 公司出品的钢结构详图设计软件。Tekla Structures 的功能包括 3D 实体结构模型与结构分析完全整合、3D 钢结构细部设计、3D 钢筋混凝土设计、专案管理、自动 Shop Drawing（施工图）、BOM（物料清单）表自动产生系统。

Tekla Structures 可以用任意材料来建想要的结构，还可以在一个模型里包含多种材料。Tekla 可以通过 Tekla Open API（应用程序编程接口）来和其他分析设计软件接口。另外，Tekla Structures 也可用格式传输形式来和分析设计软件连接。支持格式包括 SDNF，CIS/2 和 IFC。

Tekla Structures 和大多数主流的生产或计划及机械自动化系统都有整合，这些系统包括钢结构，混凝土构件和钢筋。生产信息可以从 Tekla 模型中自动传输到这些系统中，并让手工作业和错误最小化。图纸能从模型中精确导出，和模型一起更新。另外，可以使用模型来计算材料用量。

Tekla Structures 软件让信息有效地传递。建筑师、工程师和承包商可以共享及协调项目信息。Tekla Structures 和主要的 AEC，MEP 和工厂设计软件解决方案均有接口，并支持 DGN 和 DWG 格式。Tekla Structures 软件也和施工管理行业有联系。这个开放的解决方案可以更好的布置协调和结构信息来支持现场施工。用户可以得到更高的生产率和更少的失误。

Tekla Structures 也和项目管理应用有接口，可以进一步帮助用户来理解和具体化项目信息真正的范围，包括工作计划、材料分类、支付需求和其他项目伙伴创建的对象。另外，将项目管理信息中的重要节点具化成智能的项目对象信息可以让用户有机会创建项目状态一览表。

Tekla Structures 主要优点包括以下几个方面。

①通过开放 BIM 方法进行协作和整合。

②为所有材料建模。

③处理最大、最复杂的结构。

④创建易于施工的精确模型。

⑤让信息从设计和美化流向施工现场。

5）广联达造价管理软件

广联达软件股份有限公司（简称广联达）于 1998 年在北京海淀区成立，是以为国内建设工程领域提供信息化服务的高科技企业，于 2010 年 5 月在深圳中小企业板上市。广联达软件股份有限公司立足工程建设领域，围绕工程项目的全生命周期，为客户提供以工程造价为核心，以工程项目（综合）管理为主体的软件产品和企业信息化整体解决方案。经过十多年的发展，广联达产品从单一的预算软件发展到工程造价、工程施工、企业管理、工程采购、工程教育、电子政务与互联网等七大类、三十余种，并被应用于房屋建筑、工业与基础设施等三大行业，在建设方、设计院、中介公司、建材厂商、施工单位、物业公司、专业院校及政府部门八类客户中得到不同程度的应用。

广联达的建筑软件整体解决方案，是由工程量软件和钢筋统计软件计算出工程量，通过数字网站询价，然后再用清单计价软件进行组价的，所有的历史工程都通过企业定额生成系统形成企业定额。

广联达钢筋算量软件基于国家规范和平法标准图集，采用三维绘图及 CAD 图纸识别建立三维模型，整体考虑构件之间的扣减关系，辅助以表格输入，解决了造价人员在招 / 投标、施工和竣工结算阶段的钢筋工程量计算难题，替代客户手工钢筋预算，解决客户手工预算时遇到的“平法规则不熟悉、时间紧、易出错、效率低、变更多、统计繁”的问题。

广联达软件的特点包括以下几个方面。

①计价方式全面多样，包含清单与定额两种计价方式，并提供“清单计价转定额计价”功能，满足不同工程的计价要求；产品覆盖全国三十多个省市的定额，并可以支持不同时期、不同专业的定额库。

②组价快速、调价方便。“清单指引查询”实现清单子目的同时输入、快速组价；“统一设置安装费用”功能，自动根据用户输入的子目，计取对应的安装费用；提供“工程造价调整”“统一调整人材机单价”功能，一次性调整单位工程造价或整个项目的投标报价。

“统一调整报表方案”功能，可以把本单位工程的报表格式快速复制给其他单位工程，实现快速调整报表格式；软件可以批量打印报表，并可以设置报表打印范围，以方便地打印所需要的报表，同时随着打印设备的不断更新，伴随打印机性能的提高实现了双面打印的全面支持。

③招标更便捷。项目的三级管理，可全面处理一个工程项目的所有专业工程数据，可自由导入、导出专业工程数据，方便多人分工协助，合并工程数据，使工程数据的管理更加方便灵活。

清单变更管理可对生成的招标文件进行版本管理，自动记录生成招标文件不同版本之间的变更情况；可输出变更差异结果，生成变更说明。

通过检查招标清单可能存在的漏项、错项、不完整项，帮助用户检查清单编制的完整性和错误，避免招标清单因疏漏而重新修改。

④投标更安全。投标文件自检功能，可自动检查投标文件数据计算的有效性，检查是否存在应该报价而没有报价的项目，减少投标文件的错误；快速实现数据验证和错误修改，保障投标报价快速准确。

6）鲁班造价管理软件

鲁班软件（集团）于 1999 年在上海张江软件园创建，聚焦企业级工程基础数据整体解决方案。鲁班软件已成长为拥有工程咨询服务（鲁班咨询）、基础数据解决方案（BIM、量、价、企业定额、全过程造价管理）、支撑体系（鲁班大学、鲁班测量、鲁班传媒）的工程基础数据的解决方案供应商。

鲁班软件总体是一款专业算量软件，可以计算小区内建筑物外的所有构件，可以充分考虑各个专业的数据模式和特点，涵盖范围从场地平整、道路、绿化，一直到水电安装。内置的计算规则可以根据实际进行修改，自动生成工程量。

鲁班软件的特点包括以下几个方面。

①基于 AutoCAD 图形平台，建模方式智能化。通过较少的操作实现更多功能；产品简单、易用，用户无须太多时间即可学会操作。

②直接转化 CAD 图形文件。可以智能转化植物、草坪、各类道路、各类井，转化设备、电气系统图、电气管线、室外管网。

③有关土方工程量计算的多种测量数据，可直接导入；各种离散点和等高线地形图处理简单，土方工程量计算准确。

④三维显示效果形象逼真。软件内置上百种构件三维图形，可以形象逼真地模拟实际情况。

⑤报表功能丰富。计算结果可以采用图形和表格两种方式输出。既可以分门别类地输出与施工图相同的工程量标注图，用于工程量核对、指导生产和绘制竣工图，也可以输出清单工程量表、定额工程量表、实物量表等。

⑥数据结果开放。数据结果可输出到 Excel，并对所有套价软件开放接口。

7）清华 4D-BIM 管理软件

清华大学土木工程系是国内最早开展土木工程信息和 BIM 研究的单位之一，参与了国家工程标准《建筑工程信息模型应用统一标准》《建筑工程信息模型存储标准》等 BIM 标准的编制，完成了包括国家“十五”“十一五”、863、国家自然科学基金、大型典型工程等几十项 BIM 科研和应用项目。

清华大学将 BIM 与 4D 技术有机结合，研发了“基于 BIM 的工程项目 4D 施工动态管理系统”（简称“4D-BIM 系统”）。4D-BIM 基于 IFC 标准，通过数据交换与集成技术，将建筑物及施工现场的 3D 模型与施工进度、资源、安全、质量、成本以及场地布置等施工信息相集成，建立基于 IFC 标准的 4D-BIM 系统，实现了对施工进度、施工资源及成本、施工安全与质量、施工场地及设施的 4D 集成管理、实时控制和动态模拟。4D-BIM 系统在 2008 年北京奥运会国家体育场、青岛海湾大桥、广州珠江新城西塔、上海国际金融中心、昆明新机场设备安装、北京宜家购物中心、邢汾高速公路等项目得到应用。

4D-BIM 的主要功能包括以下内容。

①工程项目创建与应用流程定制。4D-BIM 系统提供了建筑、桥梁、公路、地铁等工程项目的创建和管理，可面向建设方、施工总承包、施工项目部等不同应用主体。其针对工程特点和管理需求，对系统应用流程、用户界面、数据库及功能组织进行灵活的定制，并为应用主体的各职能部门和参与方提供不同的用户权限配置和管理。系统采用数据控制机制，实现了用户权限判断、数据保护、多用户操作以及版本对比及更新等功能，以避免多用户对数据修改的冲突，保证数据的唯一性和完整性。

②设计 BIM 建模与共享。4D-BIM 系统采用自主研发的 BIM 数据集成与交换引擎，支持开放的 BIM 建模和共享。通过 IFC 格式模型解析和非 IFC 格式建筑信息转化，可直接导入 Revit，ArchiCAD，Tekla，CATIA 等商业软件建立的 BIM 模型，或导入 AutoCA，3DSMAX 等其他 CAD 或图形系统建立的 3D 模型，也可采用自主研发的面向工程设计与施工的 BIM 建模系统 BIMMS，直接创建 BIM 模型。

③施工 4D-BIM 建模。4D-BIM 系统提供了以 WBS 为核心的施工 4D-BIM 建模方法和工具。可支持 4D-BIM 系统与 Project 的双向数据交换，通过建立设计 BIM 与施工进度的动态链接和信息关联，实现资源、成本、质量、安全等施工信息的集成，形成施工 4D-BIM 模型。

④4D 施工进度管理。基于所创建的 4D-BIM 施工模型，项目各参与方可进行日常的 4D 进度动态管理和实时控制，包括：实施方案比选、施工进度的 4D 显示、施工进度控制、进度追踪分析、关键线路分析、前置任务分析、进度滞后分析、进度冲突分析，以及导出 4D 进度状态。

⑤施工信息动态查询与管理。4D-BIM 系统提供了丰富的施工信息查询与管理功能，其中包括施工对象选取和查看、多条件施工段查询、施工状态查询、施工信息查询。

⑥4D 施工过程及工艺模拟。通过设置模拟日期、时间间隔、状态、速度及方式等参数，对整个工程或选定 WBS 节点进行 4D 施工过程模拟，可以天、周、月为时间间隔，按照时间的正序或逆序模拟，也可以按计划进度或实际进度模拟。利用施工工艺数据，也可动态模拟复杂节点的施工工艺和工序。

⑦4D 工程算量。相对施工计划进度和实际进度，可自动计算整个工程、任意 WBS 节点、施工段或构件的工程量，并以统计报表和柱状图的形式提供工程量完成情况的实时查询、统计及分析，自动生成工程量表。其中，查询统计包括单位时间的工程量以及指定时间段内的累计工程量，时间单位可以设置为天、周或月。当设计变更引起的 BIM 模型修改或进度计划发生变化，系统将自动更新工程算量。

⑧4D 动态资源与成本管理。可通过设置计价清单和多套定额的资源模板，将 WBS 任务节点及工序与计价清单、预算定额相关联。可根据工程算量、相对施工计划进度和实际进度自动计算整个工程、任意 WBS 节点、施工段或构件在指定时间段内的人力、材料、机械计划用量和实际消耗量，相应的人力、材料、机械以及总的预算成本和实际成本，使并以统计报表和柱状图的形式提供资源计划与实际消耗、计划成本与实际成本的实时查询、统计及分析，自动生成资源用量表和成本统计表。当设计变更引起的 BIM 模型修改或进度计划发生变化，系统将自动更新施工资源计划用量和预算成本，资源需求和工程成本始终对应施工进度，面向任意 WBS 任务、施工段甚至某一构件，实现了基于 BIM 的 4D 动态资源与成本管理。

⑨4D 施工安全分析与质量管理。基于 4D-BIM 施工模型，项目各参与方可进行施工安全分析与管理，其中包括 4D 时变结构和支撑体系的安全分析、施工安全检查电子评分等。4D 施工质量管理是针对项目质检管理需求，建立 BIM 工程构件与质量信息的关联集成机制，可录入各类工程、任意 WBS 节点、3D 施工段或构件的各种质量检查信息，并能实时查询、统计、分析这些工程质检信息，自动生成质检报表。

⑩4D 施工场地管理。系统提供的 DXF 等格式数据接口，可导入 CAD 软件建立的场地布置图，进行场地平面管理，为场地设施布置提供相应的参考。利用一系列工具还可进行各施工阶段的场地布置，包括施工红线、围墙、道路、现有建筑物和临时房屋、材料堆放、加工场地、施工设备等场地设施。所建立的 3D 施工现场设备和设施模型，通过与施工进度相链接，形成 4D 场地布置模型，使场地布置与施工进度相对应，形成 4D 动态的现场管理。

⑪碰撞检测与分析。4D-BIM 提供了工程构件和施工现场碰撞检测分析，实现了工程构件间、构件与设备管线间的碰撞检测，检测结果将以列表的形式显示出来。点击列表中的对象，可在图形平台中详细查看碰撞情况。通过构建施工现场 4D 时变空间模型和相应的碰撞检测算法，可实时、动态地对场地设施之间、场地设施和主体结构之间可能发生的物理碰撞进行检测和分析，并对施工现场进行合理规划和实时调整，以满足施工需求。

⑫施工资料管理。可将施工图、施工方案、设备说明、操作流程等施工资料与任务节点或构件关联，实现施工资料的有序存储和快速查询。施工资料可以是文档、图形、图像、视频等多种形式。

第二节　运营期资产管理信息化解决方案

前一章主要讲述了工程建设期资产管理信息化实践，主要涵盖规划、设计、采购、安装、验收等阶段的资产管理信息化实践。工程建设期资产管理信息化实践对资产源头、建造及形成过程进行了统一管理，也将后续运营所需的管理要求进行前置，从而为后续运营期资产管理奠定了基础。城市轨道交通也在经过规划、设计、采购、安装验收后进入正式运营阶段。城市轨道交通运营期资产管理信息化实践主要包括设备资产管理维护信息化以及运营物资管理信息化两项主要工作，接下来将在本章第二节和第三节进行详细介绍。

形成设备资产后，城市轨道交通企业将形成数万乃至数十万计的设备资产数量，如何通过信息化对巨量的设备资产的维护维修全过程进行精细化管理，是设备运营期资产管理信息化实践的核心内容。以下将对设备运营期资产管理内容、设备运营期资产管控重点、设备运营期资产信息化方案以及预期效益及主流软件产品进行一一介绍。

一、设备运营期资产管理信息化

1. 设备运营期资产管理的内容

1）运营期设备资产的来源

城市轨道交通企业的设备资产主要有三个来源，即新线建设移交、运营期采购和自行建造，其中大部分是新线建设移交。城市轨道交通企业的固资资产在运营期一般分为办公类资产（办公家具电器、办公电脑等）和生产类资产（与城市轨道交通运行、乘客服务相关的设备设施）。由于绝大部分是生产类的设备设施，因此本节将重点介绍设备设施类资产的管理。

2）设备资产管理范围和分类

运营期设备设施管理范围主要包括：车辆设备；车站机电类设备（如风、水、电、扶梯、屏蔽门等）；供电类设备（如中高压系统、接触网、接触轨等）；工务建筑类设备（如轨道线路、房屋建筑、桥梁、隧道等）；通号类设备（通信、信号系统软硬件设备）、自动化类设备（如火灾监控系统、车站设备监控系统、AFC系统、门禁系统、乘客信息显示系统、电力监控系统、主控系统等）。各城市轨道交通企业对设备的维修管理基本包括以上六类系统设备。

（1）车辆设备

城市轨道交通列车有A、B、C、L几种车型，A、B、C型车主要是车体宽度不同，而L型车主要是使用直线电机。

（2）车站机电类设备

车站机电类设备设施包括环控系统、给排水系统、低压配电及照明系统、屏蔽门系统、电扶梯系统五个部分。

①环控系统。城市轨道交通地下环境的空气质量与地面其他场所的质量与地面相差较大。一方面比较封闭，且湿度大；另一方面，该环境有多种发热源，如人体散热、站设备散热、列车散热、外界空气带入焓热等，在降温的同时也需要采取排热手段，同时送新风空气。这样，为乘客和工作人员创造一个舒适的环境、保证设备的正常运行，环境控制系统就显得非常必要。

环控系统由环控水系统、环控风系统两大类设备组成。其中环控水系统根据供冷的方式不同，分为独立供冷和集中供冷。主要设备包括冷水机组、冷冻水泵、冷却水泵、管路等。环控风系统根据用途不同，分为隧道通风系统、车站公共区的制冷空调及通风（兼排烟）系统（简称大系统）、车站管理及设备用房空调通风（兼排烟）系统（简称小系统）。主要设备包括隧道风机、推力风机、射流风机、轨道排风机、组合式空调机组、回排风机、新风机、排烟风机、各种风阀、防火阀、消声器和风道等。

②给排水系统。给排水系统的功能是满足车站及车辆段生产、生活和消防用水水量、水质、和水压的要求，保证车站和车辆段排水畅通，为轨道交通安全运营提供服务，同时对车辆段内的生活污水和生产污水进行收集和处理，达到排放标准。

给排水系统根据地域不同划分为车站给排水系统和车辆段给排水系统，各由给水系统和排水系统组成。其中给水系统分为生活、生产给水系统和消防给排水系统，主要设备包括水池、水泵、水塔（水箱）、气压罐、管道、阀门、消防水泵、消防栓、水流指示器等。排水系统分为污水系统和废水系统，主要设备包括集水井、潜污泵、化粪池、压力井、排水检查井、管道及附件等。

③低压配电及照明系统。低压配电及照明系统范围为车站低压所变压器后的照明设备、设施及线路，并对车站的动力设备提供可靠的电源。

低压配电及照明系统可分为照明和低压配电两个部分，照明系统按功能分为一般照明、节电照明、事故照明、广告照明，分布在车站的每个角落，如站厅层、站台层公共区、设备管理用房、出入口、区间隧道等。低压配电系统采用380 V三相五线制、220 V单相三线制方式供电，对车站的环控、排水、消防、电梯、自动售检票系统、通信、信号等系统动力设备供配电。

④屏蔽门系统（PSD）。屏蔽门系统安装于城市轨道交通沿线车站站台边缘，用以提高运营安全系数、改善乘客候车环境、节约运营成本。

屏蔽门系统由机械和电气两部分构成，机械部分包括门体结构和门机传动系统，电气部分包括供电和控制系统。门体结构由承重结构、门槛、顶箱、滑动门、固定门、应急门和端门组成。门机传动系统主要由驱动装置、传动装置、锁定装置及解锁装置、门控单元（DCU）组成。屏蔽门控制系统由以下几个主要部分构成：中央接口盘（PSC）、就地控制盘（PSL）、门控单元（DCU）组、通信介质及通信接口等设备。

⑤电、扶梯系统。电、扶梯系统由电梯、自动扶梯及楼梯升降机组成。车站可根据预期客流量配备自动扶梯。为保证残疾人乘客的正常出行，车站内还设置了残疾人电梯、楼梯升降机以满足特殊人群的需要。

（3）供电类设备设施

城市轨道交通供电类设备设施主要分为：变电设备设施和接触网设备设施。

①变电设备设施。变电设备设施是指城市轨道交通行业所属工作范围内的交流高、中、低压供电设备及直流牵引供电设备。变电设备主要包括变压器设备，交流、高、中、低压开关柜设备，直流牵引设备，电力电缆，电力监控系统，交、直流电源系统等。

②接触网设备。接触网设备设施是指沿轨道线路架设，向电客车供给电能的特殊形式的输电线路。主要分为柔性接触网、刚性接触网、接触轨三类。

柔性接触网主要包括接触线、承力索、补偿装置、辅助馈线、支柱、定位支撑装置等；刚性接触网主要包括架空刚性汇流排、接触线、支持定位装置、绝缘部件及架空地线等；接触轨系统主要包括钢铝复合轨及附件、端部弯头、膨胀接头、绝缘支架、防爬器（中心锚结）、接地扁铜（铝）等部分。

柔性接触网和刚性接触网架设在轨道线路上方，列车通过受电弓与接触线接触获得电力。接触轨系统安装在走行轨旁，列车即通过其集电靴与接触轨钢带表面接触而获得电力。

（4）工务建筑类

城市轨道交通工务建筑类设备设施主要分为线路设备设施与房建设备设施两类。

①线路设备设施。线路设备范围包括路基、普通碎石道床、整体道床及两侧排水沟、浮置板道床、轨枕、钢轨、连接零件、轨道加强设备、线路、道岔、无缝线路、道口、车挡、护轮轨及线路行车标志设备。主要设备包括线路、道岔、路基、道床、连接零件及轨道加强设备、感应板等。

②房建设备设施。范围包括各线路的车站、车辆段、运行控制中心（OCC）大楼等生产用房，沿线车站建筑物、隧道、土建结构等房建、土建设备设施等。主要设备包括建筑物、隧道结构、建筑装饰等。

（5）通号类设备

通号类设备设施主要分为通信设备设施与信号设备设施两类。

①通信设备设施。通信设备设施范围包括公务电话系统设备、调度电话系统设备、站内及轨旁电话系统设备、无线系统设备、传输网络系统设备、集中告警系统设备、广播系统设备、时钟系统设备、闭路电视系统设备、不间断电源系统设备。主要设备包括电话、

电台、广播、时钟、闭路电视和不间断电源。

②信号设备设施。信号设备设施范围包括信号装置、联锁装置、闭塞装置等。主要设备包括信号机、转辙机及锁闭设备、列车检测设备、联锁系统、微机监测、车地通信设备、ATP（列车自动防护）系统、ATO（列车自动运行）系统、ATS（列车自动监控）系统信号专用传输网络、UPS及蓄电池、电源配电柜、信号光和电缆。

（6）自动化类设备

①火灾监控系统。防灾报警系统分布在站厅、站台、一般设备用房和管理用房等位置，能监视车站消防设备的运行状态、接收车站火灾探测器、手动报警按钮等现场设备的报警信号并显示报警位置。可优先接收控制中心发出的消防救灾指令和安全疏散命令，并能在火灾时，发出模式指令使机电设备监控系统运行转入火灾模式，实现消防联动。同时，可通过事故广播系统和闭路电视系统组织疏散乘客，对气体灭火系统保护区域进行火灾监视，达到及早发现火灾，通报并发送火灾联动指令的作用。

防灾报警系统由中央级设备、车站级设备及将其联系起来的通信网络组成。

②机电设备监控系统（EMCS）。机电设备监控系统对车站的通风空调系统设备、给排水设备、自动扶梯、照明设备、导向标志、车站事故照明电源等车站设备可进行全面、有效的自动化监控及管理，提供一个舒适的乘车环境，确保设备处于安全、可靠、高效、节能的最佳运行状态，并能在火灾等灾害或阻塞状态下，更好地协调车站设备的运行，保证乘客的安全和设备的正常运行。

车站级EMCS由车站EMCS局域网、网络设备、维修工作站、ECS（车站环境控制）和BS（建筑控制）等子系统构成。EMCS设备包括AB PLC控制器、总线网络控制模块、以太网网络控制模块、电源模块、数字输出模块、数字输入模块、模拟输入模块、模拟输出模块、不间断电源（UPS）、交换机、光电转换器、电动二通阀、压力传感器、压差传感器、温度传感器、液位传感器、流量传感器、维修工作站、上位机监控软件、下位机监控软件等。

③自动气体灭火系统。自动气体灭火系统能实现火灾信号采集、系统信息处理、声光报警控制、信息报告、相关环控设备联动控制和气体释放全过程的自动控制。其控制方式一般有自动控制、电气式的手动控制和机械操作控制等三种。自动气体灭火系统布置在重要的设备房，如高低压室、通信设备室、信号设备室、环控电控室等。

自动气体灭火系统可分成药剂储存和喷放设备、报警和控制设备两大部分。药剂储存和喷放设备主要包括钢瓶、钢瓶固定支架、瓶头阀启动器、瓶头阀手动启动器、高压软管、气动软管、止回阀、减压装置、区域选择阀、输气管道、喷嘴、喷嘴挡流罩等。报警和控制设备主要包括火灾探测器、控制盘、手拉启动器、紧急止喷按钮、手动/自动选择开关、警铃、蜂鸣器和闪灯、气体释放指示灯、压力开关等。

（7）AFC系统

①CC。CC是Center Computer的缩写，指中央计算机，中央计算机为城市轨道交通自动售检票系统核心系统，其能对城市轨道交通自动售检票系统内的所有设备实施监控；能对系统运作、收益及设备维护进行集中管理；能实现系统数据的集中采集、统计及管理功能。

②系统工作站。系统工作站根据与中央计算机的连接方式可分为本地工作站与远程工

作站。各工作站有独立的功能，向操作员提供其管理、监控中央计算机的人机见面及监控系统的安全状况。

③E/S。E/S（Encoder/Sorter）是指编码/分拣机，安装在城市轨道交通的制票中心，由地铁票务工作人员操作。编码/分拣机对在地铁使用的车票进行初始化处理和编码、赋值。

④SC。SC是Station Computer的缩写，指车站计算机。负责管理、监控本车站的AFC站级设备，同时担负向CC上传交易数据、向本站站级设备下载命令、参数等任务。

⑤TVM。TVM是Ticket Vengding Machine的缩写，指自动售票机。自动售票机安装在非付费区，用于发售代币式单程票。能用现金对城市轨道交通储值票及“一卡通”车票进行充值；配有触摸板以及乘客显示屏，上面配有地铁线路图以及设备使用指南。能发售的票种由中央计算机下载参数设置；车票的票值将根据旅程距离、时间和类型决定，并由中央计算机下载参数控制。

⑥AGM。AGM是Automatic Gate Machine的缩写，指闸机。闸机是用来分隔车站站厅付费区与非付费区的设备。在乘客进入或离开付费区时，闸机将对乘客的车票有效性进行检测。持有效车票的乘客可正常通过，持无效车票的乘客将被引导到票房。通过闸机进入非付费区时，单程票由闸机回收，储值票将扣除当次乘坐车费。

⑦BOM。BOM是Booking Office Machine的缩写，指半自动售票机（或票房售票机）。半自动售票机安装在车站的票务处及售票处，由车站工作人员操作，能对公交及城市轨道交通专用车票进行处理。车站工作人员通过半自动售票机对车票进行分析、发售、无效更新、充值、替换、退款、交易查询及收款记录等处理。半自动售票机在完成车票处理及操作员班次结束后，可根据运行需要打印相应的收据及班次报告。

⑧TCM。TCM是Ticket Checking Machine的缩写，指自动验票机，提供乘客对车票的查询功能，当乘客把车票放在验卡区，验票机的显示屏上会自动显示车票的类型、余额及交易历史记录。

（8）门禁系统

①中央级门禁系统。中央级门禁系统主要由中央服务器、中央授权制卡终端组成。

②中央服务器。中央服务器是门禁系统中央集中部分，能实现对各车站系统内的所有门禁客户端的监控，具有系统运作、授权、设备监测与控制、网络管理、数据库管理、维修管理及系统数据的集中采集、统计、保存、查询等功能。

③授权工作站。授权工作站可实现门禁卡（城市轨道交通员工票）的授权以及资料的录入等。

④车站级门禁管理系统。车站级门禁管理系统由车站服务器、系统控制器、现场控制器、读卡器、电子锁和开门按钮等组成。

⑤车站服务器。车站级服务器应能接收中央级管理工作站系统下达的系统参数，同时将参数下达到相关门禁终端。可以监控本车站门禁设备的运行状态，在门禁控制器状态变化时能自动接收其状态数据，保存所有接收的设备状态变化数据，自动查询门禁设备的状态数据。当门禁设备出现状态变化或故障时，动态图标能够以颜色改变方式在屏

幕上准确、实时地显示。可根据状态或故障等级不同而显示不同颜色，发出声音并给出报警信号。

⑥系统控制器。中央级门禁管理服务器通过网络 TCP/IP 协议对系统控制器进行统一管理，从而实现数据交换和数据处理。系统控制器驱动八条 RS-485 总线，使所有的就地控制器根据地址接入 RS-485 总线。系统控制器具有控制设备联动、操作优先次序、实现时间表操作和实现模式控制等功能，并能对设备进行有秩序的监控，具有广泛的门禁管理功能。当通信网络发生故障，系统控制器能在网络通信恢复后，即时自动连接上通信网络，同时程序和内存还具有断电自保持功能。

⑦现场控制器。现场地控制器读取门禁卡的授权信息后，在线模式下将信息上传到系统控制器，接收系统控制器的指令；离线模式下则根据所保存的安全参数进行分析，在与现场控制器的通信中断情况下，自动转为离线模式工作，并自动继续保留门禁各种信息，在离线后重新在线时，离线的信息可以重新上传到系统控制器。

⑧读卡器。读卡器可读取符合标准的非接触式 IC 卡的信息，把读到的信息反馈给现场控制器。

⑨电子锁。电子锁采用电插锁、磁力锁，在接受到现场控制器的控制信号时进行解锁和闭锁。

⑩开门按钮。开门按钮出门时对门禁进行解锁。

（9）乘客信息显示系统

城市轨道交通乘客信息显示系统是实现以人为本、进一步提城市轨道交通乘客服务质量、加快各种信息（乘客行车、安防反恐、运营紧急救灾、地铁公益广告、天气预报、新闻、交通信息）传递及进行列车视频监控的重要设备。监视设备包括交换机、服务器、磁盘柜、工作站、车站 PDP（等离子显示板）播放控制器、车站 LED（发光二极管）播放控制器、车站 PDP 墙屏播放控制器、PDP 屏、LED 屏、车载 LCD（液晶显示器）播放控制器和车载控制器。

（10）电力监控系统

城市轨道交通电力监控系统（SCADA 系统）通常由控制中心主站调度主站系统，变电站综合自动化系统和所间通信通道三部分构成。其中控制中心调度主站系统通过通信专业提供的通信通道与变电所主控单元进行信息交换；变电站综合自动化系统通过所内通信网与所内 IED（智能电子设备）装置通信，通过通信通道与调度主站进行通信，变电站综合自动化系统由站控主单元和所内通信网及其他厂家 IED 装置组成。

（11）主控系统

主控系统互联了变电站自动化系统（PSCADA）、机电设备监控系统（EMCS）、火灾报警系统（FAS）、屏蔽门（PSD）、防淹门（FG）、信号系统（SIG）、闭路电视系统（CCTV）、广播系统（PA）、车载信息系统（TIS）、车站信息系统（SIS）、自动售检票系统（AFC）、时钟系统（CLK）等多个专业子系统。主控系统通过集成和互联，不仅能提供全部各子系统的统一信息平台，实现通用化 / 标准化的操作员人机界面，还能可靠地实现跨专业的各子系统间的联动功能。主控系统将为城市轨道交通运营提供全面的系统信息，有助于提高轨道交通企业的综合运营水平和应急处理能力，避免误操作的可能性，减小劳动强度和改进各专业之间的协调，有效降低系统维护成本。主控集成系统主要包括服务器、交换机、操作员工作站、UPS（不间断电源系统）、IBP（综合后备操作盘）、FEP（前端处理器）、OPS（大屏幕投影系统）等设备。

3）资产实物管理内容

根据固定资产管理要求，对于属于固定资产的设备设施，需要进行资产实物管理，由资产管理部门和使用部门负责，管理内容侧重资产实物日常信息的管理，并与资产财务信息联动管理。资产实物管理主要包括新线实物资产移交、资产分类与编码、资产台账、资产验收与移交管理、设备封存管理、调拨管理、借用租赁管理、备件管理、报废管理、资产清查管理、固定资产管理评价指标、档案资料管理等。

4）设备维修管理内容

设备设施维修管理是指对设备设施使用、保养、维修、技术改造等。目的是通过合理的计划、规范的施工、科学的管理及必要的过程和事后检测，使设备设施的使用、保养、维修、技术改造等工作在时间、空间及物资使用上得到合理的安排，以提高设备的使用率及安全系数、员工的工作效率及检修质量，减少不必要劳动力、时间及物资的消耗，提高企业的整体工作效率，实现轨道交通运输的安全、高效、节能，同时缩减维修成本，实现企业利润最大化。

城市轨道交通设备维修运用了设备全寿命周期管理的模式，全程监控设备维护的整个过程，包括设备的规划、设计、制造、购置、使用、修理、直至报废。城市轨道交通设备设施维修管理的内容包括设备设施管理及维修管理两部分。

设备设施管理以资产设备为主要管理对象，内容涵盖设备的规划、设计、制造、购置、使用、修理，直至报废。

维修管理以设备设施使用、保养、维修、技术改造等业务的计划、实施过程及事后检查为主要管理对象，建立以维修工单为核心的计划、执行和分析管理制度，对设备设施的维修工作进行科学和有效的管理。主要内容包括以下几个方面。

（1）维修策略

设备设施维修策略有定期检修、状态检修、缺陷管理、技术改造、故障检修和停机大修等各种维护策略，受目前维修技术及经验制约，传统设备维修方式以预防性维护及故障修为主，但为了最大限度地降低维修成本，保持良好的设备性能，维修方式须不断向状态修维修方式过渡。

①预防性维护。预防性维护是指对设备进行周期性的检修，如按照不同设备和不同使用周期安排的大修、中修和小修。一般情况下，设备一出厂，其维修周期基本上就确定下来，这种模式的优点是可以减少非计划（故障）停机，将潜在故障消灭在萌芽状态，缺点是维修的经济性和设备基础保养考虑不够。由于计划固定，较少考虑设备使用实际、负荷情况，容易产生维修过剩或维修不足。

②状态检修。状态检修是以状态为基础的维修体制，是相对故障检修和以时间为基础的预防维修而提出的。其定义是指在设备出现了明显的劣化后实施的维修策略，而状态的劣化是由被监测机器状态参数的变化反映出来的。状态检修要求对设备进行各种参数测量，

随时反映设备实际状态，测量的参数可以在足够的提前期间发出警报，以便采取适当的维修措施。这种预防维修方式的维修作业一般没有固定的间隔期，维修技术人员可根据监测数据的变化趋势做出判断，再确定设备的维修计划。

在状态检修体制中，对每一台设备都应有一套监测或状态检查方法。检查可以是定期的，也可以是连续的。检查手段可以是多种多样的，只有数据表明必须进行维修时才安排维修，而且，由于故障状态是可以预知的，维修是周密计划和有准备的，因此可以大大提高维修效率，减少维修停机时间。状态维修是随着故障诊断技术的进步而发展起来的。如果检查手段落后，设备的劣化不能及时、准确地诊断，也就无法进行有效的状态维修。

③故障检修。故障检修是指在故障或缺陷发生后有针对性开展的一系列故障或缺陷检查修复活动。目前，定期检修和故障检修占了较大的比例，随着现代化故障诊断技术的不断进步、检测仪器及检测分析软件技术的普及，相信状态修在整个城市轨道交通检修中所占的份量会越来越重。

④部件修。部件修是指对组成设备的各个可拆部分进行一系列维修管理的相关工作，是与设备整体维修管理相对应的一种维修方式。可针对不同种类的部件进行不同的维修管理。

⑤车辆架大修。车辆架大修不同于其他检修，其组织模式更类似于工厂化的生产过程，每辆车的架大修都以项目形式管理，包括立项、制订计划、物资采购、生产组织、调试验收等。

（2）过程及事后检查的管理

设备设施使用、保养、维修、技术改造业务的实施过程及事后的检测管理是城市轨道交通设备设施维修管理的主要内容之一，主要包括以下内容。

①对检修作业执行情况进行检查和统计，对作业过程中的各个关键环节进行监督、检查、调节和校正以及在各作业部门间进行协调。

②进行施工作业管理。

③进行设备接口管理。

④进行设备设施故障处理的接收和通报；组织故障处理，指挥抢修。

⑤进行设备设施故障处理过程的协调、指挥及处理结果的跟踪工作。

⑥检查故障处理情况、督促设备部门进行故障处理。

⑦进行故障信息的汇总、统计、分析工作。

5）设备维修管理的组织模式

维修管理模式通常有自主维修和委外维修两种方式。各城市的轨道交通单位应根据自身的经营管理模式选用适合自己企业的维修模式。

刚开始运营的线路，除国家相关法规规定必须满足相应资质要求的一些特种设备，采用直接委外维修保养（如电梯及消防类设备），其余一般由自己承担巡检、维修保养工作。实践证明，实施自主维修和委外维修都具有操作性，国内北京、上海、广州、深圳等城市轨道交通单位都以自主维修为主，从而培养出一支维修能力很高的专业化队伍。但同时这些单位也将一些线路或系统进行委外维修。对于有丰富的运营经验，且已拥有了自主维修能力的单位，从市场以及综合成本考虑，本着有所为有所不为的思路，可考虑将一些社会化比较成熟的系统委外维修。

2. 设备运营期资产管控重点

（1）资产实物管理管控重点

固定资产实物的管控重点在固定资产定号、保管定人、建立固定资产实物管理台账。固定资产实物、固定资产实物管理台账、固定资产财务账三者必须核对相符。内容包括几个方面。

①资产定号。是指给每一台实物资产分配唯一的编码并贴在资产上。

②保管定人。根据“谁使用，谁保管”的原则，把资产管理的责任进一步落实到人。

③建立固定资产管理台账。是指使用部门应建立固定资产建立台账，详细登记资产的实物信息，定期进行盘点，并根据相关凭证在实物管理台账内进行更新登记。

④资产变更管理。凡有关固定资产新增、调拨、维修、状态变更、停用以及清理出售等业务，一般需要填写资产相关凭证，交由使用部门、财务部门审批；涉及固定资产报废报损的业务，还要组织技术鉴定，按国有资产相关规定进行审核。

由于城市轨道交通线路开通后仍存在大量的尾工工程，且资产信息登记和竣工决算转固过程复杂，城市轨道交通企业在资产决算转固环节的进度方面普遍存在滞后现象，有的线路开通后 5~8 年才能完成决算转固，从而使得资产财务账和实物账难以统一。这也是管控难点之一。

（2）设备维修管理管控重点

所有的设备检修活动，最终都要达到“降低故障率、降低设备停机时间、降低设备全生命周期成本”的管控目的。因此设备维修管理管控的手段包括以下几个方面。

①提高计划组织严密性，严格按照检修规程执行，防止漏检漏修；

②提高检修人员现场作业的规范性，防止检修不到位或操作错误现象的发生；

③提高故障发生后的响应速度和修复速度，完整记录故障信息；

④通过设备全生命周期成本分析，指导设备采购策略；

⑤通过在线监控和状态分析，预测设备故障，进行状态修；

⑥通过检修数据进行设备可靠性分析，优化检修规程，提高规程的合理性，防止过密检修或漏修。

为确保目标与战略的实现，设备维修管理业务的管控重点工作如下。

①设备采购管理。设备选型应从设备的适用性、可靠性、可维修性、经济性和先进性，设备的标准化、系列化、通用化程度，产品的价格、交货期、服务信誉及使用单位的评价，以及符合国家有关劳动保护、环境保护、节约能源等要求方面进行技术经济论证；设备管理部门要参与对进口设备的选型、考查工作。进口设备应当有完整的技术资料和必要的维修配件。设备到达后，要组织安装、调试和投入使用、发现问题。

②设备台账管理。设备管理部门要建立健全设备台账和设备履历，车间（室）、工段、班组也应建立相应的设备台账。设备履历是指设备从规划、购置（设计、制造）、安装、

调试、使用、维修、改造、更新直至报废的全过程形成的履历簿、图纸、文字说明、凭证和记录等文件资料，并通过不断收集、整理、鉴定等工作归档建立设备档案。

③设备维修维护。

a. 制定设备规章制度。各设备管理部门应建立健全设备操作、使用、检修规程、岗位责任、交接班记录和工作标准等。

b. 设备检修保养。设备维修班组根据设备的检修规程，对设备进行定期保养和检修，使设备经常保持整齐、清洁、润滑、安全。

④事故故障管理。设备因各种原因造成停机或影响正常使用的，均为设备事故或故障。设备发生事故后须有相应的措施和机制，须明确事故处理的流程和上报机制，让调度能快速、高效地调配抢险人员和抢险物资。

设备维修时，须详尽地记录设备的故障情况和检修情况，以便后续进行事故分析和设备质量分析。

⑤国产化技改。城市轨道交通不可避免须采用进口设备，有计划地进行进口设备的国产化改造，可极大地节约成本。另外，为改善设备的精度、性能和效率，也须对重要生产设备进行改造。

⑥报废管理。对于设备老化、技术性能落后等符合报废条件的设备，应组成鉴定小组进行技术鉴定。符合报废条件的，按相关规定执行。

3. 设备运营期资产信息化方案

（1）资产实物管理信息化需求及解决方案

资产实物管理本身的信息化需求并不复杂，但在一体化资产体系下，需要考虑与资产移交、财务管理、设备管理的集成。总体方案如图 5-13 所示。

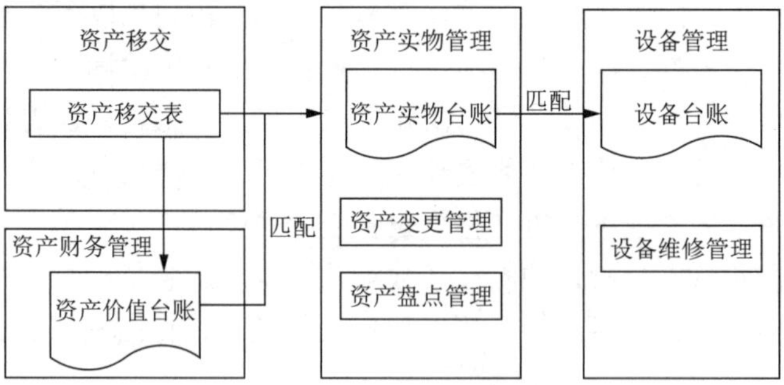

图 5-13　一体化资产体系下的资产实物管理信息化方案框架

①资产实物账管理。须记录资产唯一编码、资产存放地点、状态、使用单位等信息，并与资产价值台账、设备台账匹配。

②资产变更管理。在资产发生状态、地点等变更时，可以发起变更凭证，按照流程进行审批。

③资产盘点。实现下达资产盘点表、现场盘点需求。

（2）设备管理信息化需求

设备管理信息化需求框架，如图 5-14 所示。

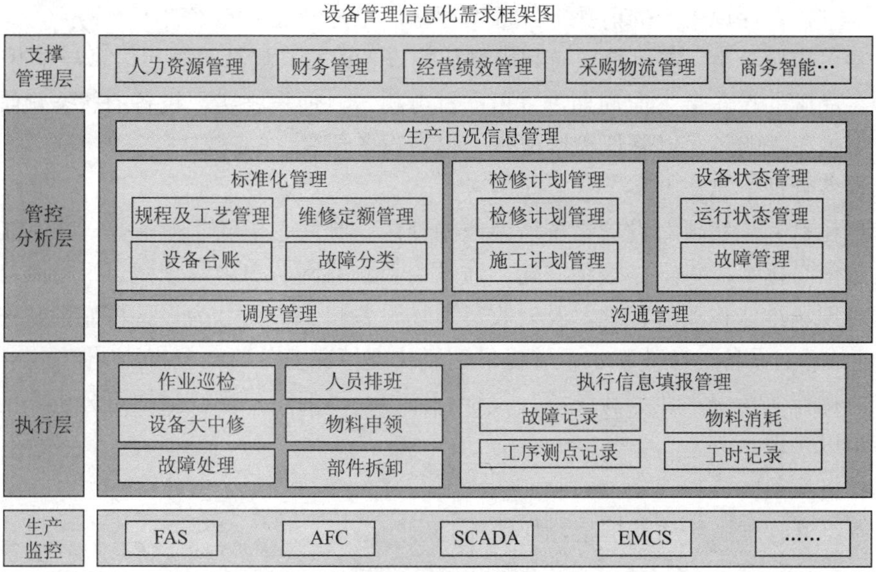

图 5-14　设备管理信息化需求框架

设备管理中主要存在以下难点，须信息化。

①设备台账统一管理。传统的设备台账分散在各维保部门，台账格式不统一，管理部门不能随时掌握设备资源状况；设备没有粘贴标志，与台账难以对应，也无法为设备维修管理、设备改造管理、设备运行管理提供所需的设备数据基础。

②维修计划管理。设备检修规程发布后，设备维保部门须检修规程、下一年度的生产安排、设备的运行情况，制订年度检修计划，再分解到每个月去执行。管理部门需要检查是否有按照规程进行检修。

③设备故障管理。设备故障发生后，需要快速地发现、记录、组织检修人员进行处理。检修人员处理故障时需要有相应的指引。检修完成后要完整的记录故障部位、故障现象、故障原因、故障解决措施等，记录信息需要完整、标准、格式化，以便后续对故障进行统计分析，为制订设备维修计划和改造计划提供依据，最终达到提高设备运行效率，降低设备故障的目的。

④车辆架大修管理。车辆架大修与设备检修不太一样，车辆架大修更类似一个工厂化的生产制造过程，难点是在车辆越来越多的情况下，如何制订架大修计划、安排关键资源和人员、监控指导现场作业等。

⑤部件维修管理。现场拆下来的故障件，需要送到后台进行维修。难点在于前台如何指导后台的检修能力、检修情况和周期，需要准备哪些备件，后台如何知道前台的故障量、以便安排生产计划和物料采购计划。

⑥现场作业管理。管理上需要掌握检修人员“到了没有，做了没有，做得怎样”的情况，尤其是有没有严格按照检修工艺进行作业。同时，检修人员也需要相应的指导文件，辅助现场作业。

⑦设备备件物料管理。在制订设备年度检修计划时，如何准确地制定下一年设备的备

件、物料需求，在保证生产的前提下降低库存量，也是管理上的难题。

⑧设备可靠性分析。难点是如何利用过往的设备检修、测量等履历信息，对不同线路、规格型号、品牌的设备全生命周期进行可靠性分析，以便最终实现设备的状态性维修并指导设备的更换、采购等，以降低检修成本、提高设备质量。

（3）设备管理信息化方案

①信息化目标。实现对设施设备所涉及的使用、维修、更新、改造等一系列工作进行管理，通过信息化手段将维修规程固化，通过引入物联网、二维码识别、手持维修终端等技术加强对现场维修作业的管理，及时收集现场设备状态数据，为设备可靠性状态、作业组织、作业成本、设备综合效率水平等提供信息化支撑和业务数据分析，以使维修业务“管理有标准，操作有指引；计划有统筹，执行有监控；事后可追溯，数据可分析”的精细化管理目标得以实现。

②总体方案

a. 设备维修管理系统功能框架，如图 5-15 所示。

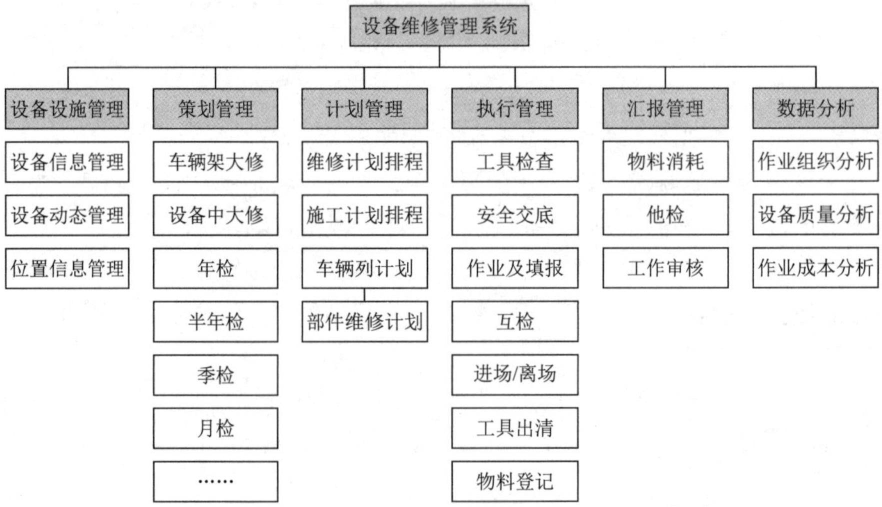

图 5-15　设备维修管理系统功能框架

b. 设备设施管理。创建设备层次结构，描述建筑、部门、设备及其子设备的布局，建立设备台账信息库，记录设备的基本技术参数、原始采购信息，以及运行过程中的使用状态、维修记录和设备专业跟踪等。实现对设备增加、调拨、地点变更、使用部门使用人变更、技术状态变更等动态信息跟踪管理，维护设备运行所在的位置，为设备建立一个精确的运行环境位置，并建立树状的位置结构层次。

c. 策划管理。结合设备的检修规程，实现对车辆架大修、设备中大修、年检、半年检、季度检、双月检、月检、双周检、周检、日检等作业任务的组织策划；实现对故障修、状态修等维修作业的管理要求设定。

d. 计划管理。根据规程所要求的时间定期生成检修作业任务，实现对计划修、状态修和故障修等检修作业任务的排程管理。

e. 执行管理。通过移动终端现场进行作业，实现现场作业的全过程管理，包括任务下载、预请点登记、进场前检查、进入 / 离开作业区、作业填报、工具出清以及物料消耗登记等。利用手持终端还可以实现现场的技术支持，通过读取在设备上的二维码，可在终端上迅速调取要查询设备的基础信息、设备履历信息、设备技术文档、应急预案、故障处理指南等文件，辅助完成检修作业。

f. 汇报管理。作业完成后进行物料消耗确认，并对他检及完成情况、作业规范性、完成质量、工时使用等进行工作审核。

g. 设备数据分析。提供在线查询、报表及数据输出功能来对设备维修作业组织过程进行追溯分析，反映设备质量情况，反映维修作业成本等。通过信息管理系统报表分析功能，可方便快捷地实现各种定制数据的统计及导出操作，提高数据统计分析水平。

（4）与其他业务模块的数据关联关系（图 5-16）

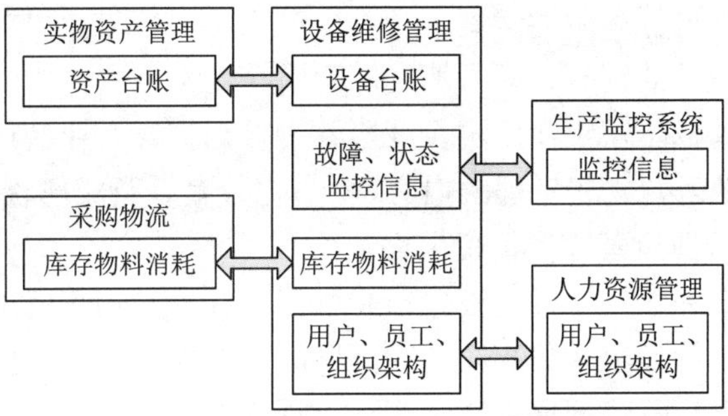

图 5-16　系统关联图

①与实物资产管理的集成：一体化资产体系下资产台账与设备台账应匹配。

②与人力资源管理的集成：应与人力资源管理的用户、员工、组织架构信息同步。

③与采购物流管理的集成：应与库存、物料消耗等信息同步。

④与生产监控系统的集成：应与综合监控系统等生产系统的设备状态进行集成。

（5）预期效益

①提高数据共享能力。可以改变以往纸质数据共享效率低下的问题。如广州城市轨道交通企业以前维修数据汇总需要经历分部、部门、中心、总部四个节点，每个节点需要耗费一天左右，实施设备维修系统后，数据汇总统计可不到 3min。

②提升设备管理能力。通过建立设备台账，可以更有效地管理企业的所有设备，能够及时、清楚地掌握设备运行、维修等情况。应此基础上，生产和设备管理部门还可以对设备历史数据进行分析，保障设备的最优使用状况。

③提升设备维修过程精细化管理能力。可提高设备维修过程的精细化管理程度，实现对单体设备的维修履历、工艺规范、人员工时、物料消耗、工具使用、作业质量等进行精细化追踪溯源。

④提升设备维修水平。利用工单作为载体，将计划性检修和故障性维修等作业过程信息完整地记录在工单中。由于长期积累的工单形成了大量有价值的经验数据，从而为提升企业的维修质量提供分析依据。

⑤提升设备维修成本精细化管理能力。所有在工单上发生的物料、工时、工具等费用都被自动累计起来，通过对比分析定额与实际发生之间的差别，找出产生差别的原因，可以动态调整既定的维修计划和标准作业模式，降低维修成本。

⑥增加设备维修安全保障。通过手持终端支持现场作业，提醒作业人员各种安全危害和事故隐患及其消除的方法或措施；结合二维码标签的应用，对作业人员在行车作业区间进行安全防护提醒，减少和杜绝了安全隐患。

二、运营物资管理信息化

生产运营物资管理是城市轨道交通运营管理的关键业务之一，也是城市轨道交通企业资产管理的一项重要内容，物资成本在企业经营管理成本、资金占用中占据相当大的比例，对提高公司经营效益、促进公司快速发展至关重要。通过信息化对物资的预算、采购、仓储和配送等全业务过程进行高效的管理，各类生产物资能够方便快捷地被生产一线人员获取，在保障运营生产业务的同时，减少物资库存对企业资金的占用，加速资金周转，降低城市轨道交通企业运营成本，进而促进企业降本增效，提升企业的核心竞争力。接下来，将对城市轨道交通行业运营物资管理的内容，信息化方案以及成熟软件产品进行一一介绍。

1. 城市轨道交通行业运营物资管理内容

城市轨道交通行业的物资管理主要包括物资需求管理、预算管理、采购管理、仓储和配送管理几个环节，这些环节环环相扣，相互影响，任何一个环节出现问题都将对物资供应链造成不良影响。当运营线网里程数达到一定规模以后，对应的生产物资需求量也在大幅度地增长，仓储物资管理和库存成本支出占企业总运营成本比例显著增大，企业内部物资及其库存管理问题就成为重点问题，提升物资的管理效率也成为迫切的需求。建立高效物资的存储和配送管理体系，成为城市轨道交通健康运营的关键任务之一。

根据城市轨道交通行业物资管理业务的特点，设计城市轨道交通企业运营物资管理业务架构，如图 5-17 所示。

	合作伙伴管理	战略寻源	供应商管理	采购执行	采购工程管理	库存管理
战略&规划	合作伙伴战略 新合作伙伴获取	采购寻源策略	供应商组合策略	采购计划 供应保障	采购工程战略	库存定额 安全库存管理
管控	合作伙伴协同	配额管理 采购寻源结果	供应商准入认证 供应商区分管理 供应商绩效管理	需求分析 采购全程追踪 采购业务绩效监控	供应商质量管理 供应商技术管理	库存组织设计 库存绩效管理
执行	合作伙伴登记 合作伙伴分类	采购寻源过程 寻源需求管理 支出分析	供应商日常处理 供应商数据管理	采购执行 结算管理 目录管理	技术认证 成本工程	库存事务处理 库存盘点

图 5-17　城市轨道交通企业运营物资管理业务架构

1）城市轨道交通交通行业运营物资管理的特点

（1）运营物资种类和型号众多

城市轨道交通投资建设过程长，设施设备多，整体结构复杂，同时对设备的安全性和可靠性要求高，包含了隧道、轨道、供电、车辆、通信、信号、网络、车站机电设备、房屋建筑及消防系统等许多大系统，大系统下又包含多个小系统，各个系统之间高度关联，以致专业分工细致，设备型号多样，零备件型号、类型繁多。另外，由于城市轨道交通线路建设时期不同，因此采用的技术和车辆型号都有很大的差别。线路不同，车辆设备也不同。如A型车、B型车、L型车等多种车型，其标准化、通用化、可互换性低，设备的差异性导致物资备件种类繁多。如2016年上海地铁车辆接近6000辆，车型超过30种，各种物资编码超过20万条；北京地铁大类物资分类超过29种，广州地铁运营物资已超过10万种，物资种类的繁多给物流采购、仓储、配送和使用都带来了很大的工作量，增加了采购物流管理的难度，使得在以文字信息为主的信息系统支持下对物资辨识的难度仍然比较大。因此，总体上运营生产物资管理面临品种多、专业多、单批次使用数量有限、运营安全保障要求高、采购难度大等的特点。

（2）运营物资配送范围大、时间紧

城市轨道交通作为城市的交通主干道，通常横贯整个城市，车站地理位置分散，对企业内部物资的快速供应带来挑战。在安全应急事件发生时，要求在最短时间内排除障碍，恢复车辆运行；应急物资也必须在最短时间最短距离内配送到位，考验整个物流管理体系的有效性和管理效率。城市轨道交通运营时间特点是白天车辆运行，夜间检修，维修车间，24小时都有作业。北京地铁、上海地铁、广州地铁物流仓库都安排人员24小时轮流倒班，负责物料的配送和发放，根据各城市轨道交通企业的数据显示，平均30%的物资领用发生在夜间，因此要求安排夜班物资管理人员。

（3）物资需求难以准确测算

城市轨道交通设施设备维修维护需要的备品备件、工器具和消耗性材料等是根据维修对象的需求来确定的，是一种离散性的个性化需求，与制造业生产线按批量配送和定点定量配送有很大的差别，需要的物资种类和数量主要由维修车间来提出和控制。加上随机性强的故障修问题，计划部门或者是仓储部门很难准确预测物资的实际需求量，物资供给和需求的节奏很难做到一致，从而造成物流管理部门的被动性。但随着城市轨道交通企业通过信息系统对维修物料使用历史数据的积累和分析应用，物资需求计划准确性将逐步得以改善。

2）城市轨道交通行业运营物资的分类

物资分类是物资管理的基础，为物资采购管理，物资仓储管理、物资领用消耗管理和成本管理提供分类依据。一个物资具有多个分类属性，不同的分类适用不同的业务管理目的，准确的分类可以加强管理的针对性，提高物资管理工作效率。当前，在城市轨道交通行业，物资分类方法较多，按照进货渠道不同可分为进口件、国产件和自制件；按照专业不同可分为机械、电器、仪表、计算机、车辆和通信等类别；按技术特性不同可分为通用件、专业件和特制件。另外，还可按照资金占用量ABC分类，按消耗速度FNS分类，等等。常用的ABC分类法是基于帕累托80/20法则进行的分类，是指通常数量或者种类占80%

的物资只占到20%的价值，而剩下的20%的物资数量或者种类则占有80%的价值。由于ABC分类方法仅从资金的角度来区分物资的重要性，没有考虑物资缺失对城市轨道交通企业运营带来的影响，即城市轨道交通安全运营要求城市轨道交通行业运营物资的分类在ABC分类的基础上加上多个维度，多种方法组合应用。下面我们来列举一下北京、上海、广州地铁的物资分类。

（1）北京地铁物资分类

北京地铁物资共有29类，包括：01燃料油脂；02金属材料；03线路材料；04特殊车及配件；05车辆走行部分；06车辆制动部分；07车辆空压机系统；08车辆车体部分；09车辆电气部分；10车辆其他配件；11机动车配件；12电气产品；13电气配件；14监视测量装置；15通信；16信号；17电工器材；18电线电缆；19机械配件；20电子设备及配件；21五金标准件；22工具；23油漆化工；24建筑材料；25劳保用品；26日用杂品；27办公家居用品；28电子元器件；29轴承。

（2）上海地铁物资分类

上海地铁物资分类是通过建立物资分类评价模型进行分类的，评价指标包括重要性、经济性、采购周期、采购难易度和供应商来源等，能比较全面地考虑物资的应用属性、采购属性，建立一套比较科学的物资分类体系。运营物资包括车辆类、供电系统、机电设备、通信设备、信号设备和工务设备几大类物资，通过评价指标可再把物资分为四大类别，即关键型物资、重要性物资、一般型物资和辅助型物资，指导物资应用和采购。从财务管理的角度考虑，分为七大类物资，包括设备类、进口备品备件类、修理备件、原材料、燃料、辅助材料、低值易耗品，并将第一类和第二类物资定义为A类物资，第三类物资定义为B类物资，其他的定义为C类物资。

（3）广州地铁物资分类

广州地铁物资从财务核算的角度分为十三大类，包括备品备件类（国产备品备件、国产高价周转件、进口备品备件）、进口高价周转件、工程材料、工程设备、材料、油料、设备、修复件、劳保用品、低值易耗品及营销物资。从生产管理和物资管理角度考虑，物资分为非车辆专业类和车辆专业类两大类。

非车辆专业类大类码分为AEG[1]列车材料及备件、车辆材料及备件、机动车辆材料及备件、轨道车材料及备件、维修工程车备件、试验车备件、工程机车材料及备件、旋床材料及备件、洗车机材料及备件、立体仓库材料及备件、线路检修专用设备及备件、线路检修专用设备及备件、线路专用材料及备件、建筑检修专用设备及备件、建筑、装潢材料及建筑五金等99类。

车辆专业类分为有接点控制电路、车钩及缓冲装置、车门系统、车体及内装、乘客信息系统、辅助系统、供风系统、气制动、牵引/电制动（含高压主电路）、受电弓/集电靴、贯通道、转向架/轮对、空调系统、列车控制及诊断、照明、其他设备等。广州地铁物资分类比较细则，对生产管理有很大的指导作用，但带来了比较大的管理工作量。

---

[1] AEG：德国通用电气公司。

3）城市轨道交通行业运营物资编码

城市轨道交通行业有明显的维修企业特征，不是以产品生产为中心，随着企业运营里程增加，采用不同的车辆、设备、技术，运营物资就不一样，运营物资种类多，编码量大，且数据增长快，因此，建立一套相应的物资编码管理方法是必须的。

常用的物资编码有以下两种方法。

（1）流水码分类法

按照流水码由系统自动编下去，这种方法由计算机信息系统编码，方法比较简单，通过加入大量的物资属性来完善物资信息，编码比较快速，适合计算机信息系统的管理。计算机系统功能越强大对物资编码的要求越低，可随时随地可以提供物资信息的查询。其缺点是在没有信息化设备条件下，后期人工现场直接使用物资的时候信息不足，对现场操作人员没有什么指导性，这种方法采用得并不多。

（2）含义码分类法

第二类方法是在编码的不同位数上代表不同的意义，如第一位代表公司码，第二到三位代表物资分类等。这种方法的优点是通过查看物资编码，可以得到物资的一些相关信息，对采购人员、仓库人员有一定的指导作用，用起来比较方便；其缺点是物资编码非常长，编码工作量比较大，号码资源有限，容易出现超长编码的情况，如广州地铁物资编码为10位，西安、南京地铁都有类似的情况。第二类方法仍然带有手工时代人工管理的痕迹，想把所有的信息都填充到一个编码上，希望通过查看编码就能知道物资的所有信息。当前城市轨道交通行业的物资属性超过几十个甚至上百个，如采购属性、仓储属性、配送属性和物理属性等等，是无法在编码里面一一给予的。

完善功能的物资管理信息系统，对在编码数字上附带的信息依赖性并不强，如广州地铁2017年新开发的智能仓库系统，系统功能类似于电商购物网站，通过智能手机等移动终端，随时随地可以快速浏览物资的各项信息，包括大量单位物资图片展示，使现场人员对物资编码附带信息的要求强烈程度下降。

4）城市轨道交通行业运营物资需求管理

日常运营物资的使用和消耗，主要是根据生产维修工作开展来确定的，包括有计划的维修工作（包括项目修）和应对故障的状态修工作两大类。

①计划维修作业对物资的需求计划性比较好，可以提前几个月甚至一年对使用的物资提出需求，如架大修的作业，采购物流部门有充足的准备时间，可以针对这些物资需求做好采购，物资采购针对性强且准确性高。

②应对故障状态修的物资需求，则要求物资保持一定的安全库存量，以满足日常安全运营随时随地的物资需求。安全库存不满足的情况下，则需要进行紧急物资采购这成为采购物流管理的难点工作。

当前常用的物资需求管理做法是由生产作业需求推动物资需求。根据维修模式，由生产一线负责作业的生产工班或者维修项目组根据工作开展的情况，提出物资需求的种类和数量，然后逐层进行需求汇总和审核，形成生产部门的物资需求。物资需求管理的准确性，依靠生产管理部员工的预测，也依靠对历史数据的分析运营物资需求计划表，见表5-2。

运营物资需求计划表

表 5-2

序号	部门	线路	设备号	材料编码	材料名称	规格型号	计量单位	时间	1 月份建议量	计划需求量	实际消耗量
1					乙醇	500 ml，95%	瓶		10.00	12.00	11.00
2					纯棉布（米白色）	卷布	kg				
3					（甲乙类）清洁剂：	890 108 10（替代旧货号 890 108 7）;500 ml;WURTH	支				
4					（甲乙类）除锈润滑剂：WD-40，300ml	WD-40，300 ml	支				
5					表面油污清洗剂	RSB-811；500 ml/ 罐	罐				
6					漆油笔	红色，斑马牌（日本）	支				

一般来说，按生产物资需求计划来进行物资拣选和配送，是制造、化工企业生产物流的明显特征，按工艺流程配置物料，可满足生产流水线持续的需求。但城市轨道交通行业的物资需求计划却与之有很大的差异。其维修作业并不是服务于单一产品或者设备，不同设备的维修手段方法、维修频率等都存在差异，维修作业时间离散程度和过程离散程度都很高，设备多、专业差异大，制订物资需求计划需要考虑多方面因素的影响，如维修作业计划、现有库存量、采购政策和策略、物资采购周期、年度预算以及故障维修比例等问题。而这些因素的多变性，加上维修过程中技术人员和管理人员的经验和统计方法的差异，可直接影响物资需求计划的准确性。在现有的技术条件和管理水平条件下，以及受设备维修模式的影响，城市轨道交通企业按计划进行车辆维修、项目性质的更换设备和预防性维修，只占到整个运维物资配送业务中很小的比例，而故障维修约占日常维修计划的 60% 以上。设备故障维修大多是预测准确率低的随机性维修。不可预测的设备故障维修问题长期存在，降低了物资需求计划的准确性，使得生产物资计划与物资实际使用关联不足，需要多方参与才能确认具体物资信息，影响了整体工作效率的提高。

5）城市轨道交通行业运营物资预算管理

城市轨道交通行业物资预算管理，是根据采购物资消耗数量或者金额预算对企业内部各部门、各单位的物资使用情况进行预测和筹划，将实际完成情况与预算目标不断对照和分析，对物资使用部门进行考核、控制的手段，以便有效地组织和协调企业的生产经营活动，完成既定的经营目标，帮助管理者更加有效地管理企业。

（1）运营物资预算的编制

各部门可根据年度的生产检修计划，参照过去年度的物资历史消耗数据，对照生产作业消耗定额数量，编制检修物资消耗数量，并逐步汇总成月度、季度、年度物资消耗预算。生产中心或部门编制的物资消耗预算，由物资管理部门根据库存定额、采购指导价、采购周期等依据，组织审核、协调、汇总、平衡各类物资年度采购预算、物资采购年度资金支付预算。经过财务部门确认以后，形成整个公司的下一年度的物资消耗预算。物资预算编制表格，见表 5-3、表 5-4。

物资预算编制表格一

表 5-3

部门	分部	申报人	线路	是否委外	委外供料方式	物资编码	物资描述	物资类别	单位	预算指导单价	估价	估价详细依据	2017 年 1 季度消耗量

物资预算编制表格二

表 5-4

作业 / 项目名称	材料编码	2018 年预算	2017 年预算	1~4 月材料消耗	完成年度预算比例	完成同期预算比例
A1 型车架修						
A3 型车大修						
A5 型车架修						
B1 型车架修						
B2 型车架修						

物资预算执行中应严格控制费用、项目及资金预算，不得突破年度预算，对比实际发生的物资数量或者金额。发现指标的执行结果与预算数的偏差较大时，须做出文字性的分析说明。

（2）运营物资预算的调整

由于实施情况变化而须进行调整，或者未列入当年全面预算但由于突发原因导致项目新增而须进行的调整，由相关部门申请进行物资预算调整。多数企业会对预算调整进行分层授权。各单位应在授权范围内对调整需求进行审核。

（3）预算执行情况分析

每年财务部门负责汇总各单位的年度预算执行情况，对预算执行情况和差异情况进行详细分析，作为指导下一年度经营管理的依据。

6）城市轨道交通行业运营物资采购管理

城市轨道交通运营物资采购是根据企业生产运营和管理的需要，采用各种方式、手段和策略，从供应市场购买各种物资资源或者服务的企业经营行为。对物资采购行为进行有效、有序的管理，目的是在合理的价格成本前提下，促使供应商能够准时交货，以保持企业较低水平的库存量，使企业获得高质量的物资或服务，同时也可以保障生产运营的顺利开展，保障生产运营安全的需求等。物资采购管理可以扩展到整个供应链价值的管理，如根据物资属性制定采购，等策略，与供应商建立战略合作关系，与其他城市轨道交通企业联合采购，等等。

城市轨道交通行业运营物资采购管理主要分为采购需求计划管理和运营物资采购模式两部分的工作。

（1）采购需求计划管理

根据年度运营物资预算，物资采购部门可在综合考虑物资的属性、现有库存量、在途采购物资、物资的需求时间和紧急程度、供应市场供应情况等，编制物资采购计划，指导运营物资的采购。在过程中，需要对近几年有连续消耗的物资进行分析，同时要充分考虑往年修复件、随车备件、库存定额等历史消耗情况，以此来确定消耗量；对办公类、劳保类、培训类、营销类物资，按照相关定额标准核订采购预算金额，大、中、架修类物资按照立项项目制订采购计划。

不同类别物资应结合采购方式确定计划需求的频次。采购计划包括定期采购计划（如周、月度、季度、年度）、非定期采购任务计划（如紧急采购需求）。通过对多对象多元素的采购计划的编制、分解，可将企业的采购需求变为直接的采购任务。在城市轨道交通行业，由于企业大多属于大型国有企业，为保障年度经营目标，年度预算管理要求比较严格，采购计划主要以年度为周期进行管理，即上一年度就需要编制好下一年度的采购计划，而采用滚动采购计划执行采购的比较少。年度采购计划的优势是可以严格执行年度预算管理的要求，但是在应对紧急需求的时候则比较被动，需要做很多的调整，另外与生产实际需要有一定差距，灵活性不足，采购计划的准确性不高从而很难避免会导致物资库存的增长。最近几年，随着国内轨道交通行业线网旅程的增加，物资库存量的增长也引起了管理层的重视，各大城市的城市轨道交通企业也在着力解决这一问题。城市轨道交通企业运营物资采购计划表，见表 5-5。

城市轨道交通企业运营物资采购计划表 表 5-5

需求组织	物资编码	物资描述	规格型号	计划号	计划名称	需求时间	行号	计划单价	单位	币种	数量	来源	备注

采购计划管理是一个系统性的工作，需要充分考虑各方因素，一方面要满足预算管理的要求，另一方要考虑采购难易程度和可执行性，是一个比较综合性的工作，需要物资预算管理的实际审核人和执行人指导整个运营采购物流工作，对采购整个过程中物流各个环节状态进行严密的跟踪、监督，因此采购计划管理在城市轨道交通企业采购物流管理工作中具有全局性。

（2）运营物资采购模式

城市轨道交通行业运营模式主要有集团化一体化管理模式、分线运营管理模式、城市轨道交通运营物资的采购模式也有对应的集团采购模式和分线采购模式两种。

①集团采购模式。集团化物资采购主要是通过建立统一的管理政策和标准、统一的管理平台、统一的运作流程的物资管理体系，来实现物资集中控制、统一采购、统筹供应，实现精益高效管理的。这种模式为城市轨道交通行业普遍采用，通过集中物资采购需求，实现物资最优采购批量，减少采购频次，提高了与供应商的议价能力，降低了综合采购成本，有效降低物资以及备品备件的库存水平，保证采购质量，提高供应效率。

集团化物资采购管理将有限的、分散的采购人力与采购资源集合起来，形成一个合力，共同应对供应市场，具有更好的价格谈判力；引导供应商竞争，与供应商强调合作共赢，实现供应链整体成本的降低；充分发挥规模效应，降低采购成本，提高对外部资源的获取能力；通过供应链的整体协同，提升企业竞争力。

②分线采购模式。分线采购模式的特点是线路运营公司各自执行物资采购，这种采购模式对运营公司来说比较灵活，反应速度快。但其在采购量相对小，对供应商的议价能力较低方面，对比集团采购其劣势也是比较明显的。

城市轨道交通企业生产主营业务强调采购物资或服务的稳定性、可靠性、耐用性及服务能力。企业业务多元化以后，对物资和服务的需求也呈现多元化。提供差异化、个性化、方便性、及时交付产品与服务，专业化、有竞争力的价格也成为采购管理必须面对的问题。因此集团化的集中采购与分散采购两种采购模式将会在城市轨道交通企业长期存在，并相互补充。

（3）运营物资采购方式

城市轨道交通企业物资采购常见方式有公开招标、邀请招标、邀请比选和直接谈判几种。

公开招标，是指根据《中华人民共和国招标投标法》和地方招标法规的要求，招标人在公开媒介上以招标公告的方式邀请不特定的法人或其他组织参与投标，并向符合条件的投标人中择优选择中标人的一种招标方式。

邀请招标，是指招标人以投标邀请书的方式直接邀请特定的潜在投标人参加投标，并按照法律程序和招标文件规定的评标标准和方法确定中标人的一种竞争交易方式。

其他两种邀请比较容易理解，这里不再列举。

（4）供应商管理

供应商管理是采购管理的关键一环。选择诚信经营、产品质量可靠、服务到位、质量体系有效、管理科学、价格合理、技术能力过硬、财务状况良好、供应顺畅、有持续技术进步和合作研发能力的供应商，能够保障城市轨道交通运营物资及时有效的供应。城市轨道交通企业由于物资种类繁多，采购批量小等特点，存在供应商数量多，分布广泛的特点，因此供应商管理是复杂的，多层次的。供应商管理的内容包括以下几个方面。

①建立供应商库。供应商信息需要收集供应商名称、注册资金、地址、法人代表、联系人、联系电话、企业员工情况、主要产品和报价、主要客户。

供应商资格认证，内容包括营业执照、税务登记证、专利产品证明、授权代理相关证件、质量管理体系认证、环境管理体系认证、安全健康管理体系认证、企业资信等级证书。

在城市轨道交通企业中，供应商库以集中管理为主，可指定相应的部门进行统一建档和维护。通过上面两方面的信息，建立起的供应商信息库是供应商管理的第一步骤，支持管理部门对供应商的考核与评估，并在这些基础上建立供应商分类，制定相应的管理策略。城市轨道交通行业供应商主要分为通用类物资供应商、专业备品备件供应商以及公开招标过程中加入的供应商。

②供应商的评估。供应商管理是一个动态过程，是一项持续性的工作，目的是甄选出优秀的供应商，能够供应质量好、配送及时、数量符合要求、成本合理的物资，能够及时有效地进行沟通，以使双方各项生产工作能够顺利开展。

供应商评估的内容包括企业经营业绩和管理能力、质量体系能力、服务交付能力、财务状况、生产控制能力，技术研发能力，产品技术评估。供应商评估表，见表5-6。

供应商评估表

表5-6

供应商名称：　　　　　　　　　　　　评估时间：

评估项目	序号	评审内容	评审标准分类（ABC）			系数	本项得分	实际得分	备注
（一）企业经营业绩和管理能力	1	经营业绩（利润/销售额）	优	良	差	0.3			
	2	产能利用率	70%	50%	10%	0.2			
	3	营业证明文件、证书有效性	优	良	差	0.1			
	4	企业规模、研发能力	大	中	小	0.2			
	5	产品成本控制能力	高	中	低	0.2			
	小计								
（二）质量体系能力	1	质量方针、目标	优	良	差	0.3			
	2	质量管理组织健全情况	优	良	差	0.2			
	3	生产标准规范标准化情况	优	良	差	0.1			
	4	质量异常产品的追溯情况	优	良	差	0.2			
	5	原材料检验的严格程度	高	中	低	0.2			
	小计								

每季度或者每半年对供应商进行评估，根据评估结果进行分类，奖励优秀的供应商，对绩效差的供应商进行督促，制定下一个时间周期与供应商的合作要求。对于公开招标的采购项目，不等于放弃对供应商的评估，评估结果仍然是重要的信息，可以让招标人员清晰了解对供应商的实际要求，并补充到招标需求书中，以便更有目的性地指导供应商资格的甄选，排除绩效差的供应商。城市轨道交通行业运营物资采购应改变以价格为绝对因素的招标和采购管理，实施技术、质量、服务、品牌和价格等多种因素的综合评估，供应商评估就是其中重要一环。

（5）采购寻源管理

寻源管理主要目的是要为采购物资找到合格的供应商，包括符合资质的供应商和新类型物资的供应商。寻源管理工作主要包括以下内容。

①根据运营物资的分类，建立符合采购特征的物资分类，确定采购人员的管控范围，分析各类物资的采购特征、物资采购支出情况等，为采购策略的制定和供应商的选择提供支撑。城市轨道交通行业寻源物资主要分为专业物资和通用物资两大类，寻源的途径和方式各有差异，专业物资的寻源范围比较狭窄，但供应商相对固定。

②采购策略的制定。根据物资需求的各项特点，以数据分析为基础，收集企业内部需求和外部供应商市场资料，分析生产需求特征和供应市场竞争分析情况，根据物资划分种类，形成分类物资的差异化采购策略，经过评审后采购策略才正式生效。供应市场的分析需要明确市场规模和趋势，收集市场上的主要买家，通过SWOT分析或者波特五力模型进行分析，并进行市场风险评估。

③采购策略是集团化采购管理的主要工具，是实现标准化管理的手段。采购策略的制

定过程是一个动态过程，PDCA的循环过程，应根据内外环境条件的变化，及时调整采购策略。

④制订寻源方案，选择采购寻源方式，设置各种开标、评标与授标的参数与规范，制定询价单或标书，明确寻源开始日期与提交资料的最后时间等内容，确定供应商的入围方式或者筛选供应商的方法。

⑤在企业的供应商库中或者直接寻找并邀请供应商参加投标报价；对要求的供应商进行评估，对比询价等工作。根据评估的结果推荐候选的供应商，形成寻源结果报告，提交相关部门的审核。

⑥实施谈判，选择合适的供应商，并签订采购合同，监督合同的执行。

（6）采购合同管理

采购合同是对采购双方均有法律约束力的正式协议，是采购关系的法律协议，是重要的约束和控制手段，可减少风险的发生概率。采购合同管理是建立合同全过程管理的流程和管控审核体系，涵盖物资和服务类合同，目标是加强采购合同的可视性、可控性和合规性管理。

采购合同管理对象包括合同主体、合同类型、合同业务过程、合同变更等内容，如图5-18所示。

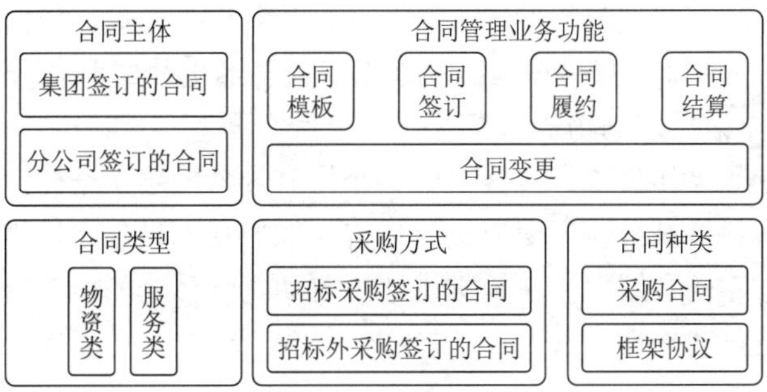

图5-18　采购合同管理

采购合同的管理包括合同签订、执行、结算等整个过程，采购部门应建立采购合同台账，实现对采购合同状况的跟踪。采购合同管理的难点在于不同组织或者不同企业对采购合同审批和确认的流程管理存在巨大的差异，合同风险控制点的设置与管控方式不同。

7）城市轨道交通行业运营仓储物流管理

（1）城市轨道交通行业运营物资仓库的设置

运营物资的管理离不开仓库。在物资仓库设置方面，在物资的分类基础上，应对不同物资进行分类存储，根据配送地点的远近设置仓库，使所有的仓库网点形成物流网络。城市轨道交通线网的运营，对仓库的部署需要考虑配送的问题，采用科学的方法计算建设仓库的位置，要在空间位置上达到最近配送距离和最短物资领用距离，可采用重心法、层次分析法、分支定界法和遗传算法等方法进行决策。合理的仓库部署对后期的运营会有重要的支撑作用。仓库场景的设置方式，如图5-19、图5-20所示。

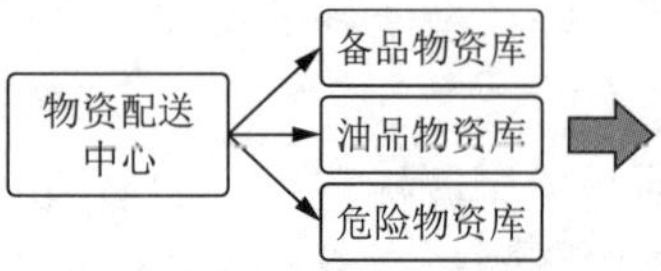

图 5-19　物资配送中心场景设置方式

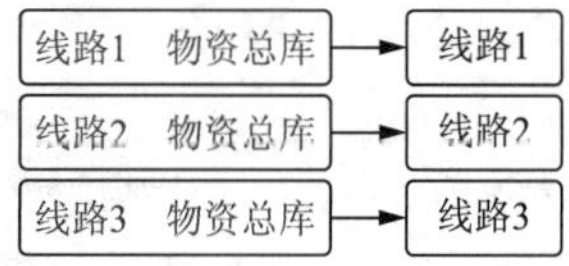

图 5-20　物资总库分线路设置方式

城市轨道交通行业普遍的做法是物资存储仓库以按线路的方式来设置物资总库，建设期在车辆段内同步建设物资总库，负责运营物资的接收、存储和配送，成为企业的物资配送中心，对生产运营物流管理起到了很大的支撑作用。优点是物资存储量大，起到物质配送中心点的作用。

北京地铁 29 大类物资分为九大库房，即油库、金属材料库、机械配件库、机电电气库、电子元器件库、五金交电库、油漆化工库、劳保库和杂品库。

广州地铁已建成一号线、二号线、三号线、四号线、五号线、六号线、八号线、广佛线八个物资总库，分别设置在各条线路的车辆段内。其中，一号线、八号线运营仓为平面仓库，具备一定的大型备件存储能力，其他线路为立体仓库，面积达 33785m^2，建设仓一个，有 16669m^2。普通平库主要用于电（扶）梯、冷凝风机、空气弹簧、钩杆缓冲器、压缩弹簧、绝缘子、各类紧固件等大中型备件的存放。平库中空调库房主要用于各类板卡、IC 元件、电器元件等精密备件的存放。材料棚用于对道岔、转辙机、缆盘、转向架、空调单元、接触轨、屏蔽门等备件及材料的存放。到 2016 年底新开通七号线和六号线二期，物资总库达到十个；到 2020 年根据规划物资总库总数将达到十四个。

物流仓库的设置数量和位置，直接决定整个物流管理的层次结构，决定物流运营的成本和服务水平。全国各地城市轨道交通企业也有类似的仓库设置，近年来，国内各大地铁公司由于需要提升仓库的利用率，纷纷推进建设自动化立体仓库，以提升仓库的存储量，提升仓库物资搬运的自动化功能。

（2）城市轨道交通行业运营物资库存管理

为了保障地铁车辆、控制设备的安全性、连续性和稳定性，必须保证各种设备大量的零部件库存和其他各种生产服务物资的库存。这些物资库存会占用企业大量的资金，增加企业的物资成本和管理成本。因此，城市轨道交通企业库存管理的目的是在满足生产运营管理需要的前提下，控制库存水平，提高物流管控效率，力求保持更低的库存水平，着力解决物资存多少、存多久、存放在哪个仓库的问题。

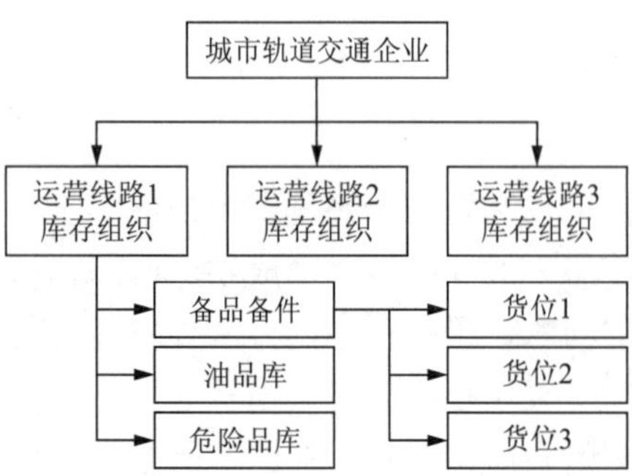

图 5-21　城市轨道交通企业库存组织管理

①库存组织管理。城市轨道交通企业按线网模式进行运营管理，按线路进行独立核算，物资库存也需要进行组织化管理，因此需要设置多层次的库存组织。库存组织与企业核算实体架构是相对应的，一个企业核算实体可以对应多个库存组织，如图 5-21 所示。

库存组织的设置支撑物资财务成本核算和费用的归集，有利于明确权责关系。

②物资库存量的合理控制。物资库存量控制是为了达到企业的财务运营目标，特别是现金流运作，通过优化整个需求与供应链管理流程，合理设置控制策略，并辅之以相应的信息处理手段、工具，从而在保障生产业务正常开展的前提下，尽可能降低库存水平，减少物资积压与报废、贬值的风险。前面提到的物资需求管理、预算管理和采购管理都是物资库量合理控制的一部分。从仓库管理层面上，在城市轨道交通企业常用的物资库存量的控制方法有下面几种。

a. 明确物资库存使用职责单位。通过信息系统实现从物资需求到领用的全过程管理，对应物资需求申请，明确物资库存职责归属部门。业务管理部门在编制预算，提出采购需求以及物资消耗计划时，必须充分考虑库存量的合理性。在集团管理层面对物资库存量制定 KPI 绩效指标，对库存保有量指标的执行情况进行考核。

b. 物资安全库存管理。为了保障生产业务的顺利开展，满足生产应急安全管理需要，应综合各种需求设置物资的安全库存量，对低于安全库存的物资进行及时报警。

c. 对物资库龄进行监控和管理。应对物资库龄按时间进行分段定义，实时监控物资的库龄，对物资的存储状况进行分析，及时制定相应的管理策略，特别需要对超龄库存物资进行报警，设置超龄物资仓库。任何需要改物资的部门都可以提出申请，以加快这些超龄物资的流转。

d. 加快物资的领用和流转。城市轨道交通企业运营物资种类数量多，在物资领用过程中常常需要反复地确认，另外沟通协调的时间比较多，领用过程花费的时间也比较长。广州地铁参照电商的模式，把所有物资图片和库存信息，放置信息系统供车间员工查询，让一线车间快速查找到物资存放的位置，从而加快物资的领用过程。

（3）城市轨道交通行业运营物资配送管理

①物资配送模式一——定点配送。根据生产工班作业开展的计划需求，由工班提出物资需求周计划或者月计划，物流中心或者物资总库汇总物资需求，对工班需求进行直接配送，将物资配送到工班货位上。每个工班货位上保持一定时间的库存量，由工班进行临时库存管理。

这种方法的优点是直接配送到位，工班不需要到仓库领用。缺点是工班需要安排人员进行物资库存管理和账务登记，对特殊物资困难度更大，这些增加了工班工作的烦琐度。直接从总库对工班进行物资配送，分散维修部门物资需求；存在时间和地点的差异，配送距离远和配送频率高；等等这些使配送作业难以形成规模效应，使整体物流费用成本偏高。而从物资拣选、包装、装车、运输和卸货接收很难形成流水线作业，由于作业分工不足，从而降低了配送的工作效率。对配送不到位的物资，需要物流中心人员与工班人员进行反复沟通确认，从而使物资配送的时间对接难以一致。对物资类别多和物资采购周期相对比较长的城市轨道交通企业，工班参与管理库存的方式效率并不高，配送效率也不高。因此，定点配送适合需要使用专业机器设备的大型设备的配送，如需要用到吊车的重型物件或者大型物件。

②物资配送模式二——无人值守型智能仓库。

a. 无人值守型智能仓库的理念。自助服务理念在管理领域得到广泛应用，但在物资和固定资产管理领域应用得不多，主要原因在于监督的手段不足，物资丢失的风险高。随着现代信息技术发展，监督审核不足的问题得到解决。人像识别、商品识别、自助支付、大数据分析、IoT（物联网）等信息技术日趋成熟，能够有效消除物流中间作业的无效环节，实现物流仓库无人值守，提高城市轨道交通运营物流的服务能力并扩大服务范围。

在生产工班人员自助服务的理念指引下，仓库物资领用被分成两种实现模式。一种是网上商城的方式，即用户可在电脑、移动终端、触摸屏的信息系统上完成物资选用，物流部门再进行物资定点配送，称为网购模式；另一种是按照超市的选购方式，即员工根据维修需求先进入自助仓库自助选取物资，信息系统是自动完成账务登记，称为超市选购模式。这两种模式都是在信息系统的支持下完成操作和账务登记，物流管理人员则由前台转向幕后支持。

b. 生产物资自助服务仓库的部署。根据城市轨道交通线网分布的特点，选择合适的地点设计和建设生产物资自助服务仓库，是物资总库配送中心工作的重要补充。对仓储空间的大小选择，要先根据对仓库服务对象常用的物资进行种类和数量统计分析，在分析过程排除超长、超大物资的统计，即可确定存储空间的大小。保障常用物资占到用料部门整体物资量的 90% 以上，自助仓库发挥的效果将会更加显著。每个自助型仓库大小和存储的物资都是存在差异的，具备量身定制的性质。在城市轨道交通车站建设自助型仓库，需要充分考虑车站空间大小的问题；部署物流柜的方式可以充分利用空闲空间。

自助型仓库两种不同的部署方式，如图 5-22 所示。

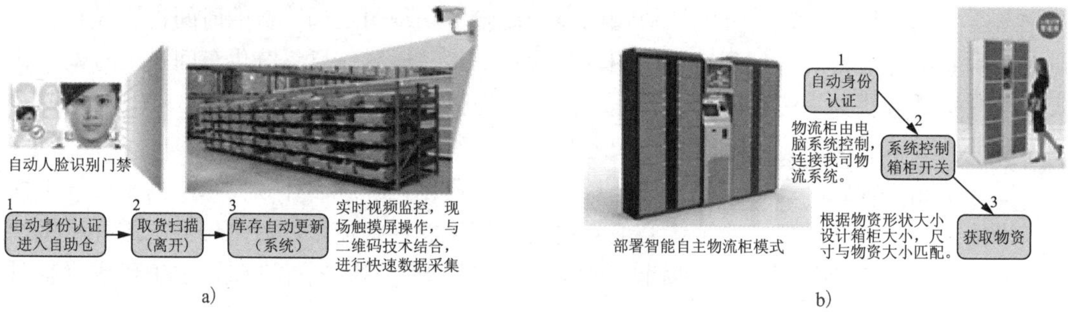

图 5-22　自助型仓库部署方式

a）房间部署模式；b）物流柜部署模式

方式一房间部署模式：在各车辆段选择一定大小的房间，放置货架，把物资部署到货架上，员工进入房间自行选取物资。

方式二物流柜部署模式：在房间比较紧张的地方，比如在中心车站，可部署信息系统控制的物流柜，即智能型物流柜。用户可以通过移动终端或者物流柜上的触摸屏查找物资，打开柜门，选取物资。自助型仓库的两种部署形式，根据不同车辆段和不同车站的具体空间情况进行部署。

c. 自助式物资仓库的管理职责。一个自助型仓库服务可以服务多个工班或者多个物资领用部门，由仓储物流部门进行统一管理，进行物资统一配送和调度，对物资消耗情况进行实时监控，及时对消耗物资进行补充。不同地点的开放式自助仓库存在差异，如物资的配置种类和配置的频率不一样，因而对仓储物流部门的管理能力和监控能力提出更高的要求，需要对各个环节的工作职责进行详细的定义和分工，从管理制度层面进一步完善自助仓库管理中不足的方面。在自助库的管理过程中，需要加强生产计划、采购和仓储部门之间的协同合作。

d. 自助仓储物资配送管理。须根据整个线网对物资的需求进行综合计算和平衡，对各线路的总库物资进行集中化的管理。物资统一的调度，加上灵活部署的自助式物资仓库，构建出满足整个城市轨道交称运营线网的物资配送网络（图 5-23），提升物资配送的可靠性、时效性，实现配送成本的节约。

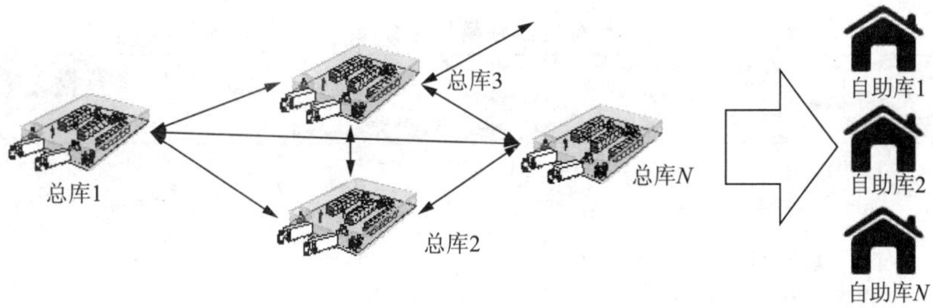

图 5-23　自助仓储物资配送网络

在配送过程中，须打通维修与物流业务之间的数据关系，根据以线路运营中心为单位的维护维修生产计划，制订物资需求配送计划和物资调拨指令，对各大总库物资实施集中调度，实现配送规模化作业。

同时，结合地图地理技术、二维码标签技术和移动智能终端、触摸屏，通过信息系统实时分析物资的领用和消耗情况以及员工的领用行为，执行动态补仓配送，详细记录配送各个环节的工作情况，实现配送车辆调度管理，优化运输路线，加强运输成本核算，在大量数据分析的基础之上构建网络化的物流配送体系。

对生产维修工班消耗物资历史数据进行统计分析，采用大数据关联和分层统计技术，找出常用物资，有针对性地部署常用物资到自助式仓库中，减少非常用物资占用物资仓库，实现保存最小库存量。

通过信息系统对物资配送过程进行全过程的跟踪管理，实时反映物资最新状态，实现各管理环节数据的可测量分析。量化数据将帮助管理人员建立更加准确的绩效指标。只要管理过程可测量，就有改善的空间。

对低值易耗品、辅料、工器具类和劳保类用品的采购，应寻找战略合作供应商，签订长期框架协议，实施零库存策略，以按需到货的供应方式保障物资供应。未来可规划与电商企业进行合作，将企业内部配送体系与第三方物流进行整合对接，将分固定线路、固定时间的物资进行定额配送，实现企业内部物资配送体系的扩展。对于特殊物资和应急抢险物资，则仍由企业内部完成配送。

8）应急物资与工器具特殊物资的管理

①应急物资管理。为了保障城市轨道交通的安全运营，应急物资的储备必不可少。应急物资主要分为专业应急救援物资和防洪应急救援物资两大类。应急物资应放置于各车辆段、车站的指定位置，应以最快获取应急物资为原则，物资的存放方式与生产物资集中存

放方式有所不同。

对应急物资的管理，在城市轨道交通行业比较普遍的做法是，根据历年的应急发生情况以及需要使用的物资进行统计分析，制定应急物资的配置标准，经过技术部门和管理部门审核后成为当年度的配置执行标准，指导应急物资的采购、存储和使用。

应急物资管理需要大量的统计分析数据，以提供决策支持信息，满足安全生产管理部和上级监管部门对应急物资总体情况的掌握，因此通过信息系统对应急物资进行精细化管理是一个比较强烈的需求，见表5-7。

应急物资信息常用记录表 表5-7

序号	应急物资名称	大型物资	型　号	专业用途	物资数量	单位	线路	放置地点	地点备注	维护部门	检查时间	状态
1	翻头手提工具箱	否	工具箱：17”，(495×200×290) mm，SATA95104A	防洪物资	1	个	六号线	A				良好
2	翻头手提工具箱	否	工具箱：17”，(495×200×290) mm，SATA95104A	防洪物资	1	个	六号线	B				良好
3	翻头手提工具箱	否	工具箱：17”，(495×200×290) mm，SATA95104A	防洪物资	1	个	六号线	C				良好
4	扁铲	否	扁铲：12 mm，SATA90755	防洪物资	2	把	六号线	A				良好
5	扁铲	否	扁铲：12 mm，SATA90755	防洪物资	2	把	六号线	B				良好

应急物资管理业务的主要流程，如图5-24所示。

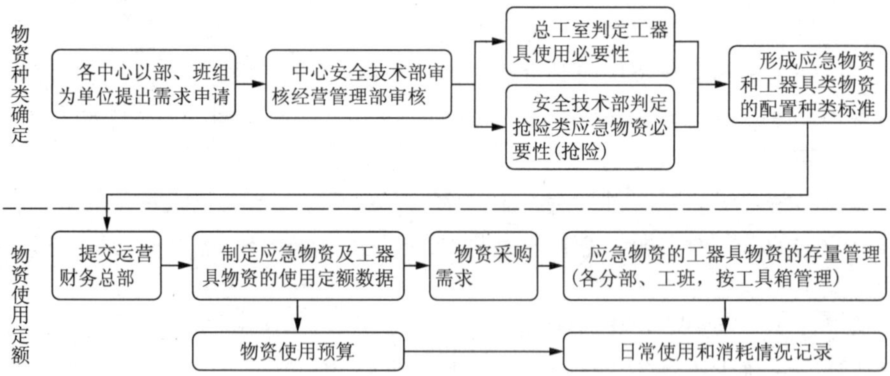

图5-24　应急物资管理业务的主要流程

②工器具物资的管理。工器具的管理与应急物资相似，工器具种类多且分布广泛。工器具的使用和变动的频率都很高，是生产维修作业过程中必不可少的器件，工器具配备支出占了生产作业成本中的很大一部分。当前，国内主要城市的城市轨道交通企业对工器具的管理方式和管理手段仍然停留在比较原始的状态，主要以手工登记管理为主，业务过程数据管理缺失，亟待有信息化的手段提升工器具的管理效率。工器具的管理可分为以下四方面的内容。

a. 工器具预算和定额的制定。工器具按照运营部门的分部、工班等专业进行配置，工器具物资种类的配置由生产部门提出需求，由技术管理部门判定工器具使用的必要性，确定物资的配置种类和配置数量，然后提交财务部门，形成工器具物资的定额，指导工器具物资使用成本的核算和控制。

b. 工器具采购需求申请。生产部门根据工器具物资的使用情况和报废情况，对工器具物资定额提出更新或者采购申请，经有关管理部门审批以后，形成采购需求。

c. 工器具物资的使用。工器具分为按分部配备的工器具、按工班配备的工器具以及作业人员配备的工器具三类，分别由对应的部门进行管理，维修作业时可根据作业需要领用工器具。由于工器具的使用比较频繁，工班人员需要进行有效及时地做使用记录，特别是对重要的工器具、大件的工器具。

d. 工器具成本核算。工器具使用成本的核算当前在国内的城市轨道交通企业仍然处于比较粗放的状态，对细项实物的变动跟踪不足。在管理报表方面由于缺乏最底层操作数据的支持，工器具的使用情况不能实时反映到财务账面上。财务数据的整理需要花费大量的人力，但核算范围仍然有限。

2. 城市轨道交通行业运营物资管理信息化方案

国内各大城市的城市轨道交通企业都非常重视采购物流系统的开发和应用。如上海地铁2009年开始开发实施物资管理系统，模块包括计划、采购、合同审批、收发料、盘点、报表等，整合了物流管理业务。广州地铁2009年全面升级Oracle R12采购物流管理系统，把物资需求、预算、计划、采购、寻源、仓储物流等业务统一到信息系统上处理，形成完备的运营物资管理系统，并进行持续的系统优化以满足业务发展的需求。

1）运营物资采购物流管理信息系统规划

城市轨道交通行业采购物流管理业务与其他行业的采购物流系统有共通之处，也有其自身的独特性，信息系统的规划需要全面考虑企业物流的共性和特殊性。

（1）运营采购物流的管理信息化建设范围

①建立覆盖全业务流程的物流管理业务系统。系统应覆盖到运营物资需求管理、预算管理、采购计划管理、采购管理、仓储管理业务以及供应商评估和绩效考核等业务，及时按质按量提供运营所需的各种物资，以最小的物资储备来达到最佳的供货状态，避免物资的积压和缺料，合理组织供应，加速资金周转，保证供应活动的正常运行以降低库存资金占用。

②节约车间获取物料的时间成本，实现物资快捷领取。通过信息化技术的应用以及就近设置仓库或就近放置物资等手段，协助车间准确快速地领取物资，提高车间人员的工作效率对物流服务的满意度。

③降低仓库物流工作强度，节约人力投入。解决城市轨道交通企业生产工班24小时特别是夜间作业能够快速领取物资的问题，降低物流管理的工作强度，节约物流人员的投入。

④提高物资信息透明化，降低沟通时间成本。完整记录物资的型号、规格、大小等参数信息，减少工班与物流管理部门之间的反复确认，降低两部门之间的时间成本。

⑤实现物资配送规模化和标准化作业，提高物资配送效率。基于物资需求量的增加以及降低成本的要求，提升物流配送效率是物流管理的主要任务之一。解决物流配送管理的主要需求是整合物流配送，实现规模化、流水线式的作业方式，全程记录跟踪物资配送过程，促进物资配送各环节的信息能够得到充分利用，减少不必要的中间环节。

⑥整合维修工单物资需求与物流管理，提升库存物资周转率。整合工单物资需求和物流管理，建立业务和数据的直接关联关系，实现准确的物资需求计划，指导物流物资准备、拣选和配送，有利于提高物资仓库的存储效率，提高配送物资使用效率，减少物资在各个环节的停留时间，在总体上提高物资的周准率。

⑦建立完善的应急物资和工器具物资的管理体系。通过信息化的手段，解决应急物资和工器具物资种类的确定和定额制定，实时记录实物变动管理，采集应急物资与工器具物资的基础数据，形成各种管理报表作为管理决策依据。

（2）运营采购物流管理系统建设的影响因素

运营物资采购物流系统建设需要考虑企业战略目标、物流管理模式（生产物流管理方式、生产计划与调度、库存管理策略、物流配送策略）以及信息化建设的总体规划要求。定制开发的运营采购物流管理系统需要根据企业采购物流管理的特点进行设计，外购成熟的ERP软件实施过程中也需要充分考虑这些影响因素，只有这样开发或者实施的信息系统才能与企业的实际情况无缝对接。采购物流系统设计影响因素，如图5-25所示。

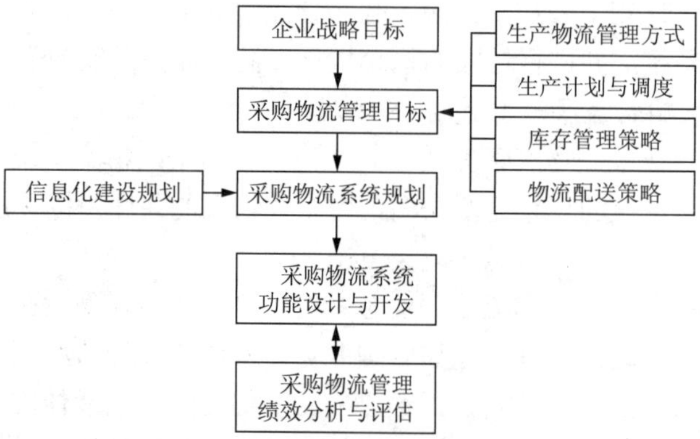

图5-25　采购物流系统设计影响因素

（3）充分考虑智能移动化应用的趋势

随着移动互联网时代的到来，智能移动终端已经广泛应用于企业管理的各个领域，与物流信息平台对接的智能手机移动应用，成为物流管理系统的重要补充，每个生产人员都能够通过手机应用快速进行物资查询、物资需求提出以及物资账务处理等动作。

2）运营物资采购物流系统的功能总体架构

运营物资采购物流系统功能模块主要包括物资预算管理、物资需求计划、物资采购计划、物资采购、物流管理、物资消耗管理以及基础数据模块共7大模块，各个模块之间共享数据，实现对物资全过程作业的有效管理和数据跟踪，如图5-26所示。

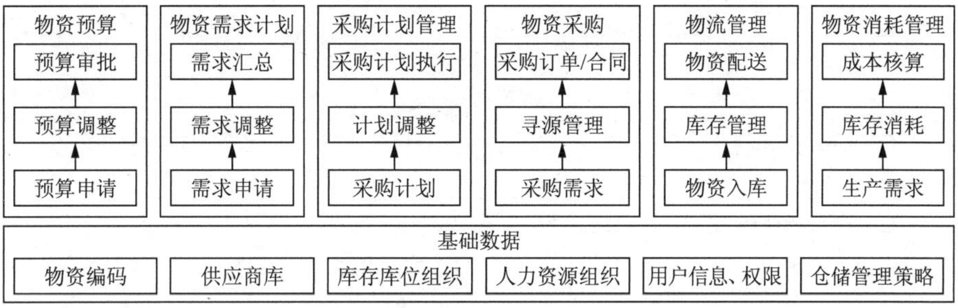

图 5-26　运营物资采购物流系统功能总体架构

3）运营物资采购物流系统的主要功能

运营物资采购物流系统主要包括以下几个功能。

（1）基础数据管理功能

基础数据管理功能是对整个企业的物资基础信息进行统一管理，保持基础数据的唯一性，主要管理的数据包括物资编码、供应商信息、库存组织、人力资源组织架构、用户信息和权限及仓储管理策略等。

（2）物资预算管理功能

物资预算管理功能包括建立年度、月度物资预算，对预算进行审批、调整以及对预算执行数据进行对比分析和差异分析，对当年的物资管理情况进行统筹管理。

（3）物资需求管理功能

物资需求管理功能提供库存数据信息，各业务部门可对物资需求进行新增、调试、删除，系统则根据业务部门架构对物资需求进行数据汇总，形成整体的物资需求数据，指导物资采购、配送以及物资消耗。

（4）物资计划管理功能

物资计划管理功能可创建和审批月度 / 季度 / 年度采购计划。根据各部门的物资需求信息，生成物资采购计划信息。系统功能包括库存匹配、库存调拨、物资计划管理的调整、删除等功能，形成物资计划以后启动审批流程，经过相关部门或者人员的审批形成可执行的物资计划，系统对计划信息进行下达或者分发。

（5）物资采购管理功能

物资采购功能包括寻源管理、供应商市场的数据分析、供应商考评、创建采购订单、供应商发票管理以及合同管理功能。

（6）仓储管理模块

物流仓储管理的对象不仅是对货物的常规库存进行管理，更重要的是对货物所储存的仓库与配送中心的一切资源管理，包括储位，区域，自动化设备，劳动力等。其目的在于整合这些资源，将大量的仓储操作活动如入库上架、领料拣选、车辆配载等进行统一协调的高效规划，以达到最优化的存储布局；将繁忙而杂乱的进出与库内作业安排得井然有序，以优化设备与劳动力的利用率，减少作业差错，降低作业成本，提高整体作业能力，并能够按照使用资源的时间等数据统计成本，进行仓储配送的独立核算。仓储管理模块常见流程，如图 5-27 所示。

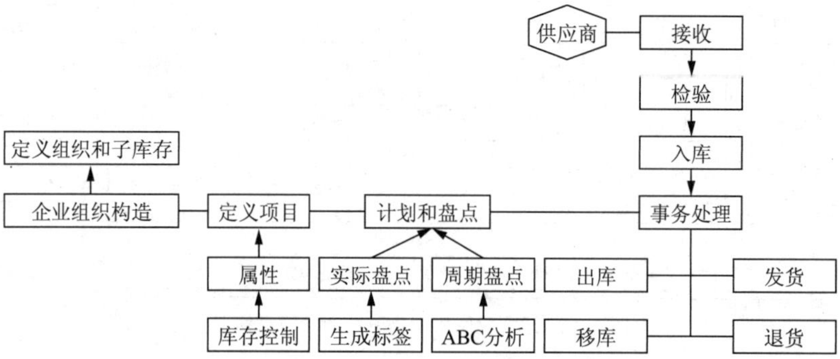

图 5-27　仓储管理模块常见流程

3. 智能自助型仓库系统功能架构

智能自助型仓库，它是一种加快生产工班获取物资，扩展仓库管理的业务模式，对提升物资配送效率发挥重要价值。以下对具有城市轨道交通行业代表性的智能自助型仓库方案进行介绍。

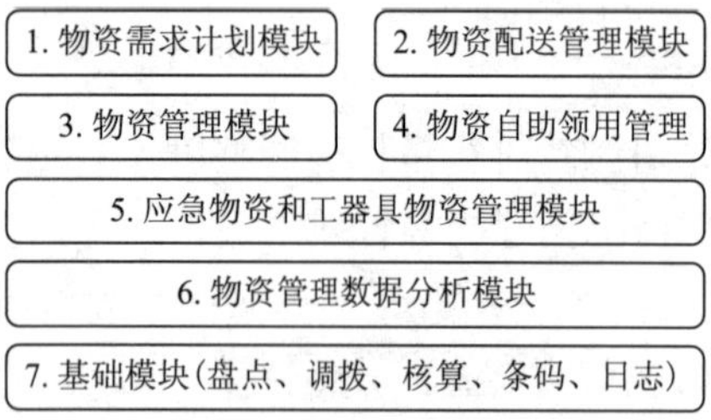

图 5-28　系统功能

（1）智能仓库系统功能设计

系统模块包括物资需求计划管理模块、仓储物资管理模块、智能物资领用模块、物资配送管理模块、标签管理模块和工器具物资管理模块等。系统功能如图 5-28 所示。

支持自助领用的物资信息系统具备下面几个方面的特色和能力。

①部署于轨道交通行业云端，引入云计算服务，充分利用云端服务器的计算能力、存储能力和扩展能力，扩大信息系统的服务范围，支持多线路、多账套物资独立核算，让每位物流管理人员、生产用料人员和财务核算人员都成为系统的用户，实现物资和库存信息的充分共享。

②开发基于跨平台的 Web App 和传统 B/S 结构 PC 端应用相结合的应用系统，包括移动端程序、触摸屏程序和 PC 端程序，集中数据部署和存储，实现数据的无缝集成和交互。可实现跨平台程序开发，采用面向多终端适配的移动中间件，适用于不同的操作系统的设备；统一的 UI 程序界面风格设计，实现不同的设备显示尺寸自动适配，如不同型号尺寸的 iPhone 手机、Android 手机和平板电脑以及安装 Windows 系统的设备。支持互联网流行的浏览器，采用三层结构方式设计和开发，表现层使用 MVC 模式设计，中间层使用组件化设计实现模块功能。跨平台程序开发框架如图 5-29 所示。

③移动应用程序的开发结合地图地理技术和二维码标签技术，加大物资图片的展示功能；物资图片化信息让用户拥有更佳的操作体验，提升物资配送和物资查找的效率。通过无线网络，用户用智能手机安装移动应用程序，实现广阔地点物资库存管理和信息查询，无论是在维修车辆段、车站还是隧道里面都可以进行操作，不受办公地点的限制。

④建立多维度的数据关联分析模型，可根据管理的要求，灵活地对物资管理过程数据进行详细分析，形成管理报表，支持管理决策。

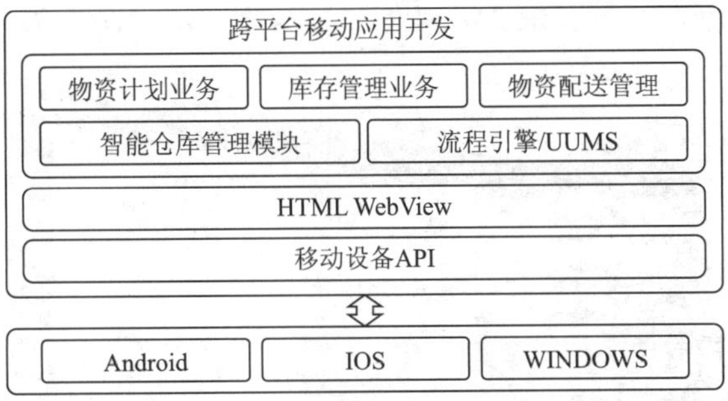

图 5-29　跨平台程序开发框架

（2）智能仓库系统应用场景图

①运营物资的图片化处理场景图，如图 5-30 所示。

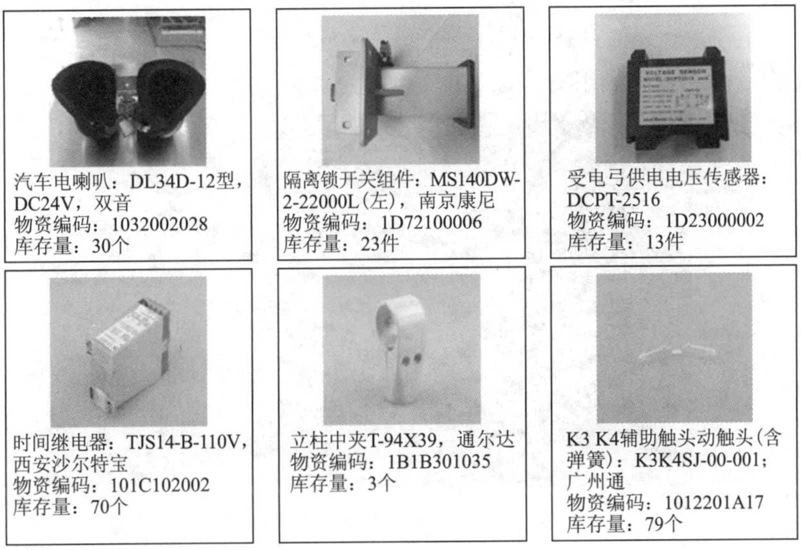

图 5-30　运营物资的图片化处理场景图

②智能手机应用加二维码、条码的领用方式场景图，如图 5-31 所示。

图 5-31　智能手机应用加二维码、条码的领用方式场景图

③通过触摸屏电脑实现物资快速查询与领用场景图，如图 5-32 所示。

图 5-32　通过触摸屏电脑实现物资快速查询与领用场景图

④智能物流柜的物资领用方式场景图，如图 5-33 所示。

图 5-33　智能物流柜的物资领用方式场景图

⑤应用地图标识应急物资的方位图，如图 5-34 所示。

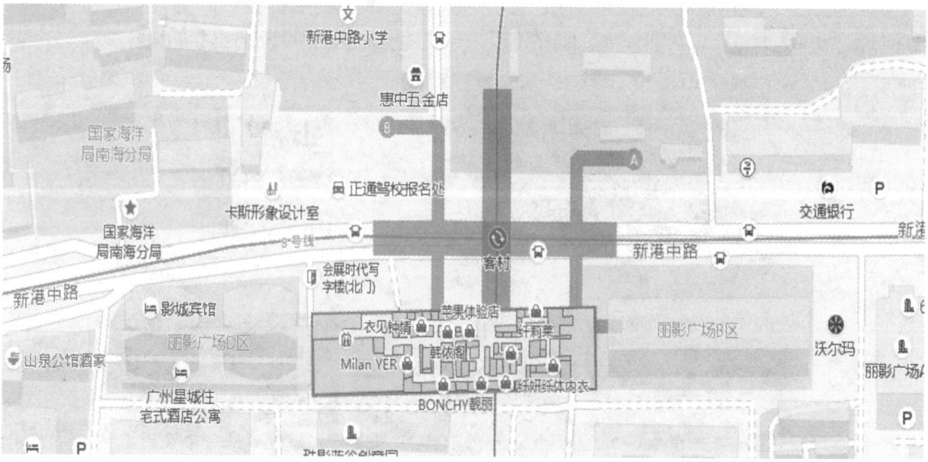

图 5-34　应用地图标识应急物资的方位图

（3）广州城市轨道交通智能仓库硬件配置

硬件设备是实现智能仓库管理、物资领用和过程监督的基础，主要包括以下几个方面的内容。

①自助仓库管理系统操作硬件设备。主要包括智能物流柜，信息系统数据的智能终端操作设备、标签条码打印设备、标签扫描设备。智能设备包括智能手机、平板电脑、台式电脑、触摸屏电脑等。

②自助仓库门禁和监控设备。包括人脸设备门禁、IC 卡门禁设备，视频监控设备和视频存储设备等。

③部署光纤网络和无线网络发射器。为了保障自助仓库大量数据处理和图片数据的传输要求，只有千兆以上的光纤网络才可保障数据的顺利传输。可在各操作地点部署无线网络信号发射器，支持移动设备接入网络。

以下是对一些主流软件系统的介绍。

三、主流软件系统

与设备设施相关的系统可分为两类：一种是信息管理类系统；一种是生产监控类系统。

1. 信息管理类系统

早期的设备维护管理系统称为 CMMS，即“计算机化的维护管理系统”（Computerized Maintenance Management System ）。CMMS 的重点是设备的维修，目的是利用计算机管理维修工作和备件库存采购。

在 CMMS 的基础上，资产管理信息系统（Enterprise Asset Management，简称 EAM）扩展了维修成本管理、人力资源、安全措施等功能，将系统的功能从‘设备维修’提到‘资产管理’的高度。EAM 是面向资产密集型企业的企业信息化解决方案的总称，是针对企业资产（主要是企业设备）进行的管理，核心目标是设备的最大化利用，以提高企业效益及投资回报率。实施 EAM 系统的主要是资产密集型企业，如电力、采矿、制造业、港口、交通运输业等。

传统的企业资源计划（ERP）系统供应商也不断在其产品中加强 EAM 功能，如 SAP（思爱普），Oracle 以及国内的用友、金算盘等。市场主流产品有以下几种。

1）IBM MAXIMO 产品

MAXIMO（Maximo Asset Management）原是 MRO 公司的产品，后被 IBM 公司收购。MAXIMO 是目前市场上使用较广泛的企业资产管理系统；MAXIMO 由六个关键的管理模块组成，包括资产管理模块、工作管理模块、服务管理模块、合同管理模块、物资管理模块与采购管理模块。MAXIMO 软件如图 5-35 所示。

MAXIMO 可以有效地获取和分析各种资产和工作数据，使用户了解并掌控企业的所有资产。为了最大程度地提高资产收益率，MAXIMO 允许用户开发功能全面的程序，来进行预防性的、预测性的、日常的以及计划外的维护。综合使用这些程序，有助于达到降

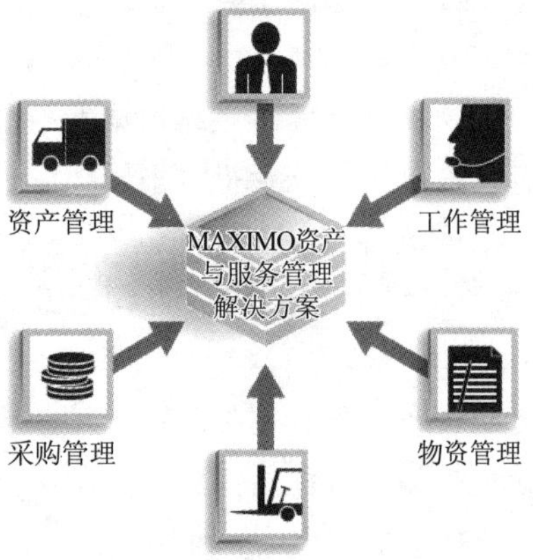

图 5-35 MAXIMO 软件

低成本、延长资产正常运行时间的目标。

（1）资产管理模块

资产管理模块以工单的创建、审批、执行、关闭为主线，合理、优化地安排相关的人、财、物资源，将传统的被动检修转变为积极主动的预防性维修，与实时数据采集系统集成，可以实现预测性维修，通过跟踪记录企业全过程的维护历史活动，将维修人员的个人知识转化为企业范围的智力资本。

（2）提供无缝地跟踪与管理资产在整个生命周期中的运行及位置等全方位信息

跟踪一段时间内的资产详情——包括地理位置、工作与成本历史，以便提高效率，延长资产使用寿命。

建立位置与资产的分级结构，汇总所有系统、子系统与各个位置的成本，以全面地了解各组资产的成本。

监控资产与位置条件，实现前瞻性的维护，帮助缩短计划外的停机时间。

（3）工作管理模块

工作管理模块可同时管理计划内与计划外的维护活动，从最初的工作请求和工单的生成，直到实际工作的完成与记录。工作计划安排人员可以将工作任务与可用资源进行匹配，确定维护活动的优先级并启动各种维护工作。

跟踪工具可以对资源、材料以及设备的使用与成本进行详细的分析——以便缩短人工和材料的成本。

图形任务管理器可帮助优化各种维护日程表和人工使用情况，在合适的时间安排具有合适技能的合适人员完成合适的工作。

预防性维护功能可根据正确的工作步骤与资源要求制定 PM （预防性维护）日程表，以帮助技术人员完成各种工作，缩短计划外的停机时间，减少应急反应性的维护。

（4）服务管理模块

服务管理模块可帮助最终用户提交服务请求。通过 IBM Tivoli® Service Desk 将其他与服务相关的最佳实践应用于其中，以进一步满足资产管理目标和优先级的需要，为总体业务目标提供最好的支持。

定义服务并验证所提供的服务，正好是支持业务所需的服务。

设计服务级别协议 （SLA），帮助改进业务部门之间的沟通，并实现服务级别与业务目标的统一；根据衡量标准前瞻性地监控服务的提交级别，避免不能完成对服务级别的承诺。

实施逐级上报步骤，适当地管理各种资源，以便实现对服务的承诺。

（5）合同管理模块

合同管理模块可通过集成的合同管理系统，增强对供应商合同的管理。对购买合同、租赁合同、租金合同、保修合同、劳务费合同、主合同、总括性合同以及用户定义的合同，提供全方位的管理支持。

合同关联功能可将 SLA 与供应商合同联系起来，帮助剔除不可靠的供应商和劣质产品。在重新与供应商谈判时引用 SLA 性能标准。

条款与条件文库可帮助公司采用统一的标准化政策。

自动化通知和报警功能可帮助按时履行与供应商的合同条款，避免造成罚款等不良后果的发生，并从每个合同中获取最大收益。

（6）物资管理模块

物资管理模块会记录所有的物资移动与变化情况，实现实时的物资跟踪、汇报与审计。

跟踪各种库存交易，通过去掉多余的或者过时的存货，优化部件与物资的管理，降低各种成本。

帮助优化与规划各种库存，准确地满足维护要求，可在需要时在合适的地方提供合适的备件。有助于减少存货的发出、损耗以及储运成本，同时可通过资源共享实现规模经济。

（7）采购管理模块

采购管理模块支持整个企业采购的所有阶段，包括直接购买与库存补充。可以为买方提供各种请购单、报价、供应商、订购单与合同等。MAXIMO 可集成各种软件供应商（如 Oracle 与 SAP）提供的企业管理系统。

MAXIMO 在全球电力行业、能源行业、交通行业等资产密集型企业都有广泛应用。广州地铁、苏州地铁等城市轨道交通企业都应用了 MAXIMO 软件。

2）*Infor EAM 产品*

Infor 是全球第三大企业级应用软件及服务供应商，Infor EAM Enterprise 是一个综合性的企业资产管理解决方案，能够持续监测资产状态及效能以及评估数据，以便发现关键趋势和异常、预测效能并做出促进行动的决定。EAM Enterprise 提供了用于监测和管理公司资产的部署、效能及维护的工具，包括帮助消除运行中断和挖掘隐蔽利润的警报功能。

Infor EAM Enterprise 包含预测性维护（PDM）和基于状态的维护（CBM）以及智能运管和资产可持续运维功能——不会产生第三方软件的成本及复杂性和不确定性。它提供了设备警告以及数据和实时信息来帮助采取快速而准确的行动，并在需要时将问题上报给相关人员。Infor EAM Enterprise 系统，如图 5-36 所示。

Infor EAM Enterprise 的功能包括资产管理、预算管理、检修管理、采购管理、工作管理、物料管理等。

①资产管理。资产管理包括资产 / 设备台账管理，位置层次结构管理。

②检修管理。资产管理包括检修计划、计划工单、故障工单管理以及相应的审批流程。

③物资管理。资产管理包括采购申请、采购计划、采购订单、库存管理等。

Infor EAM 广泛应用于资产密集型企业，国内客户有深圳地铁轨道交通、海尔集团、阿姆斯壮、神东煤矿等。

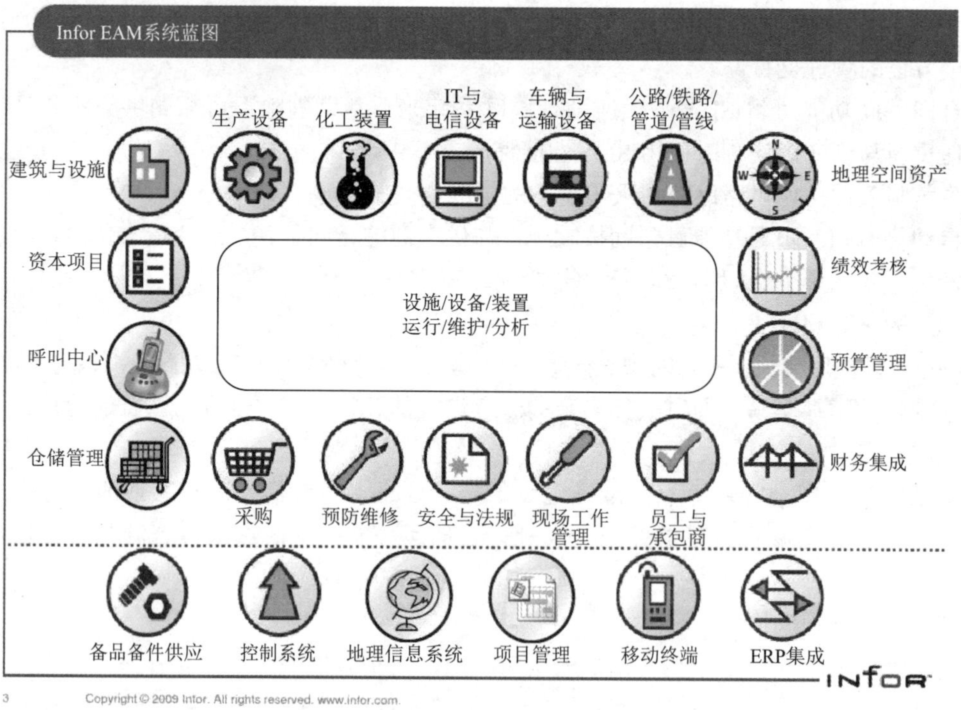

图 5-36　Infor EAM Enterprise 系统

3）Oracle EBS 产品

Oracle EBS 是甲骨文公司的应用产品，全称是 Oracle 电子商务套件（E-Business Suit），是在原来应用（Application）基础上的扩展，是包括 ERP（企业资源计划管理）、HR（人力资源管理）、CRM（客户关系管理）等多种管理软件的集合，是无缝集成的一个管理套件。

Oracle EBS 也具有企业资产管理（EAM）功能， 可满足资产密集型公司的全面维护需求。能够帮助企业建立资产管理策略，并将其作为企业总体运营的一部分。可优化设备利用、提高生产力、降低运作成本，并最终提高投资回报率（ROI）。Oracle 资产管理可与采购管理、库存管理、财务管理、物业管理、项目管理等进行无缝集成，实现完整的资产生命周期管理。Oracle 企业资产管理（EAM），如图 5-37 所示。

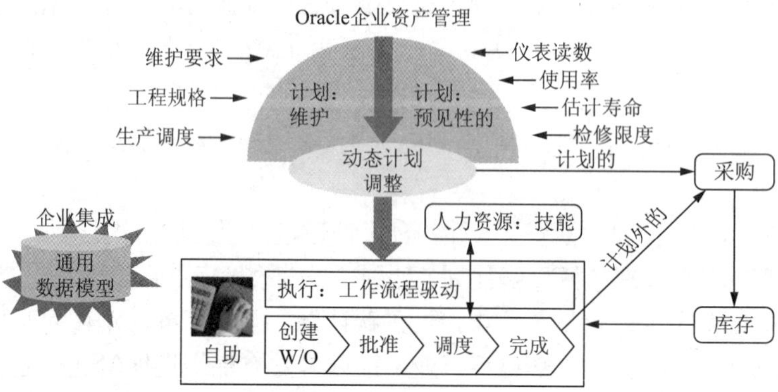

图 5-37　Oracle 企业资产管理（EAM）

Oracle EBS 企业资产管理支持“集团—公司”的组织应用，支持“集团—子集团—公司”的组织应用。Oracle 多组织管理架构支持多层级组织架构的灵活设置和变动，当企业的组织结构由于资产重组，业务流程重组而发生变化时，实体可以被轻而易举地移动、增加或取消，支持各种集团管控模式的应用和集团组织架构的扩展及变革。

Oracle 在工程和建设行业、离散制造和流程制造行业，有很多大型成功客户，如华为集团、中兴通信、美的、宏基、TCL、纳爱斯等。

4）SAP R3 软件产品

SAP 是德国的一家软件公司，成立于 1972 年，总部位于德国沃尔多夫市，是全球最大的企业管理和协同化商务解决方案供应商，在全球有 120 多个国家的超过 172000 家用户正在运行 SAP 软件，财富 500 强 80% 以上的企业都正在从 SAP 的管理方案中获益。

SAP R3 是 SAP 公司重要的 ERP 产品。SAP R3 是一个基于客户 / 服务机结构和开放系统的、集成的企业资源计划系统。其功能覆盖企业的财务、后勤（工程设计、采购、库存、生产销售和质量等）和人力资源管理、SAP 业务工作流系统以及因特网应用链接功能等多个方面。它们既可以单独使用，也可以和其他解决方案相结合。从流程导向的角度来看，各应用软体间的整合程度越高，它们带来的好处就越多。

SAP R3 物资管理模块包括采购（申请→货源与价格确定→批准→订单处理→订单跟踪）、收货、库存、发票校验等功能。如图 5-38 所示。

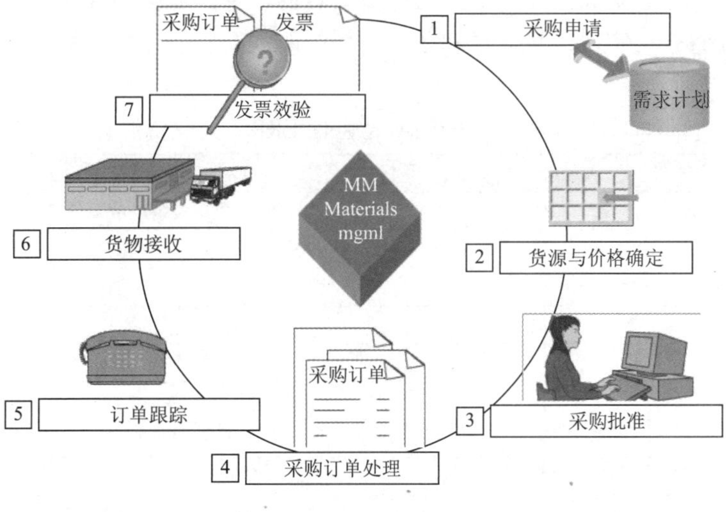

图 5-38 SAP R3 物资管理模块

5）金蝶 EAS（企业应用套件）系统

金蝶国际软件集团是始创于 1993 年的国内企业，以管理信息化产品服务为核心，目前有三种 ERP 产品，分别为面向中小型企业的 K/3 和 KIS，以及面向中大型企业的 EAS，涵盖企业财务管理、供应链管理、客户关系管理、人力资源管理、知识管理、商业智能等，并能实现企业间的商务协作和电子商务的应用集成。金蝶 EAS 系统物流管理模块，如图 5-39 所示。

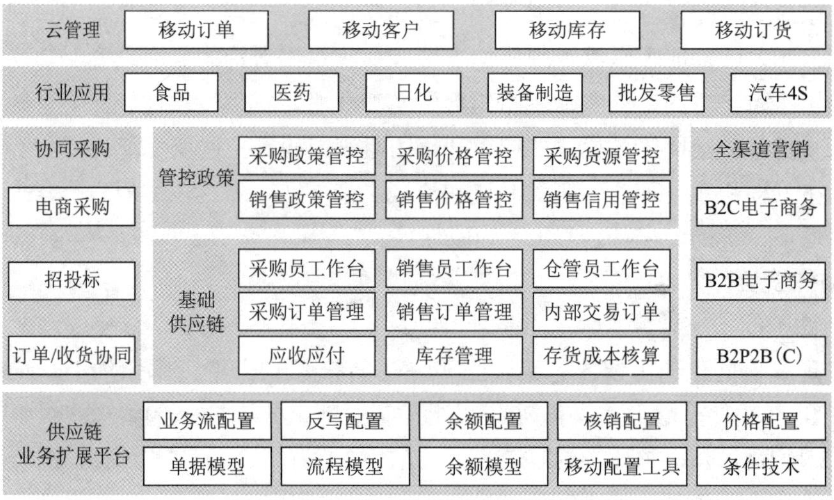

图 5-39　金蝶 EAS 系统物流管理模块

2. 生产监控类系统

目前地铁生产监控系统主要有主控系统、直线电机气隙检测系统、车辆在线检测系统等。另外，还有一些系统或工具对设备设施各种状态参数进行测量，如网轨检测车、车载系统、轨旁测量工具等。

其中主控系统是一个面向调度和车站操作人员的大型计算机集成系统，通过对各子系统信息的集成和整合，实现信息共享和各种跨系统的联动功能。主控系统接入的数据，见表 5-8。

主控系统接入的数据　　表 5-8

子　系　统	接入主控系统信息
PSCADA	电力信息、供电设备的故障信息
FAS	火灾信息、防灾报警系统故障、烟感、温感等火警信息
EMCS	环控信息、风机、风阀、空调温度等信息
PSD	屏蔽门开关门、故障状态
FG	防淹门故障状态
CCTV	闭路电视状态
PA	广播状态、广播控制
SIG	列车所在位置、列车到站信息
AFC	客流信息及闸机，售票机故障信息
PIDS	发送车站紧急信息

第三节　经营性资产管理信息化解决方案

城市轨道交通企业除了涵盖巨量的非经营性的城市轨道交通运输生产相关资产外，也涵盖了大量的经营性资产，包括衍生资源资产、以及沿线物业开发资源资产。经营资产更着重如何提升资产的收益率，以便为城市轨道交通企业创收增利。这也是城市轨道交通企业经营性资产管理信息化实践的目标和价值所在。本节包括衍生资源资产管理信息化实践、以及沿线物业资源资产管理信息化实践两部分内容，以下将一一进行介绍。

一、衍生资源资产管理信息化实践

1. 衍生资源资产业务管理内容

在城市轨道交通行业，城市轨道交通沿线的衍生资源资产在建设过程中也同步开发，包括各个车站内部的资源资产，车站连通通道的商业资源资产及隧道通信资源资产等；资源资产作为城市轨道交通重要资产的一部分，需要不断提高资源资产日常管理效率，进行资源资产智能化运作，以提升企业资源资产决策能力。

城市轨道交通资源资产的业务经营模式多种多样，包括常见的大包租模式、分租户模式、项目公司模式等，城市轨道交通企业可通过各种模式的结合，分析出效益最大化的方式进行经营。衍生资源资产的业务属公司内比重较大的一块，根据公司对经营业务的统筹管理，可组成管理梯队，对相关业务类型进行专业管理。衍生资源资产管理业务框架，如图 5-40 所示。

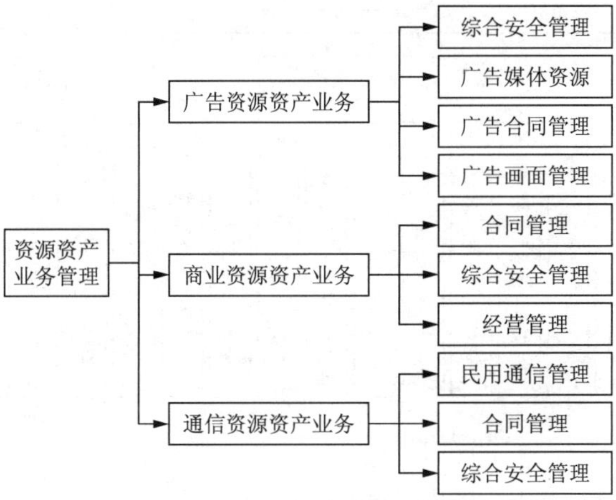

图 5-40 衍生资源资产管理业务框架

2. 衍生资源资产业务管控重点

衍生资源资产管理主要包括广告、商业及通信三大业务模块的资源资产管理。目前广告资源资产分为三类：传统媒体、视频媒体及纸质媒体。其中，传统媒体经营业务占最大比例，广告资源资产管理包括资产的建设和经营。在建设过程中，资产的建设计划和实施过程需要全程记录，相关的材料需要统一收集。经营阶段必须建立阶段从建设交接过来的广告资源台账，对广告资源进行招租，管控上下画风险，实行综合巡查管理。当资源需要主体更改，要及时更新台账，实现全生命周期管理。

商业资源资产分为地下资源资产和地面资源资产两类，其中地下资源资产为各车站地下站厅商铺、柜台、商业街、通道、商业自助设施的位置；地面资源资产为物业裙楼、小区物业、厂房等，商业资源资产从建设到经营与广告资源资产过程类似，商业资源资产更多属于空间经营资产，对空间的安全性、整体性、联动性更加注重，涉及消防安全、人员安全等，所以在经营过程中的综合巡查管理也是管控重点。商业资源资产的招商环节也是管控的重点，根据不同时期的要求，资源资产招商需要在公开网站及其他途径进行发布。对招商到合同签订的过程需要重点管控。

通信资源资产管理是对各站点的通信设备进行管理，主要集中在通信机房的资源资产管理方面，重点应管控机房环境、资源资产使用情况等。随着城市轨道交通线网的快速发展，资源的数量也将迅速增长，随后还有新兴的资源产生，如文化产品的开发、互联网资源等。

3. 衍生资源资产信息化方案

1）技术路线

系统设计及技术路线选择应综合考虑实用、成熟、先进性、可扩展性，同时还要考虑系统的易用性和易维护性。

2）功能模块汇总表

衍生资源资产管理系统各子系统包含的功能，如图 5-41 所示。

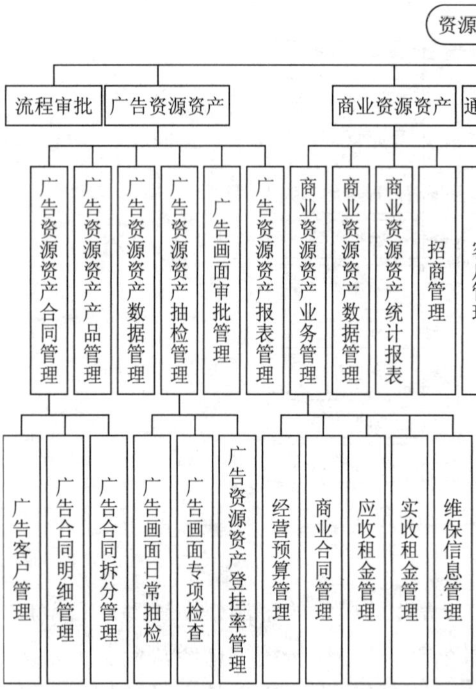

图 5-41　衍生资源资产管理系统各子系统功能

3）功能概述

资源资产管理系统主要包含广告业务管理、商业业务管理、通信业务管理、招商管理、客户管理、经营策划和分析、系统管理等功能。

（1）广告业务管理

广告资产模块的功能主要包括以下方面。

资源资产信息管理：包括各类广告媒体的基本属性管理。

资源资产抽检管理：分为媒体专项抽检和媒体日常抽检，记录广告媒体的清洁、安全和画面登挂情况。

广告资源资产合同管理：管理与第三方客户的广告发布租赁合同，通过合同录入、拆分对广告媒体资源经营收入进行统计和分析。

广告画面审批：管理和审批发布的广告画面和播音导向等内容。

（2）商业业务管理

商业管理模块功能说明如下。

资源资产基本信息管理：管理商业资源资产的信息，包括各类资源资产属性。

资源资产业务信息管理：针对业务信息进行管理，包括日常经营管理，合同信息管理，应收管理、实收管理等，并对资源收入进行统计分析。

（3）通信业务管理

通信业务管理包括：

资源资产基础信息管理：记录资源资产基础信息属性。

通信资源资产合同管理：记录通信资源资产租赁信息，并对资源资产收入进行统计分析。

（4）招商管理

招商管理模块只是针对对外出租物业资源资产，招商管理包括客户注册、招商信息发布、租赁意向提交、招商结果公示等功能。

招商管理模块根据商业资源资产基础数据管理模块获取数据，发布招商信息；商业客户通过网上注册形成客户信息，符合招商条件的客户可以提交租赁意向信息。

客户实际的租赁合同由合同管理系统管理，资源系统通过数据接口同步资源合同租赁信息，并对资源收益进行统计。

（5）客户管理

客户管理主要管理商业资源租赁客户。客户投诉和客户日常信息管理由业务负责人根据实际数据进行管理。客户投诉管理记录客户投诉时间、事件、处理状态信息。客户日常管理包括客户日常管理指标维护和日常信息记录。

（6）经营策划管理

经营策划模块功能包括新线路工期管理。可根据录入的新线路规划信息和各阶段完成情况计算新线路工程完成进度，并提供各阶段取得文件的上传、下载功能。

（7）系统管理

系统集成接口，如图 5-42 所示。

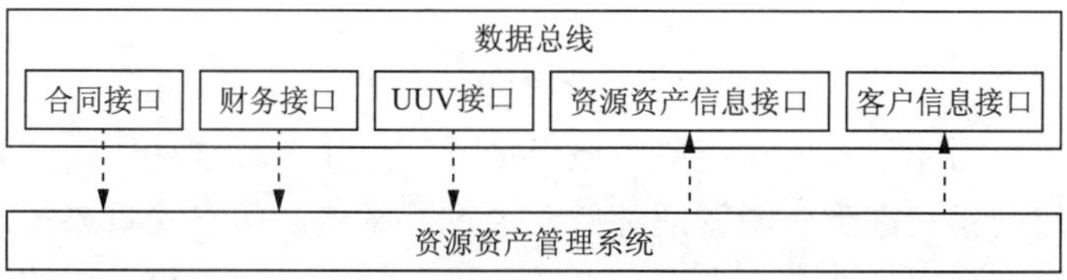

图 5-42　系统集成接口

UUV- 统一用户视图

①与合同管理系统接口。资源管理系统为合同管理系统提供“资源基础数据”，即资源台账；用于合同管理系统中的合同明细。

合同管理系统通过合同签订信息及合同明细（关联的资源）信息计算每份合同内每个资源当月的应收数据，并将资源租赁合同数据和应收数据提供给资源管理系统，用于更新资源状态。

②与财务系统接口。财务系统从资源管理系统获取最新注册的客户数据，保证所有客户数据在财务系统中统一管理。

资源管理系统与财务系统同步已有的客户数据或从财务系统新增的数据，以保持客户数据一致，避免客户重复注册。

资源管理系统与财务系统同步以客户为单位的每月应收（财务人员手工录入）和实收（财务人员手工录入）数据，并与从合同管理系统中同步的应收数据进行对比，计算客户欠款收益情况。

③与车务管理系统接口。资源管理系统与车务管理系统同步线路和车站信息数据作为系统资源和业务基础数据，并保证所使用线路和车站信息与其他应用系统一致（都与车务系统同步）。

④与短信平台、邮件系统集成。资源管理系统通过邮件系统（或短信平台）提供的邮件（或短信）认证账号，将系统需要发送的邮件（或短信）提交至邮件系统服务器（或短信平台），由邮件系统（或短信平台）将需发送的内容发送到目标地址。

4）预期效益

（1）管理效益

可规范资源管理业务，建立较为健全的经营管理、资源台账管理、客户管理、应收管理、经营分析体系。通过使用系统，可对资源信息进行管理对经营进行分析，可提供有效的信息参考，以便制定更加科学合理的经营策略。

通过基于资源台账、合同、客户等多个维度的一体化资源经营情况视图可一目了然地了解资源经营的情况并进行更为有效的经营决策。

强化租赁和应收款项的管理。通过信息系统可以更有效地管理资源经营产出的经营效益，更大程度地避免收益因人为统计和工作疏忽造成的收益损失。

（2）经济效益

通过系统的实现能够更加规范资源的应收管理，能够更便捷地查询资源利用情况和应收款项的情况，将更有利于资源管理的管控；能更有效地管理应收款项，同时更有效地辅助决策提供资源的利用率。

①时间缩短带来的效益。减少画面审批时间，每天只需 52min，218h；电子化管理，电子化存档，查找画面非常方便，避免纸质审批后，查找资料须耗费大量时间。资源管理模块为各业务部门归集数据到资源管理部门。通过开发资源信息管理系统，将数据归集核对业务分散到日常工作中，在整理台账和经营分析工作中，每年可节省约一人三个月的劳动力（各业务部门经办人、部门经理，财务部门经办人、部门经理，总部领导填报工作折算），通过资源信息系统每年可节省人力成本约 4 万元。

②管理水平提升带来的效益。通过系统标准化管理，每年可将经营效率提升约1%（出租闲置，承租人转换等工作提升带来的效率提高），假设平均租金（或自用机会成本）为25元/m^2，则每年可带来效益约10万元。

③风险控制避免的损失。减少差错率。电子画面可放大，杜绝了广告画面中小字难以查看的问题，确保广告审核到位。节约耗材成本4500元；标准化审批，规范审批流程，使每个画面的审批流程都很清晰。

4. 主流软件产品介绍

1）广告业务系统（广州地铁德高广告有限公司）

广州地铁德高广告有限公司软件具体功能介绍如下，如图5-43所示。

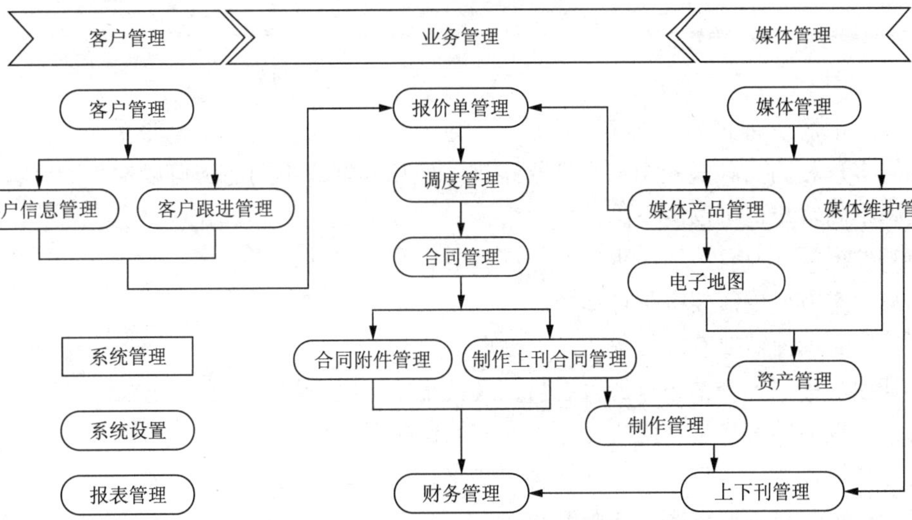

图5-43 广州地铁德高广告有限公司软件功能

（1）客户管理

①客户信息管理。客户信息应确保完整、有效，可根据销售、客户查询对应客户、销售的（信誉）等级、回款情况、平均折扣、平均回款周期等。客户登记—注册流程如图5-44所示。

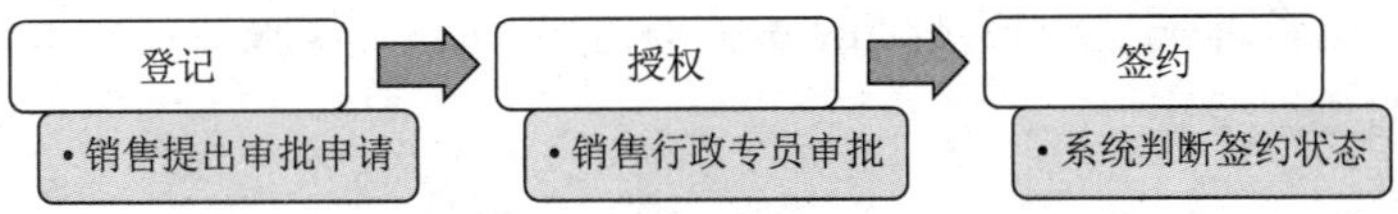

图5-44 客户登记—注册流程

销售新建客户，创建后客户记录状态为“登记”，登记后进入审批流程，审批流程可配置，此时同时录入联系人信息并上传联系人名片（联系人可录入多人，名片可上传多张）。

销售确认客户与联系人信息正确，且已上传联系人名片，此时可向销售行政专员申请进行客户授权保护。

销售行政专员审核上传的联系人名片是否与录入的信息一致，且客户没有冲突后，审批通过。

②客户信息。客户信息包括基本信息（客户分类、对应品牌等）、联系人信息（联系

电话、部门、职位、名片等）、其他信息（创建人、跟进销售、保护期、审批记录、跟进状态等）。客户名称与品牌名称须保证唯一性，以确保同一家客户或品牌在系统中不会出现两个不同的名称。

③客户—品牌—销售—联系人的关系，如图 5-45 所示。

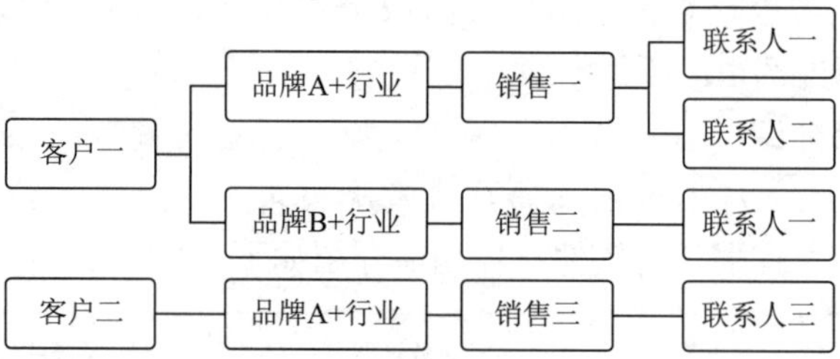

图 5-45　客户—品牌—销售—联系人关系

客户 + 品牌 + 销售为一条客户记录，一条客户记录可以对应多个联系人。

相同客户相同品牌只能由一个销售跟进，但相同客户不同品牌可以由不同销售跟进，相同品牌不同客户也可以由不同销售跟进。

④邮件提醒。所有申请与审批操作都需要有邮件提醒。

客户状态有变更需要有邮件提醒。

保护期到期前需要有邮件提醒。

⑤其他功能。各个销售只能查看自己及其组织层级下销售的客户记录。

每个授权后的客户记录用户可分配对应的销售跟进。

管理员可以变更客户信息，包括客户状态、保护期日期等。

管理员可以设置授权客户的限制数量。

管理员可以设置保护期的时长，设置后新申请保护的客户，其保护期按新时段计算，历史记录保护期不变。

管理员可以设置延期的时长。

（2）业务管理

①品牌—行业管理。反映最基础的品牌与行业信息，使报表统计时为客户信息的统一提供最基本的数据保障。

a. 品牌管理。

市场部可以对“品牌”进行增、删、改的操作，品牌信息包括品牌大类与品牌小类，并与行业信息做关联。

例如，品牌大类“宝洁”旗下有沙宣、护舒宝、SK-II 等品牌小类。

b. 行业管理。

市场部可以对“行业”进行增、删、改的操作，行业信息仅包括行业小类。

行业大类应该由市场部按德高集团规则在后台录入，且录入后市场部不可以擅自修改。

例如，行业大类：金融行业。（集团统一制定）

行业小类：保险、银行等。（市场部制定）

②客户拜访管理。

客户拜访记录：包括拜访客户、联系人、项目、方式（电访、面访）、日期、时长、阶段、内容、随行、几率。

客户拜访计划：包括预计下次拜访客户、联系人、项目、方式（电访、面访）、日期、时长、阶段、内容、随行。

签单预计，包括客户的预算、购买的媒体类型、金额、发布时间。

（3）媒体管理

①媒体信息管理。媒体信息管理反映最基础的媒体个体的准确信息，为销售员制定预订单、合同以及市场部制定套装时提供最基本的媒体数据保障，并且还可以对优质媒体进行标记，同时结合合同，可查询任意媒体涉及的合同、折扣、回款、客户、销售等信息。

管理对象可以对“媒体”进行增、删、改的操作，媒体信息包含线路、级别、站点、媒体类型、方向、媒体位置、媒体编号、唯一编号、尺寸、有效期、每天可售数量（电子媒体使用）、新创文、状态等信息，可记录灯箱的故障日期、维修时段，以便配置不同的媒体状态。灯箱维修台账包含的功能可以筛选并导出某单个灯箱某时间段（如一年或一个月）的数据，每个资源拥有唯一的编号，通过该编号与订位、合同、上下刊模块进行联系，可实时查询订位、合同、上下刊的状态，具有首次移交面积，各站点平面图。

②非电子媒体产品管理。

a. 业务描述。媒体产品是由媒体 + 刊例价 + 制作 / 上刊费组成，产品中的媒体可以是单个媒体，也可以是由多个媒体或媒体规则组成的套装。

b. 套装信息管理。市场部可以对“套装”进行增、删、改的操作，套装信息包含套装名称、有效期、约束条件、套装规则、状态等信息。套装的种类分为固定点位套装和规则套装。

固定点位套装指的是套装内媒体全部都是固定的，无法修改。

例如，公园前站换乘 A 区的品牌专区套装。其由十六根柱子 + 大灯箱 + 墙贴 + 单边屏蔽门贴 + 玻璃贴组成，套装内所有媒体点位都是固定的，无法更换。

规则套装指的是套装内媒体点位不固定，但媒体总数量固定，且有具体的套装约束规则。

c. 套装功能描述。套装约束规则：可精确到线路、级别、站点、媒体类型、媒体数量、每站最多媒体数，同一套装可创建多条套装约束规则。

可自行定义套装类型，如刊例套装、促销套装、个案套装、自定义套装等。

③刊例价管理。

刊例价是以四周为发布周期的媒体或套装发布费用，市场部可以对“刊例价”进行增、删、改的操作，但删除后的刊例价信息将不在刊例价管理中显示，即只是逻辑删除，不在系统中做物理删除。刊例价中包含刊例价名称、最小可售周期、刊例价、有效期、状态等信息。

④电子媒体产品管理。同一个电子媒体可支持两种销售方式，即独享（一天内只播放一个客户的广告）和联播（一般以几十秒一个客户的广告为单位，每天循环播放）。

⑤空位查询。销售可在系统中根据查询条件，查看各媒体点位的订位、排队、锁位、发布等情况，为媒体销售提供依据，确保媒体点位不会重复销售。

（4）合同管理

合同由客户确认的报价单转化。计划经过线上流程完成合同的审批工作，包括合同条款的审批工作，实现由系统出具合同。

如果是非公司的标准版合同，由客服部上传客户提供的合同模版，通过线上进行合同条款的审批。

（5）广告画面管理

广告画面审批流程，如图 5-46 所示。

图 5-46　广告画面审批流程

客服（Customer Servive ，简称 CS）根据客户投放内容在系统中生成小样通知单（小样通知单须能导出电子版格式提供给制作公司）。

客服将最终发布的画面及工商资料上传到系统，提交给审批同事审批。

画面审批通过后，系统通知客服，客服可以发起制作上刊流程。

（6）制作上刊管理

根据客户投放内容及客户要求生成制作上画明细表，客户与销售在线下确认制作上画单后，销售在系统中走制作上刊流程。

（7）财务管理

实收款管理：用户可以把实收的款项对应到相应的合同付款排期（应收款）中，并生成对应的实收款记录。

收款信息关联客户信息，有约定付款日（分期）、实际付款日、逾期天数，按账龄切分。

（8）报表

报表有两种形式，一种是根据系统基础信息，用户能直接生成；另一种需定制化开发。

2）宝树科技商铺管理信息系统

商铺管理信息系统包括以下几个功能。

（1）商铺信息管理

实现商铺详细信息的登记管理，包括商铺名称、位置、面积、类型、用途、租金、折扣、状态等信息。工作人员可以对商铺信息进行编辑、删除操作。

（2）客户资料管理

实现客户详细资料录入，包括客户姓名、证件名称、证件号码、押金、手机号、其他联系电话、联系地址等详细信息。

（3）租赁合同管理

工作人员从客户资料库中选择商铺和客户信息，自动生成租赁合同。系统可以将生成的租赁合同导出到 Word 模版中，可以对合同细节做修改。如不需要修改合同，可以直接打印租赁合同。

（4）客户入住管理

租赁合同签订后，客户入住商铺。系统需要先打印出水、电、气抄表单，待工作人员抄表完成后，将水、电、气初始数据录入系统。同时将商铺状态修改为“已出租”。

（5）客户退租管理

客户退租时，系统会自动显示该客户租住商铺的详细信息。

当客户缴清所有费用后，系统将显示该商铺可以退租。工作人员须将该商铺状态设置为“已退租”状态。

（6） 客户缴费管理

客户缴费项目应包括商铺租金、物业费、水电气费、管理费、垃圾处理费以及其他费用。

系统会根据商铺面积、折扣、费用单价等信息，在缴费日期前一周自动生成客户缴费通知单。工作人员可以批量打印缴费通知单，也可以单独打印某一商铺缴费通知单。

如果客户逾期不缴纳费用，系统会弹出预警提示，告知工作人员哪些商铺逾期未缴费，以及已经拖欠的时间、滞纳金额等信息。同时，系统能自动生成费用催缴单，并提供催缴单打印功能。

（7）租金折扣管理

工作人员可以根据客户类型设置不同的租金折扣。在登记客户资料时，当系统选择客户类型时，则该客户就自动绑定该类型的折扣。

同时，系统提供折扣调整功能，可以针对某一具体客户修改折扣。但是修改后，不影响该类型其他客户的折扣。

工作人员在修改具体客户折扣时，需要填写相关信息，如修改原因、修改人、修改日期等信息，以便将来做查询和统计。

（8）短信通知

当系统自动生成缴费通知单时，系统会自动向客户发送一条缴费通知短信，提醒客户缴费日期、缴费金额。

当客户预期不缴费时，系统会根据生成的催缴单，自动向用户发送催缴短信。提醒用户缴费日期、缴费金额、滞纳金额等信息。

如果有通知公告需要发送给客户时，可以通过短信方式发送到每一位客户。

（9）风险预警管理

①合同到期预警。即将到期的合同，系统会自动显示到“合同到期预警”列表中。工作人员可以随时通过不同的颜色和状态关注哪些合同即将到期，哪些合同已经到期。并提前做好风险应对准备。

当合同续签或者客户退租后，该预警信息自动取消。

②逾期缴费预警。当客户逾期缴费，系统会自动将该客户信息以及应缴纳的费用显示到“逾期缴费预警”列表中。工作人员可以随时查看哪些客户为逾期缴费，并能够对逾期缴费的金额进行汇总。当客户缴清费用后，该预警信息会自动取消。

③商铺空置预警。当商铺处于空闲状态超过两个月（具体时限可由用户自己设定），系统将发出对该商铺的空闲预警信息。当该商铺重新出租后，该预警信息将自动取消。

④查询功能。系统将提供多种查询功能，以满足用户不同需求的查询要求，可以按照商铺名称、地址、用途、类型、状态等条件进行查询，可以按照客户姓名、联系电话、联系地址等条件进行查询，可以按照合同编号、合同到期时间等条件进行查询。可以按照客户入住时间、抄表时间进行查询，可以按照用户是否缴费进行查询。

⑤统计功能。系统将提供多维度的统计分析功能，并以图形的形式显示统计结果。可以按照商铺所在区域进行数据统计，可以按照缴费情况进行统计，可以按照商铺用途进行统计，可以按照商铺状态进行统计。

⑥基础数据管理。

商铺用途设置：用户可以自行添加、编辑和删除商铺用途。一旦设置完成后，用户在添加商铺信息时，只需选择商铺用途即可，而不需每次输入。

商铺位置设置：用户可以添加常用的商铺位置。在添加商铺信息时，可直接选择商铺位置。

缴费项设置：用户可以自定义缴费项，并设置各缴费项的单价。系统在计算客户所需缴费金额时，自动调取该缴费项进行计算，而不须人员手工计算。

3）商业业务系统（竞优资源经营管理系统）

竞优资源经营管理系统针对 Shopping Mall（购物中心）、商业街、专业市场、写字楼、商铺、服务式公寓等多种形态的物业项目，支持跨地区、多项目、多业态的集中管理，以租赁业务为核心，贯穿资源管理、招商、合同管理、装修入驻、市场推广、运营、收费、客户服务等业务执行过程，实现流程化管理，有效处理租户、商业合作伙伴、代理以及资源经营人员之间的关系，实现各方良性互动，提高了物业收益率和服务水平，保证资源的持续增值。商业业务系统功能框架，如图 5-47 所示。

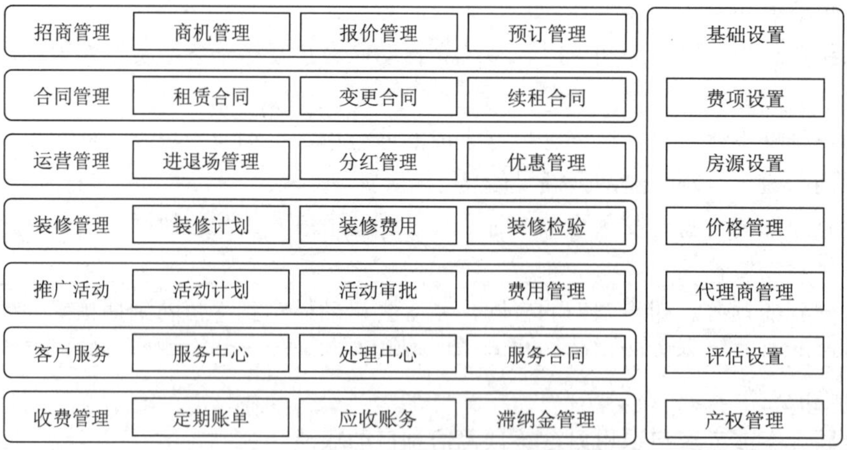

图 5-47　商业业务系统功能框

①招商管理。招商管理主要是商业资源的基础信息管理、报价管理、预订管理等，属于资源的前期管理。

②合同管理。合同管理主要是商业资源的租赁合同管理。

③运营管理。运营管理是对商业资源的经营过程管理，包括进出场、优惠、分红管理等。

④装修管理。装修管理是对商业资源店面装修进行管理，关系相关的动火申请及验收申请等。

⑤推广活动管理。推广活动管理主要对活动的相关计划、审批及相关费用进行管理。

⑥客户服务管理。客户服务管理主要处理租赁客户的一些反馈信息等。

⑦收费管理。收费管理主要对商业资源的应收账款等进行管理。

二、沿线物业资源资产管理信息化实践

城市轨道交通沿线物业，指的是城市轨道交通线路沿线的已经建成并投入使用的各类房屋及与之相配套的设备、设施和场地[1]。相比一般的物业，沿线物业有两个独特的属性。一是沿线物业应符合城市轨道交通相关建设标准。沿线物业的规划设计、施工建设必须符合城市轨道交通的运行要求，不能影响或阻碍其安全和正常营运。二是城市轨道交通站点对沿线物业的影响范围。就单个站点而言，以站点周围500m范围作为影响区半径，在这个区域内，城市轨道交通对其沿线物业有着直接的影响。

1. 城市轨道交通沿线物业开发业务组成部分

城市轨道交通沿线物业业务管理内容包括沿线物业的开发和经营管理两个方面。

1）沿线物业开发

沿线物业开发，是指以站点为中心来组织沿线各项用地实施房地产开发，实现土地的集约化利用，优化城市空间和土地利用布局。按照物业的不同功能，沿线物业可划分为住宅物业、商务办公物业、商业物业和其他配套物业四种类型；按照物业与站点的位置关系不同，可将沿线物业分为展厅内物业开发和站点地下空间开发、站点上盖物业开发和站点周边地块物业开发。

2）沿线物业经营管理

沿线物业经营管理是指为了满足沿线物业业主和使用者的需求，综合利用物业管理、设施管理、房地产资产管理、房地产组合投资管理的技术手段和模式，为沿线物业业主及使用者提供的贯穿物业整个寿命周期的综合性管理服务，既包括物业的管理服务，也包括商业物业的经营活动。

根据沿线物业与城市轨道交通结合情况的不同，可分为沿线物业与城市轨道交通的一体化开发模式和沿线物业与城市轨道交通的联合开发模式两种。

（1）沿线物业与城市轨道交通的一体化开发模式沿线物业与城市轨道交通的一体化是指，在城市轨道交通建设前和建设过程中，结合城市总体规划和沿线土地发展规划，将城市轨道交通的建设与沿线物业开发进行整体考虑和统筹安排，并注重两者的衔接与协调，以提升沿线物业的经济价值和社会价值。一体化开发可使城市轨道交通与沿线物业相辅相成而形成功能强大的综合都市体，可以节约城市的空间资源，为市民提供更便捷的公共服务。同时，还可以引导区域经济的发展，有助于形成新的城市景观。

沿线物业与城市轨道交通的一体化形式有两个维度。

---

[1] 柏景，罗盛文，喻晓．城市轨道交通沿线物业思考与实践[M].

①单个站点的一体化。就某一个站点而言，是指在站点沿线的纵向空间和横向空间上与城市轨道交通相结合，进行多层次、系统的物业开发。纵向空间的一体化开发实现站点与上盖物业、站点与地下空间的有效结合；横向空间的一体化实现站点与周边物业、周边物业之间的有效结合。

②多个站点的一体化。城市轨道交通整条线路的多个站点因地理位置上毗邻所以可进行沿线物业的一体化开发。通过对整条线路上多个站点的居住、交通、商务办公、娱乐休闲等城市功能进行综合布局和有效组合，可实现沿线整个区域上的城市功能互补和协调，促进区域经济的发展。

（2）沿线物业与城市轨道交通的联合开发模式

沿线物业与城市轨道交通的联合开发指的是，利用城市轨道交通与沿线物业开发的互馈机制，将城市轨道交通的建设与沿线物业开发等一系列相关活动当成一个整体来统筹考虑，在城市轨道交通企业进行城市轨道交通建设的同时，由城市轨道交通企业和开发商组成合作团队，对站点沿线的土地进行统一开发。通盘综合化的规划设计与建设，可以使沿线物业开发的整体利益大丁其中任何一个单一规划与建设的利益。通过联合开发，城市轨道交通沿线物业开发的一部分经济利益可以支持城市轨道交通建设和弥补城市轨道交通营运的亏损。站点沿线物业开发强调土地的高强度、综合利用，容易聚集大量的客流，为城市轨道交通企业带来稳定、客观的票务收入，也能够引导周围居民采用以城市轨道交通为主的交通方式。

城市轨道交通物业业务与房地产公司类似，一般涵盖住宅物业、商务办公物业、商业物业以及其他配套物业四种业态，按照业务价值链角度可分为投资策划、土地获取、项目策划、建筑设计、采购管理、工程管理、营销管理、招商推广、经营管理九个模块的块业务。以下将对这九个模块的业务进行详细说明，如图 5-48 所示。

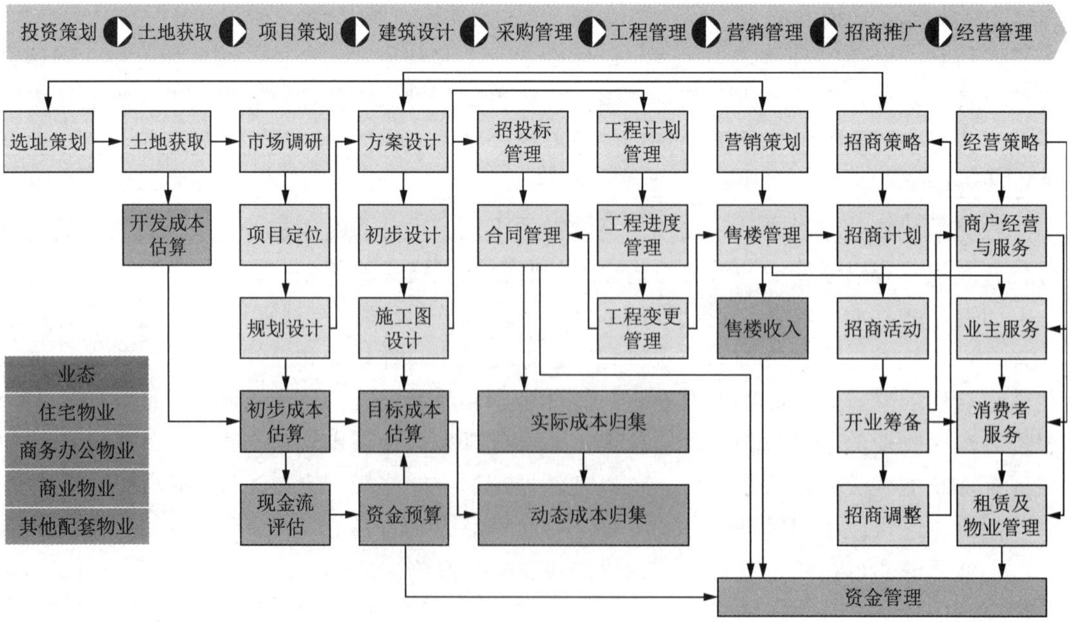

图 5-48　城市轨道交通企业物业业务框架

①投资策划。投资策划主要是选址，通过区位及交通状况要素分析、项目用地物理状况要素分析选择合适的地址。地址是决定项目成功与否的关键要素。对于城市轨道交通沿线物业来说，一般以站点周围500m范围作为影响区半径，投资策划环节较为弱化。

②土地获取。土地获取是城市轨道交通物业开发业务的最前端，是对土地资源的规划与获取，是房地产开发业务的前提与基础。在土地获取阶段形成开发成本估算。

城市轨道交通企业的土地整理具有明显的行业特色。通常依托整个城市的轨道交通线网规划，在编制线网规划过程中同步进行沿线地块的摸查，提出土地储备规划，并申请获得政府的授权。进行土地储备和整理开发，估算可以获取整理费用、土地出让金收益作为地铁建设资金来源。在开发土地整理完成的基础上，城市轨道交通企业可以更多的优势参与土地的公开竞争，通过招、拍、挂等方式获得土地的开发权。

土地获取包括土地储备规划、土地储备与获取、土地整理三个主要的业务组件，组件描述如下。

a. 土地储备规划。为了保证企业未来项目开发的土地需求，根据线网统筹以及策划的成果以及基本稳定的新线线路方案，现场踏勘沿线站点周边土地开发现状，制定土地储备规划以及年度土地储备计划。

b. 土地获取与储备。获得政府对土地的整理授权，以及以完全控制土地开发权力为目的获得（包括招、拍、挂等方式）土地，并对所获取的土地进行管理。

c. 土地整理。在获取政府批的红线后进行土地整理，主要开展征地拆迁等工作，将生地变为熟地，为土地招、拍、挂提供条件。

③项目策划。项目策划是沿线物业以项目运作概念开展业务的始点。通过上述对于土地的管理，基于土地规划，需要对潜在的优势地块开展项目策划，从物业开发项目的角度进行更进一步的信息搜集与论证，开展可行性研究与初步的设计工作，用以评估该项目的可行性，并对所需资源配置进行评估，支持公司对于项目立项的评审。项目策划的相关信息可帮助获得更多市场优势。在项目策划阶段形成初步成本估算、目标成本估算、现金流评估以及资金预算。

通过前期对项目所处城市及商圈的深入研究，找出项目准确的市场定位，根据定位进行商业规划设计、建筑空间设计以及动线规划设计，是项目策划的主要内容，要进行初步成本估算与现金流评估。项目策划的主要内容如下。

a. 市场调研。初步分析区域的市场条件，主要包括目标地块、城市发展、城市商圈、竞争对手、目标客户、投资客户。

b. 项目定位。对收集的土地信息或线网整理的地块信息进行筛选，对有价值的地块进行研究，编制机会研究报告（或预可研报告），从用地现状概况、周边配套和市场环境分析、用地权属和控规情况、物业开发方案和初步的经济收益测算等方面进行项目论证，形成明确的项目定位，主要包括目标市场定位、目标客户群定位、项目经营差异性定位、项目规模定位、项目形象定位等。

c. 规划设计。制定总体规划设计要点、建筑外形设计原则、内部空间规划设计等。其中内部空间规划设计，包括空间表现形式、空间功能分类、楼层功能规划设计、业态组合规划、交通动线布局规划设计、内部绿化景观设计、商业灯光照明设计、辅助设施设计、安全设施设计等。

④建筑设计。建筑设计阶段的工作主要是根据项目策划阶段完成的概念设计及项目总策划，综合各项调查及规划报告，依据政府部门的相关要求，对委托设计公司设计的各项图纸完成设计审查，完成建设用地规划许可证、项目选址意见书、建设工程规划许可证的获取及规划要点批复，通过政府部门关于总平面、消防、人防、管线、交通等的审查。

设计管理模块包括方案设计管理、初步设计管理、施工图设计管理等业务，会形成目标成本估算与资金预算。具体描述如下。

a. 方案设计。根据市场调查报告、产品定位报告、概念性规划及政府部门规划要求，委托并配合设计公司完成方案设计文档，组织完成方案设计评审。

b. 初步设计。根据方案设计，结合地质勘查报告，汇总规划部门及各配套政府部门意见，完成初步设计方案，编制项目概算。

c. 施工图设计。根据各配套政府部门意见及各专业相关资料，编制施工图设计任务书，配合设计公司完成施工图设计。

⑤采购管理。采购管理阶段主要开展招投标管理、合同管理等工作。

a. 招投标管理。包括招标文件编制、资格审查、法定招标、非法定招标等工作。通过系统化、标准化、全面化的管理制度，选择合适的供应商，推进工程建设目标的实现、工程投资控制以及项目管理水平和风险的防范。

b. 合同管理。合同管理包括合同签订、计量支付管理、合同变更管理、合同担保管理、合同结束与归档管理、合建管理、合同管理考核、合同台账管理。

⑥工程管理。沿线物业开发的工程管理业务，主要包括工程计划管理、工程进度管理、工程变更管理等几个部分。工程管理业务是沿线物业开发的核心业务之一，也是体现物业开发管理能力及水平的关键，因此，在工程设计管理过程中，是否可以按不同的项目管理方式，做到高效、高质、低成本、精细化的管理，是影响整个开发流程的核心工作。除了以上工程建设的主业务，合同管理，档案与资料管理和技术管理放在业务的支持层，支持工程建设业务。而物业开发业务与一般工程建设业务的不同体现在，工程进度的管理与营销计划的协同性非常强，市场的最新动态往往影响物业开发工程进度的调整与变化。只有更好地适应市场需求，才能达到效益最大。工程管理的具体业务描述如下。

a. 工程计划管理。工程计划管理包括工期总计划和各专业的总体计划、月度计划的管理。须根据项目一级计划《项目开发实施总体控制计划》要求制定工期总计划。根据工期总计划的要求，施工方提交各自专业的总体计划和月度计划，对工程施工进度进行规定，项目管理部门根据总体计划和月度计划做施工过程的计划和进行进度管理。

b. 工程进度管理。对施工计划的执行情况进行管控，包括对工程的投资、安全、质量、合同、进度等进行管理。

c. 工程变更管理。对工程过程中的日常变更进行管理，并输入至合同管理，推进合同变更的实时管理。

⑦营销管理。营销管理业务贯穿物业开发业务的全过程，从项目论证开始，贯穿项目策划、设计管理、工程建设全过程，直至达到最终完成销售实现盈利的目的。

营销管理工作可以分为三个阶段：第一阶段，主要是配合项目策划，进行市场调研，明确初步市场地位，进而完成《产品建议书》的编制；第二阶段，主要是根据项目策划制定的《项目进度整体控制计划》开展相关工作，制订项目营销方案；第三阶段段，根据营销方案开展具体的销售工作。

营销管理包括营销策划、售楼管理等工作，会产生可观的售楼收入。具体业务描述如下。

a. 营销策划。在投资策划阶段，营销部门负责提供当地市场信息，从规划、建筑、产品档次等方面提出《产品建议》，并协助完成《产品定位策划报告》。

b. 售楼管理。进行售前准备（主要包括销售资料准备、案场准备、人员准备方面，以及工程进度协调和面积测绘及预售证的取得）、开盘、销售、推广的组织工作（包括客户、现场、价格、签约、结算、按揭等销售行为的管理），以及通过销控、销售、广告等对销售行为进行管理。根据工程进度完成面积测绘和取得预售证。

⑧招商推广。对于商业物业来说，招商推广是重要的一环，它决定了商业物业是否能够经营成功。一般来说，商业物业的招商推广包括招商策略、招商计划、招商活动、开业筹备、招商调整等工作。具体描述如下。

a. 招商策略。一般情况下，在方案设计阶段就需要明确招商策略，包括招商手段、目标品牌、租赁政策等，并将招商策略输入方案设计中。

b. 招商计划。应根据招商策略，制订详细的招商计划，来部署与推广招商工作。

c. 招商活动。应根据招商计划，开展招商活动，并推进商户装修等工作。

d. 开业筹备。开业筹备工作主要是从商业物业后续经营的角度出发，开展一系列的筹备工作，如筹备及培育商场的氛围和客流量等。

e. 招商调整。招商过程中会出现商户的调整等，因此需要开展二次招商等调整工作。

⑨经营管理。经营管理作为沿线物业业务的最后一个环节，负责房产销售或出租后对物业的管理或经营。房地产业务的类型广泛，包括住宅、写字楼、商业房产的开发，未来还可能涉及酒店房产的开发。多样的房产开发类型，以及长期收益最大化的目标，都需要采取多样化的物业经营类型，主要是对出售房产的物业管理，以及对租赁房产的物业经营两种。因此，经营管理是沿线物业开发尤其是商业物业开发中最复杂、最长期的操作环节，是塑造物业品牌的最重要的工作。对于商业物业，往往会成立商业管理公司来统筹管理与运营。

经营管理一般包括经营策略、商户经营与服务、业主服务、消费者服务、租赁及物业管理等业务，会产生客观的租金等收入。

2. 城市轨道交通沿线物业开发业务管控重点

沿线物业开发业务从大类上也属于房地产行业。国内房地产行业经过十余年的快速发展，宏观调控和竞争的变化推动市场发育成熟，已进入结构与战略重整阶段。市场转型、产业结构调整和开发模式的更新对开发商的综合实力和管理体系提出了更高要求，未来的竞争状态将出现以下态势。

①企业规模进一步扩大，市场集中度提高。

②有资金、品牌和特色经营的企业集团成为行业主导。

③以消费群体购买力和需求为导向进行市场细分，规模化、低成本和专业化的管理模式及品牌管理成为未来成功企业的运营模式核心。

应对未来，城市轨道交通企业需要建立战略层面、管理与控制层面和执行层面的核心能力组合体系。核心能力是企业最宝贵的资产，是创造竞争优势的源泉。一个好的城市轨道交通企业在开展沿线物业开发时需要打造三个层面九大核心能力体系，如图 5-49 所示。

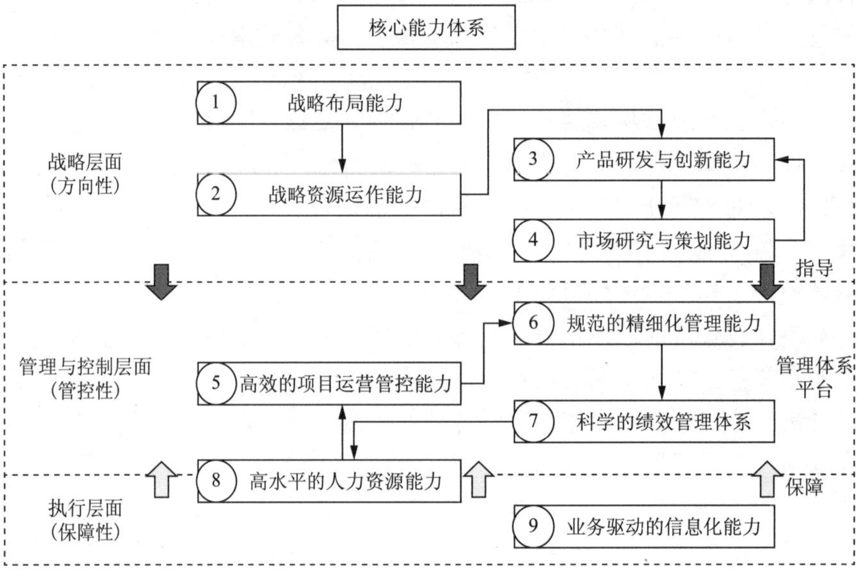

图 5-49　核心能力体系

①在战略层面，需要建立战略布局能力、战略资源运作能力、产品研发与创新能力，市场研究与策划能力，以保持企业正确发展的方向性。

②在管控层面，需要精细化管理能力，高效的管理和运营能力，以及科学的绩效管理体系来管理和控制企业的运作。

③在执行层面，高水平的资源能力和业务驱动的信息化能力是提高企业竞争力的保障。

3. 城市轨道交通企业沿线物业开发管理信息化方案

城市轨道交通企业物业开发信息化解决方案应着重沿线物业开发项目全生命周期的系统化管理，强调从项目的策划立项开始，就对项目全生命周期的各主要阶段进行系统化和规范化的计划和进度管理，进行合同管理，成本控制，预算管控和财务核算，以实现物业开发关键数据资产的集中统一管理，实现以项目为核心，全项目生命周期多维度的业务管理，实现不同业务领域的业务动作之间的在线对接，实现自动化的即时的成本控制。物业开发信息化框架，如图 5-50 所示。

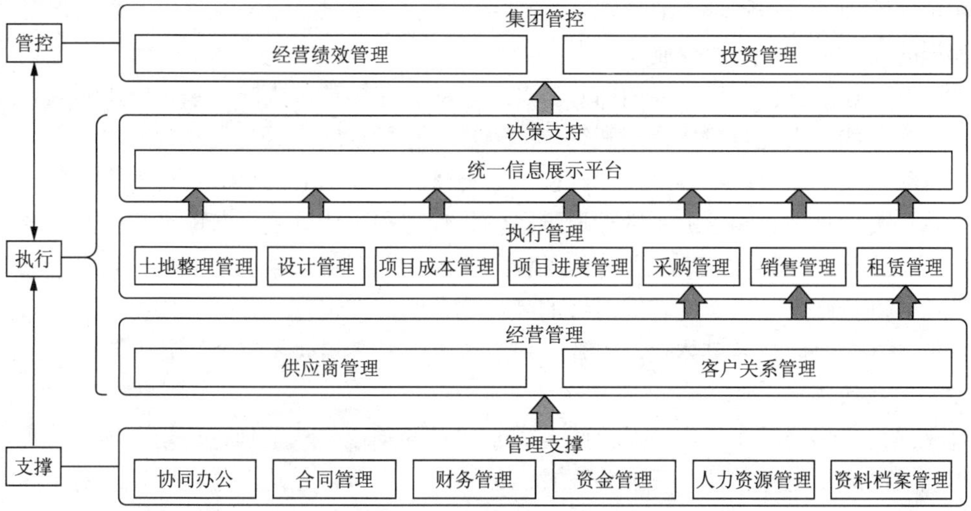

图 5-50　物业开发信息化框架

(1) 功能概述

①投资管理。通过对项目总体投资方案的动态管理，关注项目投资额、投资收益在项目各个阶段的调整和差异，达到控制投资风险的目的。

②统一信息展示平台。以数据交互平台为基础，通过从土地整理管理、项目进度管理、采购管理、成本管理、销售 / 租赁管理中获取相关业务数据，进行汇总和分析，以统一信息展示的方式提供给管理层查看和使用。

③土地整理管理。土地整理业务作为城市轨道交通企业区别于其他房地产开发企业的一个业务环节，主要通过对“红线”内地块的一级土地整理，获取城市轨道交通沿线的土地信息，为后续房地产项目的策划和开发提供信息输入。作为支撑此部分业务的土地整理管理，主要实现对土地信息的收集和管理，以及土地整理工作进度和成本的管理。它既是土地整理管理的整体信息展示平台，也是单个土地整理项目的过程管理系统。

④项目进度管理。项目进度管理通过对项目进度计划编制—审核—执行—分析—调整的全闭环过程信息的获取和管理，全面实现了对项目时间进度、工程进度和形象进度的过程控制。同时，支持对项目制定阶段性成本的管理，并建立与采购、合同管理的关联，有效实现对项目全方位的事中和事前控制，提升项目管理水平。

⑤采购管理。物业开发的过程中可能会采用集中采购或者由唯一的供货商进行统一采购的模式。城市轨道交通企业可以在城市轨道交通新线建设现有的物流平台上，结合供应商管理，针对物业开发业务的特性进行功能扩展，全面支撑物业开发采购业务的管理需要，实现采购的规范化、流程化、透明化管理，从而达到提高采购质量和效率，降低采购成本的目标。

⑥成本管理。在房地产开发行业中，随着拿地方式和开发方式的公开化和标准化，成本管理将会成为各个企业最有力的盈利手段。成本管理系统主要实现目标成本数据、合同管理系统的合同开项数据，以及财务核算付款系统的结算付款数据，三方数据实现完整规范的融合，共同作为动态成本回归的数据源，提供完整高效的成本回归途径。

⑦销售管理。销售管理主要实现从项目准备、客户跟进、交易管理以及售后服务等一系列流程的高效管理和严密控制。

⑧租赁管理。租赁管理是专门面对房产租赁业务和管理过程的信息化应用。它以租赁合同管理为主线，实现对租赁合同和客户的管理，包括合同变更提醒和到期提醒，潜在客户需求自动匹配跟踪管理，客户投诉、反馈、装修、维修、出租率、空置率等。

⑨客户关系管理。客户关系管理通过在销售管理和租赁管理中获取客户信息，建立完整、统一、规范的客户数据库，是客户关系管理的基础；通过对客户信息的分析，为销售、租赁管理提供基础客户，实现有针对性的差异化营销；在销售服务过程中，建立完善的客户服务体系，全面提升客户体验，提升客户忠诚度，最终实现客户全生命周期管理。

（2）预期效益

建立项目资料信息库，实现对沿线土地整理及开发业务从策划、计划到项目管理、成本管理以及沿线土地整理及开发业务开发产品销售与租赁管理的全过程管理。对沿线土地整理及开发业务管理业务构建较为全面的信息化管理平台，规范沿线土地整理及开发业务项目管理业务。建立较为健全的项目计划管理、项目目标成本管理体系，并通过系统进行固化。通过系统使用，对历史项目的成本信息进行积累与分析，提供给成本制定与管理人员参考，以便制定更加科学合理的项目成本。

从业务前端实时获取项目有关信息，提供给沿线土地整理及开发业务管理人员和公司管理层进行决策参考。直观的展示平台提高了管理效率，形象地展示建设工程，合理整合和展示土地信息资源，提升了决策的有效性和准确性。

通过对项目成本的全过程进行管理，制定科学合理的目标成本，并对开发过程中的项目成本发生情况进行实时的掌握与控制，可以提升成本控制的水平，对沿线土地整理及开发业务项目的管理产生直接的经济效益。

4. 主流软件产品介绍

物业开发管理的信息化经过多年的发展，已经有非常成熟的信息化解决方案，如明源软件、金蝶软件、用友软件等，下面将分别介绍明源软件、金蝶软件房地产行业信息化解决方案。

（1）明源软件房地产行业解决方案

明源ERP是明源软件为房地产开发企业经营管理提供的行业性全面信息化解决方案，按照“战略—预算—执行”的管理思路整合房地产企业的业务层面、财务层面、人力行政的资源和工作流程，实现企业所有层级的数据统计、分析、决策，并支持流程性业务和基础管理的执行和监控，使之真正成为企业的数字神经系统。明源ERP功能图如图5-51所示。

在明源ERP功能图中，业务层面分成CRM（客户关系管理）和POM（项目运营管理）两条产品线。POM是Project Operation Management的简称；CRM是Customer Relationship Management的简称，涵盖市场营销、销售/租赁、物业/客户服务、客户会以及客户互动门户等一系列与客户相关的业务，是以客户为核心的一体化业务运作平台。对房地产企业而言，CRM平台的价值主要体现在增加现有客户的收益，准确挖掘高价值的客户，提高营销活动的效果，提升自身的运营能力等方面。明源CRM的业务流程，如图5-52所示。

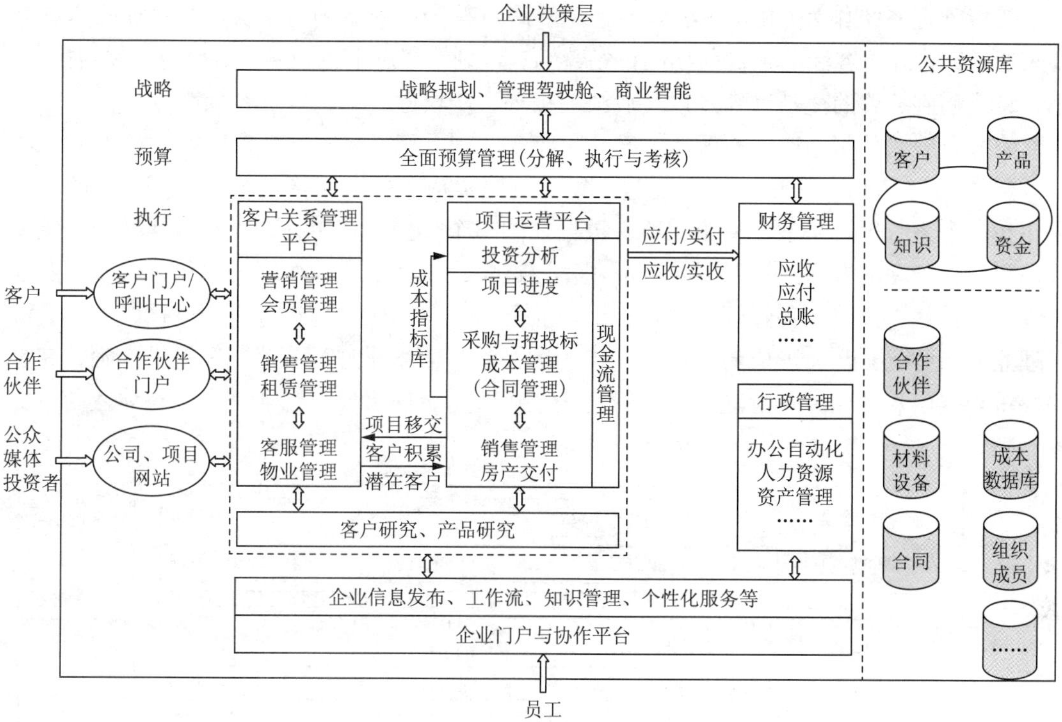

图 5-51　明源 ERP 功能图

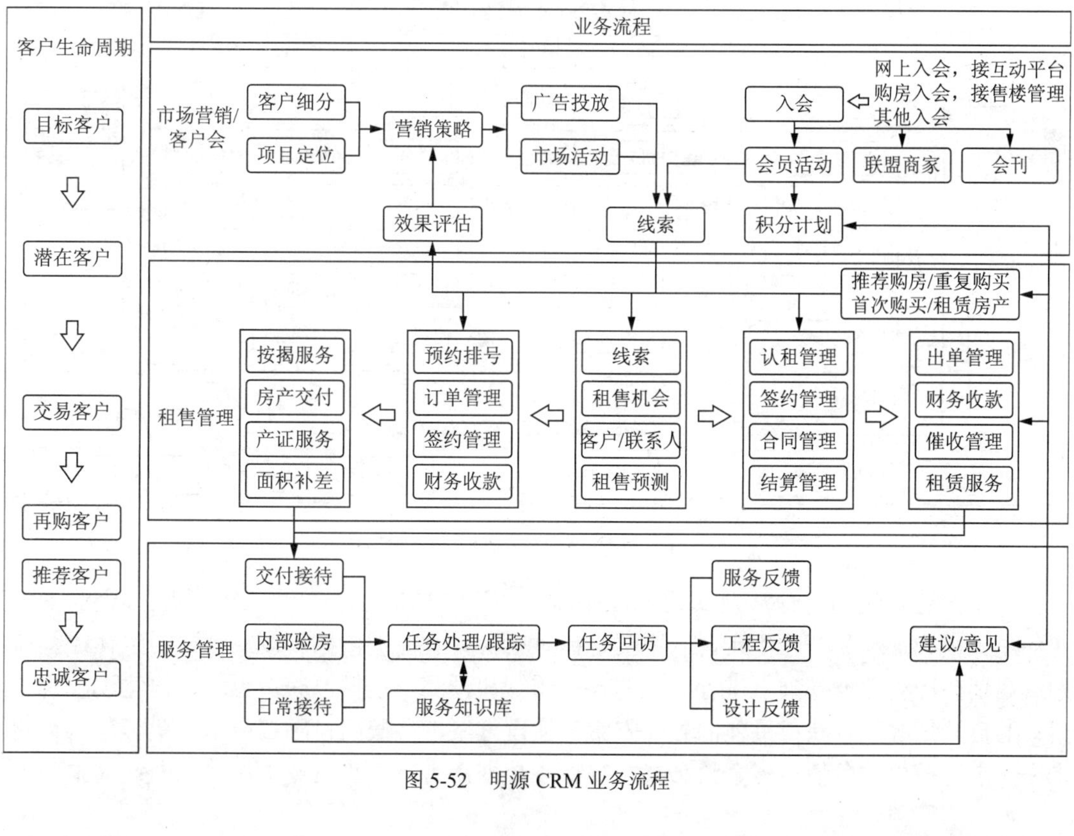

图 5-52　明源 CRM 业务流程

销售管理系统作为 CRM 核心组件之一，涉及整个房地产销售业务，是企业收入的重要来源。其管理内容涵盖项目前期的市场营销、策划，客户来电、来访的跟进，预约排号、小订、认购到签约的交易过程，以及后续的按揭、产权办理、入伙等各项服务。

（2）金蝶软件房地产行业解决方案

金蝶 EAS 房地产解决方案通过建立集团组织架构、多组织管理体系，将所有的功能模块在一个系统平台搭建，将集团所有数据在同一个数据库集中处理，对房地产企业集团管理和项目管理的各项业务进行集成应用，通过集成管理实现业务的一体化，包括财务业务管理一体化、预算业务管理一体化、资金业务管理一体化、数据分析一体化、人力资源管理业务一体化，从而形成集团统一完善的数据流和信息流，为公司决策提供准确、完整的决策数据信息，保障集团能够实时管控企业运营。金蝶房地产行业信息化整体蓝图，如图 5-53 所示。

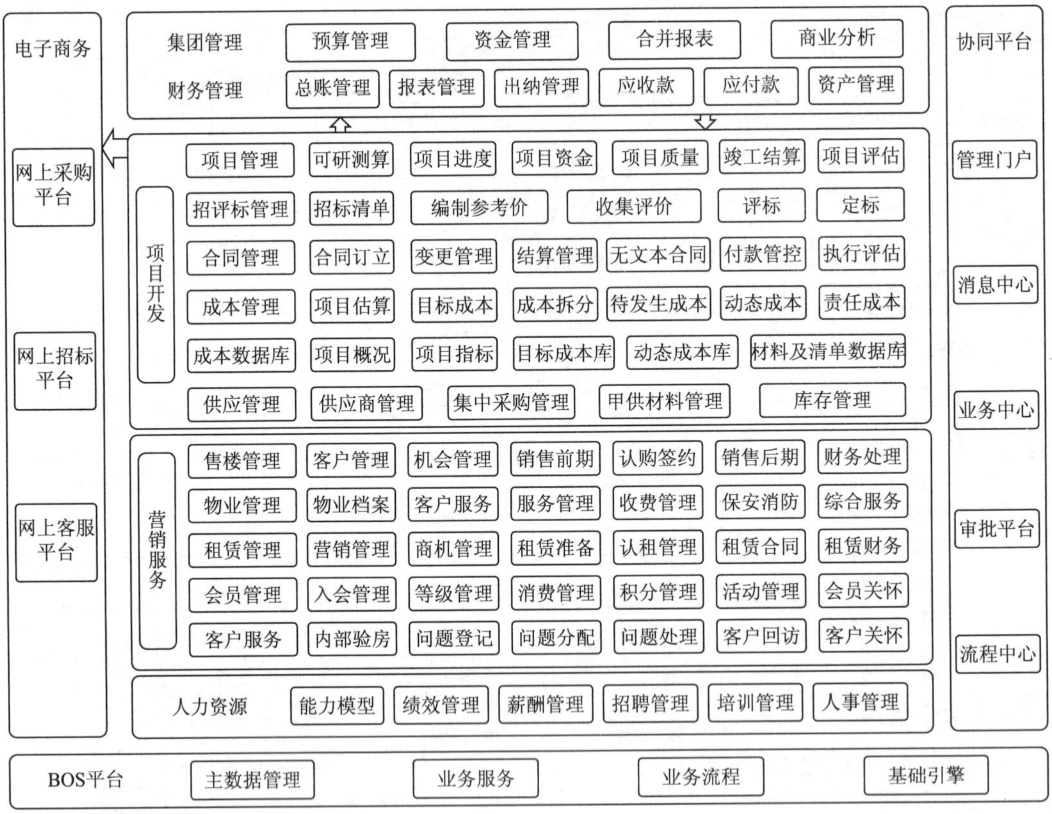

图 5-53　金蝶房地产行业信息化整体蓝图

房地产企业集团管理涉及集团管理层面和项目管理层面，通过 EAS 系统对企业各种业务进行集成管理和一体化实现，主要是针对项目开发前期根据集团或公司的整体经营计划或规划在历史数据基础上进行前期的各种测算和预测，包括拟获得土地、拟建设项目方案、融资计划等，以获得最佳的开发方案、建设方案，最低的投融资成本方案等，以预测未来一定阶段内的负债、资金流、损益等财务数据，为高层决策提供决策依据；其主要内容包括项目测算（获取和未获取）、投/融资测算、经营规划、项目分析和项目运营监控等。

①项目管理层面。项目管理层面分项目开发和营销服务管理两条业务线。项目开发业务线包括成本测算管理、目标成本管理、合同管理、付款管理、成本管理、工程招投标、进度管理、供应商管理、集中采购、材料管理、质量管理等，营销服务管理业务线包括销售管理、客户管理、租赁管理、物业管理、客户服务等，从而成为房地产公司基于集团管控、多项目运营、跨地域管理的项目管理平台，并达到对项目进行精细化管理的目标。

②集团管控层面。主要进行人、财、资源的优化配置管理。通过全面预算管理落实集团战略的执行，通过集团资金集中管理监控资金具体状况和防范资金风险；通过集团集中财务核算及时、准确反映集团财务状况；通过集团人力资源管理储备高级人才，进行能力素质、人事、薪酬、绩效等管理，构建集团的核心能力，实现集团战略的人力资源管理体系。

③集成管理层面。EAS 提供一个统一的集成管理平台，通过其可以实现整个业务集成管理要求，包括人员集成、信息集成、流程集成。人员集成门户入口保证来自企业内部、业务伙伴、客户等通过同一平台获取所需的信息和服务，使企业内外部业务合作更紧密，实现了实时管理，信息集成，全面共享和管理各类信息、统一基础数据，规范信息质量，保证信息简洁和高效，集成的分析报表强化了企业的管理决策。流程集成，提供灵活的工作流管理，适应企业业务流程的持续变革与优化，强化与业务合作伙伴的协同，通过预设的集成接口保证与其他系统的集成。同时，通过标准功能的可配置（应用模块、流程、界面、实施方案等）、个性需求可定制（行性个性、企业个性等）、异构系统集成（K/3 系统、其他异构系统等）等多种满足企业随时应变的管理需求实现，帮助房地产企业建立一个基于集成管理、随需应变模式的企业管理平台。

第四节　财务业务一体化管理信息化解决方案

本章第一至第三节主要对资产全生命周期的实物流信息化实践进行了系统性的介绍。本节内容侧重介绍资产价值流的信息化管理，从成本、价值以及财务的角度出发，探索如何通过信息化手段实现对资产价值全生命周期的管控，这也是城市轨道交通企业财务业务一体化管理信息化实践的重要目标。城市轨道交通财务业务一体化管理信息化实践涵盖工程投资立项、概算管理、预算管理、资金管理、合同管理、财务核算、成本管理、资产管理等内容，寓城市轨道交通工程建设、城市轨道交通运营、衍生资源资产、沿线物业开发等业务于管理流转过程中，实现资产价值流的全过程流转，使得城市轨道交通企业的资产信息得以完整记录和可追溯，确保账实相符，保障巨量国有资产安全，降低资产损失概率，促进城市轨道交通资产的保值增值。本节将从业务管理内容、业务管控重点、信息化方案、预期效益以及主流软件产品五部分内容进行介绍。

一、财务业务一体化管理内容

1. 城市轨道交通行业财务管控要求

在前面章节中我们可以得知，城市轨道建设具有投入资金大、建设周期长、业务覆盖广、资产价值分摊复杂、实物资产管理难、财务审计要求高的特点，这主要与城市轨道交通企业的业务特点有关。城市轨道交通企业的发展早期一般是以工程建设为重心，“保建设，保开通，保运营”是关键词，再按照“投资、建设、运营和资源开发一体化模式”的发展思路，逐步由单条线路运营向多条线路建设和运营并存的方向发展。其企业组织也是一个业务分工逐步细化、逐步完善的过程，不同时期的财务管控重点与业务发展的重点要求均不一样，常常因信息支撑不足等各种原因导致各线路资产的精确移交、概算回归、竣工决算等工作开展得非常困难，因此城市轨道交通行业的财务管理信息化建设是一个长周期、须持续性投资与完善的过程。

很多企业对财务管理的认知，仍停留在狭义的财务管理概念，认为财务管理就是财务部门内部的会计核算分析。其实，对于城市轨道交通企业而言，企业内部人、财、物资源的管控及其外部价值活动并不是一些独立活动的集合，而是相互依存的一个有机系统，各个部门之间的流程应是相互协调的，任何一项事务的流转都有可能引起财务账务的变化、资产价值的调整。所以，城市轨道交通企业应当将狭义财务管理视角逐步转变为广义的财务管理视角，并引入财务业务一体化管理理念，通过延伸财务管理的业务范畴，理清企业经营管理各个业务环节与其资金运动的关系，以打通企业战略管理、财务管理与企业资源计划信息通道，真正实现资金流、物流与信息流的闭环管理，实现信息资源的共享和整合。财务业务一体化配套的信息化范围是远远大于现在一般意义上的财务系统定义范围的。

城市轨道交通企业的财务管理必须贯穿工程建设、经营、企业管理的各方面，从纵向提高集团财务集中管控力度，从横向实现业务与财务一体化运营，进而提高集团整合效益与协同效益，促进财务管理与企业管理的现代化，实现资产安全、完整，运营效益的提升以及财务信息报告合法合规等内控目标，同时满足上级政府部门的监管要求。城市轨道交通企业在信息化规划和建设时，不应将财务和业务割裂开来考虑，而应充分将信息技术与内部控制理念应用于财务管理的各个环节，加快财务部门与业务部门之间的信息传递与整理，确保后端财务数据与前端业务数据源的一致性，确保财务数据的标准化、准确性、完整性，提高财务管控的安全性、有效性。因此，城市轨道交通企业在经营活动中对财务管理业务提出了以下要求。

①在工程规划和建设阶段，即国家投资形成资产的过程中，做好财务核算和财务角度的管控工作，有效建立财务核算与投资概算回归的关联，跟踪和监管资产的形成过程，为资产移交和竣工决算工作提供过程保障。

②在运营阶段，财务管理能力既是确保收支管理规范性和成本控制的重要手段，也是体现企业减本增效管理水平的评价基础。

③财务管理业务还需要为集团化经营提供整体的投融资和资金管理能力，特别是在多

业态的城市轨道交通企业，还要兼顾资源经营、房地产、电子商务等业务主体的管理特点，提供有效的财务管控能力。

④在政府和社会资本合作模式等新的投资和经营管理模式下，财务部门须对投资项目可行性、项目公司的收支结算提供管理和监控手段。

⑤建立集团化统一的财务核算体系，正确、及时、有效地反应和管控企业经营活动，从财务角度提供准确的数据和分析结果，为上级政府部门监管城市轨道交通企业经营状况、行业经营水准对标等提供量化的依据，满足企业和利益相关者提供财务报告的要求。

2. 城市轨道交通企业对财务管理辅助服务的要求

城市轨道交通企业的财务需要为其他生产业务和职能提供的支撑和服务主要包括以下几个方面。

①财务管理应对投融资行为（包括 PPP 项目）的可行性分析、立项、投资成果评估提供量化的数据和分析支持，如采用先进的投资和财务管理模型，科学计算投资回报年限，加强对资金的控制管理，确定合理的投资比例，对总成本及经营成本进行估算，以确定合理的单位生产成本、整体成本、折旧年限、总生产费用和销售费用。另外，还可以通过估算营业利润或票务收入与投入成本进行对比，确定投资的静态回收期、动态回收期、投资利润率及财务内部报酬率等指标数据，以多种途径来指导投资行为。

②财务管理应具备为投资过程中的风险评估和控制提供管理介入、监控和辅助决策的能力，特别是对城市轨道交通企业，防止国有资产的流失是其不可推卸的责任。企业在考虑进行投 / 融资业务的同时，可提供历史数据曲线，辅助风险预测、项目投资风险度量、风险规避等分析，以防项目运营后出现严重亏损，导致资金链紧张等。

③财务管理应为工程项目管理、运营管理、人力、行政办公等相关业务提供财务数据支持以及财务角度的统计分析和决策支持。以工程项目为例，每个工程项目都有其相对独立的资金流动，工程成本的发生、工程价款的结算，都要按项目进行可靠地归集和确认，尤其是基建工程项目，需要按单条线路进行竣工决算。因此，财务管理需要为竣工决算工作提供详细的清产核资、概预算回归、项目成本回归数据。

④财务管理应辅助企业战略制定，为战略管理提供客观准确的背景数据作为分析参考，同时，财务管理的理论与方法必须以战略管理的思想方法为指导，无论年度预算、财务投融资计划、资金计划都必须有效衔接企业战略、经营目标，服务战略目标实现，贯彻战略思想。

3. 财务业务一体化范围定义

基于城市轨道交通企业对财务管理提出的要求，财务业务一体化的业务范围已经延伸至企业经营过程中的各个主要环节，并起到关键性的影响作用。而贯穿该一体化过程的，则应重点围绕国有资产保值、增值的整体目标开展。对资产价值的管理，可将资产管理全生命周期进行切割，纵向归纳为资产形成（工程建设）、移交、资产运营（管理维护）三个阶段，并借助财务管理完成其全生命周期的管控。转资前，通过借助采购管理、合同管理，管控资产价值的形成过程，而竣工决算管理工作后的投入运营期，则须将资产的折旧管理、维修维护管理等其他资产价值的管理形态纳入资产价值管理一体化中，直至资产报废。每个阶段业务重点不同，其挑战也不同。而如何让国有资产的保值、增值，借助财务业务一体化完成资产从采购、形成直到报废的过程管理，实现建设期至运营期、实物流与价值流的完美无缝衔接，是所有城市轨道交通企业都要面临的一大课题。资产价值形成过程管理，如图 5-54 所示。

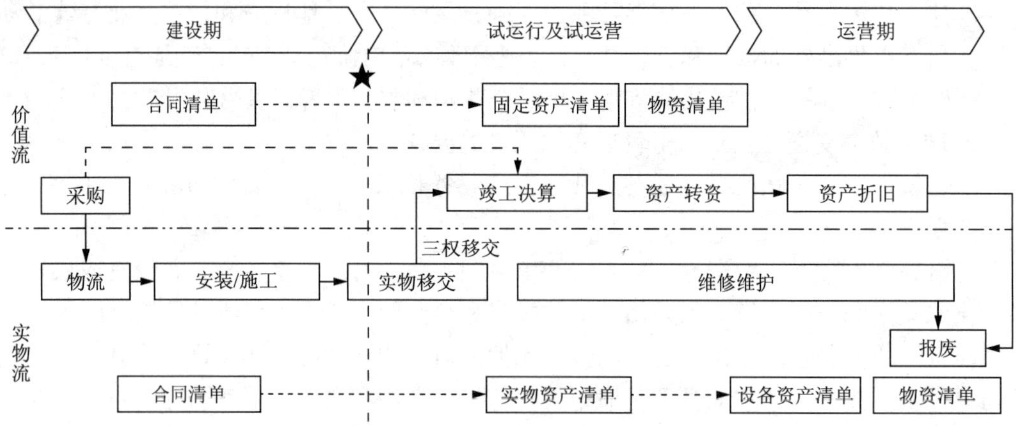

图 5-54　资产价值形成过程管理

一般来讲，城市轨道交通企业财务业务一体化的业务管控流程包括合同管理、供应链管理、运营清分及票务管理以及财务管理（包括费控管理、预算管理、总账管理、应付管理、应收管理、资产管理及资金管理、员工薪酬等）。财务业务一体化范围，如图 5-55 所示。

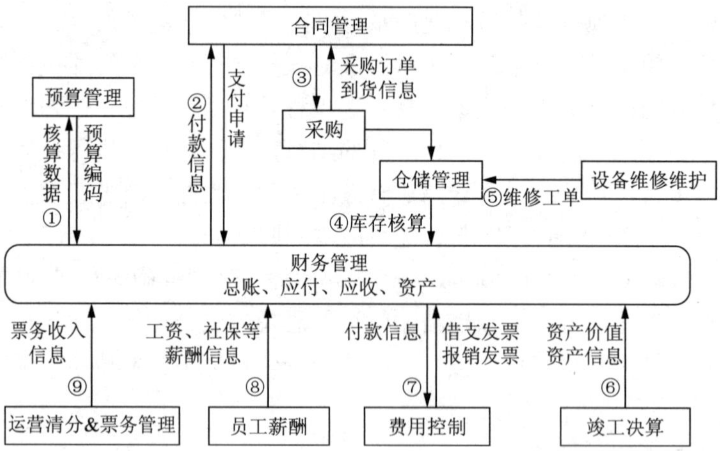

图 5-55　财务业务一体化范围

二、财务业务一体化的管控重点

企业的经营状况及经营成果可通过财务管理进行评价，并可监督企业经营管理各个环节。对企业进行预测及控制，是企业实施战略管理的依据。财务管理是企业财务业务一体化管理的前提及重要内容，企业应借鉴科学的现代化财务管理方法，建立以财务会计核算为基础，从企业发展战略目标出发的事前、事中、事后全方位、面向集团化的财务管控平台。

事前通过概预算数据明确企业财务管控目标和重点，进行差异化管理、绩效引导；事中，通过费用过程管控、预算控制、资金支付控制多方面进行管理，并强调财务与业务的一体化融合，在业务执行过程中进行及时的反馈与纠偏；事后，通过概算回归、预算与核算等报表分析，为决策管理提供依据，提升企业战略转化能力。财务业务管控重点，如图 5-56 所示。

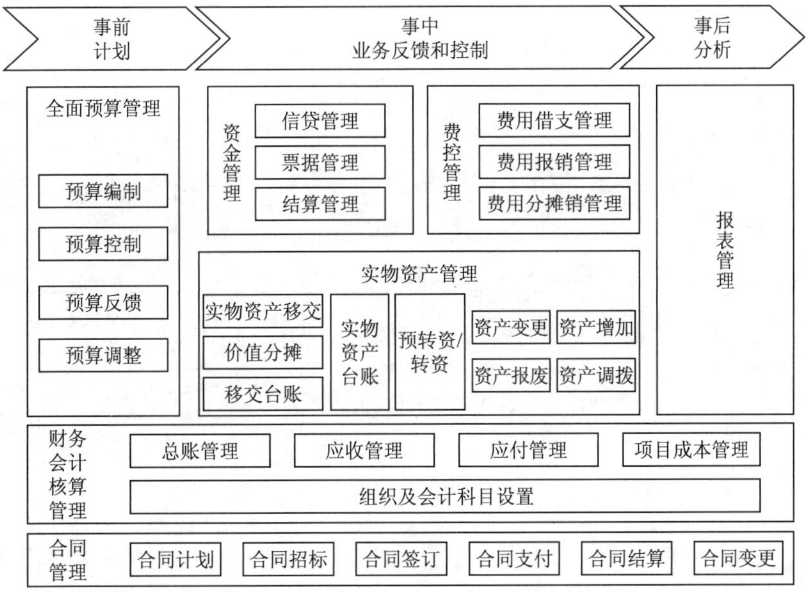

图 5-56　财务业务管控重点

此外，除以上体现资金运作流转的财务管理范畴的业务外，合同管理、供应链管理也是财务业务一体化的重点内容。合同管理几乎可以说是财务业务一体化数据的源头，从合同招标计划开始，到合同签订、变更、支付直到合同终止，应进行全过程跟踪执行及反馈管理；然后，资产、物资的管理又可通过合同、标段对物资的采购、到货、付款进行跟踪管理；最后，所有的基建物资和设备，后续都会移交给运营，并将资产信息分别流转到财务管理及维修管理。以下将从财务管理的角度，对财务业务一体化的重点模块内容进行具体阐述。

1. 财务会计核算管理

企业财务会计核算一般指的是企业财务会计核算对象的具体化，即对企业从事经营活动所拥有的资金及其活动状况进行核算。企业财务会计核算的内容一般包括资金筹集、资金运用及耗费、收入与分配的核算。而随着线路的增多，业务的多态化，城市轨道交通企业多采取集团化的管控模式，加上国家财政部门对基本建设管理单位竣工决算的要求，其对财务会计核算服务于管理的要求越来越高。此外，随着国家营改增政策的落实，相关税务处理也均须进行调整。因此，结合国家财务会计核算要求、政策调整及城市轨道交通企业现状，可从以下三个方面进行重点考虑如何做好城市轨道交通企业的财务会计核算工作。

①按照统一的会计管理策略，指导各个业务主体编制和执行符合集中和分级授权相结合的财务管理制度。

②在统一的会计政策和科目基础上，实现统一的财务管理信息平台；利用信息化手段完成建设、运营和其他经营业务的会计核算管理工作。

③对公司的税费管理建立统一的执行制度，并落实到财务管理信息平台中严格执行，减少税务成本开销和管理风险。

财务管理业务体系构成，如图 5-57 所示。

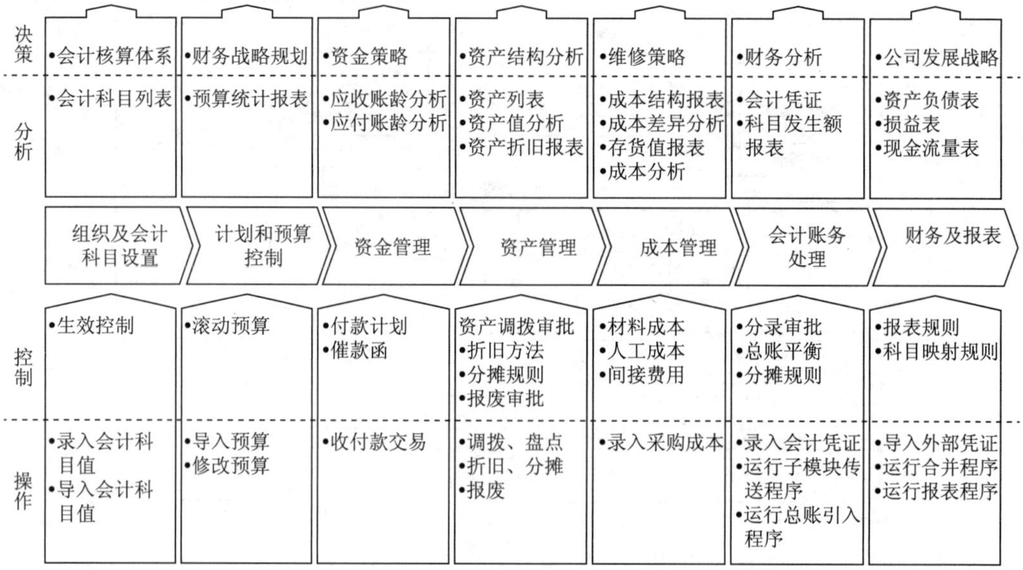

图 5-57　财务管理业务体系构成

2. 全面预算管理

全面预算管理是企业以战略目标为基础，以市场需求为导向，通过对内、外部环境的预先思考，以预算的方式对企业未来整体经营规划和经济活动进行的总体安排。全面预算的管理范围，从横向可按业务维度划分为业务预算、投资预算、筹资预算、财务预算，从而实现从业务管理至财务管理的过渡与覆盖；从纵向预算管控的角度，可划分为预算管理的编制、控制、调整与分析等多个管控环节。如何从不同维度不同类型综合考虑，使全面预算管理帮助企业从全局控制营运、经营成本，做好和前端业务系统的联动，实现全集团上下预算的“事前规划、事中控制、事后分析”，对预算进行集约调控呢？主要可重点考虑以下三个方面内容。

①通过预算编制和控制，对公司资源配置进行有效的指引。

②通过预算计划，为各个业务主体编制生产计划工作，提供收入、成本和投资规模等预算层面的约束条件。

③通过预算计划和执行的信息化归集和分析，为公司绩效考核和优化管理提供量化和准确的执行和评判依据。

全面预算管理业务体系构成，如图 5-58 所示。

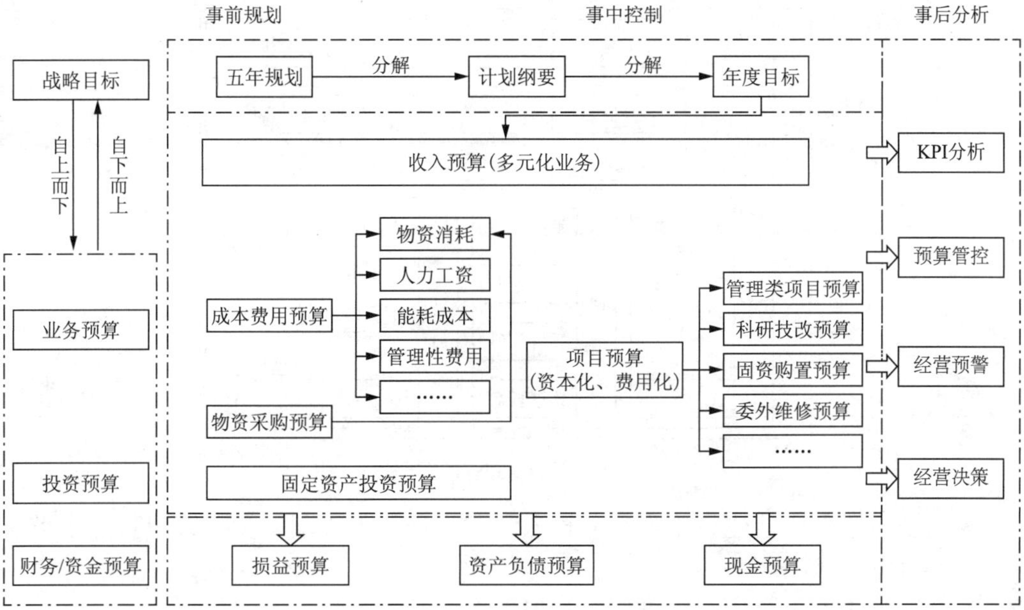

图 5-58　全面预算管理业务体系构成

3. 资金管理

资金是企业发展的命脉，其重要程度不言而喻。城市轨道交通企业的资金管理根据其行业特性可分为集团内经营资金和建设资金的分项管理。其中，建设资金重点关注资金的来源管理、资金计划管理、资金支付管理。经营资金重点关注账户的集中管理、资金监控、资金归集、资金集中结算、集团资金控制、融资业务管理及资金分析。因此，城市轨道交通企业完善的资金管理架构体系，应包括建设与经营类资金的归集与管理，重点考虑资金集中管理、资金预测及资金流三个方面。

①建立和管理公司统一的资金池，通过资金的统一筹措和运用，增强企业资源的整体调动能力和抗风险能力。

②准确地对资金整体运作情况进行管理和预测，提高资金的整体使用效率，减少公司的融资规模和成本。

③通过资金流管理，合理控制投资和支付节奏，并适当进行资金理财，以更好地实现资金增值。

资金管理业务体系构成，如图 5-59 所示。

4. 费控管理

财务集中管控的趋势、公司战略的发展及管理组织的变革，必然会对企业管理体制及业务管控带来一系列的转变及更高的要求，特别是很多国内大型集团公司以财务共享中心作为一种新的财务管理模式已成为一种趋势。财务共享中心承接着大量成员单位的财务服务请求，其业务处理包括集团总部及各个分、子公司的费用报销业务等。为提高服务的效率，须对业务流程等进行标准化梳理，对集团公司及各个分、子公司的费用报销管控流程进行统一和标准化，使业务前端的审批流固化，实现对集团上下开支的有效控制，

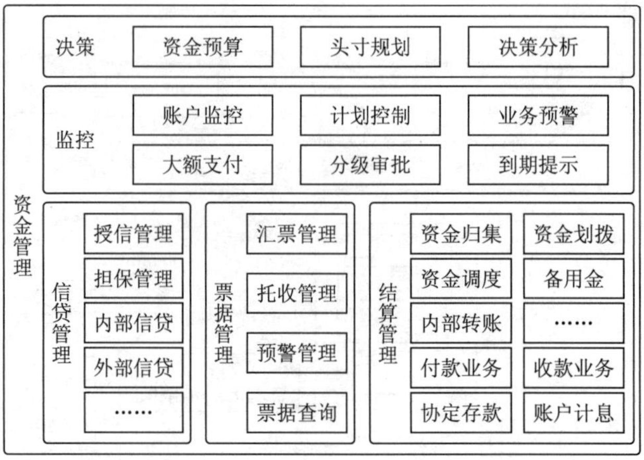

图 5-59　资金管理业务体系构成

解决集团公司财务职能建设中的重复投入和效率低下的弊端。费控管理重点应考虑以下两个方面内容。

①规范化费用开支分类，明确各项费用的成本核算口径。

②以公司发展战略下的财务管控要求为出发点，固化业务流程及管控授权体系标准，确保业务标准规范在实际工作中的执行力度。

费用报销管理业务体系构成，如图 5-60 所示。

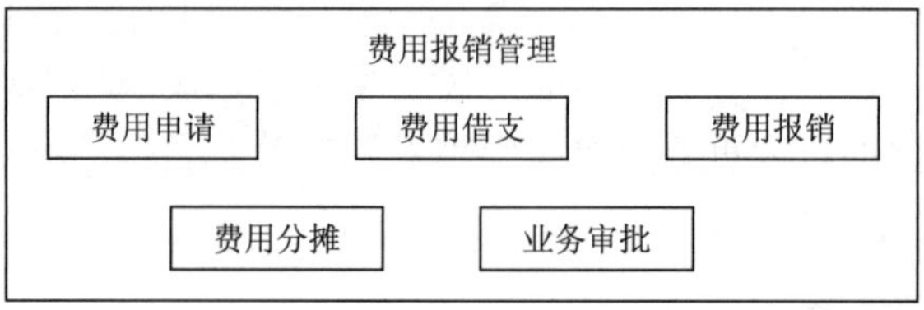

图 5-60　费用报销管理业务体系构成

5. 实物资产管理

实物资产管理是企业财务业务一体化管理的重要组成部分。作为一个城市规模最大的工程建设项目，城市轨道交通从规划、设计、建设到运营集庞大、复杂、多行业、多专业的系统工程为一体，建成后将形成数百种资产种类、数以十万计的资产数量。如何防范国有资产流失，确保国有资产的保值增值已成为国有资产经营管理中的中心问题。结合“资产全生命周期管理”的理念，应建立一体化资产维护管理平台，实现对有形资产、无形资产的购置、存管、安装验收、移交、维修维护、资产处置等各个阶段的一体化管理。重点考虑以下两个方面内容。

①通过建立和优化包括财务管理、合同管理、物资采购物流管理、维修管理等业务的管理系统，实现“资产分类的统一，资产编码的统一，信息平台的统一”。

②建立资产分类和编码体系，运用信息化手段支撑公司资产全生命周期管理业务，达到保障资产安全、提高资产利用率的目的，实现资产配置优化。

实物资产管理业务体系构成，如图 5-61 所示。

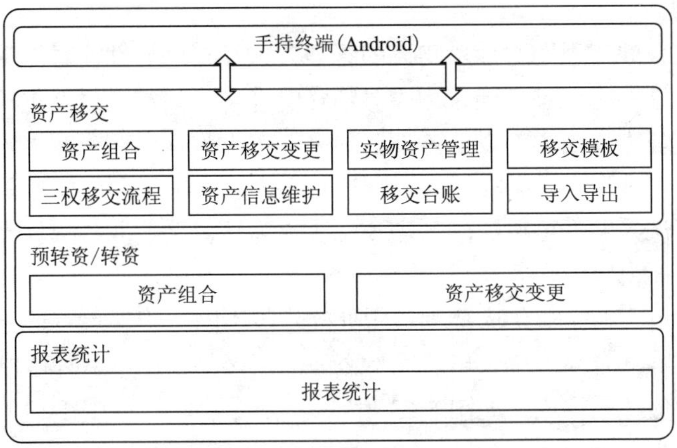

图 5-61　实物资产管理业务体系构成

6. 合同管理

城市轨道交通企业的合同管理类型随着业务所处的阶段变化而变化。建设期的合同管理多为土建、装修、安装类工程、前期类、服务类及机电设备采购管理合同，运营期多为采购、服务类及收入类合同管理等。而同一时期不同合同管理类型的合同管理流程又有所不同。如运营期采购类合同管理过程多涉及采购寻源、到货、实物资产及付款；而基建期土建、装修类工程的合同管理过程则多划分为招标阶段、合同签署、工程计量、付款、合同结算，最后通过合同清单进行资产移交。如何应对合同管理类型的多样性及其过程的复杂性，并将城市轨道交通企业合同管理与财务、采购及仓储管理及对应的资金运作联系起来，是财务业务一体化的一大重要内容。应重点考虑以下两个方面内容。

①合同清单可以说是整个财务业务一体化数据的源头，其应作为合同管理的核心，并以此作为载体，支持以合同招标计划为源头，指导合同签订、变更、支付一直到合同终止全过程管理，实现全面、高效的合同业务的执行与反馈跟踪。

②合同管理不仅应关注合同履约管理本身，其作为数据的源头，还应当起到承上启下的作用。上游延伸至概算的输入，追溯合同每一项工作的资金支出来源；下游延伸到对后续资产的数据支撑，跟踪合同履约完成后采购形成的资产信息与资金流向。

合同管理业务管控蓝图，如图 5-62 所示。

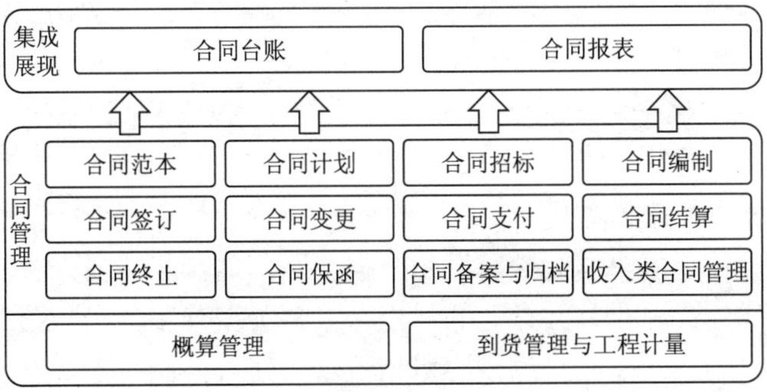

图 5-62　合同管理业务管控蓝图

7. 供应链管理

城市轨道交通企业在不同时期，物流的管理方式存在差异性，对于基建物流主要应以项目建设、概算为导向，通过合同、标段对物资的采购、到货、付款进行跟踪管理。而运营期间的供应链管理方式则主要以业务部门的采购需求为导向，贯穿需求采购计划制订、寻源及招 / 投标、合同签订、形成订单、到货入库、领用出库等的全过程，实现需求计划全程跟踪，使得每次采购都可以追溯到需求源头，为运营采购业务提供有效的管控。应重点考虑以下两个方面内容。

①根据城市轨道交通企业供应链管理所处的阶段不同，管理重点也应有所不同。

②建立物资采购、合同清单、出入库单之间的衔接关系，可进行多单匹配。

供应链管理业务体系构成，如图 5-63 所示。

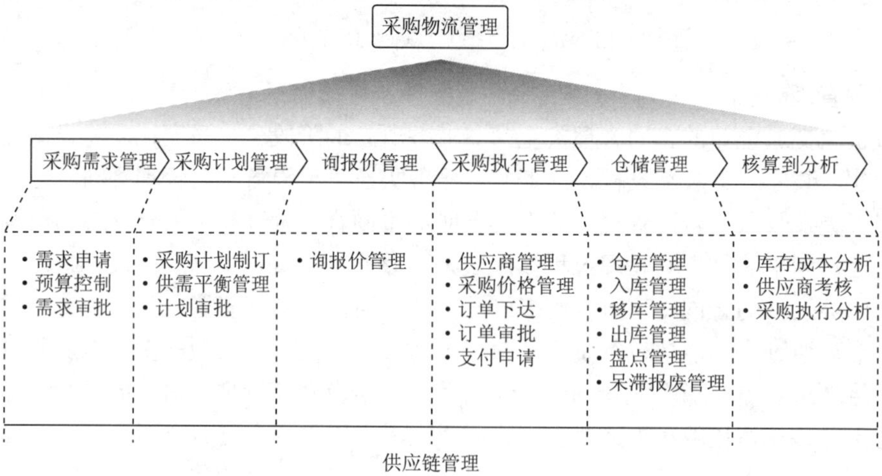

图 5-63　供应链管理业务体系构成

三、财务业务一体化管理信息化方案

财务业务一体化系统模型是多种财务、业务模块的集合，包括财务会计核算管理模块、全面预算管理模块、资金管理模块、资产管理模块、费用管理模块等。它的主要作用在于，通过建立财务业务一体化管理平台内部模块联动，根据其与外围业务系统数据的逻辑计算和算术计算的算法规则，实现业务数据与财务数据的自动转换，解决企业各类业务管理与财务管理的信息断层问题。

现以财务业务一体化平台中财务会计核算系统与内外围业务系统模块的集成关系为例，说明系统集成关系的复杂度，如图 5-64 所示。

在财务业务一体化系统模型中，财务会计核算管理模块需要对众多来自内外围业务模块的数据进行处理，各子模块间会频繁发生数据交互，内部集成复杂；同时，轨道交通企业具有“建设、运营、资源业务并存”的特点，业务类型众多，导致财务业务一体化平台与外围业务模块集成复杂。下面将以核心数据流转为线索，阐述财务业务一体化中各系统模块的集成关系。

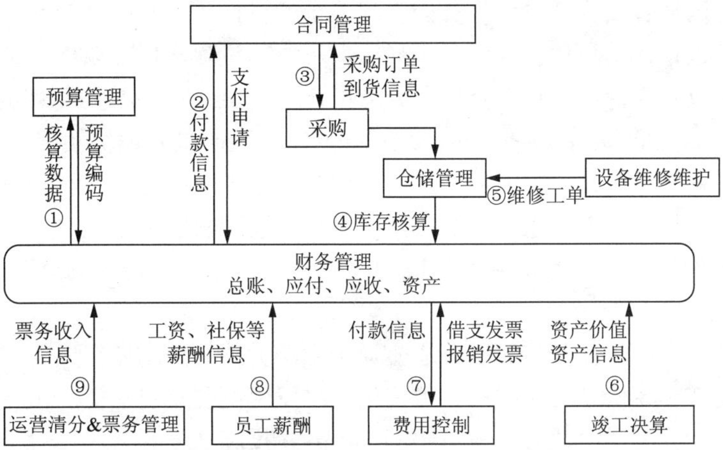

图 5-64　财务业务一体化系统模块的集成关系

1. 财务业务一体化功能模块的构成

（1）财务会计核算管理

财务管理是财务业务一体化中的核心模块，包括总账管理、应付管理、应收管理、资产管理，通过与外围业务系统的有机集成，有效支撑轨道交通企业应付及付款、应收及收款、资产管理、票务收入等业务财务管理模块核心数据流转关系，见表 5-9。

财务管理模块核心数据流转关系　　表 5-9

功能模块	核心数据输入	核心数据输出
总账管理	应付模块：应付发票、发票付款、预付款核销 应收模块：应收发票、收款 资产模块：资产新增、折旧，成本中心变更、处置 供应链模块：物资接收、资产接收、物资入库、出库消耗 票务、清分系统：票务收款、收入	无
应付管理	费控系统：借支单、报销单、报销核销借支 合同管理：预付款支付申请、计量款支付申请、核销预付款	资金系统：资金支付指令 总账模块：应付发票、发票付款、预付款核销
应收管理	合同系统：收入开票申请	总账模块：应收发票、收款
资产管理	实物资产系统：资产预转资、转资、调拨、报废	总账模块：资产新增、折旧，成本中心变更、处置

①总账管理。总账管理（General Ledger，简称 GL）是财务管理系统的核心，汇总公司所有会计信息，为公司统计分析、管理决策提供数据基础。总账模块应包含轨道公司完整的会计核算信息：从应付管理获取企业应付和付款产生的核算数据；从应收管理获取企业应收和收入所需的核算数据；从资产管理获取资产新增、折旧、调拨等所需的核算数据；从其他业务模块（票务、清分管理，供应商管理等）获取票务收入、库存成本管理所需的核算数据。

②应付管理。应付管理（Accounts Payable，简称 AP）实现对公司应付和付款业务的管理，包括合同预付款 / 进度款业务、员工借支 / 报销业务等。对于应付管理中的应付发

票信息，可以通过与合同管理系统、费控管理系统的对接，以及数据间的映射关系获取并生成；应付会计进行核销、付款等业务操作后，形成的付款数据会以付款指令的形式传送到资金系统，形成的会计核算数据会传送到总账管理（GL），形成日记账凭证信息。

③应收管理。应收管理（Acconnts Receirable， 简称 AR）模块实现对公司财务收款业务的管理，主要针对广告、商业房地产、通信等收入类合同业务。对于应收管理模块的发票信息，可通过与合同管理系统的对接，以及数据间的映射关系获取并生成；应收会计进行收款、收入确认等业务操作后，形成的收款、收入数据会传送到总账管理（GL），形成日记账凭证信息。

④资产管理。资产管理及核算是轨道交通企业财务核算的重要组成部分。在企业日常管理过程中，资产实物信息变化往往导致价值信息发生变更，包括资产预转资（新增）、转资（价值更新）、公司内调拨（成本中心变更）、报废（处置）等。对于资产管理中的价值信息，可以通过与实物资产管理模块的对接，以及数据的映射关系获取并生成；资产会计进行资产新增 / 价值更新 / 成本中心变更确认、资产折旧等业务操作后，形成的资产价值信息将自动传送到总账管理（GL），形成日记账凭证信息。

（2）全面预算管理

预算管理能体现城市轨道交通企业不同时期的公司战略重点，对不同业务发展指标的优化调整，如建设期的投资预算、运营期的成本预算、经营期的收入预算等应贯穿不同时期的费用预算。以投资预算及费用预算为例，预算管理通过与合同、费控管理的集成，实现预算的过程控制以及回归，并提供执行数据支撑企业决策分析。预算管理模块核心数据流转关系，见表 5-10。

预算管理模块核心数据流转关系 表 5-10

功能模块	核心数据输入	核心数据输出
预算管理	合同模块：投资、费用预算执行数据 费控模块：费用预算占用数据、费用预算执行数据	合同模块：投资预算、费用预算 费控模块：费用预算

预算管理对企业中各项预算执行、控制、回归过程进行管理。以投资预算、费用预算为例，预算管理系统将投资预算、费用预算数据同步至合同模块、费控模块，进行预算执行的过程控制；同时，合同系统及费控系统会将预算执行数据、费用预算占用数据反馈给预算系统，进行预算的回归。

（3）资金管理

资金管理系统负责企业资金结算业务。对于付款业务，出纳会根据财务付款信息在资金系统中进行资金支付，而通过财务管理系统与资金管理系统的对接，能实现财务付款—资金支付一体化流程管理。资金管理系统核心数据流转关系，见表 5-11。

资金管理系统核心数据流转关系 表 5-11

功能模块	核心数据输入	核心数据输出
资金支付管理	应付模块：资金支付指令	无

资金管理系统负责企业与外部单位的资金结算业务。资金系统在接收到财务管理系统的资金支付指令后，由公司出纳在系统中通过银企直连、转账等方式进行资金支付。

（4）费控管理

费控系统主要负责管理公司费用开支业务，以满足员工日常费用借支、费用报销的需求。在财务业务一体化系统模型中，费控管理与财务管理的应付模块集成，实现自动化会计核算。费控管理系统核心数据流转关系，见表 5-12。

费控管理系统核心数据流转关系　　表 5-12

功能模块	核心数据输入	核心数据输出
费用申请	预算管理：费用预算	预算管理：费用预算占用数据
费用借支	无	应付模块：借支单
费用报销	预算管理：费用预算	应付模块：报销单、报销核销借支 预算管理：费用预算执行数据

①费用申请。经办人在系统中发起费用申请，关联从预算系统同步过来的费用预算，审批通过后，系统会将预算占用数据返回预算系统。

②费用借支。经办人在系统中发起费用借支，审批通过后，费用借支单会传送到财务管理的应付模块，形成预付款发票。

③费用报销。经办人在系统中发起费用报销，管理从预算系统同步过来的费用预算，审批通过后，系统会将预算执行数据返回预算系统，同时费用报销单及核销借支数据会传送到财务管理的应付模块，形成应付发票。

（5）实物资产管理

实物资产管理系统与财务资产模块的集成，能支撑轨道交通企业资产预转资、转资、调拨、变更、报废等业务，系统化、精细化地管理企业内部众多资产。实物资产管理系统与外界的集成关系，如图 5-65 所示。实物资产管理系统核心数据流转关系，见表 5-13。

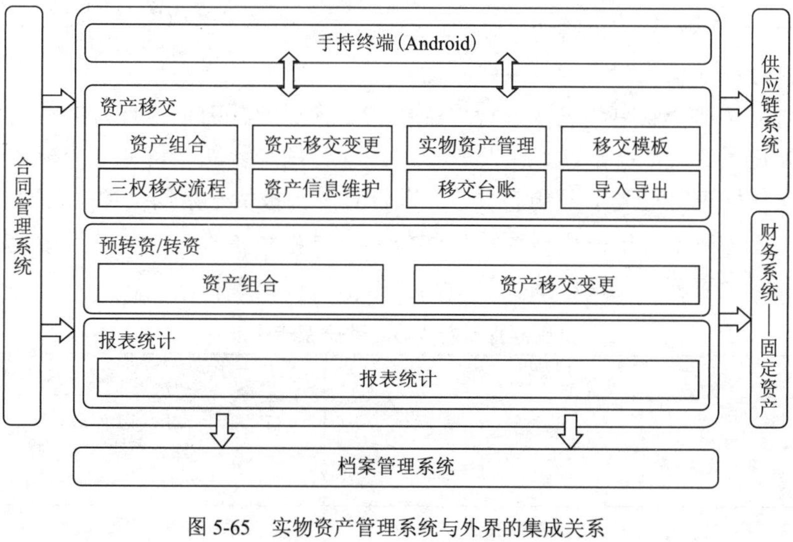

图 5-65　实物资产管理系统与外界的集成关系

实物资产管理系统核心数据流转关系 表 5-13

功能模块	核心数据输入	核心数据输出
费用资产管理	合同管理：资产接收	资产模块：资产预转资、转资、调拨、报废

资产管理包括实物管理和价值管理，实物信息的变化往往会导致价值信息发生变更。实物资产管理系统负责资产的实物管理，包括资产预转资、转资、组织内调拨、报废等业务。对于系统中的实物资产，可以通过与合同系统的对接，获取并生成合同清单；资产管理员再进行资产预转资、转资、调拨、报废等业务操作，形成的固定资产的新增、价值更新、成本中心更新、处置等价值信息会传送到财务管理系统中的资产模块。

（6）合同管理

合同管理业务贯穿城市轨道交通企业发展的不同时期，包括建设期的土建合同、设备类合同、第三方监理合同等，运营期的物资采购合同、资产采购合同、服务类合同等，经营期的广告收入合同、房屋租赁合同等。合同管理与财务应付模块的集成，支撑轨道交通企业合同支付、收入等业务，可有效提高企业合同收付款业务的效率及会计核算的准确性。合同付款申请能对轨道交通企业合同付款业务进行管理，包括合同预付款、计量款。经办人在系统中发起合同付款申请（针对运营采购类合同，还必须基于采购模块传送的采购订单接收数据才能发起付款申请），审批通过后，预付款支付申请、计量款支付申请、核销预付款数据会传送到财务管理的应付模块形成发票信息，资产接收数据会传送到实物资产管理模块形成实物资产，同时通过合同与预算编码关联关系将预算执行数据返回预算管理系统。合同管理模块核心数据流转关系见表 5-14。

合同管理模块核心数据流转关系 表 5-14

功能模块	核心数据输入	核心数据输出
合同付款申请	供应链模块：采购订单接收 预算管理：投资预算、费用预算	应付模块：预付款支付申请、计量款支付申请、核销预付款 供应链模块：合同清单 实物资产管理：资产接收 预算管理：投资预算、费用预算执行数据

（7）供应链管理

在城市轨道交通企业中，供应链管理强调的是物资的精细化管理和信息的准确性。在财务业务一体化系统模型中，通过采购管理、库存管理与合同、财务管理模块的集成，以物资编码为唯一标识，形成了采购需求→采购计划→询报价→采购执行→采购入库→移库/盘点→采购出库→成本分析→供应商评价物资的全过程系统管理，建立精细化、标准化的物资管理体系。供应链管理模块核心数据流转关系，见表 5-15。

供应链管理模块核心数据流转关系 表 5-15

功能模块	核心数据输入	核心数据输出
采购管理	合同模块：合同清单	总账模块：物资接收、资产接收 库存模块：物资接收 合同模块：采购订单接收
库存管理	采购管理：物资接收	总账模块：物资入库、出库消耗

①采购管理。对于采购模块中的采购订单信息，可以通过与合同管理系统的对接，获取并生成合同清单信息；采购管理员进行采购订单接收业务操作后，形成的资产、物资接收信息，一方面，会提供给合同系统作为发起合同付款申请的依据；另一方面，会传送到财务管理的总账模块形成物资、资产接收凭证；同时，物资接收数据也会传送到库存模块形成库存物资。

②库存管理。库存管理负责轨道交通企业库存物资的管理业务。采购管理进行物资接收后，在库存模块会形成物资入库记录；物资的入库、出库消耗均会传送财务管理的总账模块，形成日记账凭证。

（8）票务、清分管理

票务、清分系统负责城市轨道交通企业各线路票款清算分账工作，而财务人员需要根据票务、清分数据进行票务收入的确认、票款收款的财务核算工作。通过财务管理系统与清分系统的对接，票务清分数据能根据数据映射关系形成财务的票务收入数据，保证数据的完整性、准确性、一致性。票务、清分管理系统核心数据流转关系，见表 5-16。

票务、清分管理系统核心数据流转关系　　表 5-16

功能模块	核心数据输入	核心数据输出
票务系统	无	总账模块：票务收款
清分系统	无	总账模块：票务收入

2. 财务业务一体化管理信息化实施策略

城市轨道交通企业发展一般划分为“建设—运营—资源开发”三个时期，随着线网的建设，逐步向多条线路建设、运营、经营并存的方向发展。因此，在实施财务业务一体化系统时，考虑企业“业务类型多、不同时期业务并存”的发展特点，应围绕以下两个目标制订实施方案：

①全面考虑轨道交通企业业务类型，除财务管理系统外，建设支撑企业发展所需的外围业务系统，包括供应链管理系统、合同管理系统、费控管理系统、资金管理系统、实物资产管理系统、票务系统和清分系统。

②基于一体化思想，结合 SOA 松散耦合模式的架构理念，采用 Web Service、ESB 企业服务总线等技术，根据功能、流程、数据需求完成与外围系统接口的设计与实现。

3. 系统总体数据流转设计

财务业务一体化管理目标实现的关键在于财务管理系统与外围业务系统的有效集成，保证业务数据能自动转化为财务数据。

（1）系统交互关系

财务系统与外围业务系统的数据流转关系，如图 5-66 所示。

①与合同管理系统交互。预付款 / 付款审批通过数据导入财务管理系统生成发票。

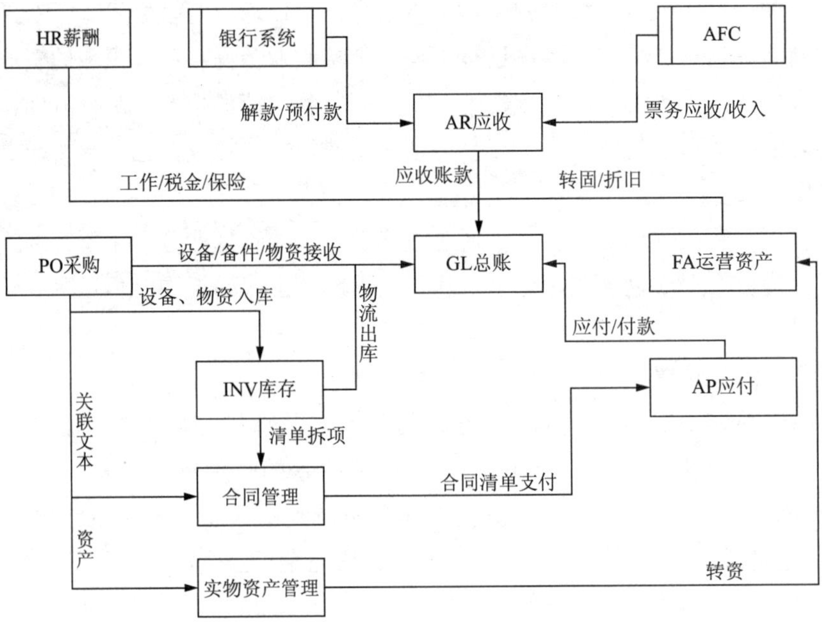

图 5-66　财务系统与外围业务系统的数据流转关系

②与费用控制系统交互。员工费用借支 / 报销审批通过数据导入财务管理系统生成发票。

③与资金管理系统交互。资金收款数据导入财务管理系统总账模块生成总账凭证。

④与实物资产管理系统交互。资产预转资、转资后资产价值信息导入财务管理系统资产模块形成 / 更新资产信息。实物资产变更后，同步更新资产价值信息。

⑤与供应链管理模块交互。资产的采购、库存管理信息传到财务管理系统。由于采购（Purchase Order，简称 PO）、库存（Inrentory，简称 INV）与财务管理系统属于同一个系统，通过系统标准功能配置，能实现供应链与财务的对接。

⑥与票务、清分系统的交互。票务、清分系统形成的票务应收、收入数据会传到财务管理系统。

（2）标准接口设计

财务业务一体化系统模型中，财务管理系统与外围系统存在多个接口。在开发方案设计过程中，应对多个系统接口集成方案进行统一设计。

财务管理系统与外围系统接口集成机制，如图 5-67 所示。

财务业务一体化系统包括以下接口：合同付款发票接口、费用控制付款发票接口、财务资金支付接口、合同收款发票接口、资产预转资接口、资产转资接口、资产调拨接口、资产处置接口、清分收入凭证接口。考虑财务业务一体化系统模型中多个系统的开发技术不一致，因此在系统集成时基于 SOA 松散耦合模式的架构思想，采用 Web Service 定义接口规范，同时采用 ESB 企业服务总线技术作为消息中间件技术，对 Web Service 进行整合。

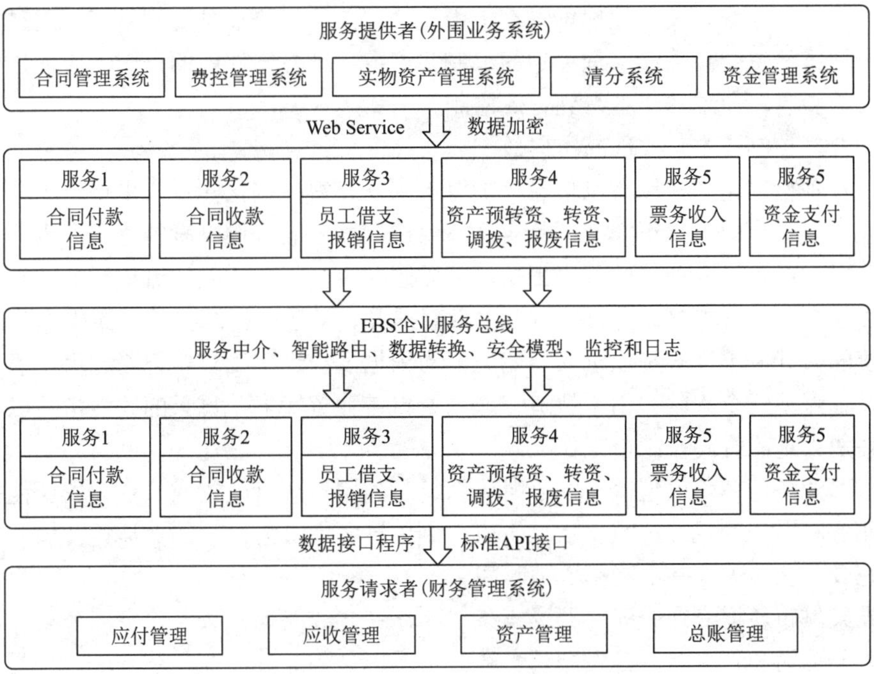

图 5-67　财务业务一体化模型接口集成机制

四、财务业务一体化管理实施的预期效益

1. 管理效益

（1）规范管控体系，辅助领导决策

财务业务一体化管理的建设，通过建立自动化的电子审批流，业务流程采取流程内模块化设计方式，可提升流程执行力，如相关审批可根据授权规则设置自动流转至对应审批环节。同时，借助信息化管理工具将企业整个管理体系进行进一步的规范与优化，可使得平台间信息因无缝衔接而使“事前预算，事中控制，事后分析”的执行成为可能，从而实现事前即可判断事件发生的合理性，事中进行动态监控，事后实时反馈执行情况，使业务执行过程中能有效规避风险，并以此提高分析的质量，辅助正确决策。

（2）多业务协同发力，实现一体化管控

通过建立信息化平台，作为资产全生命周期管理理念的载体和手段，固化标准化的业务流程，衔接各个功能板块，使业务的各个环节有效集结，以共享信息与资源，消除部门间管理壁垒，提高信息的准确性，使业务协同管理，避免重复录入，达到降低管理成本、提高经营效能和质量，助力集团一体化管控，增强企业的核心竞争力的目的。

2. 经济效益

（1）提升精细化管理，优化设备经济运行

运营生产管理标准化的建设不仅包括相关制度、标准和规范，还细化各管理单元，涵盖其目标、责任、运行和考核，从而确保运营各项工作高效、准确、到位地落实，达到在运作机制上由粗放管理型向精细效益型转变，在设备维护上由事后维修向适应性维修和以可靠性为中心的维修转变，在现场管理上由被动整改型向提前预防型转变。通过规范维修管理，重视维修资金预算、修理计划的编制和审批，严格送修前的检查、修理过程的监督和修竣后的验收，使维修成本得到有效控制。

（2）合理控制成本，实现减本提效

通过管理标准化的建设并以信息化加以巩固，使得标准化建设成果得以巩固与发展，以此督促企业更高效并真正完善、落实企业内控制度。而内控制度的落实，也使得各项流程需以业界标准化、合理化的要求去执行，以此减少繁冗、低效的流程环节，有效地控制成本，实现企业的减本提效。以下以制单效率提升、纸质单据减少带来的成本节约举例。

传统的会计制单一般是以纸质原始凭证为依据，经过手工复式记账、手工填制与审核凭证、登记账簿三个步骤。由于轨道交通企业日常业务较多，每天的凭证量数以千计，因此需要耗费大量的时间在制单工作上。

在财务业务一体化模型中，由于财务系统与外围系统有效集成，会计凭证能根据预先设置的业务映射规则及接口数据自动生成，制单过程中最为烦琐的会计凭证填制工作由系统自动完成，从而大大减少制单所需时间。

假设某城市轨道交通企业已开通三条线路，在建线路为三条，除集团公司外，还包括一家运营分公司和一家资源开发公司。该公司实施财务业务一体化系统后，每月由系统自动生成的会计凭证数量（不包括内部往来凭证）估算，见表 5-17。

会计凭证数量估算

表 5-17

<table>
<tr><th>系　统</th><th>业　务</th><th>每月产生凭证数量</th></tr>
<tr><td rowspan="2">合同管理系统</td><td>合同预付款</td><td>50</td></tr>
<tr><td>合同计量款 / 核销预付款</td><td>600</td></tr>
<tr><td rowspan="2">费控管理系统</td><td>费用借支</td><td>200</td></tr>
<tr><td>费用报销 / 核销借支</td><td>1000</td></tr>
<tr><td>人力资源管理系统</td><td>计提工资</td><td>3</td></tr>
<tr><td rowspan="5">实物资产管理系统</td><td>资产预转资</td><td rowspan="5">480</td></tr>
<tr><td>资产转资</td></tr>
<tr><td>资产调拨</td></tr>
<tr><td>资产报废</td></tr>
<tr><td>资产价值更新</td></tr>
<tr><td rowspan="2">票务、清分系统</td><td>日营运报表（收款）</td><td>90</td></tr>
<tr><td>清分报表（收入）</td><td>1</td></tr>
<tr><td rowspan="3">库存管理系统</td><td>接收 / 退货</td><td>30</td></tr>
<tr><td>入库</td><td>30</td></tr>
<tr><td>领料消耗</td><td>30</td></tr>
</table>

该公司每月由系统自动生成的凭证数量约为 2514 单。假设一张凭证节约 4min，一天工作时间为 8h，则一年可以节约大概 250 个人 / 日的工作量。

3. 社会效益

（1）整合先进管理理念，起到示范性引领作用

截至2016年年底，我国有超过50个地市正在规划建设城市轨道交通线路，大部分轨道交通企业处于发展初期，仍在企业管理道路上探索徘徊。财务业务一体化作为一种先进科学的管理思路、理念以及成功的案例，不仅给轨道交通行业内年轻的企业提供宝贵的管理经验，也起到了良好的行业示范作用。

（2）两化融合，高效运营，服务群众

财务业务一体化管理将信息化项目与高端工业化两化融合，在信息化平台的支持下，探索出城市轨道交通设备信息化控制技术和标准化维修流程等实用技术。通过将信息化技术植入城市轨道交通的管理运营过程之中，更好地发现乘客的需求，从而建设出更高水平的城市地铁，助力经济社会的全面发展。

4. 生态效益

城市轨道交通是实现可持续发展的一种有效途径，是减轻交通拥挤，减少环境污染，促进社会公平、合理利用资源的有效手段。绿色交通已经成为城市建设、管理和发展中亟待落实与推广的重要理念。而财务业务一体化平台，通过建立各系统间的接口集成，大幅度减少纸质单据在部门间流转的数量，降低了纸张的浪费率；同时，也为服务于城市轨道交通正常运行的管理、工作人员的高效工作提供了可能，助力城市地铁的运行、建设与发展。

五、主流软件产品介绍

财务业务一体化系统模型是由财务系统及外围业务系统，通过标准化的集成技术构筑而成的系统集合。对于外围业务系统，城市轨道交通企业一般会基于行业个性化业务而进行定制开发；而财务系统由于专业性较强，对标准化要求较高，并且定制开发难度较高，一般会采用市场上成熟的产品。

城市轨道交通企业具有业务类型多的特点，财务系统作为财务业务一体化系统模型的核心，需要满足与外围众多业务系统集成的需求。财务软件须符合轨道交通企业的行业特点和个性化需求，选择适合的财务软件能有效地减少软件的二次开发量、降低实施成本，保证财务业务一体化系统的成功实施。

当前市场上国内外财务软件有上千种之多，产品的功能千差万别，适应的环境也不尽相同，价格从几万元到几千万元不等。城市轨道交通行业财务管理软件使用情况，见表5-18。

城市轨道交通行业财务管理软件应用情况 表5-18

轨道交通企业	财务管理软件应用情况
香港地铁、广州地铁、苏州地铁、杭州地铁、西安地铁、京港地铁、合肥轨道、厦门地铁、郑州地铁、福州地铁	Oracle EBS（原使用金蝶/用友等产品）
南京地铁、宁波地铁、长沙地铁、成都地铁等企业	金蝶/用友等产品，短期内无升级计划

从上表5-18分析可得，目前城市轨道交通行业内主流财务管理软件主要有Oracle EBS、金蝶和用友三家。除上述三家厂商之外，SAP也是目前业界主流的财务管理软件厂商。

为更清晰直观地为各城市轨道交通企业在建立财务业务一体化平台进行系统选型时提

供参考，下面将提供行业及业界主流的Oracle EBS、金蝶EAS、用友NC、SAP R/3产品介绍，以供参考。

1. 甲骨文公司的Oracle EBS

甲骨文公司，全称甲骨文股份有限公司（甲骨文软件系统有限公司），是全球最大的企业级软件公司，总部位于美国加利福尼亚州的红木滩。1989年正式进入中国市场。产品业务包括服务器及工具、企业应用软件、Oracle职业发展力计划三大类。Oracle EBS全称Oracle电子商务套件（E-Business Suit），是甲骨文公司的企业应用软件产品，是在原来Application（ERP）基础上的扩展，是包括ERP（企业资源计划管理）、HR（人力资源管理）、CRM（客户关系管理）等多种管理软件的集合，是无缝集成的一个管理套件。目前已发布R12（Release 12），是完全基于Web的企业级软件。作为企业管理软件，EBS的管理范围涵盖企业管理的方方面面，包括资产生命周期管理、客户关系管理（CRM）、企业资源计划（ERP）、财务管理、人力资本管理、项目管理（PM）、采购、产品生命周期管理、供应链管理（SCM）、供应链计划、物流与运输管理、订单管理（OM）、价格管理（PM）、制造、教育管理系统、IMEETING、网上购物系统等。以下就财务管理模块进行，介绍。Orcle EBS财务管理功能架构，如图5-68所示。

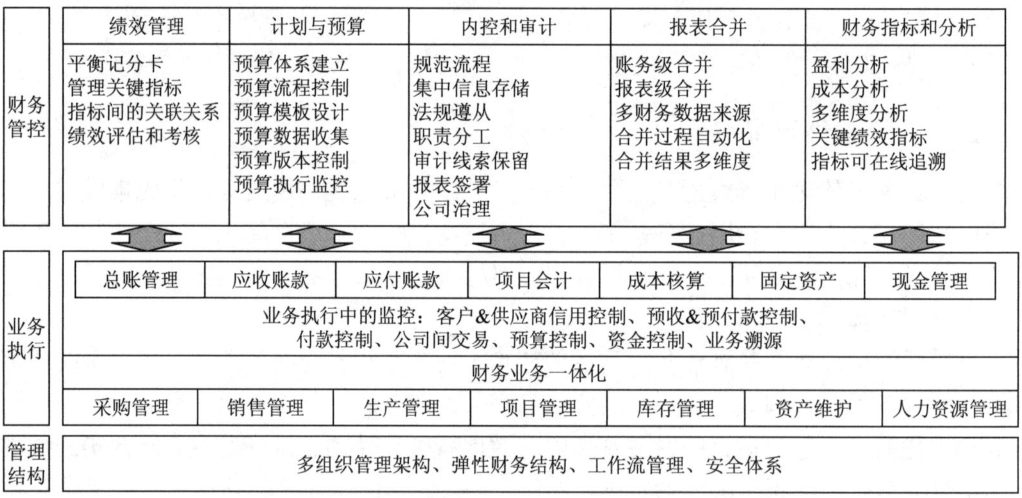

图5-68 Oracle EBS财务管理功能架构

Oracle EBS财务管理模块建立在基础财务业务工作基础上，不仅具备现有的财务管理软件系统的优点，还有其独特之处，把物流、供应链、人力资源等事务与资金流有机地结合起来，形成先进、全面的财务管理信息系统，而且是一个大规模、高级的集成模块，相对其他应用软件，Oracle EBS的功能更加强大，数据库更加丰富，运行效率更加快捷，适用性更加灵活，应用范围更加广泛，网上自助服务更加完善，系统的定制与维护更加简便。Oracle EBS财务模块主要包括总账管理、应收管理、应付管理、固定资产现金管理等功能。

（1）总账管理

总账管理包括：总账凭证的输入、维护、查询、引入、审核及过账；预算的定义与输入；月末结账与关账；财务报表的定义查询；常用标准报表查询；科目维护；外币管理；

汇总模板的定义与应用等。

（2）应收管理

应收管理包括客户的维护、应收发票的填写、收款与过账的操作及应收的报表与查询等。

（3）应付管理

应付管理包括应付 / 预付款发票的填写，预付款发票的核销，付款的录入，发票、付款、核销的调整与撤消，应付、已付、预付的过账，及应付账款的查询和常用报表等等。

（4）固定资产

固定资产包括资产的增加、调整、报废、折旧和在建资产的资本化操作，以及资产模块的数据过到总账、资产的设置和报表查询的操作等。

（5）现金管理

现金管理包括银行对账与现金预测的操作等。

（6）ADI 集成

ADI 集成包括 ADI 的安装，日记账、预算、资产的模板建立与加载，以及通过 ADI 创建报表与输出的操作等。

Oracle EBS 财务模块通过法人—账套—实体—库存组织多层级组织架构的设置，支持集团式管控模式和组织架构的扩展变更要求；同时，账户结构采用弹性多段组合式，可按多维度记录管理业务、财务信息，使得财务会计与管理会计能较好地集成。

技术上，采用开放、稳定的 Oracle Designer（设计器）和 Oracle Developer（开发工具），能提供系统实施所需的硬件服务器、数据库、中间件、系统开发工具、应用级软件产品、行业解决方案等；同时，具有良好的集成性，可提供全面、稳定的应用程序界面集成技术 Set of APIs（应用程序接口集）。

2. 金蝶 EAS

金蝶国际软件集团始创于 1993 年，是香港联合交易所主板上市公司。运用前沿科学技术，金蝶以管理信息化产品服务为核心，为超过 400 万家企业和政府组织提供云管理产品及服务，是中国软件市场的领跑者。目前已有超过 2000 家合作伙伴选择金蝶作为共创共赢的发展平台。IDC（Internet Data Center，互联网数据中心）权威数据显示，金蝶连续 11 年位居中国中小企业市场占有率第一。财富中国 100 强企业，一半选择金蝶。金蝶在中国大陆设有深圳、上海、北京三个软件园。金蝶附属公司有专注企业管理软件及互联网服务市场的金蝶软件（中国）有限公司，专注中间件业务的深圳市金蝶中间件有限公司，专注医疗卫生行业信息化的金蝶医疗软件科技有限公司，以及专注除中国大陆以外的亚太地区及海外市场的金蝶国际软件集团（香港）有限公司等。

金蝶 EAS 是全球第一款融合 TOGAF（开放组体系结构框架）标准 SOA 架构的企业管理软件，其以“创造无边界信息流”为产品设计理念，支持云计算、SOA 和动态流程管理的整合技术平台，构建于金蝶自主研发的业务操作系统——金蝶 BOS（Business Operating System，业务操作系统）之上，提供了集成的集团财务管理、集团人力资源管理、集团采购管理、集团分销管理、供应链管理、协同平台等 50 多个应用模块，全面覆盖企业战略管理、风险管理、集团财务管理、战略人力资源管理、跨组织供应链、多工厂制造和外部产业链等管理领域，以期实现业务的全面管理，为企业提供行业及个性化解决方案、移动商务解决方案，实现企业间的业务协作和电子商务的应用集成。其中，财务管理模块支持管理单元，使得集团下不同业务属性的分、子公司可得到有效管理，并通过辅助核算管理功能，使得业务信息及财务信息可进行整合。财务管理模块主要包括总账管理、报表管理、出纳管理、应付管理、应收管理、固定资产、低值易耗品管理、合并报表、总账多账簿等功能。金蝶EAS 功能架构如图 5-69 所示。

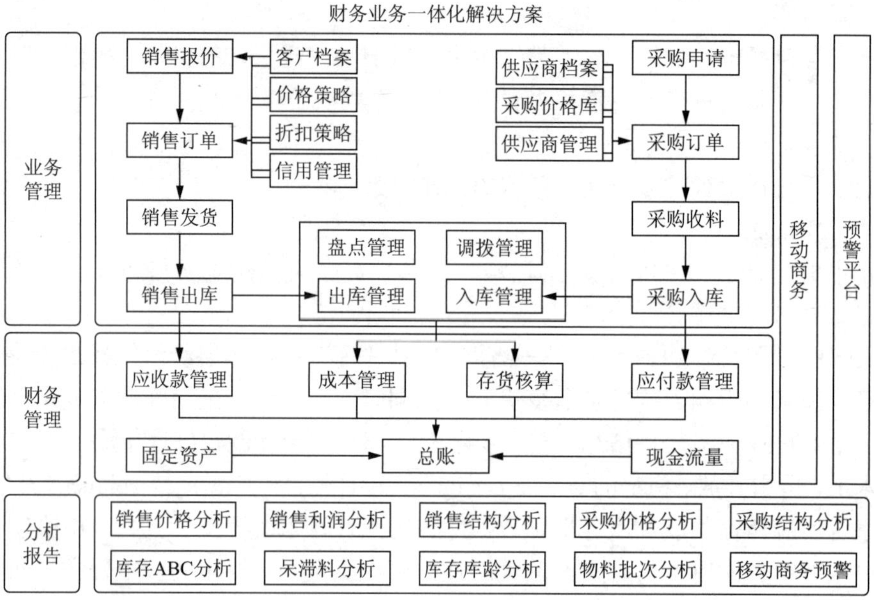

图 5-69　金蝶 EAS 功能架构

技术上，金蝶 EAS 支持应用中间件、业务中间件以及插件式开发模式；架构上，采用 J2EE 架构及 IBM-Websphere 中间件。同时，具有良好的集成性，采用遵循国际化的 TOGAF 指导下的 SOA 标准，融合了大量中国企业 BPM（业务流程管理）实践的金蝶BOS 集成与应用平台。

3. 用友 NC

用友（集团）成立于 1988 年，是亚太地区大型的企业管理软件、企业互联网服务和企业金融服务提供商，是中国大型的 ERP、CRM、人力资源管理、商业分析、内审、小微企业管理软件和财政、汽车、烟草等行业应用解决方案提供商。基于移动互联网、云计算、大数据、社交等先进互联网技术，用友通过企业应用软件、企业互联网服务、互联网金融服务中国和全球企业及组织的互联网化。截至 2014 年，中国及亚太地区超过 220 万家企业与公共组织通过使用用友企业应用软件、企业互联网服务、互联网金融服务，实现精细管理、敏捷经营、商业创新。其中，中国 500 强企业超过 60% 是用友的客户。

用友 NC 已经有 16 年的历史，用友 NC6 是用友 NC 产品的全新系列，其基于 8000 家集团企业客户的实力，使其在同类产品市场占有率已经达到亚太第一，产品主要定位于大型企业管理与电子商务平台，致力于通过综合利用最新的互联网技术、云计算技术、移动应用技术等，通过构建大企业私有云来全面满足集团企业管理、全产业链管控和电子商务运营，为集团企业提供一个全新的支持合规化应用需求和创新需求，以及个性化配置、集成、实施、运维、管理一体化的大型企业管理和电子商务平台。其中，财务管理模块以财务集中管控为核心，根据“集团管控”和“内控管理”的需要，提供多级集团管控财务核算体系、集团并账与并表、集团报表平台。用友 NC 功能架构，如图 5-70 所示。

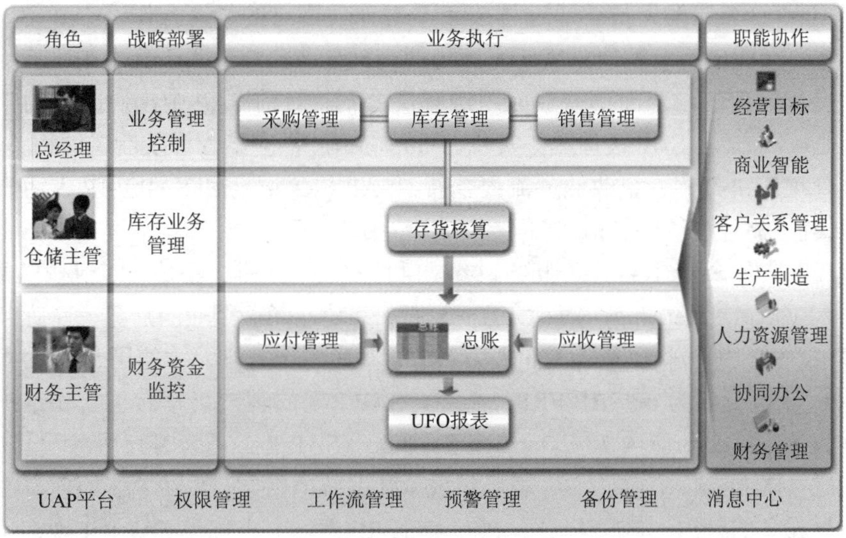

图 5-70 用友 NC 功能架构

用友 NC 财务模块包括总账、应收管理、应付管理、报销管理、固定资产、存货核算、费用预算、税务管理、欧盟 VAT（增值税）报表、总账多账簿、固定资产多账簿等功能。

技术上，NC6 产品的技术架构采用分层体系结构，自下而上包括存储层、数据访问层、业务层、展现层和客户端。同时，NC 产品线构建在 UAP 平台之上，支持多种硬件服务器、多种操作系统、多种数据库、多种应用服务器及中间件、多种端，支持多种行业标准和开发协议。该产品从应用方面来说，包括 NC 核心应用产品、NC 行业产品、NC 本地化产品、以及企业客户定制应用等。通过集成平台，可实现与客户现有应用系统的整合。

4. SAP R/3

SAP SE（Systems， Applications & Products in Data Processing）是德国的一家软件公司，成立于 1972 年，总部位于德国沃尔多夫市，是全球最大的企业管理和协同化商务解决方案供应商，是世界第三大独立软件供应商、全球第二大云公司，在全球有 120 多个国家的超过 172000 家用户正在运行 SAP 软件。财富 500 强 80% 以上的企业都在从 SAP 的管理方案中获益，其还帮助超过 25 个行业各种规模的企业实现卓越运营，并在包括欧洲、美洲、中东及亚太地区的 50 个国家雇用 52921 名员工。SAP 在全球 75 个国家拥有分支机构，并在多家证券交易所上市，包括法兰克福和纽约证交所。SAP 将企业软件定义为企业资源计划、商务智能和相关应用程序的集合。SAP 的核心业务是销售其研发的商业软件解决方案及其服务的用户许可证。SAP 解决方案包括标准商业软件及技术以及行业特定应用，主要用途是帮助企业建立或改进其业务流程，使之更为高效灵活，并不断为该企业产生新的价值。另外，SAP 还提供与其软件相关的咨询、维护和培训服务。SAP 在中国拥有包括 IBM、埃森哲、上海麦汇、浙江中之杰、上海顺维咨询、北京奥维奥，广州工博、凯捷、HP、毕博、德勤、汉得、石化盈科、中电普华、东软、神州数码等多家合作伙伴。自 1997 年就已开始从事软件开发的 SAP 中国研究院，于 2003 年 11 月正式成立，同时升级为 SAP 全球八大研究院之一。作为 SAP 全球分支机构中发展最为迅速的机构，已有来自全球的 1000 余名研发人员。通过与 SAP 全球研发网络的紧密合作，SAP 中国研究院的工作范围覆盖企业应用级解决方案研发流程的全部环节，并致力于为中国，亚太区乃至全球的客户提供创新的、全面的企业应用级解决方案。目前 SAP 中国研究院的工作重点在成长型企业解决方案、SAP 最佳业务实践、Linux 应用、供应链管理及制造的相关解决方案、企业战略管理解决方案、企业业务流程革新、SAP ERP 财务和 SAP ERP 人力资源管理解决方案和其他战略性研发项目。

SAP R/3 是一个基于客户 / 服务机结构和开放系统的、集成的企业资源计划系统（Enterprise Resource Planning，简称 ERP）软件，其功能涵盖企业的财务、后勤（工程设计、采购、库存、生产销售和质量等）和人力资源管理等各个方面。由德国 SAP 公司所研创，2005 年，此软件更名为 mySAP ERP。至今，SAP R/3 的客户仍享有更新和维护服务，最新的版本为 R/3 Enterprise 4.70 Extension Set 2.00。SAP R/3 是为客户服务设计的，“R”指的是实时（realtime），而“3”表示组成 R/3 系统的三层。SAP R/3 的前身 SAP R/2 服务大型计算设备的使用。最早发明于 1973 年的 RF 程序，也称为 SAP R/1 现在用于计算机支持的会计核算技术。SAP R/3 财务模块主要功能包括总分类账管理、应付账管理、应收账管理、财务控制、法定合并、现金管理等主要功能。SAP R/3 财务管理模块功能，如图 5-71 所示。

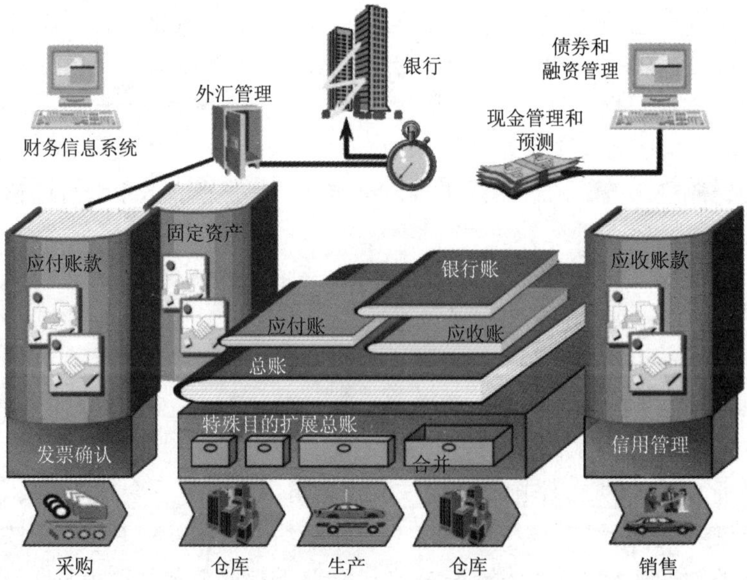

图 5-71　SAP R/3 财务管理模块功能

——以上 Oracle EBS、金蝶 EAS、用友 NC、SAP R/3 产品信息均来自网络资料。

第六章 广州地铁一体化资产管理信息化实践

本章以广州地铁一体化资产管理实践为典型案例，系统性介绍项目的实施历程和主要经验，供国内城市轨道交通企业借鉴。

第一节 广州地铁一体化资产管理信息化概述

一、工作背景

1. 广州地铁发展概况

广州地铁集团有限公司（简称广州地铁）成立于1992年，是广州市政府全资的大型国有企业，负责广州市快速轨道交通系统的工程建设、运营管理和附属资源开发经营。经过20余年的建设，现已建成、开通一至九号线、十三号线、十四号线知识城支线、APM线、广佛线等13条，合计391.7km的轨道交通线路，以及海珠区环岛新型有轨电车试验段（7.7km），线网里程居全国第三，世界前十。目前，正全力推进八号线北延段、十一号线、十三号线二期、十四号线一期、十八号线、二十一号线、二十二号线、广佛线燕岗至沥滘段等新线建设。截至2017年年底，企业资产总额近3000亿元，共有员工近25000人，经营收入超100亿元，日均客流超760万人次，承担了广州市超过44%的公交客流运送任务，客流强度居全国第一，线网运行图及列车正点率均始终保持在99.9%以上。同时，广州地铁积极实施多元化经营开发，重点培育了物业开发、咨询服务、装备制造等业务。物业开发业务成功打造了动漫星城地下商城、南海金融城及万胜广场等多个商业与住宅项目，正在结合轨道交通线网规划，大力开展轨道交通沿线土地储备和物业开发；设计、监理、培训、咨询等服务业务充分利用广州地铁20年来积累的管理经验，实现对全国30多个城市的知识输出；装备制造业务加强业务拓展，不断提高车辆新造、架修、维保等方面能力，积极推动城市轨道交通装备国产化。

伴随企业业务变革和发展，广州地铁自上到下不断认识到信息化的重要性，于2000年，在国内城市轨道交通行业内率先开展IT战略规划工作。截至目前，广州地铁已经完成三个IT规划期的信息化建设，目前根据《广州地铁集团公司2016—2020年发展战略规划》，正在开展广州地铁信息化战略规划（2016—2020年）的研究工作。

（1）第一个IT规划期

2001年，广州地铁启动第一个IT战略规划，制定《广州地铁信息化战略规划（2001—

2006 年）》，建设涵盖人力、财务、办公自动化、工程项目管理、设备维修业务领域在内的 EMIS 系统，初步奠定广州地铁信息化基础。

（2）第二个 IT 规划期

2007 年，广州地铁引入“资产全生命周期”的管理理念，启动第二个 IT 战略规划，制定《广州地铁信息化战略规划（2007—2012 年）》，搭建公司应用架构、数据架构、技术架构和管控架构体系，推进一体化资产项目的实施，优化完善 EMIS 系统，完成核心业务领域信息化实施工作，基本完成对广州地铁工程建设、地铁运营等核心业务的信息化覆盖。

（3）第三个 IT 规划期

2010 年，广州地铁启动公司第三个 IT 战略规划，制定《广州地铁信息化战略规划（2011—2015 年）》，引入数据仓库、业务决策等高阶应用，深化一体化资产应用，全面推进信息化的深入应用与价值提升，建成 45 个管理信息系统，基本实现对广州地铁业务的全面覆盖。其中工程建设、运输组织、设备维修、财务与投资业务领域信息化应用成熟，实现了信息化与业务的深度融合。

截至目前，已建成 45 个应用系统，实现了信息化对业务 80% 的覆盖率，基本完成对地铁工程建设、地铁运营、企业管理等核心业务的信息化覆盖，搭建了一套具有城市轨道交通行业代表性的成熟的信息化管理与架构体系，并在国内城市轨道交通行业首次实现资产全生命周期管理的信息化，重点推进和完成了以“精细化管理”理念为核心的广州地铁工程建设、运营设备维修管理及企业内部管理等多个重大信息化项目的策划与建设；推进广州地铁云数据中心的搭建，成功搭建并应用“公有云 + 私有云”的混合云体系，积极探索移动互联网与地铁业务的融合，有效支撑广州地铁整体战略的达成，形成国内独立的城轨交通行业信息化品牌，同时还为国内同行及社会公众输出信息化服务，承担了国内多个城市轨道交通企业的信息化规划和项目建设工作，推动城市轨道交通行业云建设，促进国内城市轨道交通行业信息化水平的共同提升。

2. 引入资产全生命周期理念的必要性分析

根据上述广州地铁的发展阶段描述可以看出，广州地铁是从 2007 年第二个 IT 规划期开始引入“资产全生命周期理念”的。那么为什么要在 2007 年引入“资产全生命周期理念”呢？主要有以下几个方面的考虑。

2007 年，按照广州市轨道交通线网的近期规划，到 2010 年，广州将建成 255km 九条线路的轨道交通线网，资产首超 1000 亿。作为典型的资产密集型行业，资产管理是贯穿城市轨道交通企业整个价值链的核心内容。随着资产规模的不断增大，如何解决巨量资产的营造、运营、维修维护，在保证资产安全的前提下实现资产运营效益的最大化，成为轨道交通企业的核心目标之一。作为 2010 年亚运会重要公共配套，广州地铁须在亚运会前开通六条线路 86km 的线网，因此，引入资产全生命周期管理理念、提升资产管理效率与效益显得迫在眉睫。同时，随着城市轨道交通企业信息化的不断发展，资产全生命周期中各业务领域的信息化覆盖程度不断提高，迫切需要以一体化资产的要求对相关系统进行整合优化，以共同发挥资产全生命周期管理的作用。

广州地铁资产管理流程跨越集团建设、运营、财务等多个主要部门。建设部门主要负责基建期资产的管理，管理内容主要包括项目立项、合同招标、合同签订、合同审批、采购入库、项目发料、合同结算、实物移交、物资转固；运营部门主要负责基建期资产转为运营期后的管理，管理内容主要包括运营维修维护、资产报废处置、设备更新；财务部门主要负责全过程的价值核算及财务管理工作。当时的主要业务现状如下。

（1）财务管理

财务管理业务主要是根据国家的有关制度，结合广州地铁的具体情况，全面负责会计核算、资金使用、资产管理和预算与分析等财务管理工作，为领导进行财务决策提供依据。

广州地铁已经在各事业部、主要子公司使用成熟的 Oracle FM（财务管理）系统进行财务核算七年，会计基础工作扎实，制定了明确的会计核算政策，结合 Oracle FM 系统制定完成了会计核算手册。

在预算业务上，建立了比较成熟的预算管理机构、预算编制与调整程序、预算控制标准、预算分析与反馈制度，目前在预算管理方面的主要问题是缺乏有效的技术手段支撑，未实现事前预算控制及有效分析。

资产管理主要使用 Oracle FA（固定资产）管理模块及资产标识码系统实现资产的主数据、实物资产的账务、资产标签条码打印等管理。

（2）合同管理

合同管理业务由企管总部合同部作为归口部门统一管理，对合同主办单位提供合同管理的专业支持。合同管理业务主要包括建立广州地铁合同管理体系，制定合同管理办法、相关规定以及实施细则等；监督、跟踪、协调合同管理体系的运作，并对合同管理体系不断进行发展完善，以满足广州地铁不断变化及发展的业务管理需求。

合同管理包括建设合同及运营合同的管理，其中建设期合同已经使用系统进行管理，主要实现了招标、合同文件审批、合同变更、支付等阶段的相关文件的审批，进行合同台账、承包商的管理，并生成相应的报表供查询和决策。同时还实现了合同计量支付与 Oracle FM 的集成接口（机电类除外）。运营合同的管理仍然在系统外管理。

（3）物流管理

物流管理主要分为基建类物资管理、运营类物资管理、职能总部办公用品采购管理、计算机软硬件采购管理等。其中，基建类物资主要以建设项目形式采购。建设总部、运营总部所属的车辆中心、通号中心是基建类物资采购的主办部门，主要负责招投标管理；物资公司是采购的商务代理，主要协助主办单位进行招 / 投标工作及各种验收工作及负责建设类物资的仓库管理。运营类物资主要包含备品备件，运营新增资产，运营类的办公、劳保用品采购。物资部是运营总部物资管理的职能部门。通过对物资采购计划的受理、采购计划的下达、进行物资的采购，物资到货的验收、发放与存储等管理工作的分析，实现物资的有效配置和开发使用。

基建类物流涉及的系统主要是物资公司的 EPMIS（机电设备采购管理信息系统）和 OA 合同审批管理，实现了合同审批、支付和简单的到货管理、库存管理；运营类物流业务主要使用 MAXIMO 系统进行采购需求、采购计划、订单、到货、库存、发放的管理，使用自行开发的网上比价系统进行简单的询价，报价和供应商管理。

（4）维修管理

维修管理业务主要负责广州地铁的资产维修工作，主要工作包括预防性维修、故障修、委外修、车辆架大修、施工计划及请销点管理、设备、检修质量管理及其他办公、车辆设施维修、化验工作。设备资产维修主要以预防性维修为主，维修规程主要根据厂商资料制定。已经建立了故障维修、预防性维护、大小修管理体系，主要是在 MAXIMO 系统进行管理。但仍缺少对车辆重要的车辆架大修、委外维修的系统管理和信息共享。

面对难题和挑战，广州地铁开展资产管理调研和流程梳理工作，总结出广州地铁资产管理的三大主要问题：第一，资产数量大、种类多、分布广、系统及专业性强；第二，轨道交通通车快、开通集中，基建与运营管理需求及标准不同，不同管理阶段衔接难度大，决算难；第三，轨道交通资产寿命长、技术更新快，变化多，生命周期数据积累并应用于规划、采购、维修管理的难度大。

为此，2007 年，广州地铁行业内率先引入“资产全生命周期管理”理念，开展对资产全生命周期管理体系的咨询与研究工作，并于 2009 年启动资产全生命周期一体化系统化实施，搭建一体化信息平台，于 2010 年通过初验；2011—2013 年深化一体化应用，实现轨道交通行业资产全生命周期一体化资产管理，属行业首创。

二、工作范围

广州地铁一体化资产管理的业务内容涵盖建设项目管理业务、物流管理业务、合同管理业务、设备维护维修业务、财务管理等内容。

组织范围是现有组织架构中与资产管理相关的财务总部、建设事业总部、运营总部（含车务中心、车辆中心、通号中心、维修中心）、企管总部、总工程师室、监查审计部、房产资源总部、物资公司（控股子公司）。IAM 工作启动时广州地铁组织架构，如图 6-1 所示。

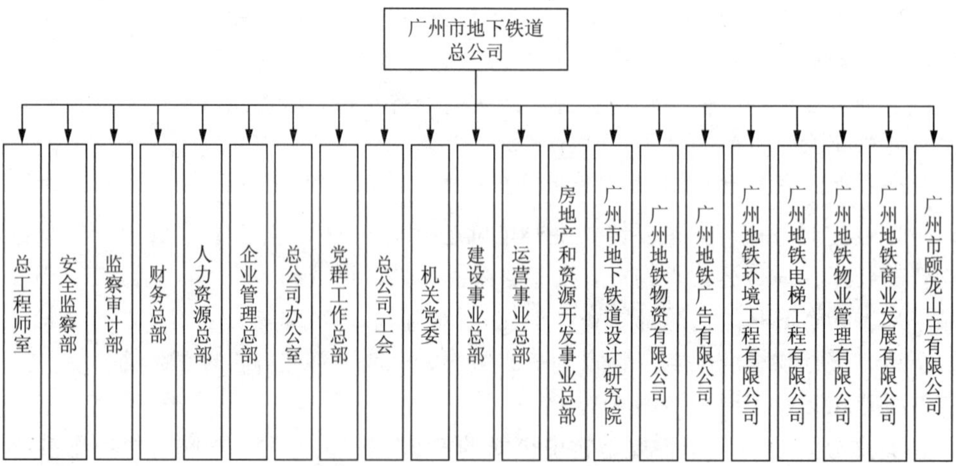

图 6-1　IAM 工作启动时广州地铁组织架构

工作的实施范围包括管理标准化和系统建设两部分主要内容。

1. 管理标准化

管理标准化是指对业务范围内相关业务流程进行优化，提出目标优化流程，制定相关业务数据标准与规范，提出相应的IT标准。本阶段工作业务范围包括财务管理、合同管理、项目管理、物流管理、维修管理五大内容。围绕上述业务范围，应制定以下管理标准内容。

（1）管控标准

明确广州地铁一体化资产管理信息平台（IAM）建设所涉及的财务管理、合同管理、项目管理、物流管理、维修管理的管控模式、管控重点以及相应的组织、职责、岗位、人员标准。

（2）业务标准

优化广州地铁一体化资产管理信息平台（IAM）建设所涉及的财务管理、合同管理、项目管理、物流管理、维修管理相应的业务管理流程、工作（作业）标准、绩效标准。

（3）数据标准

完成广州地铁一体化资产管理信息平台（IAM）建设所涉及的财务管理、合同管理、项目管理、物流管理、维修管理业务数据标准定义、编码原则制定、数据物理模型定义等工作。

（4）IT标准

制定广州地铁一体化资产管理信息平台（IAM）建设相关的信息平台产品标准、IT技术架构标准、基础架构标准、集成标准、数据交换标准、系统操作标准等。

2. 系统建设范围

总体上，将重新整合广州地铁现有的系统，将资产标识码系统调整为仅用于条码打印。采购第三方工作流软件实现合同管理中的审批流转。在Oracle ERP软件升级和现有MAXIMO软件的基础上，优化实施实现项目需求，同时，通过与人力资源管理系统、项目管理中的计划管理系统集成，实现信息共享，包括软件采购、应用实施和相关开发。具体内容如下。

①Oracle ERP升级。完成Oracle ERP软件从11.5.5版本升级到R12，完成历史数据迁移工作，原系统功能和历史数据在升级后可用。

②第三方工作流软件采购及实施。满足合同管理中相关的业务审批流转。

③MAXIMO与Oracle接口组件采购及实施。满足MAXIMO与Oracle的接口开发。

④财务管理。实现财务模块的实施与优化。

⑤合同管理。实现合同管理模块的实施与优化。

⑥物流管理。实现物流管理模块的实施与优化，包括供应商管理、基建类物流、运营类物流。

⑦维修管理。维修管理模块在目前广州地铁使用的MAXIMO系统现有功能上进行优化和开发。

⑧应用集成。制订与其他软件的集成方案，并组织各方完成系统集成工作。

IAM 产品模块构成，见表 6-1；广州地铁一体化资产管理系统工作范围，见表 6-2。

IAM 产品模块构成 表 6-1

业务	功能 / 模块	产品名称	被替代的子系统 / 模块	备注
财务	总账、应收、应付、资产、现金、项目会计	Oracle EBS	N/A	■ 升级到12.0.6版本； ■ 建立统一的会计科目结构并使用一致的科目；深化项目会计模块的应用； ■ 加强与MAXIMO、资金、票务、清分系统的集成
运营物流	采购、库存、Sourcing	Oracle EBS	电子商务（Sourcing替代） MAXIMO 采购、库存	■ 加强物资需求计划管理，平衡利库； ■ 与Oracle系统集成（使用Oracle采购、库存取代MAXIMO系统对应功能）
基建物流	库存	Oracle EBS	EPMIS	■ 原定一条线试点（三号线北沿，其他线路EPMIS在推广阶段逐步被取代，但如合同历史数据得到全面梳理的保障，将促使基建物流的全面提前上线
合同	合同	工作流（平台开发）	OA 平台合同管理相关子模块	■ 基建合同原定一条线试点（三号线北沿），其他路线OA计量支付等接口应用在推广阶段逐步被取代，但如合同历史数据得到全面梳理的保障，则使基建合同提前全面上线并同步影响基建物流的同步上线
维修	维修	MAXIMO	N/A	■ 维修项目成本及预算管理的增强； ■ 车辆架大修、委外维护管理的实施； ■ 与Oracle系统的集成（考虑使用Oracle采购、库存取代MAXIMO系统对应功能）； ■ 维修项目成本及预算管理的增强

广州地铁一体化资产管理系统工作范围 表 6-2

部门	财务管理	项目管理	合同管理	物流管理	维修管理
财务总部	总账、应收、应付、资产、现金	项目会计			
建设事业总部	总账、应付、资产、现金	项目会计	采购、服务合同（本项目实施三号线北沿线）	基建采购、库存（本项目实施三号线北沿线）	
运营总部（含四个中心）	总账、应付、应收、资产、现金	项目会计	采购合同、服务合同	（含四个中心的三号线北沿线相关基建类采购库存）运营类采购、库存、供应商门户	维修、设备
企管总部	总账应付、资产		采购合同、服务合同		
房产资源总部	总帐、应收、应付、资产、现金				
物资公司				基建采购、库存（本项目实施三号线北沿线）	

后期在合同管理的实施中，对新线进行了扩展实施，合同管理、基建物流子系统的实

施覆盖了城市轨道交通的在建和新建线路，以及开展附属资源经营、沿线物业管理、资产验收移交等信息化实施工作。后期实施工作范围，见表 6-3。

后期实施工作范围 表 6-3

模块	业务类型	分类	内容
财务	基建	标准方案推广应用	六号线二期、七，九，十三号线标准方案设置与实施
	基建	标准方案推广应用	单独立项标准方案设置与实施
	经营	新方案	对 11 月 1 日上线，但无法按经营八个会计主体拆分的数据，在明确主体归属的前提下，提供系统数据拆分和合并的处理方案； 提供技术上的支持，指导城市轨道交通在系统中执行经营数据的拆分和合并，如固定资产、债权债务数据
合同	基建	标准方案推广应用	六号线一期实施，六号线二期、七、九、十三号线设置与实施
	基建	标准方案推广应用	二八线、四北线、五号线、广佛线设备安装类合同、基建物流推广实施
物流 & 维修	运营	新方案实施	配合财务进行会计主体新设置下的系统转换工作
附属资源经营	经营	新方案实施	对广通商等资源业务的管理
沿线物业开发	经营	新方案实施	对房产目标成本管理、项目管理、销售管理、物业管理等业务的过程管理
资产验收移交	经营	新方案实施	对资产验收移交全过程进行标准化设计，以及信息化固化工作，与现有系统集成

第二节 广州地铁一体化资产管理信息化实施方法

广州地铁一体化资产管理工作采用“业务管理咨询 +IT 实施”的方式推进，联合某国际著名 IT 咨询公司，集广州地铁上下之力推进，组织一体化资产管理业务价值链上的所有部门，对一体化资产管理全业务价值链进行梳理优化和 IT 固化工作。主要实施方法如下。

一、搭建全集团横跨多个部门的工作组织

广州地铁一体化资产管理（IAM）工作组织由广州地铁与某国际著名 IT 咨询公司人员组成，分为领导小组、广州地铁实施团队、以及 IT 咨询公司实施团队三部分。具体如图 6-2 所示。

1. 领导小组

领导小组由 IT 咨询公司和广州地铁双方的高层领导、总监及工作负责人组成，其目的是审查工作的进展状况并解决可能对工作产生不利影响的管理问题。经 IT 咨询公司和广州地铁的工作负责人提议，召开领导小组会议。会议上，各方工作负责人将和领导小组一起审阅项目进展状况。

领导小组的职责如下。

①对工作实施所涉及的政策问题做出决定。

②解决工作实施过程中所涉及的重大问题。

③按工作实施需求负责有关资源分配和工作授权。

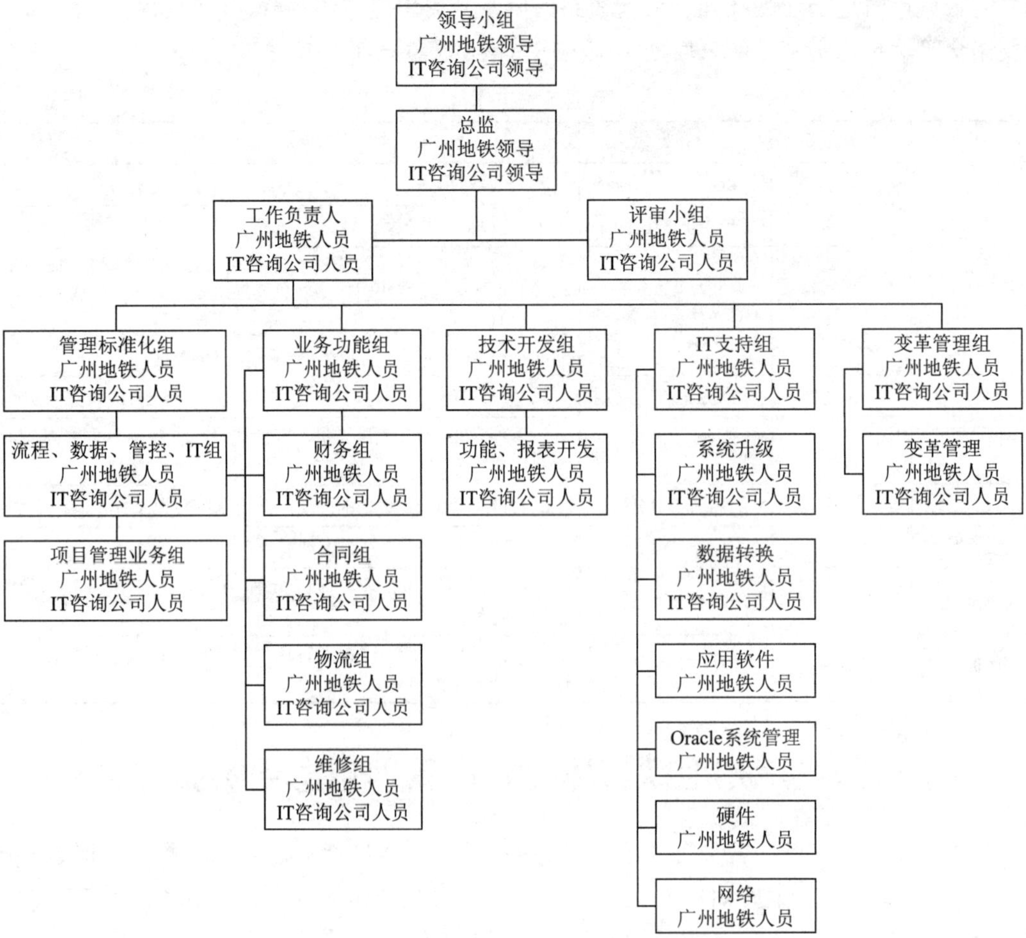

图 6-2　广州地铁一体化资产管理（IAM）工作组织

2. 广州地铁实施团队

广州地铁组包括工作负责人、变革管理组、管控评审组、管理标准化组、技术开发组、业务功能组、IT 支持组，总体职责如下。

①协助取得完成工作任务所必需的真实信息。

②提供有关现行系统和业务的背景材料和以往经验。

③与 IT 咨询公司配合，保证与工作有关的问题得到即时解决。

④向其他用户说明新系统的功能、用途和业务规范。

⑤协调其他用户关于原型测试模型的反馈信息。

⑥实施目标业务流程的转变。

⑦制订用户权限。

⑧制订培训及后勤计划。

⑨按需合理分配人员。

⑩编写最终培训资料，提供最终用户培训。

⑪向最终用户说明集成测试计划。

⑫按目标业务流程，向其他用户说明新系统的功能、用途和业务规范。

⑬制定系统测试周期、测试脚本和所需测试业务并执行测试。

⑭为支持数据转换合理分配人员。

⑮基础数据的准备与输入。

⑯支持转换后投产环境。

（1）广州地铁工作负责人

在各方面代表广州地铁，并负责和 IT 咨询公司的联系，主要职责如下。

①与 IT 咨询公司工作负责人共同建立工作组。

②明确工作组成员各自的职责。

③建立实施环境和工作组织结构。

④与 IT 咨询公司工作负责人共同管理工作。

⑤与 IT 咨询公司工作负责人共同对工作活动进行协调。

⑥随时向领导小组汇报最新工作状况。

⑦在 IT 咨询公司工作负责人协助下进行广泛、大量的工作，包括分配人员，进行责任分工和排序，根据不同的阶段管理进度。

⑧向IT咨询公司工作负责人提供可能影响工作的有关广州地铁的企业文化背景问题。

⑨为不同的技术集成问题提供客观建议。

⑩确定组织 / 管理变更问题并与 IT 咨询公司工作负责人商议为最终决定提供建议。

⑪在 IT 咨询公司工作负责人协助下确保对项目质量的控制。

⑫与 IT 咨询公司工作负责人共同确定培训要求并负责协调沟通。

⑬向用户所在部门说明工作计划。

⑭指导业务流程重组及变更的实施。

⑮协助 IT 咨询公司工作负责人与广州地铁的工作相关用户部门沟通。

⑯签署工作成果。

⑰确保按付款条件及时付款。

⑱保证广州地铁相关人员参与。

⑲按需合理分配人员，确保准时完成任务。

⑳确定组织 / 管理变更问题并与 IT 咨询公司工作负责人商议为最终决定提供建议。

（2）广州地铁变革管理组

主要职责如下。

①协助变革中的部门进行沟通。

②推动企业内部按要求进行的流程优化。

（3）广州地铁管控评审组

主要职责如下。

①协助制定评审计划及相关标准。

②提供企业内部流程、制度的风险控制要求、规章制度。

③在工作关键阶段对交付物及管理内容进行回顾和评估，提出建议和意见。

（4）广州地铁管理标准组

广州地铁管理标准化组关键用户来自各自的业务部门，应是各部门的主管及业务骨干。项目执行期间，关键用户将收集管控、流程、数据、IT标准现状资料，并协助优化业务流程。其主要职责如下。

①协助管理标准化现状调研。

②协助管理标准化设计报告的编写。

③建立与各个部门的沟通联系，协助管理标准化和系统实施工作的结合。

（5）广州地铁业务功能组

广州地铁业务功能组关键用户来自各自的业务部门，应是各部门的主管及业务骨干。工作执行期间，关键用户将收集目前业务处理现状信息、用户要求，设计业务流程。系统运作后，他们将成为负责各自模块日常运行的关键人物。其主要职责如下。

①代表各自所属的部门或业务组。

②在各部门的业务范围内负责业务重组的推动。

③对影响所管辖范围内的设计或流程问题做出决定。

④参与讨论会议，以确认需求。

⑤修改目标业务流程，协助编写未来业务流程相关文档。

⑥协助管理标准化管控、数据、流程相关文档的编写。

⑦参与各模块应用的配置。

⑧提出业务报表需求。

⑨参与报表具体规格的制定。

⑩审阅、确认和验收业务设计。

⑪负责质量保证。

⑫和IT咨询公司咨询顾问共同准备测试脚本和数据。

⑬参与系统集成测试，校验广州地铁测试结果。

⑭协助制订用户验收测试计划，并参与用户验收测试。

⑮负责收集系统转换的数据。

⑯负责新系统切换。

⑰实施变更控制和沟通。

⑱制定最终用户手册。

⑲负责最终用户培训。

⑳提供所代表的部门或业务组的业务操作和最终需求的数据和信息。

㉑参与讨论会议，以确认需求。

㉒参与讨论新系统和业务流程的设计并提供意见，确认广州地铁的政策和流程。

㉓参与并审核业务流程的功能设计。

㉔审核业务规范并成为其负责人。

㉕参与各模块应用的配置。

（6）广州地铁技术开发组

技术开发组负责开发和维护 Oracle 的非标准报表，并将同 IT 咨询公司开发顾问一起工作以学习编程技术。其主要职责如下。

①在 IT 咨询公司技术顾问指导下，学习 Oracle 开发工具。

②在 IT 咨询公司技术顾问指导下，制定报表编码和编程标准。

③在 IT 咨询公司技术顾问指导下，进行报表制作和修改。

④提取现有系统的数据，为数据移植至新系统做准备。

⑤在 IT 咨询公司开发顾问指导下，开发数据移植程序、报表程序、接口程序。

（7）广州地铁业务组和 IT 支持组

其主要职责如下。

①协助项目小组准备必要的软、硬件工作环境。

②实施系统管理。

③负责 Oracle、MAXIMO 系统的维护。

④负责数据校正和转换。

⑤管理操作系统。

⑥管理数据库。

⑦管理硬件平台。

⑧管理广州地铁客户端。

⑨同其他工作组成员合作建立网络环境。

⑩建立开发、测试和生产运行所用环境。

⑪批输入处理工作管理和计划。

⑫管理后台工作。

⑬提供桌面帮助支持，即诊断和解决系统相关问题。

⑭建立系统用户安全权限。

⑮协助系统测试和验收测试。

⑯建立测试和生产运行环境。

3. IT 咨询公司实施团队

IT 咨询公司工作小组是实施本项目的直接执行人，负责按照本工作说明书确定的范围，组织实施工作，保证服务质量，并解决实施过程中遇到的技术方面的问题。IT 咨询公司工作小组包括工作负责人、变革管理组、业务功能组顾问、管理标准化咨询顾问、技术顾问。总体职责如下。

①保证与工作有关的问题得到及时解决。

②将有关业务流程改进及 Oracle 实施的相关技能和经验应用于本工作的各个阶段中。

③完成工作各阶段中定义的咨询公司方的任务。

④计划、协调项目实施过程中各个方面的工作。

⑤依据工作计划充分调动咨询公司资源，做好这些资源的后勤保障，并在必要时候，寻求更高层次的支持。

⑥从总体上控制项目实施时间进度，保证服务质量。

（1）IT 咨询公司工作负责人

配合广州地铁工作负责人负责计划、组织、指导和协调工作组的工作，并在适当的时候，负责工作组内部和其他有关方面的相互沟通。其主要职责如下。

①建议工作的阶段审核点。

②协调各小组，制定工作计划。

③规定培训内容及过程，制定培训及后勤计划。

④指导、建议、管理工作日常活动。

⑤保证各小组计划的同步协调性，监督管理各小组的计划执行情况。

⑥管理初始变更及变更过程。

⑦参加领导小组会议。

⑧向领导及领导小组汇报项目的进展状况，并提出问题改进措施的建议。

⑨协助广州地铁通报并解决出现的问题。

⑩合理分配工作人员。

⑪计划、组织系统集成的执行。

⑫确认任务的完成，实施质量控制。

⑬发现、协调相互沟通 / 变更控制 / 组织方面的问题。

⑭寻找、协调和定义工作组每一成员的职责。

⑮完成每月一次的工作总结。

⑯负责待解决问题备忘录。

（2）IT 咨询公司变革管理专家

主要职责如下。

①指导并协助工作过程中的变革管理。

②协助工作质量保证计划执行。

③对所评估的内容提出建设性的改进意见。

（3）IT 咨询公司管理标准化咨询顾问

主要职责如下。

①开展管理标准化咨询业务调研工作。

②分析管控模式、业务流程、数据标准和 IT 标准现状问题。

③结合一体化资产目标提出涉及管控模式、业务流程、数据标准和 IT 标准的优化、设计成果。

（4）IT 咨询公司评审顾问

主要职责如下。

①与广州地铁管控评审小组共同制订评审计划及相关标准。

②在工作关键阶段对交付物及管理内容进行回顾和评估，提出建议和意见。

（5）IT 咨询公司业务功能组顾问

主要职责如下：

①制订小组明细工作计划。

②指导、建议、管理小组日常活动。

③定期向工作负责人汇报工作进展状况，并提出问题改进措施的建议。

④及时通报并解决出现的问题。

⑤确认任务的完成，实施质量控制。

⑥发现、协调相互沟通 / 变更控制 / 组织方面的问题。

⑦协助工作负责人完成每两周一次的工作报告。

⑧完成每月一次的工作总结。

⑨负责待解决问题备忘录。

（6）IT 咨询公司业务功能组顾问

主要职责如下：

①修改目标业务流程。

②分析现有系统接口要求。

③根据功能需求确定 Oracle 的功能和流程选择。

④设计业务原型。

⑤根据双方确定的业务需求，定义和配置系统参数。

⑥进行计划集成测试，并预估集成测试所需资源。

⑦制订集成测试方案。

⑧协助制定系统测试过程和测试所需的业务脚本。

⑨协助监控、评估集成测试的执行。

⑩准备关键用户培训资料，组织关键用户培训。

⑪为最终用户培训提供指导和建议。

⑫定义数据转换步骤和策略。

（7）IT 咨询公司技术顾问

主要职责如下。

①参加 IAM 系统 IT 架构的分析与设计。

②在系统的配置与测试、系统切换阶段完成与系统 IT 架构相关的任务。

③进行系统升级调研、测试、数据移植。

④针对数据移植提供可转入系统的中间文件的数据文件说明，提供数据移植所采用的技术建议方案。

⑤增强与实现系统功能设计，进行转换程序、接口、报表的开发。

⑥指导广州地铁方技术支持小组人员进行报表开发。

二、按照规划分阶段以项目形式推进一体化资产管理工作

广州地铁一体化资产管理工作是一项浩大的系统工作，且是一项持续性推进的工作。因此，广州地铁搭建了一系列实施策略、路线，并按照项目形式分阶段推进。

1. 确立了实施策略及原则

实施规划的总体原则考虑如下几个方面内容。

（1）体现“资产全生命周期管理”的理念

广州地铁未来IAM系统的实施正在贯彻“资产全生命周期管理”的理念，即无论采取何种实施策略，都将在资产管理全局角度的考虑下进行实施，以确保广州地铁一体化资产管理信息化建设的标准化、集中化和集成化。

（2）总体设计，分步实施

广州地铁一体化资产管理信息化的实施首先应进行总体设计，制订总体方案，然后将工作中相对独立的功能划分为不同的阶段，按阶段分步实施；对于各业务领域的建设方式，应先选择业务单位进行试点。待试点成功后，在相应的范围内进行推广。

（3）突出重点

广州地铁一体化资产管理信息化建设是一项浩大的系统工程，需遵循“突出重点”的原则，优先解决一体化资产管理信息化工作中的紧迫问题，实施对广州地铁业务发展起推进作用的工作，开展可快速见效的有关工作。

（4）选择成熟的和标准化的技术和管理手段

为降低实施的风险，在条件允许的情况下，广州地铁一体化资产管理信息化建设实施应尽可能选取成熟的和标准化的技术和管理手段，严格遵循国际、国内、行业和广州地铁的有关标准和规范。在进行广州地铁一体化资产管理信息化建设的分布实施时，工作组应遵循总体设计框架和总体标准，并可根据各业务单元的实际情况进行一定程度的调整，但需提交进行适当的评审。

（5）充分保护现有投资

充分考虑广州地铁已有的技术基础设施的投资是广州地铁一体化资产管理信息化实施的重要原则。方案设计应充分考虑广州地铁现有的基础设施和服务、应用和网络现状，考虑操作环境的兼容性和支持度，实现现有系统建设的平滑迁移。

同时，确定项目的先后次序，可以权衡实施的难度与获取收益的大小。实施难度不大、收益比较大的先实施；实施难度大、受益较小的后实施。

2. 将广州地铁一体化资产管理工作落实到IT战略规划工作中，制定实施路线图，并按计划推进实施

自广州地铁第二个IT规划期至今，一体化资产管理信息化工作一直是广州地铁IT规划的核心重点工作。围绕一体化资产管理信息化工作，广州地铁划分了明确的实施阶段。主要分三个阶段推进。

（1）第一阶段：奠定基础（2008—2010年）

建立一体化资产业务核心支持平台，优先考虑广州地铁急需的和广州地铁一体化资产管理中涵盖的核心功能和全周期涉及的模块，包括财务管理、资金管理、合同管理、采购物流管理、设备维修管理、人力资源管理、工程项目管理等模块，实现对广州地铁工程建设、地铁设备维修等核心主业的信息化覆盖。主要推进广州地铁一体化资产管理（IAM）平台建设工作。

业务内容涵盖广州地铁建设项目管理业务、物流管理业务、合同管理业务、设备维护维修业务、财务管理等。

组织范围是与现有组织构架中与资产管理相关的财务总部、建设事业总部、运营总部（含车务中心、车辆中心、通号中心、维修中心）、企管总部、总工程师室、房产资源总部、物资公司（控股子公司）。

实施范围包括管理标准化、项目管控评审和系统建设三部分内容。广州地铁IAM一期平台建设项目范围，见表6-4。

广州地铁IAM一期平台建设工作范围 表6-4

实施范围	实施内容
管理标准化	对本工作业务范围内相关业务流程进行优化，提出目标优化流程，制定相关业务数据标准与规范，提出相应的IT标准
管控评审	要求实施方派出独立第三方团队，与甲方人员共同组成管控评审小组，对本工作管理标准化成果以及系统建设解决方案进行评估，并提出合理评估建议供甲方参考
系统建设范围	将重新整合广州地铁现有的系统，将资产标识码系统调整为仅用于条码打印，采购第三方工作流软件实现合同管理中的审批流转，在财务管理软件升级和现有设备维修软件的基础上，优化、实施、实现需求。同时，通过与同期建设的人力资源管理系统、项目管理中的计划管理系统集成，实现信息共享

（2）第二阶段：完善优化（2011—2013年）

在一体化资产业务核心平台的基础上，继续在扩展管理系统的广度和深度方面努力，包括推进财务管理、资金管理、合同管理、采购物流管理、设备维修管理、人力资源管理、工程项目计划管理等模块的优化，启动附属资源经营、沿线物业开发管理、全面预算管理、决策支持平台等建设，并实现对土地管理、房地产管理、生产计划管理、全面预算管理、项目成本管理等业务的覆盖。主要推进广州地铁一体化资产管理（IAM）二期平台建设工作。

组织范围包括广州地铁总公司职能总部、建设总部、运营总部、设计院（含设计院下属分院和子公司）、房产总部、物资公司、后勤服务中心。职能总部主要包括公司办公室、人力资源总部、党群工作总部、监察审计部、总工程师室、战略发展部、企业管理部、信息管理部、财务总部及安全监察部等。

实施范围包括财务模块拓展应用、费用报销模块、工程项目管理、维修管理、附属资源管理、物业开发以及原IAM平台优化。具体的实施业务范围及说明，见表6-5。

广州地铁IAM二期平台优化工作范围 表6-5

模块	实施范围	实施内容
财务模块	财务模块拓展应用	在IAM平台基础上对设计院及物资公司的财务系统进行实施，使与总公司财务应用的信息系统及系统管理的模式保持一致
	费用报销模块实施	在集团总部及运营总部实施费用报销模块，将原系统外“费用预算控制”“费用申请”“费用审批”“费用借款”“费用报销”以及后续的“费用分摊及核算”流程，抽象为费用控制系统内的电子化流程，以达到费用报销及审批流程的规范化。 通过与财务管理系统AP模块，GL模块以及预算管理系统充分集成，实现“费用预算实时控制”“费用分摊”及“费用核算”的自动化
	原IAM平台优化	根据IAM平台的应用情况及用户对原平台提出的优化需求进行系统优化，系统模块范围包括财务管理（含项目会计）模块、物流管理模块，维修管理模块及各模块间的接口维护

续上表

模块	实施范围	实施内容
工程项目管理模块	管理咨询	建立和完善土建专业和计算机综合信息系统专业的项目管理体系框架和文件
	开发实施	实现面向多种项目管理的平台通用管理需求，对现有工程项目管理系统、质量安全与信访平台功能和数据进行整合，开发设计管理、土建工程标准化管理、计算机综合信息系统标准化管理、运营生产计划管理、地铁工程现场监理功能模块，根据管理咨询成果进行系统功能优化，将现有工程管理信息系统的相关数据迁移到平台上，与人力资源、财务、预算、立项等企业信息系统进行集成以实现数据协同
附属资源管理模块	资源基础信息管理	实现各种类型的资源信息的管理，并且提供方便的查询界面
	广告业务管理	实现广告内容的审批管理，以及外部代理经营公司（例如，百骏公司）签定的广告合同的备案管理
	商业业务管理	实现商贸经营整个过程的管理，主要包括对租赁合同的管理、商贸资源信息的管理、通信管理、客户的管理等
	经营策划业务管理	实现新线信息新增、查询、维护功能，与 AFC 系统进行集成，用户可在资源管理系统查看各站 AFC 闸机客流数据
	通信业务管理	民用通信经营是资源总部的一个主要经营业务。资源管理信息平台需实现可以新增、编辑、删除等民用通信资源中的收费项目维护功能
	招商管理	系统实现客户在外网进行实名注册账号。经过资源总部招商人员审批后，系统向用户发送密码。发布招商信息后，客户可通过外网查阅招商信息
	客户管理	依照业界最佳实践，建立完善的、科学的客户关系管理系统，实现对客户活动的全面管理。在实现客户满意度和忠诚度全面提高的基础上，真正形成以客户为中心的企业经营理念，从而建立运营资源管理的核心竞争优势
	经营分析管理	以资源管理的业务数据为基础，进行数据分析和展示，帮助运营资源经营管理层了解企业经营的现状，发现企业运营的优势和劣势，预测未来趋势；帮助细分市场和客户，指导营销、客服部门进行有针对性的营销
物业开发模块	管理咨询服务	提供结合系统实施需要的线网土地整理及开发业务相关的成本管理流程梳理和管理优化咨询服务
	需求分析和系统设计服务	需求调研和分析工作的范围包括线网土地整理及开发业务中的合同管理、项目管理、成本管理、土地整理管理等内容。负责线网土地整理及开发系统总体方案和集成架构设计，包括土地整理及开发系统中合同管理、项目管理、土地整理管理等模块的指导性的概要设计，成本模块的总体设计和详细设计，成本模块与其他模块的集成方案设计及对其他模块的集成要求
	系统的实施工作	实施线网土地整理及开发系统成本管理模块，包括实现项目成本测算、目标成本管理、已发生成本管理、待发生成本管理和动态成本管理等主要功能
维修管理模块		通过系统对设施设备所涉及的使用、维护、修理、更新、改造等一系列有关设施设备的工作进行管理，对设施设备现场执行情况、设备可靠性状态、管理策略、作业资源的组织和配置、作业行为、知识资产管理水平、作业成本、设备综合效率水平、设备投资效率水平以及设备对安全、环境、健康的发展提供信息化支撑和业务数据归集。业务涵盖设施设备管理、计划性维护、故障性维修、设备部件整治等作业方式的计划管理、任务管理、施工计划管理、现场清销点管理、现场执行管理、质量检查管理等过程管理，以及系统数据迁移和导入等。涵盖的专业包括机电、通信、信号、线路、房建、变电、接触网、A 形车、PIDS、门禁、IT 等，人员涉及各设备管理专业及调度等专业人员

（3）第三阶段：深化提升（2014 年至今）

结合已有系统的应用情况，重点开展系统使用的深化与提升，推进一体化资产及验收移交信息化工作，并结合云计算、物联网、移动互联、大数据、智慧地铁等技术，全面推动信息化的深化应用与价值提升。主要推进广州地铁一体化资产管理（IAM）平台深化提升工作。

实施范围包括财务及物流、智能仓库、维修管理、BIM 信息模型管理、资产验收移交、房产销售等模块。具体的实施业务范围及说明如下。

（1）财务及物流模块（财务与物流模块范围见表 6-6）

财务及物流模块范围　　表 6-6

实施范围	实施内容
财务模块开发拓展	通过对广州地铁现有财务模块的相关开发实施，推广到广州地铁相关组织进行应用
物流模块开发拓展	通过对广州地铁现有物流模块的相关开发实施，推广到广州地铁总公司后勤服务中心、环境公司进行应用
税务模块开发拓展	通过对广州地铁现有税务模块的相关开发实施，满足增值税税务的核算
现有应用优化	对广州地铁现有应用进行开发优化及深化应用，主要内容包括：项目会计的推广实施；配件组装生产型业务的系统支撑；物资管理计划管理体系优化；协议采购阶梯报价实施；部分财务及物流功能的优化和深化应用

（2）资产验收及移交模块

在现有一体化资产管理理念的基础上，构建一体化资产管理业务综合应用平台，针对目前新线建设全过程管理业务的梳理和流程优化，建立影像文档系统和内容管理平台，优化及完善合同管理、物流管理、实物资产管理、预转资管理、财务管理、档案管理、一体化项目管理等应用系统。综合应用平台具有良好的拓展性，能伴随一体化资产管理应用的深化和业务的发展进行后续相关子系统的开发。同时，各系统之间具有良好的接口，所有非结构化文档集于内容平台中统一管理，总体优化信息应用系统架构，实现数据的充分共享，符合广州地铁应用和数据集成的标准和要求，能与现有的管理信息系统进行数据集成，抽取或捕获其他系统的数据，能够导出标准格式的数据。

相关系统涉及的主要使用部门为总公司新线验交办公室、总工程师办公室、总公司办公室、财务总部、企业管理部、建设总部（总工室、质量安全部、前期部、土建一中心、土建二中心、机电工程中心、车辆段及后续工程中心）、运营总部（财务部、总工室、新线建设筹备中心、采购物流中心）、地铁设计院等。

相关系统涉及的外部单位为地铁新线建设的施工单位、供货商、设计单位、监理单位等。

（3）智能仓库模块

应用新一代信息技术，搭建智能化的物流配送体系和物资领用模式，满足生产一线的需要，提高效率，降低成本。具体内容包括以下几点。

①引入员工自助领用物资模式。在信息技术设备和系统的指导及监督下，引入员工自助领用物资的理念，实现物资仓储无人值守，生产工班员工通过信息系统自助地完成工作需要的物资领用。

②运用信息技术部署智能仓库。根据轨道线网分布的特点，设计和建设生产物资自助

服务仓库，在仓储空间的大小选择上，根据对仓库服务对象常用的物资进行种类和数量统计分析，决定仓储空间大小，保障常用储存物资占用料部门整体物资量的90%以上。

③实施仓库物资智能配送管理。根据整个线网对物资的需求进行综合计算和平衡，在信息系统的支持下对各线路的总库物资进行集中化的管理、物资统一的调度，构建满足整个地铁运营线网物资配送的物资配送网络，有效提升物资配送的可靠性、时效性，实现配送成本的节约。

④实施物资管理数据的分析应用。通过信息系统对物资配送过程进行全过程的跟踪管理，可以实时反映物资最新的状态，实现各管理环节数据的可测量分析，量化数据将帮助管理人员建立准确的绩效指标。

（4）维修模块

主要实现维修精细化系统的全线网推广，以及前后台维修和架大修维修。维修模块范围见表6-7。

维修模块范围 表6-7

实施范围	实施内容
新线扩展	沿用一期现有方案，拓展至二号线、四号线、五号线、八号线、APM、广佛线
前后台维修	二期重点方案。以一期规划方案为基础，兼顾运营前后台需求
架大修及大中修	以一期规划方案为基础，结合大修特点设计
生产计划	生产计划功能在现有系统上扩展

（5）BIM信息模型管理模块

通过引入BIM技术，重点研究跨阶段建筑信息的组织结构，通过建立集成设计、施工信息的多尺度BIM模型，支持工程项目各参与方之间的信息共享；通过研发“基于BIM技术的轨道交通信息模型管理系统”，对施工进度、质量、资源、成本、安全和场地进行有效、动态、可视化的管理，集成设计、施工信息，用于交付运营。BIM信息模型管理模块实施范围见表6-8。

BIM信息模型管理模块范围 表6-8

实施范围	实施内容
对建设方	1. 信息共享； 2. 动态可视化管控； 3. 数字化移交
对监理方	1. 进度管控； 2. 质量管理： 3. 采用二维码，利用终端，实现管理和验交的数字化
对设备供货商和施工方	1. 进一步完善模型管理、多类型建模软件成果的兼容、机电管线的碰撞管理、变更管理； 2. 精确计划、跟踪与管控：基于4D-BIM模型，对人、材、设备进行统一管理，结合周计划、派工单，实现对施工进度和资源使用的精确计划、跟踪与管控； 3. 可视化施工交底：通过整体线路及关键部位施工过程模拟三维漫游等虚拟建造技术实现施工组织总体计划的可视化； 4. 竣工BIM交付：基于数字化集成交付标准同步跟踪收集施工过程的所有信息，动态更新施工BIM模型，并最终形成完整的竣工BIM模型
对运营方	为运维管理提供虚拟模型，直观形象地展示各个机电设备系统的空间布局和逻辑关系，并将其相关的所有工程信息电子化和集成化，为运维管理提供最基本的设备模型信息查询

（6）房地产销售管理模块

房地产销售管理模块实施范围见表 6-9。

房地产销售管理模块实施范围　　表 6-9

实施范围	实施内容
项目准备	项目概况，房源生成，房间管理，底价管理，标准价管理，付款方式定义，折扣管理，套打设置，业务参数设置，问卷定义
市场营销	项目销售预算编制，投放信息，投放费效分析，公司投放费效分析，媒体效果统计，竞争楼盘信息
客户跟进	线索管理，接电接访登记，回访追访跟进，跟进过程监控，逾期业务催办，客户分配，客户跟进分析，客户信息查询，客户台账
交易管理	房源查询，预约排号，选房确认，认购管理，合同管理，销售日志，变更审批，销售分析，客户自助查询
售后服务	服务概况，合同登记服务，按揭贷款服务，公积金贷款服务，入伙服务，产权服务，面积补差
财务管理	财务待办，票据管理，收支管理，催交欠款，财务分析，POS 机手续费，代收费用管理
报表管理	统计报表，财务数据导出

各个阶段主要开展的工作及关键里程节点见表 6-10。

广州地铁一体化资产管理信息化工作关键节点　　表 6-10

工　　作	模　　块	工作关键节点	
		开始	系统上线
广州地铁一体化资产管理（IAM）平台建设工作	管理标准化、项目管控评审和系统建设	2008 年	2009 年
广州地铁一体化资产管理（IAM）平台优化工作	财务模块拓展应用、费用报销模块，工程项目管理，附属资源管理，物业开发，维修管理	2011 年	2014 年
广州地铁一体化资产管理（IAM）平台深化提升工作	BIM 信息模型管理，房产销售，财务模块及物流模块，资产验收移交，智能仓库，维修管理	2014 年	2017 年

三、总结工作方法论及工作验收标准

1. 工作方法论

一体化资产管理工作是业务与信息化共同作用的标准化、规范化的系统性工作，在这个过程中，广州地铁集团有限公司总结提炼了管理标准化流程设计原则与方法，以及 IT 标准化设计原则与方法。

1）管理标准化流程设计原则与方法

（1）管理标准化流程设计原则

广州地铁集团有限公司一体化资产管理流程标准的梳理需要遵循如下总体指导原则。

①关注各项业务的协同和运作效率。在对业务流程进行梳理时，识别目前执行业务面临的瓶颈和效率低下的环节（包括组织的各个层面），在控制和效率之间平衡的基础上提出优化建议，增强部门间的协同合作。

②重点突出，消除矛盾。“重点突出，消除矛盾”指对指定的资产管理主要业务流程进行优化设计。

③流程的实施需要强有力的支持环境。流程的实施既要有广州地铁集团有限公司高层领导进行变革的决心，又要有高素质的员工作为组织保证。

（2）业务流程存在的主要特征

①端到端。为满足并能完整解决一个相对独立需求的一系列相关子流程的组合，关键是完整解决、统一相对独立需求、组合子流程。

②增值。增值指显示出流程的内部因素是如何影响及改善服务、质量或生产力的，并将其转化成外在的市场价值和财务价值。

③连续性。连续性指应有业务的上下关联和处理相关性。

④业务驱动。业务驱动指基于业务目标实现驱动。

（3）流程的层级

流程范围的不同造成了流程具有不同层级的特征，通常我们可以将企业的流程，横向按照企业价值链、纵向按照不同的层级，组成一个有机整体，如图 6-3 所示。

		包含内容
一级流程（Level 1）（价值链）	⇨	一组相关的流程（a group of processes）
二级流程（Level 2）	⇨	流程（one process）
三级流程（Level 3）	⇨	活动（activity）
四级流程（Level 4）	⇨	任务（task）
五级流程（Level 5）	⇨	步骤（step）

图 6-3　流程的层级

①一级流程。一级流程是价值链，整个组织的最高级别流程图。每一个方框代表一个业务流程链。业务流程链是指一组联系在一起的（并行或串行）流程。

②二级流程。二级流程是流程链，是对第一级流程模块的流程图示。每个方框代表一组子流程。

③三级流程。三级流程是流程图，在该层具体的操作可以表示出来。每个方框代表一组可以有所产出的行动。对现有流程的分析可以在此层面进行。

④四级流程。四级流程是行动图，这代表一系列组成流程的行动。在该层流程可以观察到每个动作。

⑤五级流程。五级流程是步骤图，这代表为完成动作而进行的一系列步骤的详细信息。每个项目都是具体的动作或程序。

（4）流程的设计

如果是为了对业务和管理模型进行阐释和高层次的分析，可采用第二级流程。如果设计具体业务操作流程以及涵盖信息化管理控制点的操作流程，第三级流程就足够了。如果需要描述每个活动的详细操作动作或程序，使流程可操作，或者需要 IT 实现，则需要采用第四或第五级流程，因此，本次流程设计将设计到第四层，从系统层面考虑，第五层将成为业务操作的进一步说明，以操作手册的形式出现。

在流程设计过程中，工作人员将以流程图的形式表现流程并展开进行描述和分析：流程图是商业的语言，体现出工作内容和概貌，通过流程图的描绘，为分析业务和工作的内容及其流程打下基础，对业务和管理做一整体系统思考，找到业务中的问题，去掉其中不合理、不增值的部分，并增加必需的环节和工作内容。优化后的流程图，成为改进实际工作的指导。

通过画流程图，可以实现以下三个目标。

①判断现有流程的表现（定性和定量两方面）。例如以下几点。

a. 发现无价值的步骤。

b. 判断是否与客户（内部和外部客户）的需求总是保持一致。

c. 确定流程的时间。

②确定现有流程的表现（As-Is）与目标（To-Be）之间的差距，从而改进流程。

③创建一个新流程。

在优化过程中要考虑以下六个方面的问题，见表 6-11。

流程优化的六点考虑　　表 6-11

问　　题	结　　论	措　　施
目的（WHY）——为什么有这部工作，有无必要，为什么？	说明为什么必须这样做	删除不必要环节
内容（WHAT）——做什么？有必要吗？有遗漏吗？	确定工作内容	增加某些必须环节
时间（WHEN）——何时做？是否必须此时做？	指定工作时间	改进部门不良环节
地点（WHERE）——何处做？是否定在此地做？	指定工作岗位 / 部门	
人员（WHO）——由谁做？别人能否做得更好？	标明负责人	
方法（HOW）——怎么做？有无更好的手段？	确定工作方法与程序	

（5）流程优化的方式

结合以上分析过程流程优化主要采取以下几种方式进行。

①消除。消除即考虑所做的工作事项及各种活动要素有无取消的可能性。

②合并。合并即把两个或两个以上的工作步骤或工作对象归并为一个。

③重新排序（重组）。重新排序即通过改变工作程序，使各项工作开展先后次序重新排列，或变两项工作按先后次序的组合为平行组合，以缩短工作的总时间。

④简化。简化即对经取消、合并或调序后的工作再进行深入的分析研究，使各项活动要素逐步得到省略，以缩短作业时间，提高工作效率。

⑤自动化。自动化即利用各种设备和装置系统来取代人的工作，加速过程的速度及稳定各项工作的质量。

⑥一体化。一体化即对工作过程进行跨职能的再改造，以减少部门间频繁的跨边界联系，使企业在质量、成本和周期等业绩指标上获得明显的改善。

（6）流程设计的五个步骤

流程设计遵循如下五步来逐步确认和细化流程。同时，评估流程改进的机会、对关键能力的满足，最后选择流程优化重点。各个层面的研讨会用来保证对每一步骤的结果进行沟通和达成共识，如图 6-4 所示。

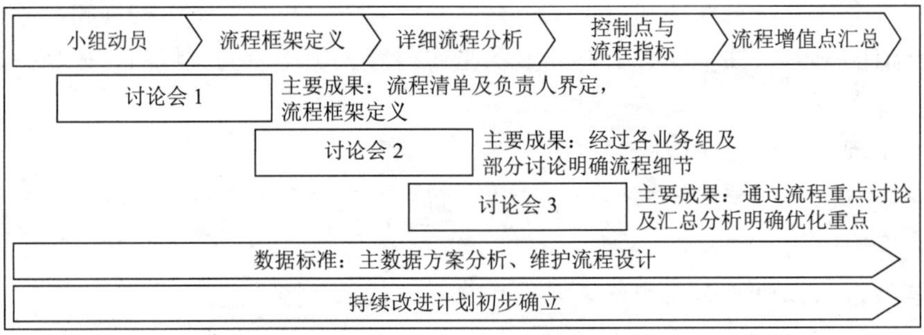

图 6-4　流程设计的五个步骤

①小组动员：形成项目小组，制订计划。在本阶段中，确定各模块流程小组角色和培训小组。获取资产管理相关业务流程的背景材料。

②流程框架定义：确定高阶流程并分析流程输入、输出，尤其关注跨业务、跨模块的流程衔接。

③详细流程分析：从流程业务范围、流程主要责任部门、参与部门入手，基于流程角色的流程详细描述对整体流程进行分析。

④控制点和流程指标：制订流程控制的原则——责、权、利相结合，清晰地定义衡量一个流程如何支持整个业务的业绩指标，设计总体流程业绩常用的业绩指标以及流程节点常用业绩指标。

⑤流程增值点汇总：根据设计目标和优化原则，对于业务流程重点改进进行汇梳理和汇总，总结明确流程优化的总体方向。

在流程设计的过程中，将使用规范的模板与工具，保障流程设计过程的有序和协调统一。如图 6-5 所示。

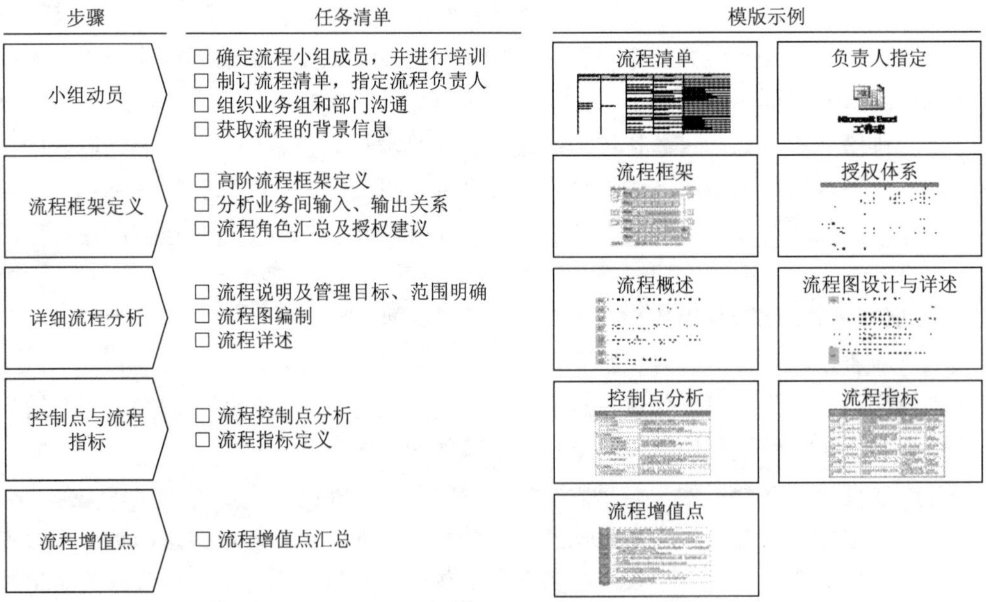

图 6-5　流程设计使用规范的模板工具

2）IT 标准化设计原则与方法

在 IAM 系统平台 IT 标准的设计中，为了达到指导建立先进、稳定、可靠的 IAM 系统平台的目标，IT 标准的设计应该遵循下列原则。

（1）统一性原则

为达到 IAM 信息平台的统一和各应用系统的集成，应当设立统一的系统集成标准，以保证在 IAM 系统平台集成方案的一致性、持续性、可管理性。

（2）前瞻性原则

IT 标准在设计上具有先进性和前瞻性，满足未来发展和变化的需求、同时尽量降低对已实现系统的影响和减少系统变更的工作量。

（3）开放性原则

IT 标准在设计上应当保持技术的开放性，采用开放的标准和协议以实现 IAM 系统平台未来发展的需要。

2. 工作验收标准

验收标准结合广州地铁信息化项目管理办法，以及一体化资产管理要求设置，包括以下标准。

①系统的设计和实施满足需求要求，并完成相关知识转移工作。

②按需求书完成相关工作并提交成果，所有成果均已达到需求要求、通过甲方的审查并签字确认。

③功能满足需求，通过相关的功能测试和达到相关性能要求，上线试运行三个月，系统运行稳定无宕机，各功能模块能支撑业务正常运作。

④对于不满足需求书要求的乙方交付物，乙方应及时予以整改、修订、完善以满足要求。运行期间若出现功能故障、系统不稳定现象，解决故障时间不计入试运行时间，上线试运行时间向后顺延。

⑤提交培训文档，完成相关培训工作。

⑥属于甲方团队负责的工作内容，将由乙方提出审核意见。

四、项目实施过程关键成果及文档示例

经过一系列的信息化实施工作，目前广州地铁搭建了一整套一体化资产管理信息化平台，涵盖了工程建设、设备维修管理、仓储物流管理、财务及预转资管理、合同管理、新线实物移交管理、附属资源经营管理、沿线物业开发管理等模块。在信息化实施过程中，形成了丰富的关键文档成果资料。以下举例说明。

1. 工程建设模块

自 2011 年以来，广州地铁开展一体化工程项目管理系统建设工作，经过不断优化应用，对工程建设从规划、设计、施工到验收全过程进行了统一管理。根据城市轨道交通工程专业及国家施工管理要求、施工工法特点等将城市轨道交通工程建设分解为前期工程、土建管理、系统工程、车站设备工程、车辆段停车场工程、车辆工程、弱电工程、尾工工程八类工程共 2089 工序，在每条工序中加入施工要求、各参建单位职责等管理要素，进而形

成新线工程建设各专业精细化大纲固化在系统中。

该模块包括三个基础管理子模块、七个业务功能（新线规划、验交管理、技术管理、总体管理、质量环保管理、安全信访管理、工程资料库管理）、九个专业工程（设计管理、前期工程、土建工程、系统工程、车辆段工程、车站设备、弱电工程、车辆工程、尾工工程）。作为广州地铁开展新线建设“规范化、标准化、精细化、信息化”管理的工作系统，支撑广州地铁对新线建设进行全过程、全员、全方位管理，支持新线建设各级管理人员、外部参建单位的协同管理，为广州地铁新线建设各层级提供信息化服务。

2014 年以来，广州地铁集团联合清华大学等机构，研发基于 BIM 技术的地铁车站设备安装及装修项目管理平台，合力推动 BIM 技术在轨道交通全生命周期研发、应用与实践。目前，BIM 技术研发及应用已在广州地铁四号线南延段、六号线二期、七号线一期、九号线一期、十三号线等各施工项目得到全面应用，并取得了显著效果，大大提高了工作效率、降低了成本、提升了工程质量。BIM 技术研发与应用主要带来了以下几方面的效益。

（1）施工过程管理规范化

梳理了工程建设管理流程，并通过信息系统进行固化，系统从开工前准备工作一直到工程验收移交、结算归档全过程进行了管理，以实现工程建设管理行为的规范化。如图 6-6 所示。

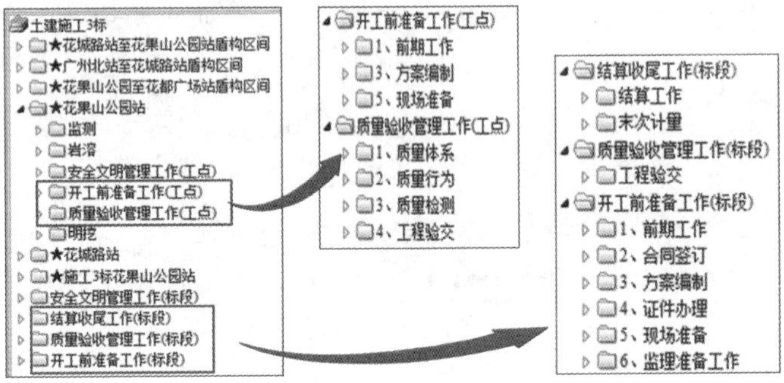

图 6-6　工程项目管理系统截图一

（2）专业管理标准化

根据验收规范、质量统一用表的要求，对明挖、暗挖、盾构、高架、顶管、岩溶处理等各种工法的每个阶段用信息系统实现，从而实现新线工程各专业管理的标准化。新线建设的其他机电、系统专业也将开展此项工作，如图 6-7 所示。

（3）工序管理程序化

将轨道交通建设全过程分解到工序，对每道工序管理标准及施工方、监理方、业主方职责都做了清晰的指引界定。将土建专业细化为明、盾构、暗挖、高架、顶管工程、岩溶处理、监测等八大部分共 557 道工序，如图 6-8 所示。

（4）投资管理精确化

每个工程部位的已完成数量都会累加并以进度条百分比的形式显示，一方面方便及时了解工程进度；另一方面也能做到投资的精确可控，一旦某个工程部位的工程数量超过合同的工程量，马上就可以知道并查找原因，实现投资的预控，如图 6-9 所示。

图 6-7　工程项目管理系统截图二

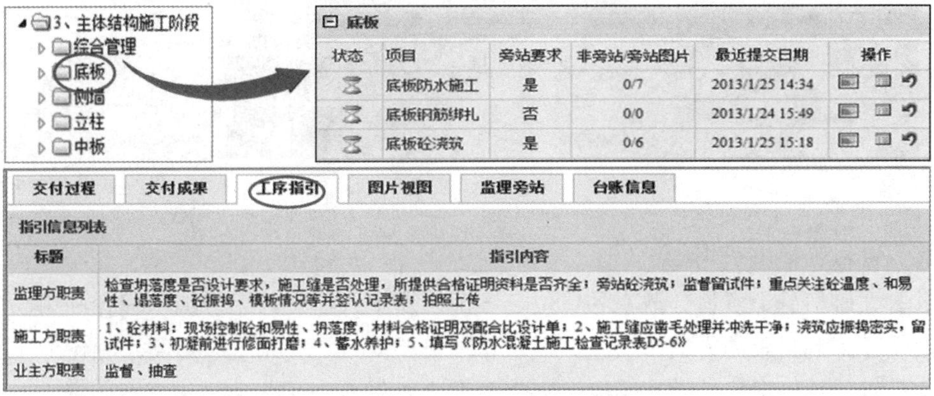

图 6-8　工程项目管理系统截图三

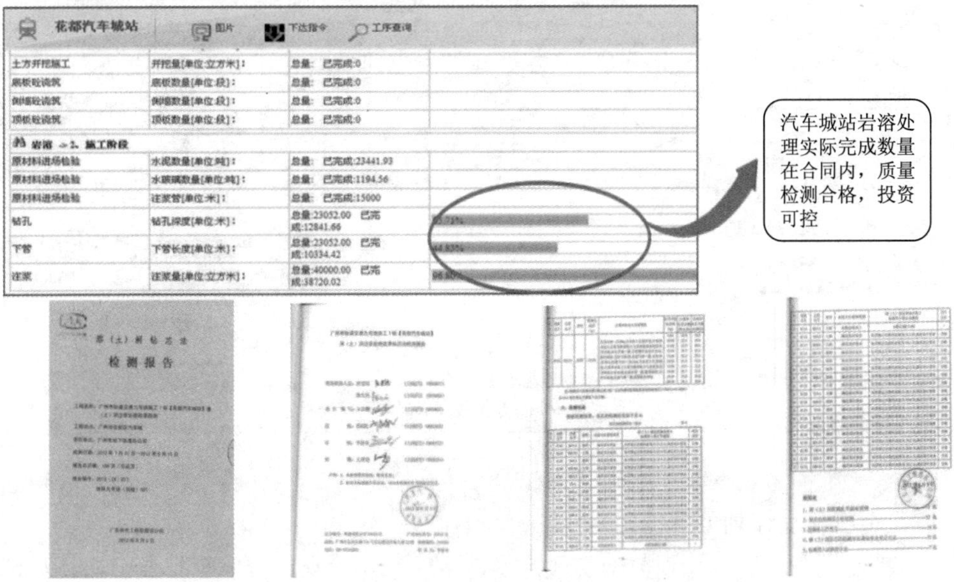

图 6-9　工程项目管理系统截图四

（5）责任管理信息化

系统记录了每道工序的人员参与情况、验收时间节点、审批意见，实现每道工序进度及安全质量情况均留下记录，可随时倒查业务流转痕迹，准确锁定每项业务的具体内容、关键时间节点和主要责任人，充分发挥智能化系统“追踪仪”的作用，从而建立“业务上相互监督、系统上留痕备查”的监控机制。同时，结合视频与门禁监控技术，可实时监控现场作业情况，对参建人员行为形成了“刚性约束”，如图 6-10 所示。

图 6-10　工程项目管理系统截图五

（6）资料管理电子化

过去大量信息、资料分散在各单位、各部门及个人手上，无法加以综合利用。现在所有标段从开工到验收的方案、安全、质量管理资料均可在该系统中查阅。无论业主人员如何变化，资料均以项目为中心形成，不会丢失，如图 6-11 所示。

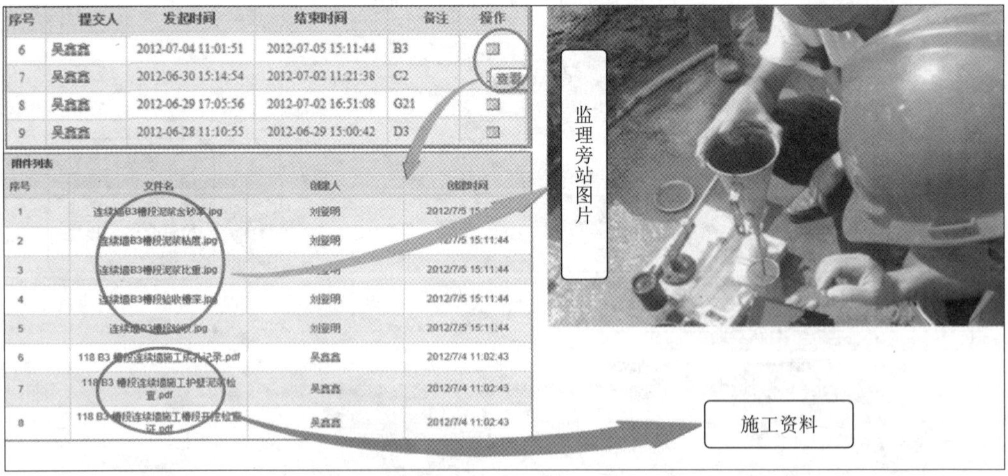

图 6-11　工程项目管理系统截图六

（7）工程建设计划可控可管

工程建设投资、资金计划数据实现月度、季度、年度自动分发填报及汇总，如图 6-12 所示。

图 6-12　工程项目管理系统截图七

（8）施工计划动态更新

实现计划关键节点、关键路径的更新预警提醒和计划方案动态调整，如图 6-13 所示。

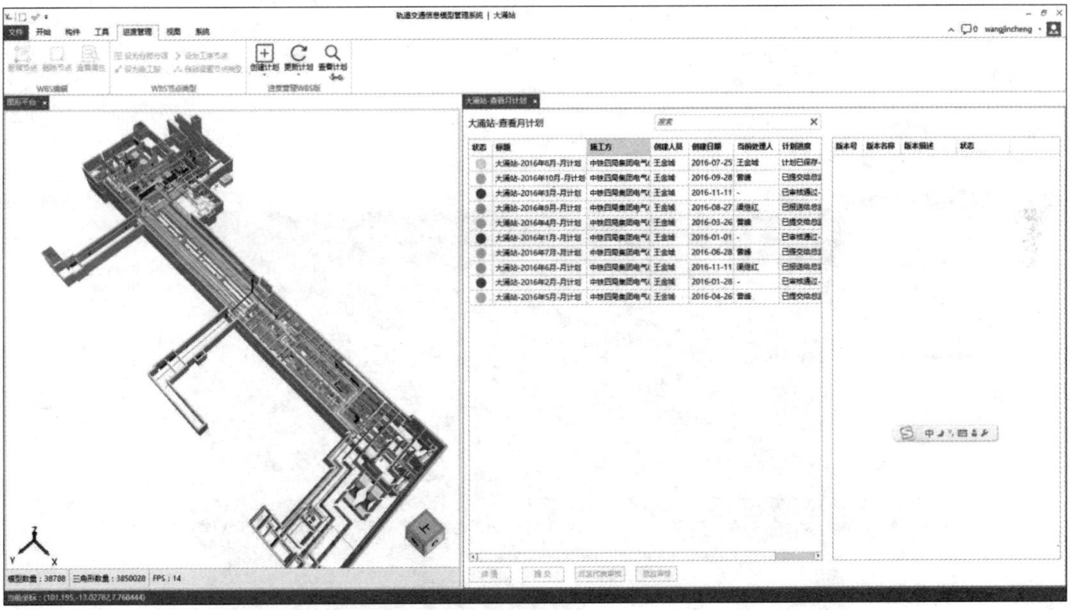

图 6-13　轨道交通信息模型管理系统截图一

（9）整体施工模拟

作业空间冲突检测，跨专业前置任务冲突分析，避免返工，实现总体施工计划优化，如图 6-14 所示。

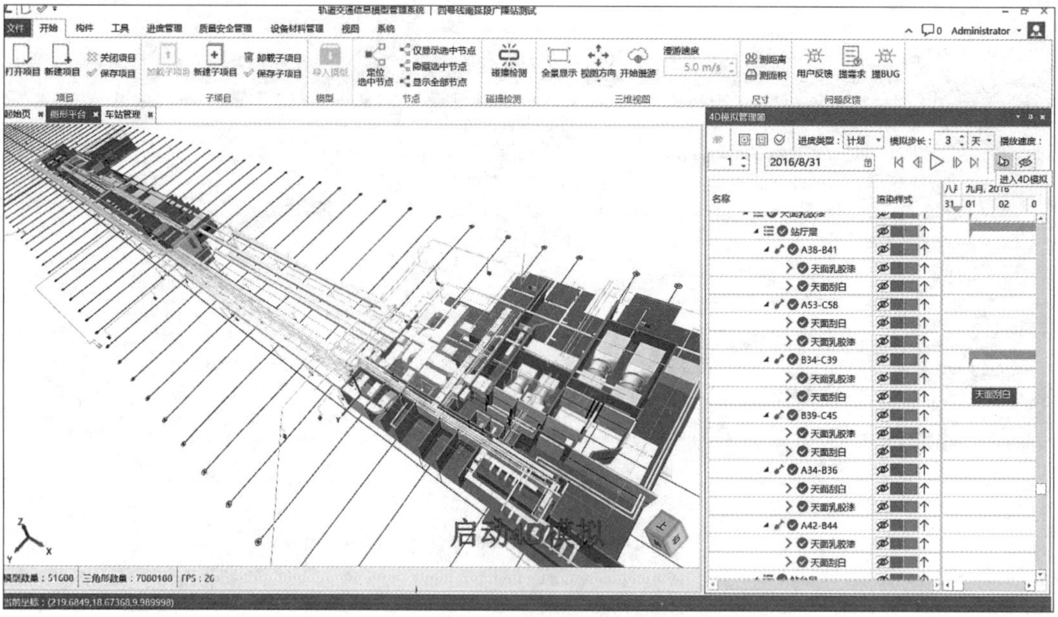

图 6-14　轨道交通信息模型管理系统截图二

（10）设备材料到货管理

生成设备材料到货计划，实现派工单自动扣减，实现管线类设备材料下料清单以及库存预警提醒，如图 6-15 所示。

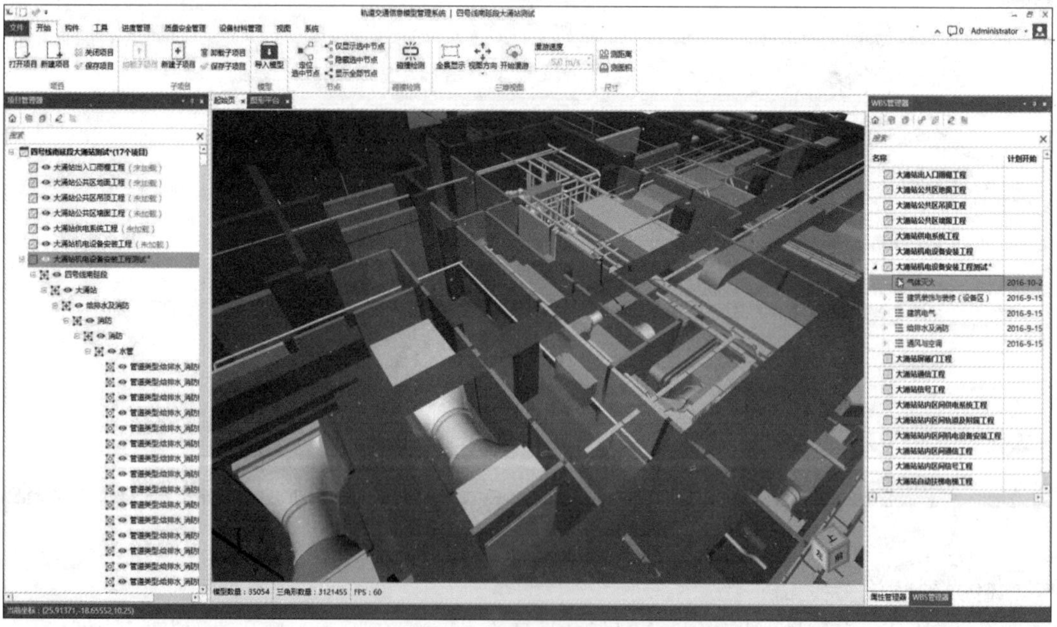

图 6-15　轨道交通信息模型管理系统截图三

（11）设备交付模型管理

能够查询设备内部的元器件，方便运维工程师快速维护维修。如图 6-16 所示。

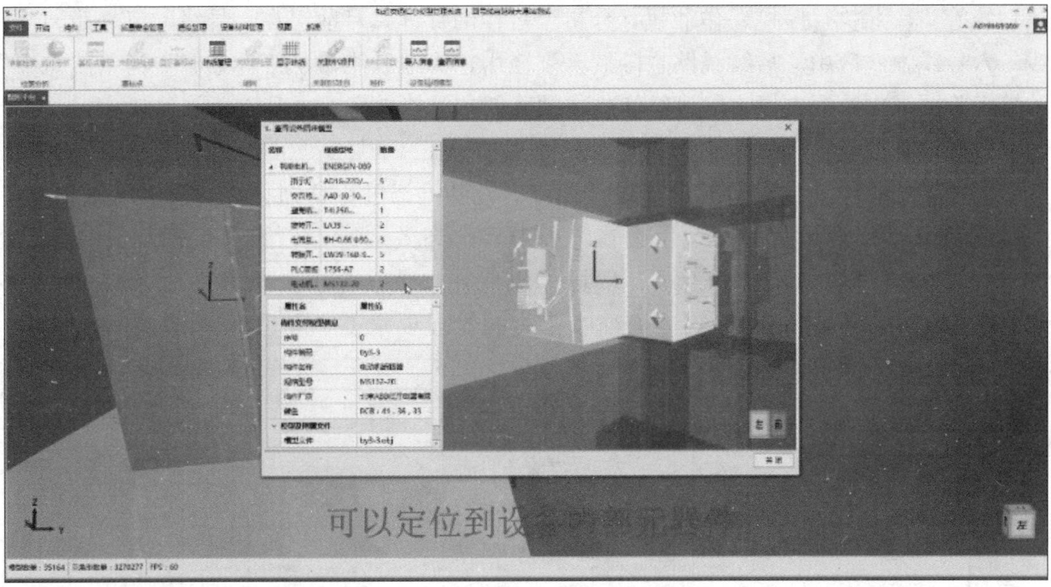

图 6-16　轨道交通信息模型管理系统截图四

（12）验收标准化前置，实现工程档案实时归档

档案验收标准化工作前置，档案部门和工程建设部门共同配合，提前梳理档案验收标准目录。如图 6-17 所示。

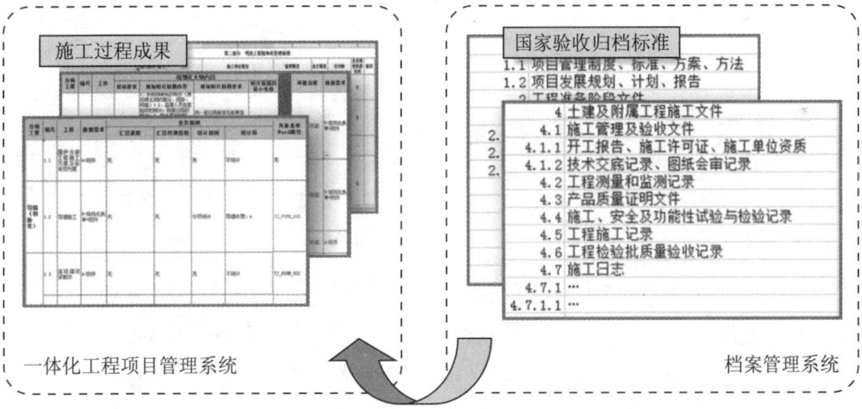

图 6-17　验收标准前置化

2. 设备维修模块

自 2012 年以来，广州地铁开展维修精细化工作，维修精细化管理模块对地铁维修 21 个专业的 1068 份作业工序标准进行了全面梳理，采用移动终端方式支撑现场完成每个单体设备的检修记录填报，并对关键工序要求强制性拍照互检，包括设备设施管理、策划管理、计划管理、执行管理、汇报管理和数据分析、手持终端等功能模块。设施管理包括位置管理、设备管理、设备履历管理、用户管理、故障代码管理、标准作业管理、预防性维护管理、检修计划管理、工单管理、状态监控管理等功能，实现设备维修管理从维修策略、

计划统筹、作业执行监控、作业执行分析全过程的管理。目前已在一号线、三号线、三北线、六号线上线应用，后续线路也陆续开展应用，为地铁维修从“计划修”向“状态修”的管理前置提供数据支撑，促进维修成本的降低和维修效率的提升。

（1）设计要点

①设备维修模块主要包括四个设计要点。设备维修过程精细化，加强现场作业管理。

设备维修目的是确保设备设施安全、可靠、高效运行，以设备、规程为基础，以维修作业的组织策划、计划管理、现场作业执行和数据分析为业务主线，综合了计划修、故障修、状态修、设备整治等维修模式的管理要求的一整套管理体系，如图6-18所示。

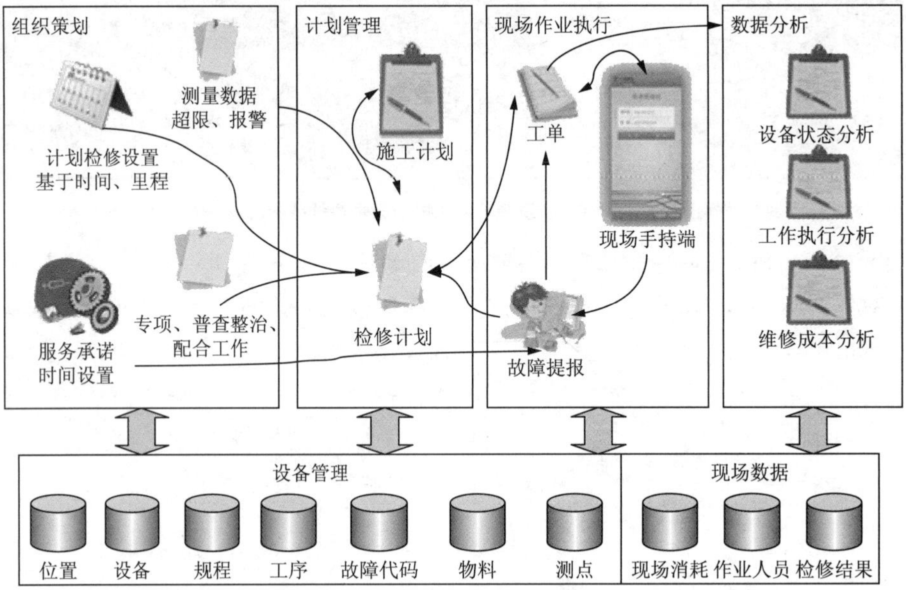

图6-18　设备维修管理总体业务图

②设备维修对象精细化，以单体设备为维修对象。广州地铁总结分析维修体系及模式、维修规程和维修定额（含日常维修和大/中/架修），优化设备维护频率和备件更换频率等，强化精修细检，降低消耗，合理控制维修费，对设施设备所涉及的使用、维护、修理、更新、改造等一系列有关设施设备的工作进行管理。设备维修对象由原来比较粗犷的方式向精细化方式转变，以最小的单体设备为维修对象，并围绕单体设备梳理相应的作业组织、工序、工艺、工时、物料、人工等，编织成广州地铁的设备维修精细化大纲。

根据单体维修对象的要求，广州地铁梳理了四条线路的近9万台/套设备，对这些设备的测点值设置超过40万个；超过3500份标准作业模板对各类设备、各类规程作业工序予以标准化与规范化管理；根据维修规程固化了超过4万份预防性维护计划。每个月通过生成的预防性维修计划平均达28万份，极大地规范了维修作业。

③设备运行状态精细化，及时掌握有关设备运行状态的数据。

定期收集各个专业的测点值。通过对系统中不断积累的设备运行状态历史数据进行分析与数据挖掘，实现对设备状态信息的全面掌握，提高设备故障的预防预控，进而降低故障率，为未来状态性维修转型提供良好的信息化支撑及宝贵的数据积累。

设备测量数据着重对测点的标准值，包括上下限值、修前值、修后值进行定义，对于越限的测量数据可以产生故障工单或状态修工单。其中，修前值是根据城市轨道交通设备维修的特点新增的数据采集项，用于记录维修前的测量值。它提供了三种方式实现测量数据的采集，包括手持端直接录入填报、EXCEL 文件导入方式、直接从生产系统接口自动采集数据。

④海量数据技术设计。

由于维修管理由原来的粗犷式向精细化转变，因此必然造成海量数据的产生。经统计，在没有推行精细化维修之前，旧系统运行到目前为止（八条线路运行十年），累积的业务数据存储量大约为 40G。在推行精细化之后，业务数据存储量已经超过 100G（四条线路运行一年）。尤其是工单数据，工单的管理对象已经细化到单体设备。据统计，每月产生的工单量达到 100 万，工序数量达到 1500 万，后续线路增多，数据量也会成倍增长，这对系统的性能是一个考验。

本模块通过云技术架构，将工单的生成任务分配到多台服务器，实现并发计算处理，大大提升了效率。后续线路扩展，可以对服务器进行横向扩展，满足性能要求，如图 6-19 所示。

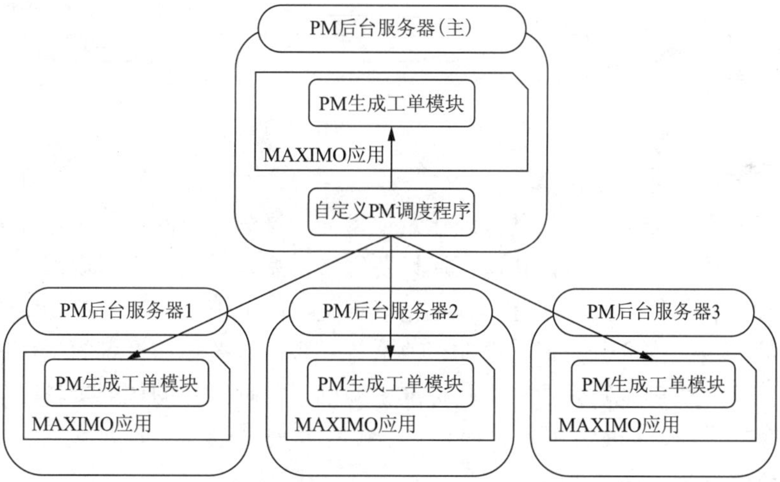

图 6-19 海量数据云技术架构设计图

（2）创新点

本模块将信息化技术与设备管理领域管理实践相结合，实现了以下创新点。

①维修对象精细化。

对维修对象进行设备细化是维修精细化管理的首要任务，维修对象精细化就是将维修对象细化到最小的不可拆分的单体设备作为维修单元，广州地铁设备按线路—车站—专业—系统—设备—部件进行细化。本模块共整理了近 10 万台 / 套的单体设备，如图 6-20 所示。

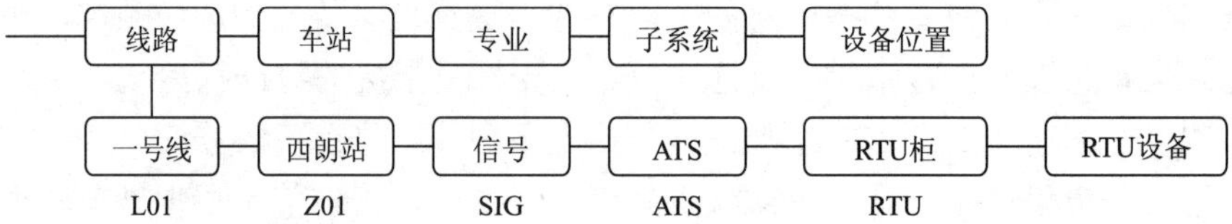

图 6-20　广州地铁设备细化

根据最小的单体设备梳理相应的作业工序、工艺、工时、物料、工具、安全等，将其编制为维修精细化大纲，并将大纲落地到系统形成标准作业模板，目前四条线已经梳理模板达到 7000 份，如图 6-21 所示。

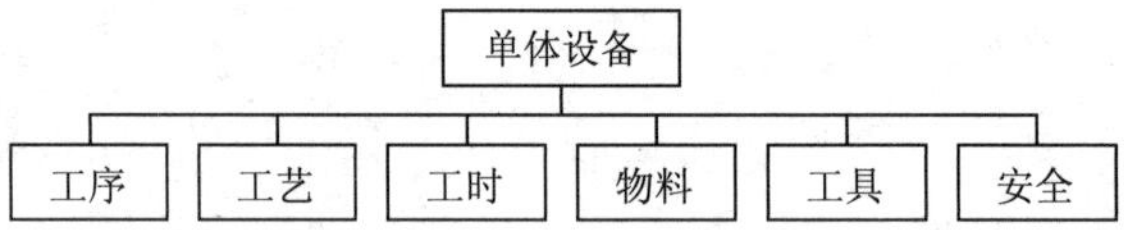

图 6-21　单体设备梳理

为了确保资产从基建移交到生产运营后，由实物资产向生产设备的转变和跟踪，形成从财务到生产的资产全生命周期管理，项目还完成了实物资产与单体设备的一一匹配对应，如图 6-22 所示。

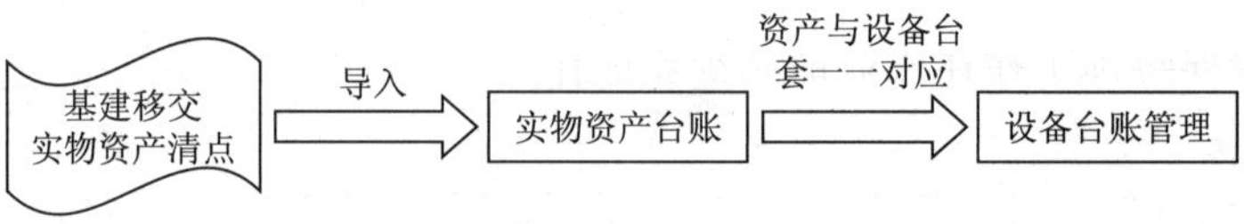

图 6-22　实物资产与单体设备匹配

②作业标准精细化。

“细”就是设备维修标准的具体细化，使每一项维修作业的工作内容都能有规范和要求可以遵循。本项目总结了城市轨道交通设备维修体系及模式、维修规程和维修定额，优化设备维护频率和备件更换频率等，强化精修细检，降低消耗，合理控制维修费，对设施设备所涉及的使用、维护、修理、更新、改造等一系列有关设施设备的工作进行管理。广州地铁共建立了 202 份维修作业标准，标准中明确了每项工作的作业步骤、工艺标准和定额等内容，涵盖供电、AFC、通信、信号、接触网等 25 个专业，包括大修、中修、小修、日常保养等维修规程。

③作业组织精细化。

受运营服务和设备情况等影响，城市轨道交通作业组织有如下特点。

a. 施工作业时间短。

受地铁运营服务时间长和运行时间间隔短的影响，施工作业绝大部分只能安排在夜间运营结束后进行，而且作业时间一般只有四个小时左右。

b. 施工作业空间狭窄。

城市轨道交通大部分线路为隧道、高架线路，施工作业的活动空间较狭窄，各个专业的设备检修又交叉部分较多，各专业作业时的影响以及使用的工器具不同，造成部分施工作业不能同时开展，作业区域分配得紧张。

c. 施工作业关联性复杂。

施工作业关联性复杂，需要考虑本线路间施工作业、与相邻线路施工作业、与工程列车出厂 / 回厂、与接触网 / 轨停送电、与接地线保护、与作业保护区域、与运营时刻表等的相互影响。

d. 施工组织安全性要求特别高。

施工作业环境涉及工程列车的开行、线路上方或线路旁有带高压电的接触网 / 轨等安全因素，因此，施工组织的安全性要求也特别高，在一定程度上给施工作业安排带来困难。

作业组织精细化，就是根据设备维修标准要求，制订每年的年度检修计划，然后根据城市轨道交通的特点，考虑作业过程中所涉及的作业区域、作业时间、行车限制、停送电限制、运营时间限制等环境要素和安全要求，分别按月、周、日临时计划逐级细化，使维修作业组织资源利用最大化，安全隐患最小化。

④过程控制精细化。

过程控制精细化是维修精细化管理的一个重要方面，对现场作业执行的每一个环节都不能松懈、疏忽，加强现场作业规范性，提高作业质量，提早发现安全隐患，减少作业过程中的操作失误。

a. 通过将现场作业流程固化到信息系统中，利用手持终端约束作业人员必须按作业流程开展工作；确保每项工作在作业前必须完成作业清点、工具检查、安全交底、进入作业区等工作；确保作业完成后必须离开作业区，进行物料消耗、现场出清、作业销点等工作。如图 6-23 所示。

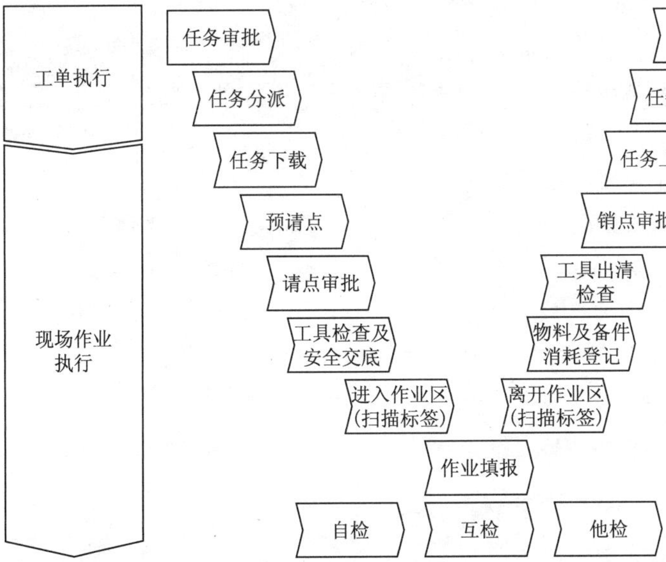

图 6-23　设备维修现场作业流程

b. 通过将维修规程中的作业步骤和工艺要求固化到信息系统中，通过手持终端保证每一个作业步骤都被执行，保证每一项设备测点数据质量的正确性，利用拍照和视频方式对

图 6-24　设备维修关键工序记录

关键工序进行记录留痕，最终加强现场作业人员的操作规范性和作业质量控制，如图 6-24 所示。

c. 通过加强现场作业管理，定期对系统内各个专业的测点值进行采集，积累有关设备运行状态的历史数据，为提前发现设备的内在质量隐患，制订相关指标，启动状态维修流程，提供依据。

⑤实时采集 AFC 系统设备状态信息，实现故障申报智能化。

广州地铁集团有限公司已经建成轮对在线监测系统、受电弓在线检测系统、道岔转辙机综合监测机和微机监测设备等多个专业的 20 多个在线监测系统，其中，本次项目以 AFC 系统为试点，成功接入了 AFC 系统的在线监测数据。

AFC 系统中的设备本身有比较多的传感器，会自动把相关的状态数据逐级上报到中央服务器，采集和分析设备的状态数据就可以得出设备的故障情况。本项目通过跨网络的数据传输，实现了生产网和办公网的结合，实现了 AFC 系统设备故障的自动采集和自动上报，有效监察和分析全线网的 AFC 系统设备状态，工作人员只需要在办公电脑前即可掌握全线网的设备故障情况以及维修人员对故障的响应和处理情况。

⑥在行业内率先实现作业成本法核算。

维修费是城市轨道交通运营成本中最重要的支出费用之一，但维修物料消耗、架修支出、大修支出、检验检测费等通过人工统计方式难以进行单独归集，间接成本也没有具体分摊的数据，只能通过平均数、分部门来进行估算。无法做到成本的精确核算。

本模块为维修的作业成本分析提供了具体到单体设备的材料成本和人工成本的详尽数据信息，包括工单领料数据的摊销和高价周转件的摊销，同时按维修作业将维修费用按预防性维修、故障维修、专项维修、大架修分类进行归集；按作业维度提取工时并进行各分部工时的汇总，依据维修人员的实际维修工时耗用情况对直接人工成本进行摊销，从而实现单个作业的成本数据归集和细化，形成基于作业成本的定额管理。

以某个 AFC 设备为例，相关系统截图如图 6-25 ～图 6-34 所示。

图 6-25　设备视图

位置：
L3BZ29AFCTVM001
梅花园站V301001

图 6-26　设备二维码

工单号	工单名称	计划开始时间	实际开始时间	实际完成时间	检修周期	自检完成	工单状态
68248624	梅花园站V301001月检	2018-02-01			月检	否	已批准
67423221	梅花园站V301001月检	2018-01-01			月检	否	已批准
66874347	梅花园站V301001半月检	2017-12-22			半月检	否	已批准
66450609	梅花园站V301001半月检	2017-12-07	2017-12-07 11:34:00	2017-12-07 11:50:00	半月检	是	已批准
66448319	梅花园站V301001季度检	2017-12-04	2017-12-04 16:04:00	2017-12-04 17:40:00	季度检	是	已批准

图 6-27　设备履历

工序	描述	填报类型	关键工序?	需要互检?	分组	父级
100	清洁交流供电模块	A		✓	1-交流供电模块检修	
200	检查交流供电模块线缆接线情况	A		✓	1-交流供电模块检修	
210	更换损坏线缆、线槽，重新接线	A		✓	1-交流供电模块检修	
300	检查交流供电模块	A		✓	1-交流供电模块检修	
310	更换损坏部件	A		✓	1-交流供电模块检修	
400	清洁不间断电源（UPS）	A		✓	2-不间断电源（UPS）检修	
500	检查不间断电源（UPS）线缆接线情况	A		✓	2-不间断电源（UPS）检修	
510	更换损坏线缆，重新接线	A		✓	2-不间断电源（UPS）检修	

图 6-28　标准作业模板

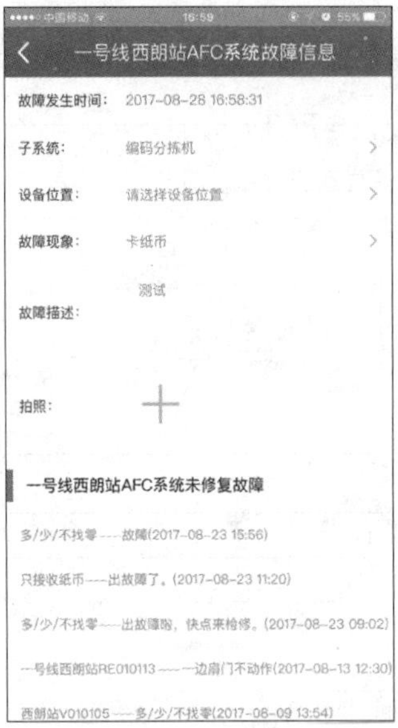

图 6-29　移动端设备故障提报

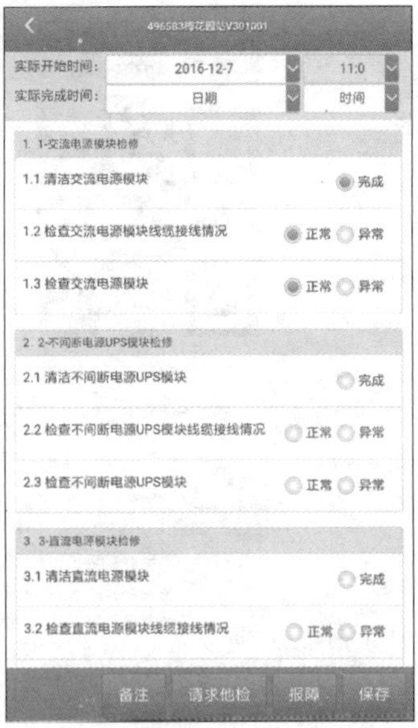

图 6-30　移动端工序填报

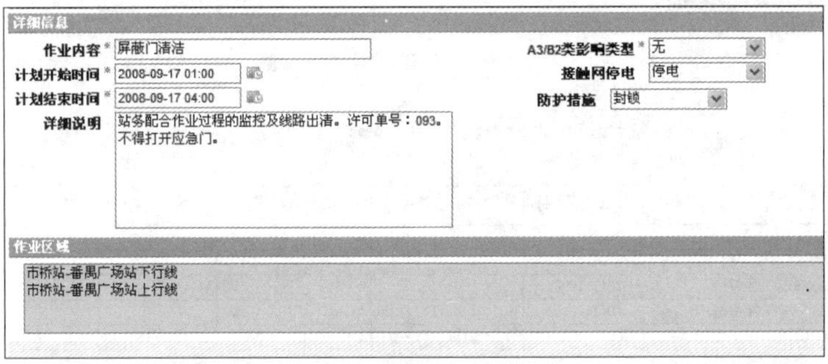

图 6-31　施工计划申报

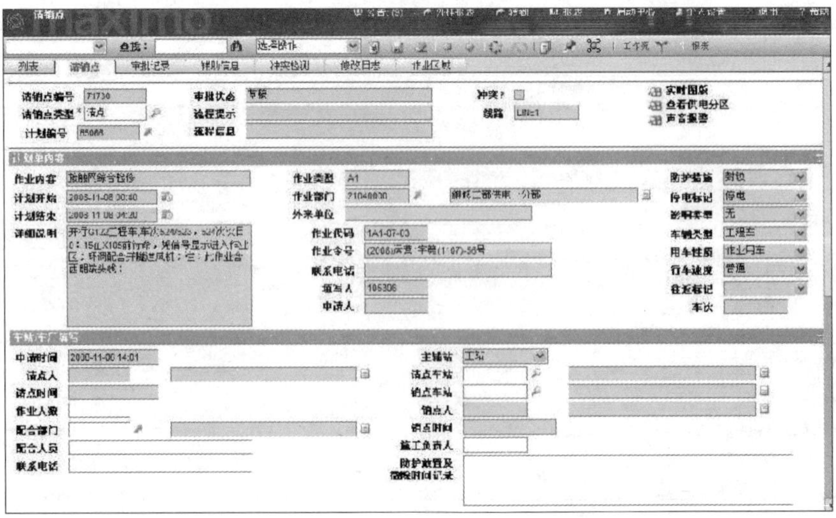

图 6-32　请点界面

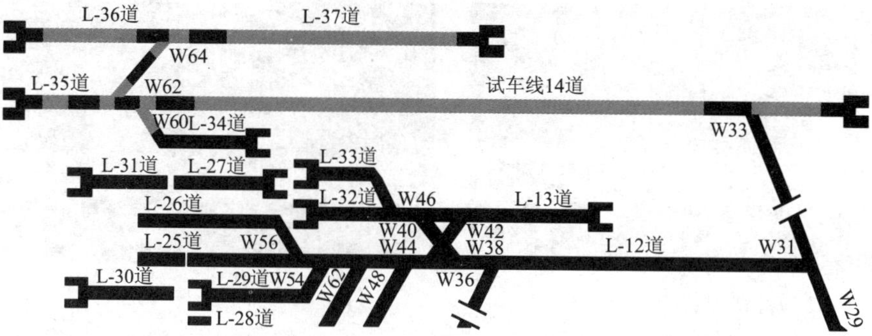

图 6-33　实时图版

序号	作业日期	作业代码	作业部门	计划内容（专业）	作业区域	计划时间	批准时间	行调批准请点时间	比计划提前或延迟请点时间	行调批准销点时间	比计划提前或延迟销点时间
1	20171201	1A1-01-01	运营一中心一车辆维保一部一车辆段设备一分部	G212 从赤沙车辆段转往一号线西朗车辆段	西朗站一农讲所站下行线	次日 00:25—00:45	23:39—次日 00:41	23:39	-46	00:41	-4
2	20171201	1A2-01-01	广东百安机电消防安装工程有限公司(委外)	区间消防栓（器材）箱、灭火器材箱月检	体育西路站 1—广东东站 1 下行线广州东存车线Ⅱ道，广州东折返线 2 道，广州东存车线Ⅰ道，广州东存车线Ⅱ道	次日 00:00—04:30	23:51—次日 03:56	23:51	-9	03:56	-34
3	20171201	1A2-01-02	运营一中心通号维保一部信号一分部	转辙机及锁闭设备（ZD6）日检	广州东站 1 上行线、广州东站 1 下行线广州东折返线 1 道，广州东折返线 2 道，广州东存车钱Ⅰ道，广州东存车线Ⅱ道	次日 00:00—02:30	23:52—次日 01:54	23:52	-8	01:54	-36
4	20171201	1A2-01-03	运营一中心通号维保一部信号一分部	转辙机及锁闭设备（ZD6）半月检，道岔工信联合检查（整治）	西朗站一坑口站上行线、西朗站一坑口站下行线转换轨四道，转换轨五道，西朗Ⅲ道	次日 00:50—04:40	次日 00:46—04:13	00:46	-4	04:13	-27

图 6-34　作业时间利用率分析表

3. 物流管理模块

物流管理模块包括基建库存管理模块、运营采购模块、运营库存模块、运营 Sourcing 等子模块，涵盖了基建物资库存、运营物资采购、计划、采购寻源，采购订单、到货存储管理、需求领用等，实现对基建类物资和运营类物资的供应链全生命周期的信息化管控，实现物流计划、采购、仓储和供应商管理，提供查询统计和多种台账及分析报表生成功能。基建库存管理实现了基建工程设备的营造过程的跟踪管理，并与合同管理、资产移交、财务应付模块、运营维修维护模块集成，解决了资产密集型企业大型基建项目的过程管理，为企业构造可视化的基建物流管理平台。2017 年建成 33 个信息系统与监控设施一体化的智能仓库，采用“网购”和“自助超市”的物资自助领用方式，优化生产物资调度与配送，实现成新型无人值守智能仓库管理模式在全线网范围推广应用，如图 6-35、图 6-36 所示，见表 6-12、表 6-13。

图 6-35　广州地铁智能物流柜

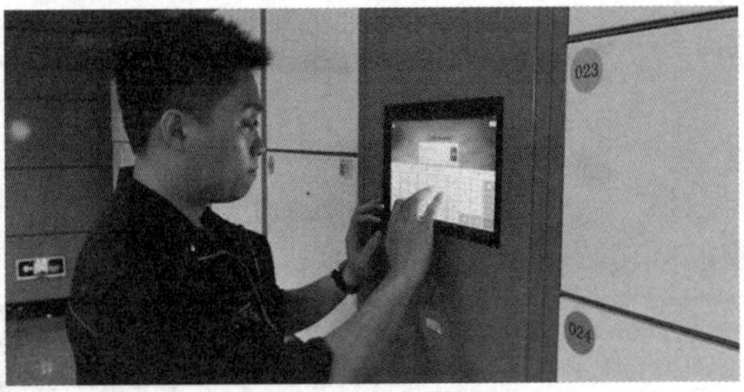

图 6-36　员工自动领取物料

应付款账龄分析表　　表 6-12

分类账：广州地铁集团有限公司
供应商编号从 __ 到 __
科目从 __ 到 __
截止日期 :2017-10-01

业务实体	供应商名称	供应商编号	发票信息					账龄分析					
			发票编号	发票日期	发票金额	余额	摘要	15天以内	16～30天	1～3个月	3～6个月	6～12个月	1年以上
GZM—702. 地铁运营	一次性供应商	101760	HT070712				支付维修部报销一号线镟床报警装置改造费用，附件四张						
GZM—702. 地铁运营	××数据系统公司	100459	Y11SBF120029-001										

物资入库明细报表　　表 6-13

物资编码	物资名称型号规格	物资类型	单价	单位	入库数量	金额	批次	子库代码	事务处理类型
1016101E00	中央控制阀 :SPG/961008B，11010563-1 pos. 198999 1794	进口备品备件			1	5965	D20893	CLDX-A1	
1016101E00	中央控制阀 :SPG/961008B，11010563-1 pos. 198999 1794	进口备品备件			1	5965	D20894	CLWA-JX1	
1016101E00	中央控制阀 :SPG/961008B，11010563-1 pos. 198999 1794	进口备品备件			338	2016170	D20895	XILANG	
1016101E00	中央控制阀 :SPG/961008B，11010563-1 pos. 198999 1794	进口备品备件	5965	EA	379	2260735	D20896	XILANG	
1016101E00	中央控制阀 :SPG/961008B，11010563-1 pos. 198999 1794	进口备品备件	5965	EA	1	5965	D20897	XILANG	

4. 财务及预转资管理

基于 ERP 系统的财务管理和预转资模块是该平台的核心模块。ERP 的精髓在于财务业务协同一体化，广州地铁在原有 ERP 和现有理论基础上，开拓性地融合资产全生命周期管理理念，把 ERP 系统带向了一个新的领域。其中转资模块把各种业务来源的资产集合成在一起，把符合条件的资产结转固定资产，这样，预转资模块成了业务和财务的重要衔接。财务管理模块是 ERP 系统和一体化资产平台的核心，包括总账、应收、应付、现金、项目会计、财务合并和分析等功能，作为数据流向的终端，全面准确地反映了各业务模块的经营成果，形成各个管理部门所需要的信息，如资产实物信息、资产财务信息、概算回归信息、成本管理报表、会计报表信息等。

（1）打通资产从建设期向运营期转资的流程

移交资产类型的扩展，所有的移交业务都实现信息化移交，增加资产变更、资产合并、价值分摊，形成闭环管理，使资产管理业务实现全面优化，如图 6-37 所示。

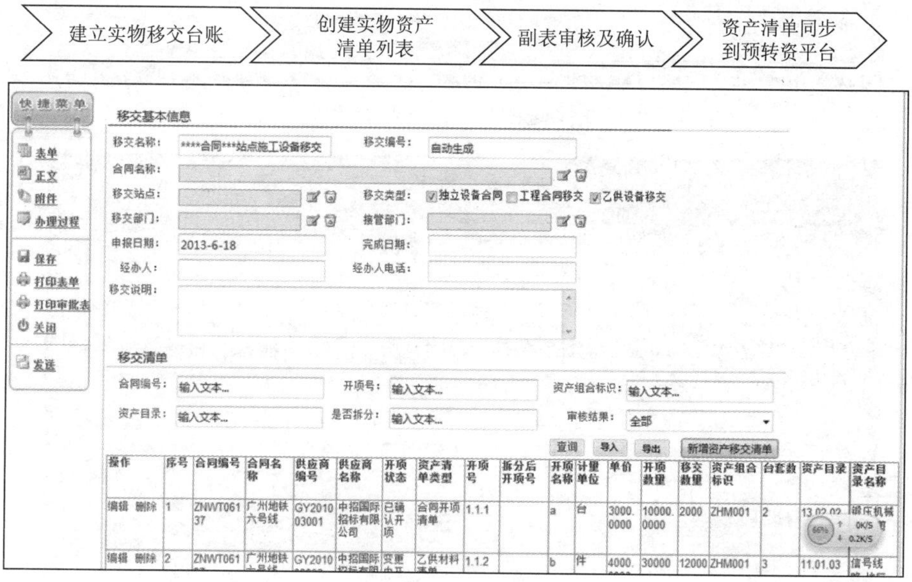

图 6-37　预转资管理表单

（2）Oracle EBS 界面（图 6-38~图 6-40）

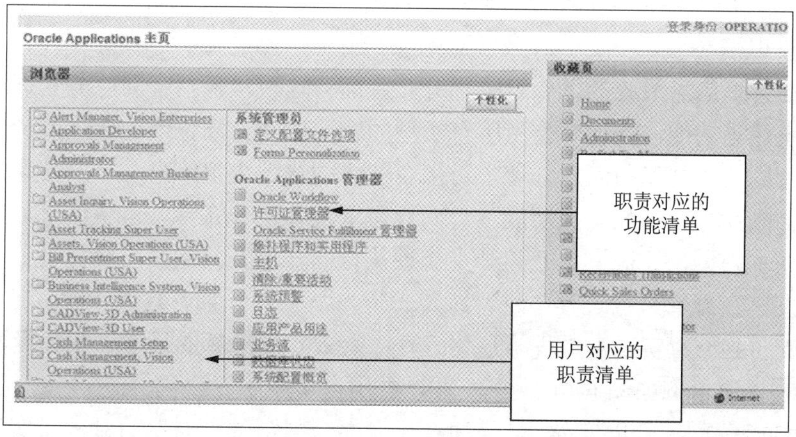

图 6-38　Oracle EBS 用户主界面，用户责任清单和职责对应的功能清单

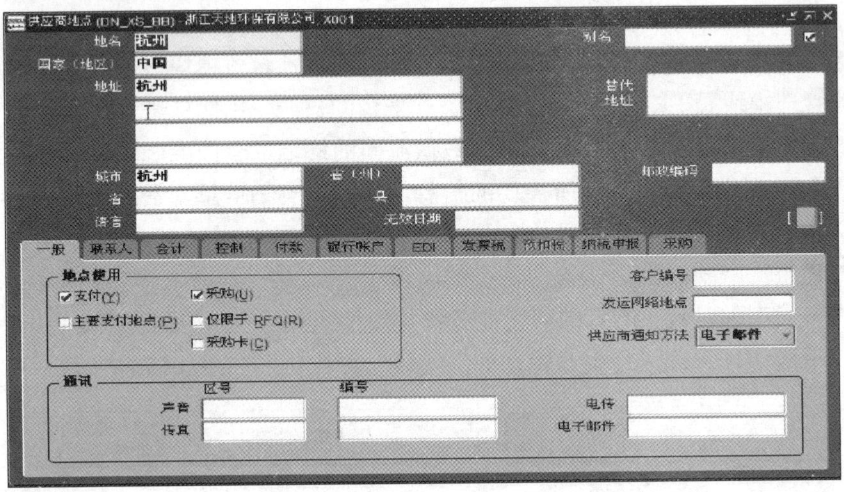

图 6-39 Oracle ebs 供应商信息维护界面

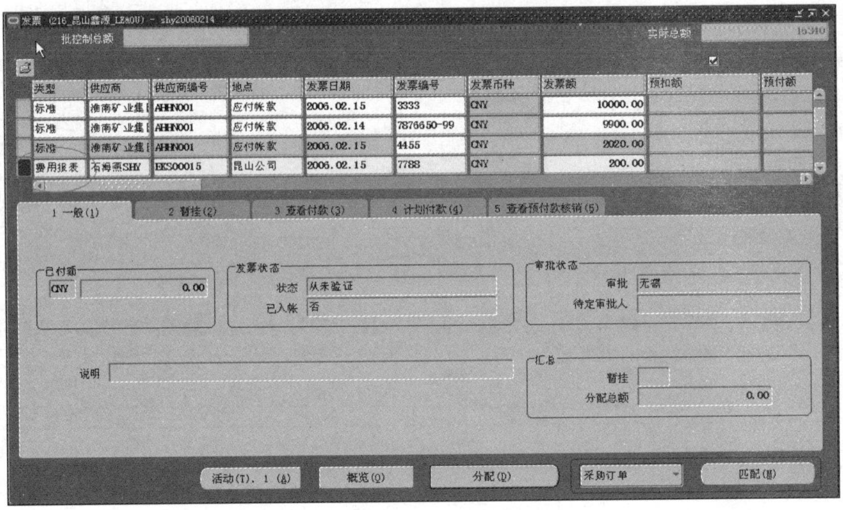

图 6-40 Oracle ebs 应付发票管理界面

5. 合同管理模块

作为企业管理信息系统的重要组成部分，合同管理模块包括合同业务管理、合同台账管理、查询统计等功能，实现对公司所有类型的合同以及合同整个业务生命周期的信息化管控；实现合同业务会议的议题管理，对接企业合同管理会议信息与合同信息；提供查询统计和多种台账及综合报表生成功能。合同管理系统强化和完善城市轨道交通工程项目建设过程中的成本归集，让概算单元和开支类型从合同开项开始到竣工决算贯穿项目合同的整个生命周期，在概算执行过程中进行跟踪管理，从合同计划、议题申报、招 / 投标以及合同审批、支付到结算实现全过程信息化管理，有效实现概算的日常回归和投资控制。

合同系统界面示例如图 6-41 所示，可以看出，实现了“合同计划 => 合同招标 => 合同签订 => 合同变更 => 合同支付 => 合同结算”的合同全生命周期的管理，实现工程建设概算使用、支付情况实时管控。

图 6-41　合同系统界面

6. 附属资源经营管理模块

广州地铁集团有限公司资源管理系统界面如图 6-42~图 6-46 所示。

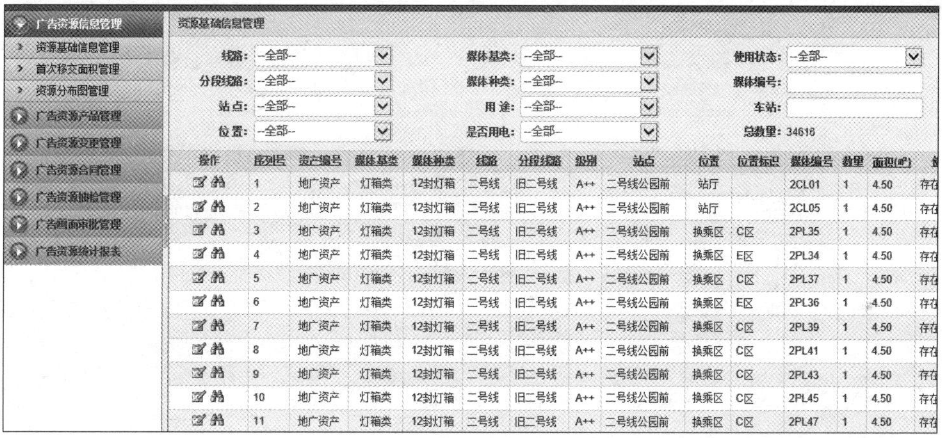

图 6-42　广告资源管理

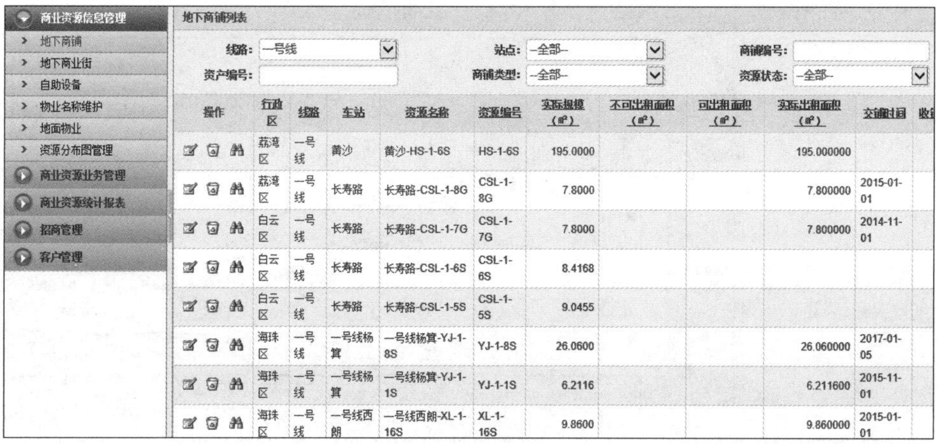

图 6-43　商业资源管理

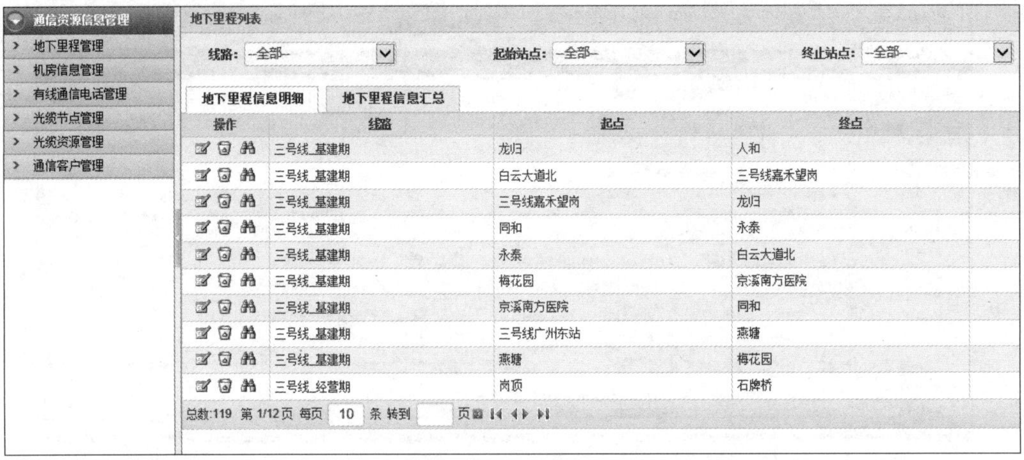

图 6-44 通信资源管理

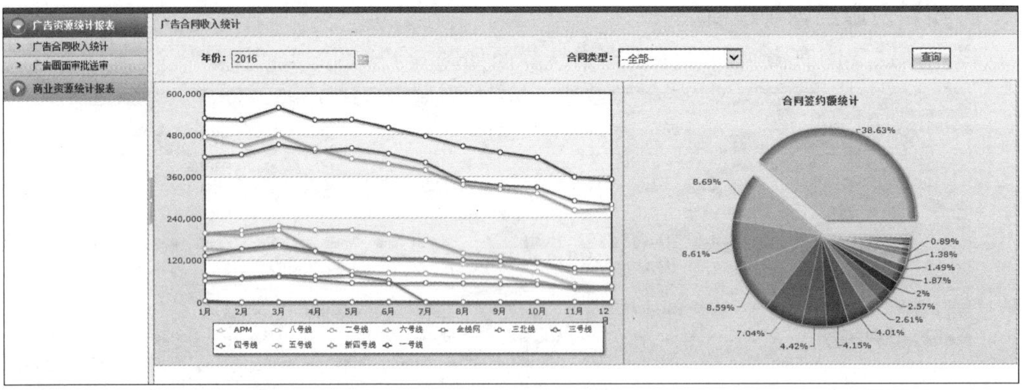

图 6-45 广告收入统计

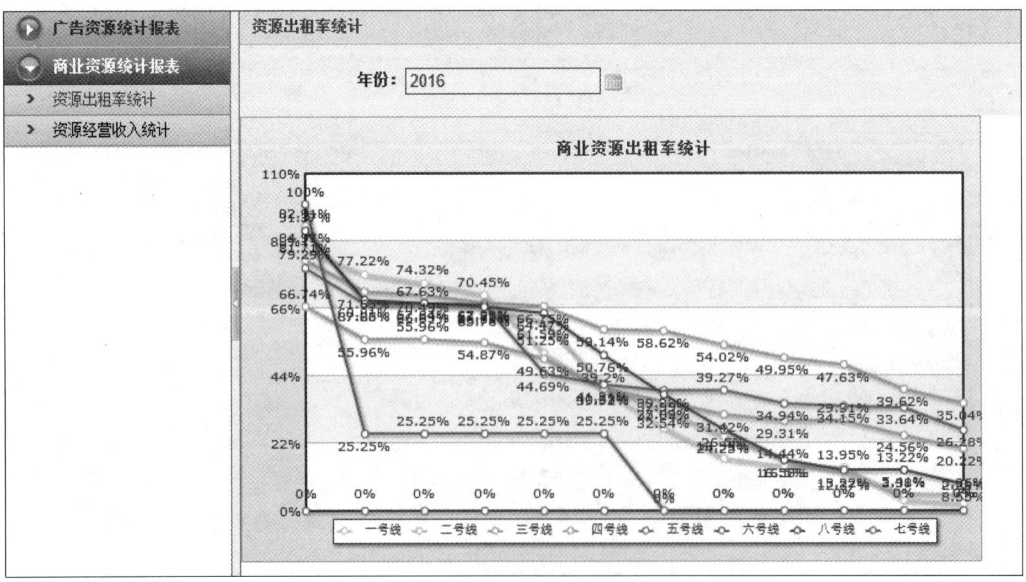

图 6-46 资源出租率

7. 沿线物业开发管理模块

2011 年，相关人员对房产项目管理进行了信息化梳理，优化了项目计划管理模式，实现了结构和版本化管理，强化了计划和执行进度的协同控制，基于计划标准化建立了计划分级编制并推行了计划全景管理。并相继建成了房产项目成本管理系统、房产销售管理系统，支撑房产业务发展。

①房产项目成本管理系统界面如图 6-47 ～图 6-49 所示。

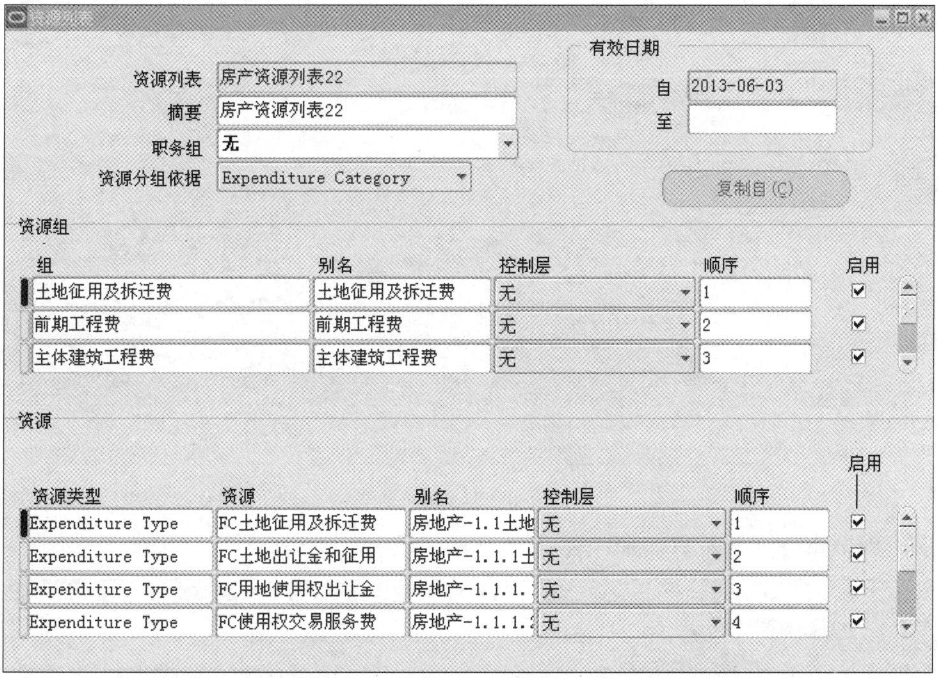

图 6-47 房地产资源列表

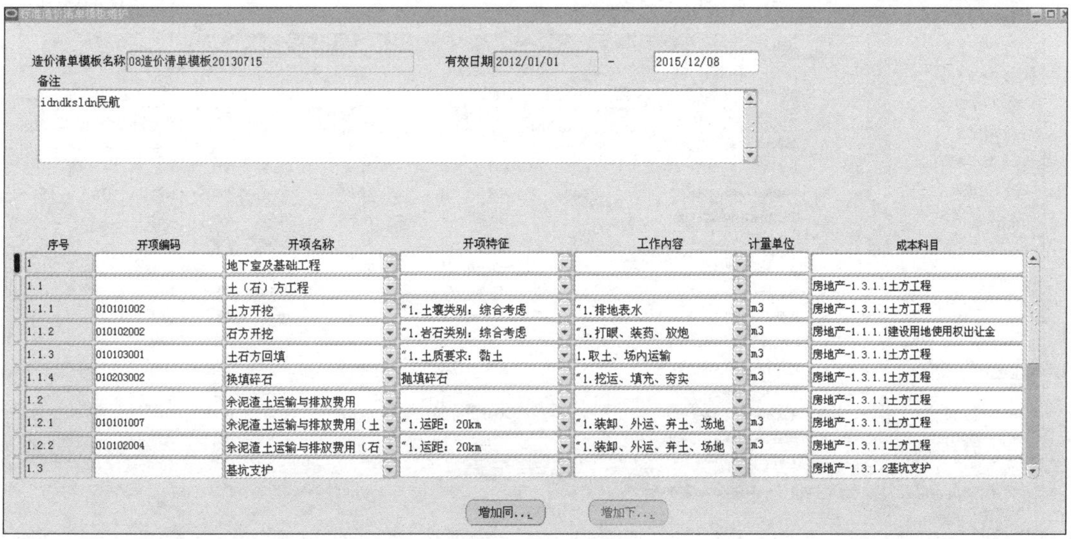

图 6-48 标准造价清单

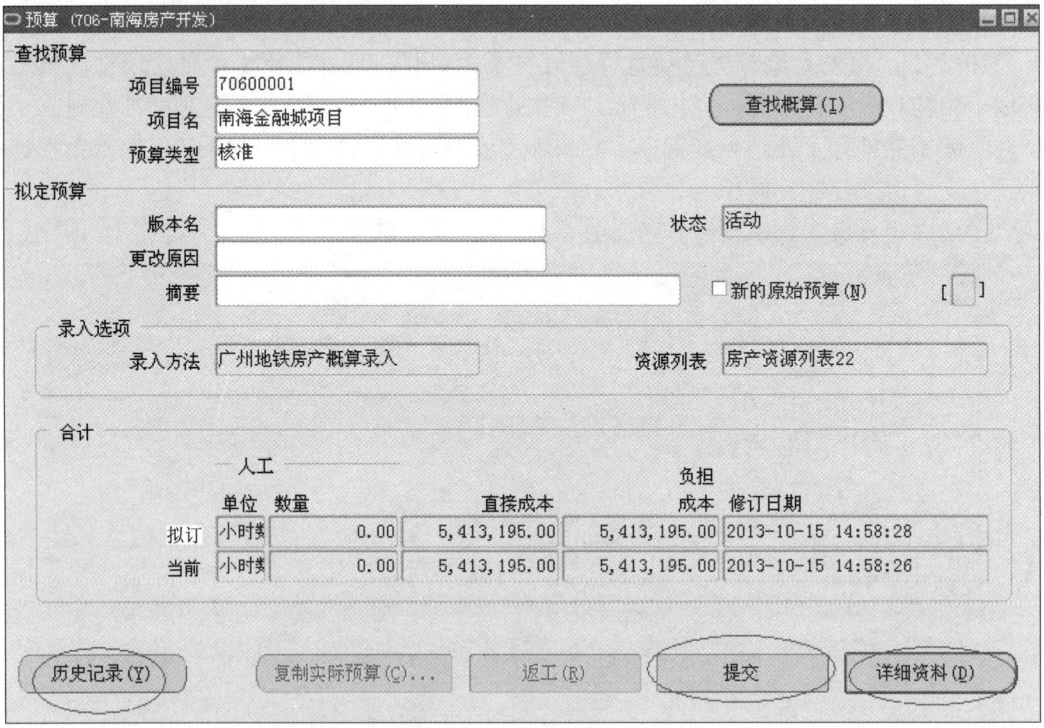

图 6-49　目标成本数据

②房产销售管理系统界面如图 6-50 ～图 6-55 所示。

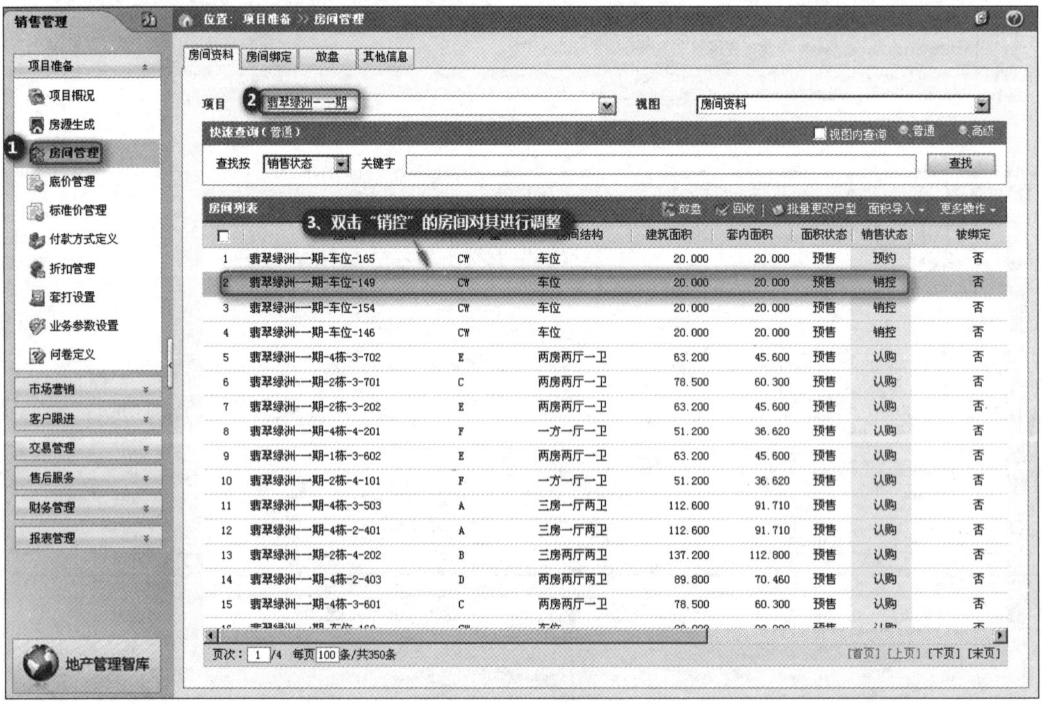

图 6-50　房间管理

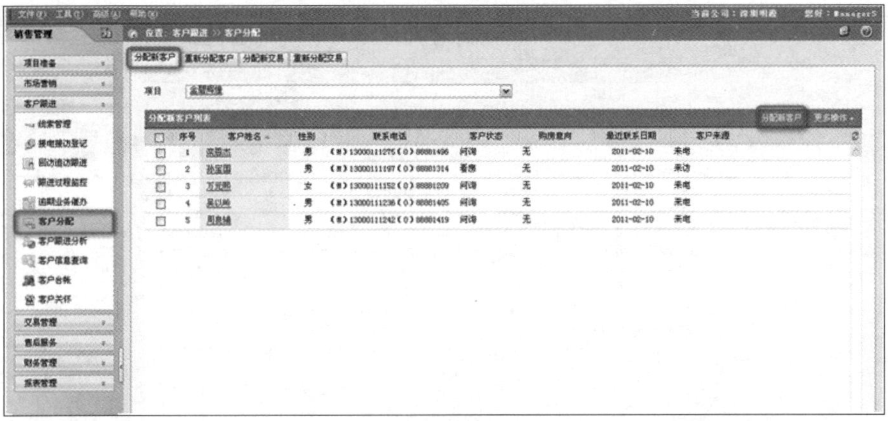

图 6-51　客户分配

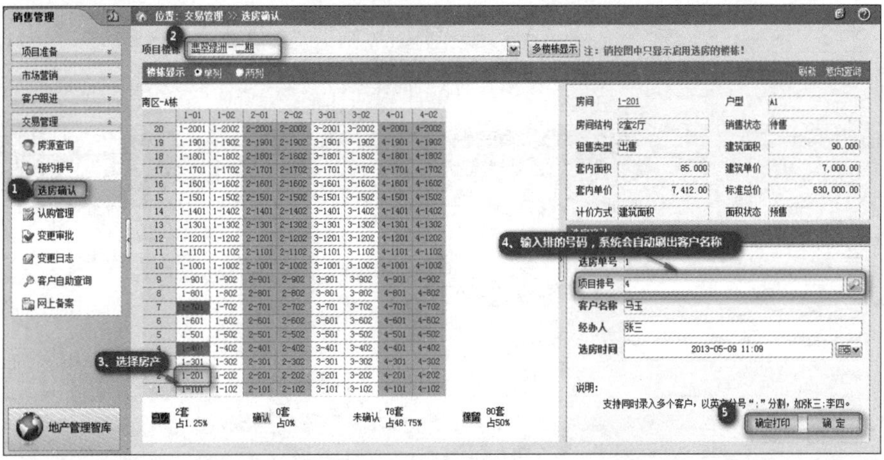

图 6-52　选房管理

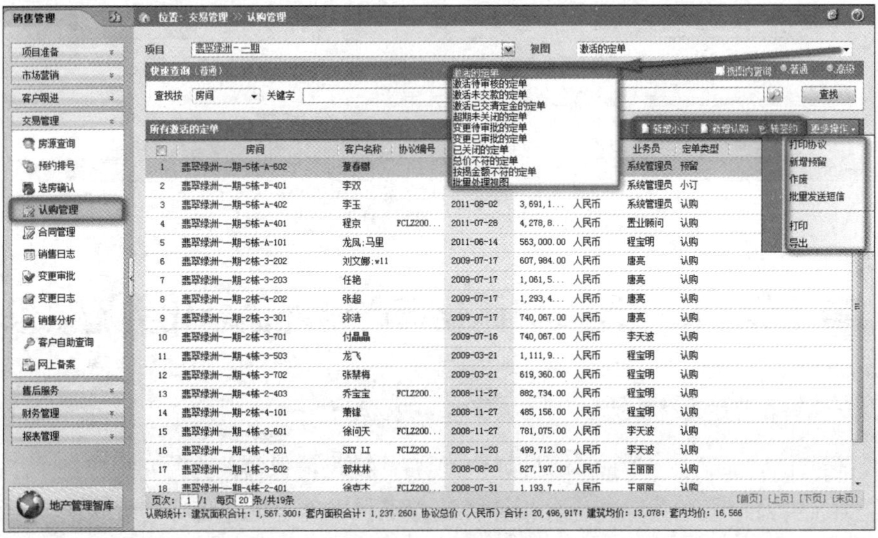

图 6-53　认购管理

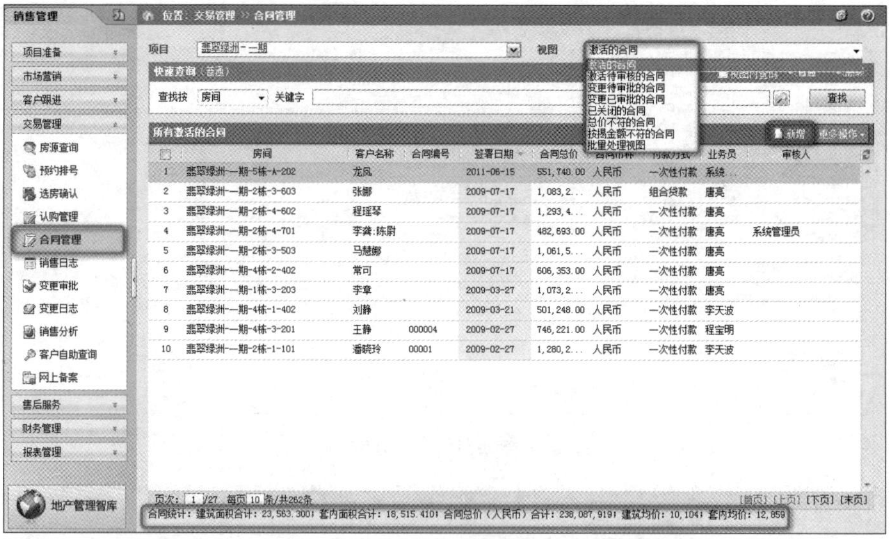

图 6-54　合同管理

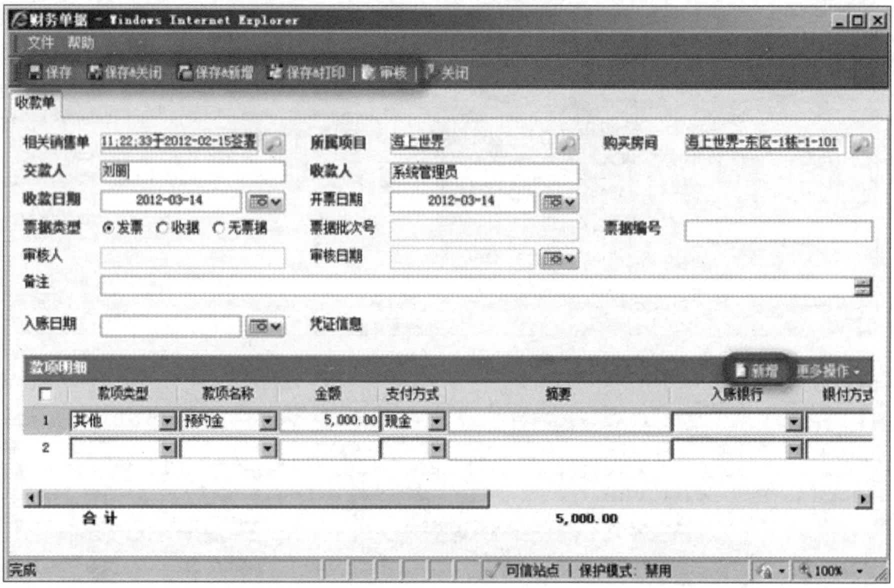

图 6-55　预收款管理

第三节　广州地铁一体化资产管理信息化实施效果

一、关键能力建设情况

广州地铁 IAM 管理工作的总体目标是实现资产的增值保值，为此它提出三个子目标和五项关键能力。针对这五项关键能力分析业务流程现状，确定上述目标与现状的差距。这里回顾这些差距，识别流程改进目标，设计优化流程，并评估达成情况，从下述五个方面来说明。

1. 财务业务流程

1）业务流程现状评估（表 6-14）

财务业务流程现状评估　　表 6-14

关键点	说　明	现 状 评 估
业务与财务衔接	财务核算处于公司整个流程的下游，业务部门流转到财务的数据的完整、准确、及时性在很大程度上决定了财务数据的质量。另一方面，由于前端缺少信息系统或前端的信息系统没有与财务系统集成，加大了财务对手工流程中单据审核的强度，手工输入核算系统的工作量，并影响财务核算的精细化（如目前可以反映每个合同完成的投资量，但无法反映合同开项完成的投资量）	IAM 管理系统将采购物料、维修、合同、项目与财务系统进行了无缝整合，业务流程与财务流程实现全面集成
预算与核算衔接	因核算与预算在口径上存在一些差异，预算编制完后没有加载到 ERP，因此系统的预算过程控制和事后系统中预算与实际的对比分析缺少数据	已实现预算系统集成
财务合并	目前部分子公司没有使用 EBS，已使用 EBS 的会计主体，没有启用系统的数据合并功能，合并和汇总报表手工编制，编制时较难追溯子公司账务明细，也较难根据合并报表快速追溯各会计主体的业务	统一的应用和数据平台 EBS，结合多组织访问控制、总账安全性、确定的合并规则，全面实现了多组织财务合并。
公司间往来	公司间业务目前通过公司间转账单相互挂账，但难以保证双方账务处理的一致性和及时性，导致公司间对账困难，并影响合并报表内部往来的抵销	通过 AGIS 功能应用，实现了公司间往来的集成和易于对账
项目基建财务与资产运营财务衔接	很难基于合同开项组合成台套，没有实现固定资产在系统中从基建财务自动割接到运营财务	通过资产目录对合同开项进行了组合，实现相关功能，但目前合同开项为项目前签订的，很多无法与资产目录关联，资产目录也还待完善，移交前的变更也对系统的应用产生较大影响

2）业务流程优化设计（图 6-56）

（1）财务核算流程标准化设计相关说明（图 6-57）

（2）业务简述

执行采购流程的范围适用于广州地铁集团有限公司内的所有采购行为，适用于目前由广州地铁集团有限公司采购部、经理办、技术部及其他部门所负责的所有物料和服务的采购，以及由机械厂负责的固定资产、劳防及办公用品采购等全部采购业务。

①尽量减少独立于采购部之外的采购行为将有利于采购的统一管理与管控；采购部应负责制定统一的采购行为规范及准则，确保广州地铁集团有限公司内所有采购行为均在统一的规范、准则下进行。

②为平衡风险控制、控制成本与执行效率，对于偶然的价值很低（如人民币 500 元以下，可根据广州地铁集团有限公司具体情况而定）的物品的采购，采用预算总额的管理方法，不超过部门专项预算时可以执行小频率低值物料采购命令，按照先执行后报销的流程完成。对于特别紧急的采购任务，可以执行紧急采购，由各物料、服务对口主管领导批准先接收物料或服务，但在到货后若干天内、付款前必须补齐全部流程。

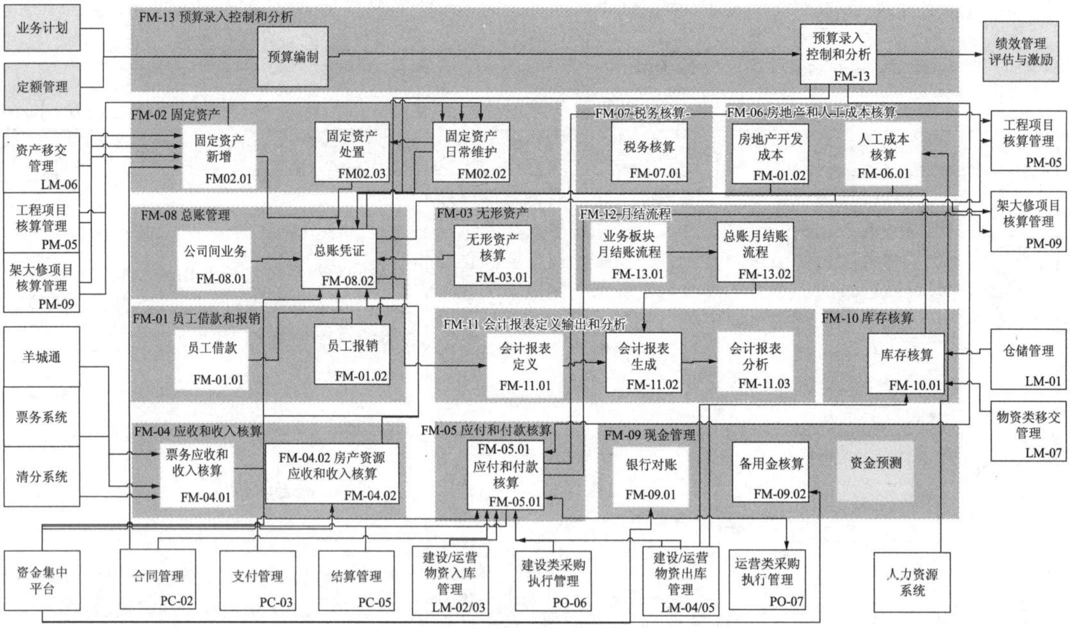

图 6-56　财务核算流程框架

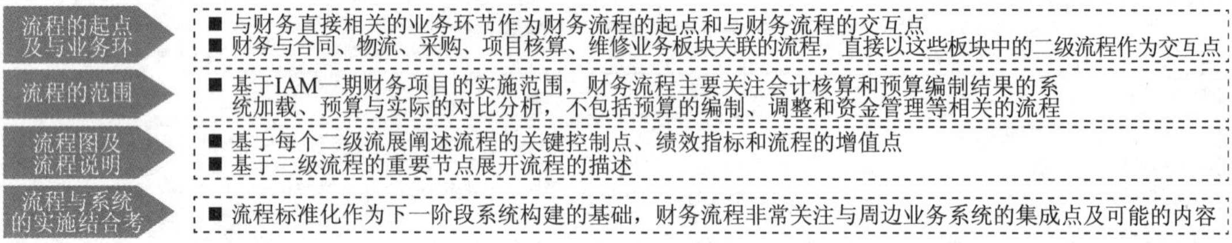

图 6-57　财务核算流程标准化设计相关说明

（3）包含的二级流程清单

①FM-01 员工借款和报销。

②FM-02 固定资产。

③FM-03 无形资产核算。

④FM-04 应收和收入核算。

⑤FM-05 应付和付款核算。

⑥FM-06 房地产和人工成本核算。

⑦FM-07 税务核算。

⑧FM-08 总账管理。

⑨FM-09 现金管理。

⑩FM-10 库存核算。

⑪FM-11 会计报表定义输出和分析。

⑫FM-12 月结流程。

⑬FM-13 预算录入控制和分析。

（4）流程角色汇总及授权体系（表 6-15）

授权体系设计 表 6-15

事项	授权层级																										
	集团											有限公司															
预算控制 / 财务核算	总工程师室	战略发展总部	信息技术管理部	企业管理总部	审计监察部	人力总资源	办公室	财务总部	安全监察部	党群工作部	建设事业总部	企业管理部	人力资源部	物资管理部	财务部	技术安全部	审计监察部	生产调控部	党群工作部	办公室	车务中心	车辆中心	通号中心	维修中心	房产事业总部	资源经营事业总部	采购物流中心/物资公司
FM-01 员工借款和报销	审批	审批	审批	审批	审批	审批	审批	主责	审批	审批	审批	审批	审批	审批	主责	审批	审批	审批	审批	审批	审批	审批	审批	审批	审批	审批	审批
FM-01.01 员工借款																											
FM-01.02 员工报销																											
FM-02 固定资产								主责							主责			审批									
FM-02.01 固定资产新增																											
FM-02.02 固定资产日常维护																											
FM-02.03 固定资产处置																											
FM-03 无形资产核算								主责							主责												
FM-03.01 无形资产核算																											
FM-04 应收和收入核算								主责							主责												
FM-04.01 票务应收和收入核算															主责						审批		审批				
FM-04.02 房产资源应收和收入核算															主责										审批		
FM-05 应付和付款核算								主责							主责												
FM-05.01 应付和付款核算				审批				主责				审批			主责						审批	审批	审批	审批	审批	审批	审批
FM-06 房地产和人工成本核算								主责							主责												
FM-06.01 人工成本核算						审批		主责					审批		主责												
FM-06.02 房地产开发成本															主责										审批		
FM-07 税务核算								主责							主责												
FM-07.01 税务核算				审批		审批		主责				审批	审批		主责												
FM-08 总账管理								主责							主责												

（5）财务核算流程增值点说明（图 6-58）

员工借款和报销	▪ 系统定期生成部门、项目的预算与实际对比分析表，员工账龄报表
固定资产核算	▪ 管理预转资和转资全过程、改良支出的方便资本化、规范主数据
无形资产	▪ 将建立无形资产台账，从财务角度跟踪无形资产的整个生命周期
应收和收	▪ 票务与财务系统集成，提高财务核算的效率和及时性
应付和付	▪ 土建的设量支付、服务类的应付账款从前端审批完的单据中导入财务形成发票
人工成本房地产和	▪ Oracle HR（Human Resource，人力资源）与Oracle 财务集成，自动根据HR的薪酬信息形成财务的账务信息
税务核算	▪ 通过IAM各系统的配合使用，获取各税种的计税基础数据，并通过维护计税规则
总账管理	▪ 公司间业务处理功能的使用，确保公司间业务内部各会计主体账务处理正确
现金管理	▪ 银行存款余额调节表的系统输出
库存核算	▪ 存货的物流、资金、信息流的统一，库存账务的及时、准确性提高
会计报表	▪ 通过定义报表汇总和合并规则，系统能生成分层次的汇总和合并报表
月结流程	▪ 确保子模块的数据都完整、正确地归集到总账
预算录入控制和分析	▪ 预算与核算的有机结合，为预算的过程控制和预算与实际对比分析提供了基础

图 6-58　财务核算流程增值点说明

2. 采购物流流程

1）业务流程现状评估（表 6-16）

采购物流流程现状评估　　表 6-16

关键点	说　明	项目结果评估
差异化采购策略	缺乏全面完整的供应商采购策略的制定流程，采购方式过于单一，采购的执行过分强调管控，导致流程的效率不高	针对不同的商品，采用不同的采购管理模式：一揽子采购协议、询价、招投标
采购需求识别	在建设类采购需求管理流程中，缺乏与运营部门的协同，特别是在备件和工器具的配置需求上。这样不利于运营成本的降低	使用统一的采购申请界面，结合基础数据的标准化，采购员控制、处理采购申请，实现采购需求的识别与控制
库存计划管理	运营类的需求和计划管理中，由于二级库的管理全部在各业务单位，缺乏统一调拨和共享机制。在需求计划的管理上，缺乏系统化的手段进行预算的控制。计划部门和需求部门在库存的平衡上缺乏明确的规定	通过系统的库存自动计划—重新制购点计划，并在需求计划申请界面限制选择使用库存计划功能，实现物资的自动计划

续上表

关键点	说　明	项目结果评估
供应商管理	在供应商的管理流程中缺乏集中统一的供应商管理	通过系统标准的供应商管理功能，实现供应商全生命周期管理。并且，通过客户化开发完成的功能，可以实现供应商信息的导入
物资接收管理	在建设类物资到货管理上，缺乏与合同的协同，无法做到按照合同进行收货管理和控制，无法将合同的执行情况及时的反馈给建设部门	系统标准功能实现收与库存、订单的集成，通过开发的接口，实现合同的集成
订单与寻源的集成	在运营的采购执行管理上，缺乏与网上比价系统、财务系统的数据衔接。网上比价和合同审核的管控与采购效率之间有待进一步的平衡	通过 Oracle Sourcing 模块以及开发的比价报表实现价格合理；通过接口功能的开发，实现与合同的集成

2）业务流程优化设计（图 6-59）

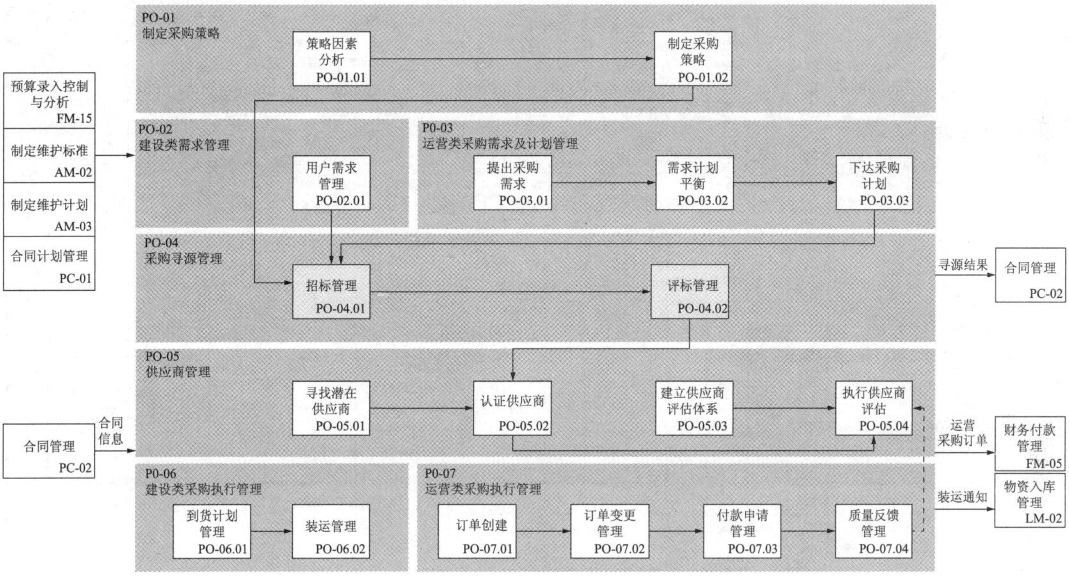

图 6-59　采购物流流程框架

（1）业务简述

采购管理流程的范围适用于广州地铁内物资类的采购行为，主要包括以下几方面。

①基建类物资采购，主要由未来的建设总部系统部、车站设备部、车辆段设备部，以及未来的有限公司下属的车辆中心和通号中心等负责，基建物流的管理由有限公司下属的物资公司代为管理。

②运营类物资采购，主要由未来有限公司下属的采购管理部（暂定名）和物流中心负责对应的管理和执行工作。

（2）采购流程

采购流程主要基于采购策略管理、需求及计划管理、寻源管理、供应商管理和采购执行五个方面进行描述，包含的二级流程清单如下。

① PO-01 制定采购策略。

② PO-02 建设类需求管理。

③ PO-03 运营类需求与计划管理。

④ PO-04 采购寻源（本流程在合同管理章节详细描述）。

⑤ PO-05 供应商管理。

⑥ PO-06 建设类采购执行－到货计划管理。

⑦ PO-07 运营类采购执行管理。

（3）流程角色汇总及授权体系（表 6-17）。

采购物流流程授权体系设计

表 6-17

事项	授权层级																	
	集团													有限公司				
采购物流流程	总公司合同分管领导	总公司合同管理经理/商务经理	设计	总部合同管理经理/商务经理	总部分管领导	建设类需求审核人	建总项目经理	商务代理	运营类物资需求申请人	运营类物资需求申请审核人	技术专工	运营类物资计划员	运营类物资计划主管	采购物流主管领导	采购主管	采购员	供应商资质审核人	财务成本核算会计
PO-01 制定采购策略																		
PO-01.01 策略因素分析		集团层面主责		总部层面主责									建议		运营层面主责	建议		建议
PO-01.02 制定采购策略	审批	集团层面主责		总部层面主责	建议									建议	运营层面主责			
PO-02 建设类需求管理																		
PO-02.01 建设类需求管理			主责			审批	建议				主责（备件类）		建议（备件类）					
PO-03 运营类采购需求及计划管理																		
PO-03.01 提出采购需求									主责	审批								
PO-03.02 需求计划平衡												主责						
PO-03.03 下达采购计划												主责	建议	审批				
PO-05 供应商管理																		
PO-05.01 寻找潜在供应商																主责		
PO-05.02 认证供应商							主责								建议	主责	审批	

续上表

事项	授权层级																	
采购物流流程	集团													有限公司				
	总公司合同分管领导	总公司合同管理经理/商务经理	设计	总部合同管理经理/商务经理	总部分管领导	建设类需求审核人	建总项目经理	商务代理	运营类物资需求申请人	运营类物资需求申请审核人	技术专工	运营类物资计划员	运营类物资计划主管	采购物流主管领导	采购主管	采购员	供应商资质审核人	财务成本核算会计
PO-05.03 制定供应商评估体系	审批	建议		建议									主责	建议	建议			
PO-05.04 执行供应商评估							建议						主责	审批	建议	建议		
PO-06 建设类采购执行管理																		
PO-06.01 到货计划管理							审批	主责										
PO-06.01 装运管理							审批	主责										
PO-07 运营类采购执行管理																		
PO-07.01 订单创建														审批	建议	主责		
PO-07.02 订单变更管理													建议	审批	建议	主责		
PO-07.03 付款申请管理														审批	建议	主责		
PO-07.04 质量反馈管理									建议			建议			建议	主责		

（4）采购物流流程增值点设计（图 6-60）

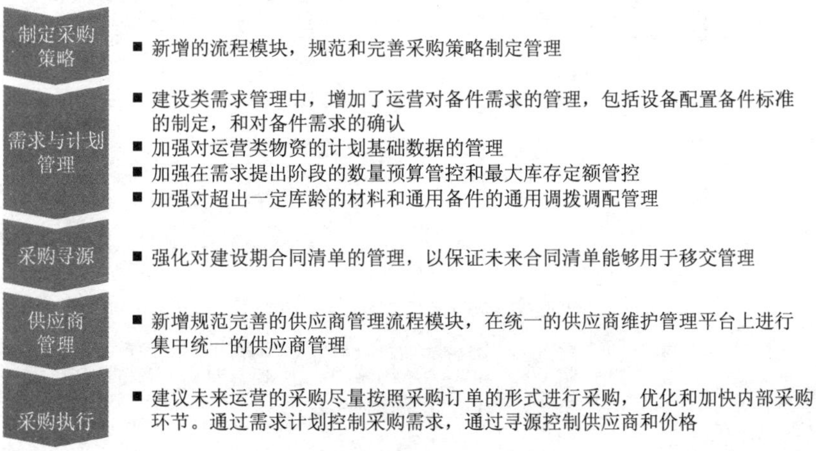

图 6-60 采购物流流程增值点

3. 维修流程

1）业务流程现状评估（表 6-18）

维修流程现状评估　　表 6-18

关键点	说　明	项目结果评估
设备基础数据	设备基础信息局限于编码、名称、位置等信息	按照设备主数据管理的统一要求，建立设备台账
设备编码口径	合同设备清单与设备维护管理的信息结构、口径不一致	通过接口开发实现了基础数据的共享、统一管理
计划与预防性维护脱节	检修计划与预防性维护、工单脱节，主要靠人工管理	开发预防性维护预测报表，预测指定时间、指定预防性维护条件下的维修任务清单
作业计划与施工计划关联	作业计划与施工计划缺乏必要关联，难于进行追踪	通过开发与施工管理系统的接口，实现更新维修计划的完成情况
完工审核缺失	故障维修流程没有申报人完工审核环节	客户化工单屏幕，在工单增加字段“故障等级”，调度判断和填写
检修任务不标明工单	检修任务组织下发不标明具体工单	系统能反馈信息，但数据的应用和考核需要加强
委外修作业跟踪难	委外修作业完全没有用工单，跟踪控制难于实现	系统可以对设备委外维修成本进行归集和核算，并按照项目进行成本归集和核算
定额落实困难	故障维修及部分检修作业不能反映实际定额	对于不能反映实际定额的故障维修和检修作业需要制定规则，确保实际定额反映到系统中
缺乏故障分析	缺乏对设备故障信息的分析和利用	客户化工单屏幕，属于故障作业的建立工单进行管理，总结性的内容或问题记录，可以通过增加字段（“总结”字段）方式记录
定额分析不足	定额与实际执行情况的对比分析缺乏	开发了定额分析报表，对定额标准与实际发生额进行统计和对照分析，并生成分析图表

2）业务流程优化设计（图 6-61）

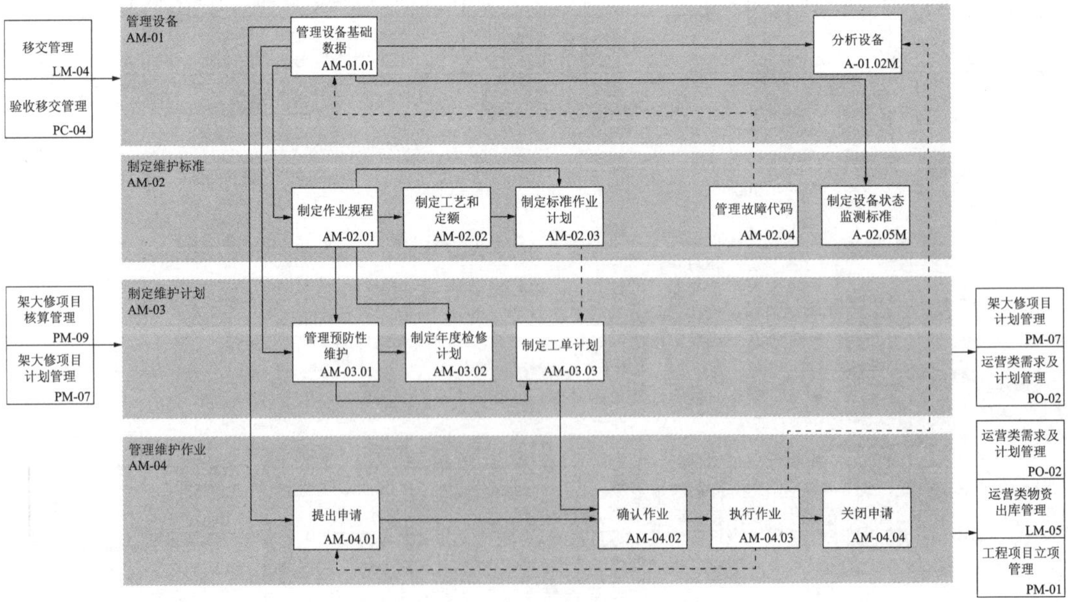

图 6-61　维修流程框架

（1）业务简述

维护流程的范围适用于广州地铁集团有限公司下属车务中心、维修中心、车辆中心、通号中心、后勤办公设备主管部门所管辖设备的维护管理业务，包含的二级流程有如下几点。

①AM-01 管理设备；

②AM-02 制定维护标准；

③AM-03 制定维护计划；

④AM-04 管理维护作业；

（2）维修流程角色汇总及授权体系（表 6-19）

维修流程授权体系设计　　表 6-19

事项		授权层级														
		中心 / 下属单位									有限公司总部					
维护管理流程		设备管理人	调度	作业负责人	作业计划员	材料员	质检人员	施工管理人	技术审核人	系统数据审核员	各专业数据管理员	标准化委员会	定额工作小组	定额领导小组	检修计划审批人	设备主数据管理人
AM-01 管理设备																
AM-01.01 管理设备基础数据	设备主数据确定	建议							建议							主责 / 审批
AM-02 制定维护标准																
AM-02.01 制定作业规程	作业规程制定	建议							建议			主责 / 审批				
AM-02.02 制订工艺流程和定额	工艺流程制订	建议							主责 / 审批							
AM-02.02 制订工艺流程和定额	定额制订												主责	审批		
AM-02.03 制订标准作业计划	标准作业计划制订	建议							审批		主责					
AM-02.04 管理故障代码	故障代码制订	建议							审批		主责					
AM-02.05 建立设备状态监测点	状态监测点建立	建议							审批		主责					
AM-03 制订维护计划																
AM-03.01 管理预防性维护	预防性维护数据管理	建议							审批		主责					
AM-03.02 制订年度检修计划	年度检修计划制订				建议				建议						主责 / 审批	
AM-03.03 制订工单计划	工单计划时间确定	建议	建议		建议			建议	建议						主责 / 审批	
AM-04 管理维护作业																
AM-04.01 提出申请	作业需求确定	建议	主责 / 审批	建议	建议											
AM-04.02 确定作业	作业时间和人员确定		主责 / 审批													
AM-04.03 执行作业	作业完工审核确定		主责 / 审批	建议												

续上表

事项		授权层级														
		中心/下属单位										有限公司总部				
维护管理流程		设备管理人	调度	作业负责人	作业计划员	材料员	质检人员	施工管理人	技术审核人	系统数据审核员	各专业数据管理员	标准化委员会	定额工作小组	定额领导小组	检修计划审批人	设备主数据管理人
AM-04.03 执行作业	作业物资需求确定			建议		主责/审批										
AM-04.03 执行作业	作业质量检查确定			建议			主责/审批									
AM-04.04 关闭申请	作业关闭确定		主责/审批	建议												

（3）维修流程增值点设计（图 6-62）

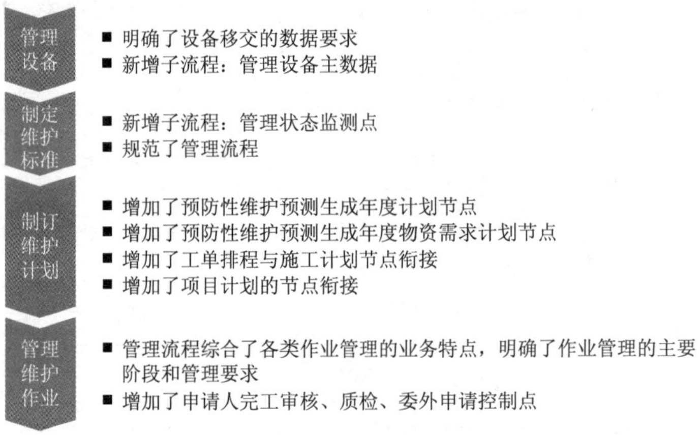

图 6-62　维修流程增值点

4. 合同流程

1）业务流程现状评估（表 6-20）

合同流程现状评估　　表 6-20

关键点	说　明	项目结果评估
合同执行反馈	在流程的各个环节中缺乏及时有效的反馈机制，如计划信息的反馈、合同资金执行反馈、合同执行信息的反馈，很难提供及时有效的管控信息	目前已经建立起了合同信息反馈机制，从计划、合同资金执行、合同执行等相关环节能及时反馈和监控，但目前合同数据的及时性、准确性需进一步提升，才能完全达到要求；合同结算流程目前未启用，影响了合同最终关闭信息的反馈
合同业务流程规范化	在业务流程中，流程种类较多，有审查、审批、会签等流程，流程涉及到表单种类较多，在业务的业务中很难区分，业务的规范和统一造成障碍	目前合同单轨运作，合同业务流程已固化入系统中形成规范；目前的合同变更流程比较缓慢，对业务的影响比较大，涉及合同支付和转资

续上表

关键点	说　　明	项目结果评估
合同监控	核心数据之间在实际操作中缺乏有效的关联性；缺乏详细数据管理规范；缺乏统一、规范的数据格式	合同与财务、物流集成形成统一规范的格式；项目概算代码变化大，变化缺乏约束，对合同行概算代码带来维护滞后和信息在一定时间范围内不一致的后果
数据集成性	对合同业务处理缺乏明确的岗位职责定义和要求；对业务处理缺乏相应的数据处理要求和规范；对处理岗位缺乏相应的绩效考核	对合同业务属性的岗位在系统有明确定位，对部分数据的规范性进行了约束；合同数据处理的及时性、准确性有待进一步提高
合同岗位规范化	在流程的各个环节中缺乏及时有效的反馈机制，如计划信息的反馈、合同资金执行反馈、合同执行信息的反馈，很难提供及时有效的管控信息	目前已经建立起了合同信息反馈机制，从计划和合同资金执行、合同执行等相关环节能及时反馈和监控，但目前合同数据的及时性、准确性需进一步提升，才能完全达到要求；合同结算流程目前未启用，影响了合同最终关闭信息的反馈

2）业务流程优化设计（图 6-63）

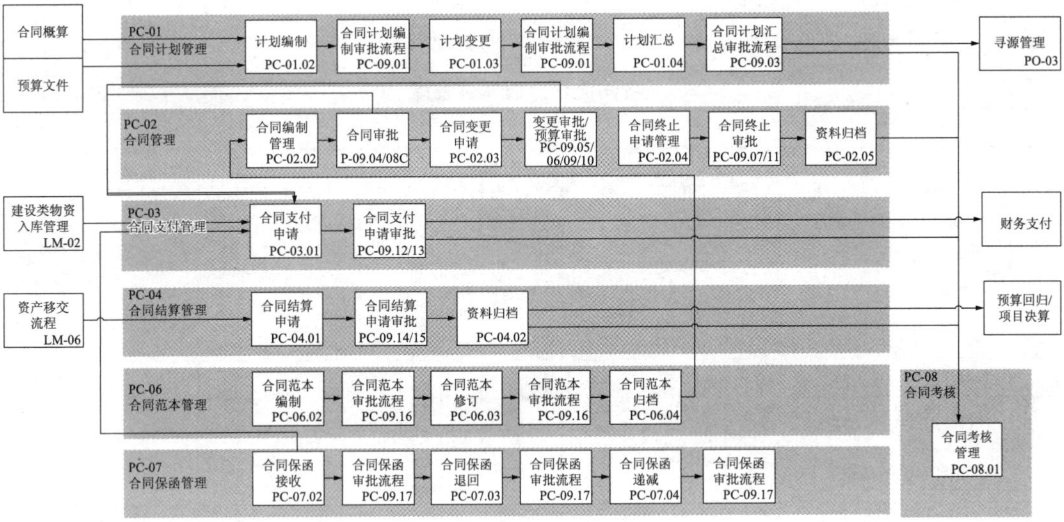

图 6-63　合同管理流程框架

（1）业务简述

合同管理涉及的范围和主要内容：建设事业总部、有限公司的新线建设和运营类业务涉及的合同计划、合同、合同变更、支付申请、结算管理、范本、保函和合同考核管理等内容；从地铁公司全局和一体化资产项目的实现目标角度出发，将合同管理的范围定义为合同生命周期（从计划到结算）的整个过程管理

合同管理流程标准化的设计以现有流程为基础，整理、规范和统一业务流程；将业务处理流程划分为业务操作流程和业务审批流程两大类。业务操作流程主要指业务数据的处理。业务审批流程主要指业务操作处理完成后涉及的审查、审核或审批等活动。

合同业务数据处理：在流程标准化阶段其主要任务是规范每种业务操作流程涉及的输入、输出数据的规范以及数据之间的关联；对于每项信息的具体内容及格式规范将在方案设计阶段展开。

合同涉及的角色：结合地铁公司未来机构的设置，整理、规范流程中每种活动涉及的角色；对于每种角色的职责要求需要相关部门根据流程结果制定。

通过对合同管理涉及的流程、数据和角色的规范，结合未来系统的实施，为提升广州地铁在合同管理和控制、流程执行、高效地处理业务等方面的能力提供一个良好的基础平台。

（2）包含的二级流程清单

①PC-01 合同计划管理。

②PC-02 合同管理。

③PC-03 合同支付管理。

④PC-04 合同结算管理。

⑤PC-05 合同范本管理。

⑥PC-06 合同保涵管理。

⑦PC-07 合同考核。

⑧PC-08 审批流程管理。

3）合同流程角色汇总及授权体系设计（表 6-21）

合同流程授权体系设计　　表 6-21

事　项	授权层级																		
合同管理	股份													集团					
	项目工程师	项目部门经理	业务部门经理	中心主管经理	财务核算主办	财务核算经理	财务经理	合同业务主办	合同主管经理	合同部门经理	合同主管经理	业务主管经理	总经理	合同业务主办	合同部门经理	合同主管经理	合同主管总经理	业务主管总经理	集团总经理
PC-01 合同计划管理																			
PC-01.02 计划编制	参与	审批	审批					主责	审批										
PC-01.03 计划变更	参与	审批	审批					主责	审批										
PC-01.04 计划汇总														审批	审批	审批	审批		
PC-02 合同管理																			
PC-02.02 合同编制管理	主责	审批	审批	审批	审批	审批	审批	建议	审批	审批	审批	审批	审批	审批	审批	审批		审批	
PC-02.03 变更申请编制管理	主责	审批	审批	审批				建议	审批	审批	审批	审批	审批	审批	审批	审批		审批	审批
PC-02.04 合同终止申请管理	主责																		
PC-02.05 合同资料归档管理	主责																		
PC-03 支付申请管理																			
PC-03.01 合同支付申请管理	主责	审批	审批		审批	审批	审批					审批	审批						
PC-05 结算管理																			
PC-05.01 合同结算申请管理	主责																		
PC-05.02 结算资料归档管理	主责																		

续上表

事　项	授权层级																		
	股份													集团					
合同管理	项目工程师	项目部门经理	业务部门经理	中心主管经理	财务核算主办	财务核算经理	财务经理	合同业务主办	合同主管经理	合同部门经理	合同主管经理	业务主管经理	总经理	合同业务主办	合同部门经理	合同主管经理	合同主管总经理	业务主管总经理	集团总经理
PC-06 范本管理																			
PC-06.02 合同范本编制								主责											
PC-06.03 合同范本修订								主责											
PC-06.04 合同范本归档								主责											
PC-07 保函管理																			
PC-07.02 合同保函接收								主责											
PC-07.03 合同保函退回								主责											
PC-07.04 合同保函递减								主责											
PC-08 合同考核管理																			
PC-08.01 合同考核管理														主责					

4）合同流程设计增值点说明（图 6-64）

合同计划管理
- 增加了对合同计划资金来源(概算、估算或概算)的管理；
- 规范和统一了覆盖地铁建设和运营两大业务的合同计划信息的处理与发布机制

寻源管理
- 在流程中增加了对高限价控制管理，中标价格与合同计划资金的对比反映；
- 整合了四种不同的寻源手段(公开招标、邀请招标、竞争性谈判、直接谈判)的流程

合同管理
- 增加对合同原始金额、合同变更金额、合同变更累计金额的管理，以及合同变更累计金额、合同最近金额与合同计划资金的对比

合同支付申请管理
- 在支付环节，增加合同完成金额(工程类和服务类根据完工计算，设备类根据到货入库计算)的管理；
- 将各种类型的支付流程(除运营物资类外)整合为统一的支付流程

合同结算管理
- 增加了根据合同结算调整合同金额的控制；
- 将各种类型的合同结算整合成统一的结算处理流程

合同范本管理

合同保函管理

合同考核管理
- 整理和规范了合同管理从计划到结算各个环节过程绩效指标；
- 规范了合同绩效考核管理的处理流程

图 6-64　合同管理流程增值点

5. 项目管理流程（图 6-65）

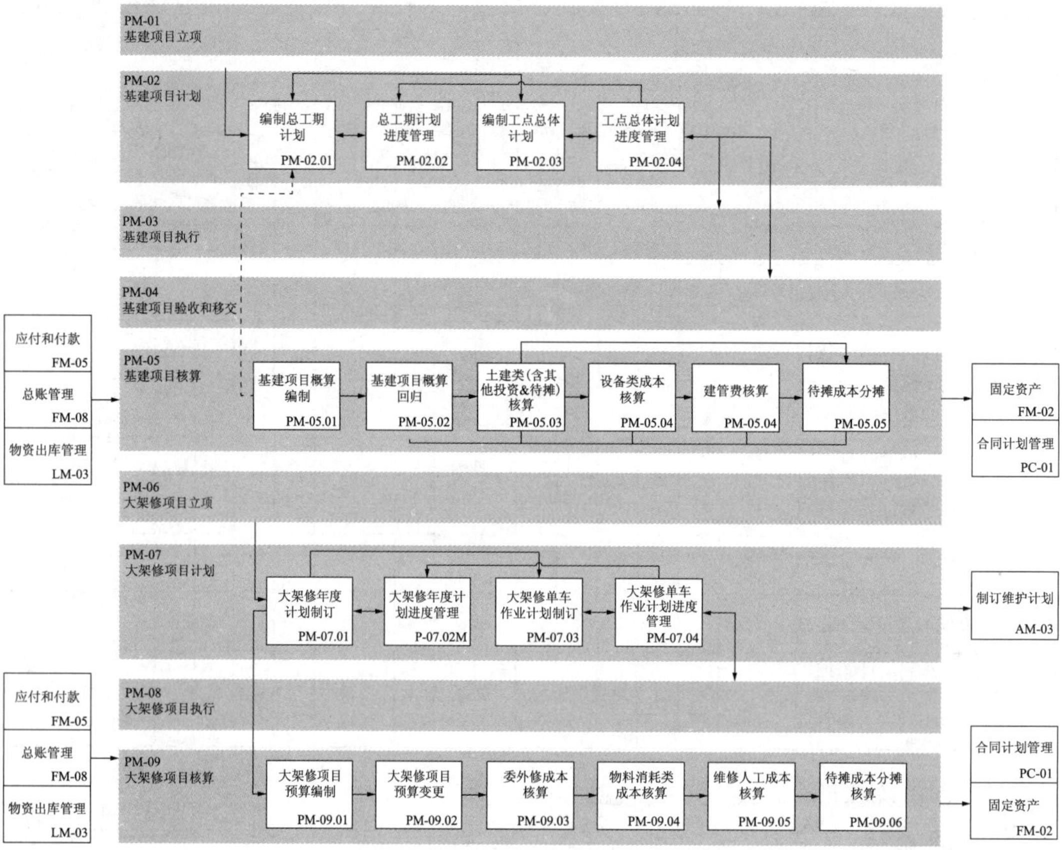

图 6-65　项目管理流程框架

1）业务描述

本次项目管理流程范围适用于广州地铁集团有限公司内的所有基建项目计划和项目成本核算，以及车辆大架修项目计划和项目成本核算业务。

通过系统平台，建立基建项目工程总工期策划和工点总体计划任务之间的直接关联，解决两者之间的衔接不清的问题。

通过项目的 WBS 结构和开支类型建立概算和财务核算的对应关系，让概算单元和开支类型从合同开项开始到竣工决算贯穿项目的整个生命周期，实现概算的日常回归。

通过项目过程管理，使资产价值在建设过程中归集，实现资产价值的准确确认。

2）包含的二级流程清单

①PM-02 基建项目计划管理。

②PM-05 基建项目核算。

③PM-07 大架修项目计划管理。

④PM-09 大架修项目核算。

3）项目管理流程角色及授权体系设计（表 6-22）

项目管理流程授权体系设计　　表 6-22

事项		授权层级									
项目管理流程		下属公司				集团				政府	
		承包商	项目部工程师	计划工程师	建总各职能领导	主管领导	概算员	基建会计	项目会计	会计主管	主管单位
基建项目计划管理											
1	总工期策划的制定			主责	建议	建议					审批
2	总工期策划的进度管理			主责							
3	工点总体计划的制订	主责	主责	建议	审批						
4	工点总体计划的进度管理	主责	主责	建议	审批						
基建项目核算管理											
1	基建项目概算编制				建议	建议	主责				审批
2	基建项目概算回归						主责				
3	建安类（含其他和待摊投资）成本核算							主责	主责	审批	
4	设备类成本核算							主责	主责	审批	
5	建管成本核算							主责	主责	审批	
6	待摊成本分摊核算							主责	主责	审批	

4）项目管理流程设计增值点（图 6-66）

基建项目计划管理

- 通过项目计划结构建立总工期策划和工点总体计划之间的直接关联，建立起总工期策划的层次结构，使工点计划的进度更新直接汇总反应到总工期策划的进度上。

基建项目成本核算

- 建立起概算和财务核算的对应关系，让概算单元和开支类型从合同开项开始到竣工决算贯穿项目整个生命周期，实现概算的日常回归。
- 在项目进程中，管理层可以随时查看项目的概算执行情况以及实际的成本支出状况，做到概算的事前或事中控制。

车辆大架修项目计划管理

- 建立起大架修项目计划的纵向层次关系，从年度计划分解到单车计划，单车计划又跟踪到部件修进度，实现了大架修计划的不同层次的管理要求。

车辆大架修成本核算

- 通过建立合理的预算单元，实现维护成本的准确归集和分摊，为维修改良成本资本化提供项目的信息
- 在满足资产价值确认的同时，同时实现项目预算执行情况的实时分析。

图 6-66　项目管理流程增值点

6. 数据标准流程（图 6-67）

1）流程描述

主数据：除设备主数据在 MAXIMO 中维护以外，其他主数据均在 Oracle 系统中维护，包括组织结构、会计科目、供应商、客户、固定资产、物资等。供应商和物资主数据通过系统集成方式或系统接口调用的方式传递到 MAXIMO 和合同管理系统中。

业务基础数据：除与设备维护相关的业务基础数据（例如，标准作业计划、位置等）在 MAXIMO 中维护以外，其他业务基础信息均在 Oracle 系统中维护；在多个系统间共享的

业务基础数据（例如，项目开支类型等）应在各系统间保持一致。

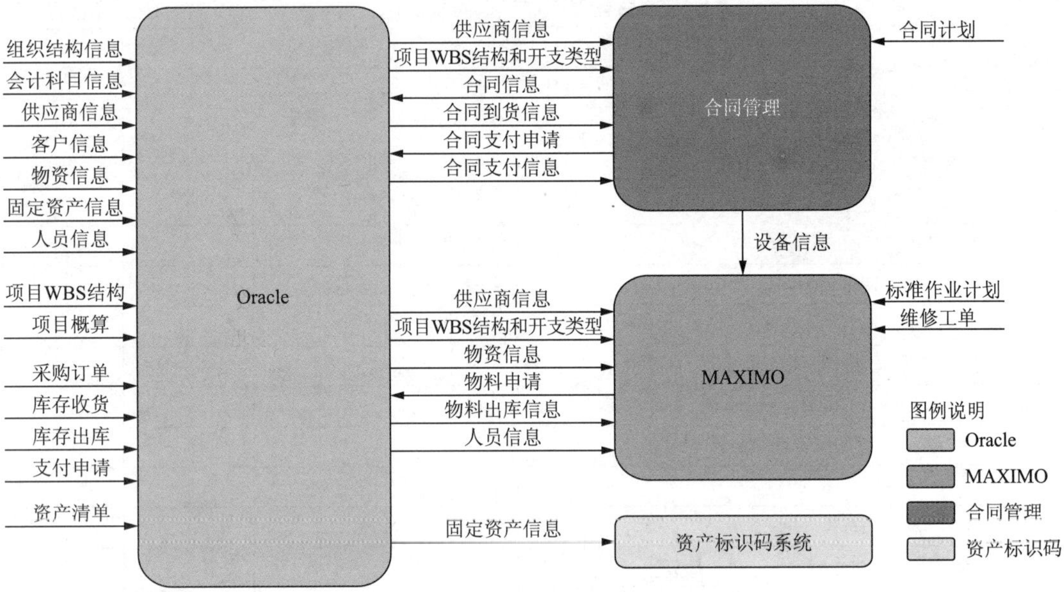

图 6-67　数据标准流程整体框架

业务交易数据：业务交易数据的输入和输出在各业务流程中均有描述。重要的业务交易数据包括与项目、合同、物流、资产、设备相关的数据。其中，项目数据在 Oracle 系统中维护，传递到合同管理和 MAXIMO 系统中；合同数据在合同管理系统中维护，传递到 Oracle 系统中执行，并反馈执行结果；物流数据在 Oracle 系统中产生，结果反馈到 MAXIMO 系统中；资产数据在 Oracle 系统中维护，并传递到资产标识码系统；设备信息在 MAXIMO 中进行维护，其数据来源于合同管理系统提供的设备清单。

2）包含的二级流程清单

①MD-01 组织结构主数据维护流程。

②MD-02 会计科目主数据维护流程。

③MD-03 供应商主数据维护流程。

④MD-04 客户主数据维护流程。

⑤MD-05 固定资产主数据维护流程。

⑥MD-06 设备主数据维护流程。

⑦MD-07 物资主数据维护流程。

3）主数据来源和使用者（表 6-23）

主数据与 IAM 平台主要应用系统的关系　　表 6-23

主　数　据	来 源 系 统	使 用 系 统
组织结构	Oracle	MAXIMO 合同管理
会计科目	Oracle	
供应商	Oracle	MAXIMO 合同管理

续上表

主　数　据	来 源 系 统	使 用 系 统
客户	Oracle	
固定资产	Oracle	
设备	MAXIMO	
物资主数据	Oracle	MAXIMO

4）数据流程编制说明

数据流程包括主数据创建、变更、冻结 / 删除和发布四个子流程，以业务流程执行过程中形成的对主数据创建、变更、冻结 / 删除的数据处理要求作为数据流程的起点。

数据流程应能够明确体现每类主数据的唯一责任部门，负责数据标准的在全企业范围内的控制和执行，其他部门仅具有主数据的使用权力和主数据部门业务属性的维护权限。在具体的主数据属性信息维护上，应能够明确负责数据录入的各业务部门职责。

数据流程涉及数据申请人员、审批人员、审核人员、数据录入人员等多个角色。原则上，主数据的最终审核和录入需要在广州城市轨道交通范围内进行集中归口控制，由责任部门负责。具体的控制要求基于不同主数据类别的要求进行定义。建议将申请人员、审批人员、审核人员、数据录入人员四种角色进行分别定义，以保证符合独立性原则。

数据审核包括标准规则的控制审核与系统数据质量的控制审核。其中，标准规则的控制审核由业务专家负责，根据各主数据企业标准中规范的数据属性进行控制，关注重点在于保证申请数据符合数据标准的规范，并根据唯一性原则进行控制，防止数据的重复冗余。业务专家是具有一定的 Oracle 系统知识，对各业务领域具有丰富的生产运营经验的业务人员，如，熟悉各类物资标准规范的业务人员；系统数据质量的控制审核由系统专家的角色负责，根据系统数据录入标准，对进入系统的主数据质量进行控制，保证系统内部的数据控制规则有效执行。系统专家是具有 Oracle 系统运维经验，熟悉 Oracle 系统各类主数据维护规则的关键用户。

5）数据责任部门（表 6-24）

数据责任部门　　表 6-24

主数据	数据责任人	责任部门
组织结构	集团人力资源系统维护主办	集团人力资源总部
会计科目	集团财务总账和报表合并岗 财务基础数据系统维护岗	财务部门
供应商	供应商数据责任人 集团财务部专门维护岗位	集团企业管理部
客户	客户数据管理员 客户数据维护岗位	暂定财务部门
固定资产	固定资产新增数据规范性审核岗 固定资产核算岗	资产管理部
设备	技术审核人 设备主数据管理人	有限公司技术安全部
物资主数据	物资编码管理员 物资编码主管	有限公司物资管理部

6）数据流程设计增值点（图 6-68）

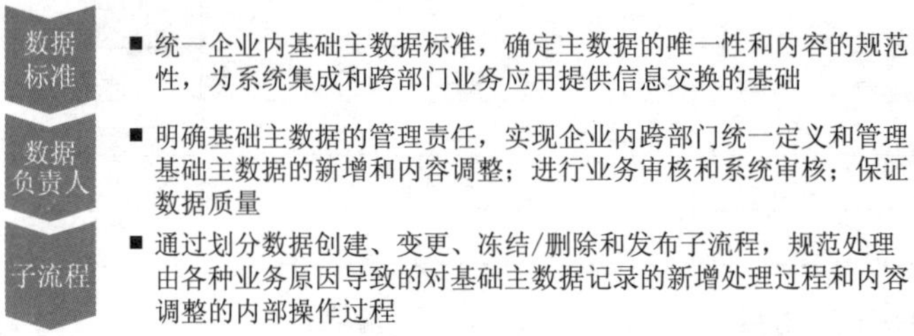

图 6-68　数据流程设计增值点

二、整体实施效果

目前广州地铁集团有限公司已经形成了比较成熟的一体化资产管理全业务信息化应用体系，建成了设计管理系统、合同管理系统、一体化工程建设管理系统 / BIM 平台、实物资产移交系统、财务及预转资管理系统、物流管理系统、维修精细化管理系统等一体化资产管理核心系统，涵盖了投资计划、设计、建造采购安装、验收移交接管、运行、维修维护、报废处置等阶段，财务管理、合同管理、采购物流管理、新线移交、设备维护维修等业务领域。广州地铁集团有限公司一体化资产管理全业务信息化应用体系实践过程如图 6-69 所示。

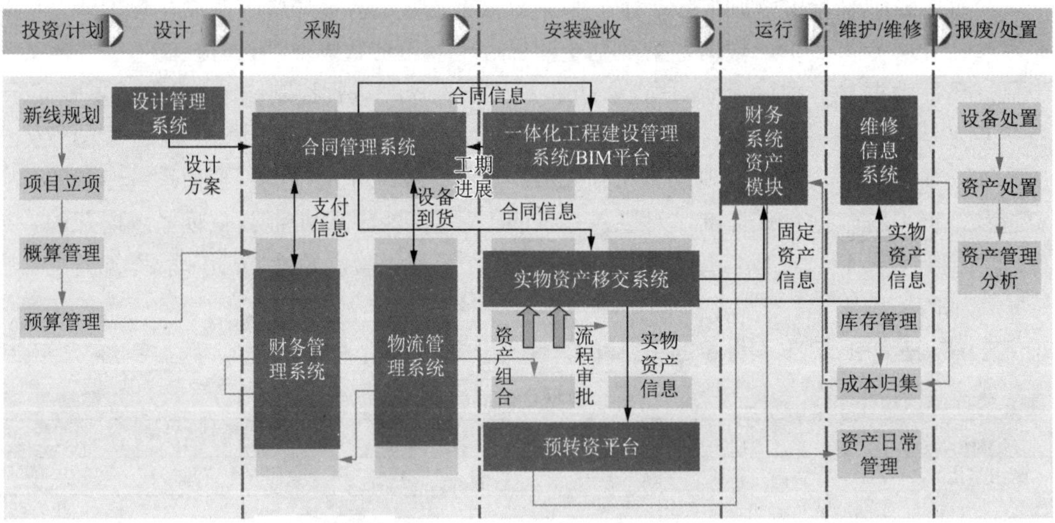

图 6-69　广州地铁一体化资产管理信息化实践过程

一体化资产管理全业务信息化应用体系系列成果相继获得 2011 年广东省企业管理现代化创新成果二等奖、2014 年广东省企业管理现代化创新成果二等奖、2015 年广州市科技进步二等奖、2016 年全国国有企业财务管理创新成果二等奖、2016 年中国智能交通协会科学技术奖三等奖。在实现广州地铁集团有限公司资产全生命周期管理的同时，推动行业资产全生命周期管理的应用，产生了明显的管理效益、经济效益和社会效益。

1. 打通资产管理关键业务环节，实现广州地铁一体化资产管理

一体化资产管理全业务信息化应用体系打通了包括投资计划、设计、采购、安装验收、

运行、维修维护、报废处置等关键业务环节，实现了资产从前端合同数据直接通过信息系统转为资产数据和设备维修数据，确保了数据的一致性，使广州地铁集团有限公司的资产信息从合同采购到建造和移交运营维护全过程的完整信息得到记录和可追溯，实现了广州地铁集团有限公司已有线路资产的统一管理，促进2000多亿资产的保值增值。

2. 促进广州地铁工程建设精细化水平的提升

一体化资产管理全业务信息化应用体系大幅提升工程建设管理水平，有效促进了新线建设过程管理规范化、专业管理标准化、施工管理精细化、责任管理信息化，使现场可监控、过程可跟踪，实现施工方、监理方、设计单位、设计咨询等各参建单位的无缝协作，大大提升工程建设的工作效率与质量。同时，加强对各参建单位的监控，有效防范工程建设风险，使安全更加可控，并实现对工地全方位监控，如九号线自开工以来，未发生一起重大安全事故。严格控制设计变更和合同变更，使得投资更加可控，九号线变更量控制在投资总额的1%以下。

作为城市轨道交通行业新线建设“规范化、标准化、精细化、信息化”的首次成功案例，该体系获得了国家档案局、广州市纪委等政府单位、同行、公司内的一致好评，相继获得广东省企业管理现代化创新成果二等奖、广州市科技进步二等奖，树立了国内城市轨道交通新线工程建设领域信息化的标杆。

广州城市轨道交通工程建设精细化管理案例的成功，也为国内同行提供了可借鉴的经验，并在东莞、苏州等地得到了成功推广。苏州城市轨道交通应用工程建设精细化管理理念以后，已对在建三条线路、54个专业、369个标段进行了统一管理，产生近600份施工过程文档，3000余份设计文档图册，近3000份周形象进度管理，为建设项目的管理从信息流、资金流、物流管理控制上提供强有力的支持。东莞地铁也已应用至在建两条线路、46个专业、513个标段上，产生超过1000份的设计文档图册，300余份月形象进度管理，实现对工程建设项目关键领域如进度、设计、质量、安全监控、工程投资、验收、项目文档等全过程的监控。

3. 促进广州城市轨道交通设备维修精细化管理水平的提升

广州城市轨道交通设备维修精细化管理：实现维修对象精细化，细化到最小的不可拆分的单体设备作为维修单元；作业标准精细化，使每一项维修作业的工作内容都能有规范和要求可以遵循；作业组织精细化，使得维修作业组织资源利用最大化，安全隐患最小化；过程控制精细化，加强现场作业规范性，提高作业质量，提早发现安全隐患，减少作业过程中的操作失误；实时采集AFC系统设备状态信息，实现故障申报智能化；并在行业内率先实现利用作业成本法核算，实现了单个作业的成本数据归集和细化，形成了基于作业成本的定额管理。从而有效规范与指导维修人员到场的管理，加强了安全防护与防控。同时，管理人员可根据系统实时获取各项管理指标，并实时掌握检修作业的完成情况，通过对设备维修的大数据分析，提升对故障状态的预防预控，进而降低故障率、提升维修质量，给广州城市轨道交通设备维修管理业务带来了重要价值。具体实施效果如下。

（1）提升工作效率，降低成本

检查数据从6h减少到3min，提升120倍。施工计划审批提升2~3倍。资产移交审批效率提升60倍。

（2）提高作业安全性

施工安全冲突检测、越区提醒等功能，避免了出现人员伤亡、设备损害等安全事故。

（3）优化设备维修模式，提高设备使用寿命

长期积累的工单形成了大量有益的经验数据，为提升企业的维修质量提供分析的依据，如通过轮对数据分析，可把轮对使用寿命延长30%左右。

（4）提升设备维修过程精细化管理能力

生产管理人员能更有效地管理企业的所有设备，能够清楚及时地掌握设备运行、维修等情况，解决了“做了没有、做了什么、做得怎样”的监管问题。

（5）提升设备维修成本精细化管理能力

所有在工单上发生的物料、工时、工具等费用都被自动累计，通过对比分析定额与实际发生之间的差别，找出产生差别的原因，从而动态调整既定的维修计划和标准作业模式，降低维修成本。

广州地铁集团有限公司在一体化资产管理全业务信息化应用体系上的成功，为国内同行提供了借鉴的经验，福州、贵阳、郑州、石家庄、青岛、深圳、杭州、成都等城市的地铁企业相继来向广州地铁集团有限公司学习成功经验。其中，福州城市轨道交通维修精细化应用上线三个月，即管理了近50000个设备位置体系结点，实现1200个以上的维修工单过程管理，使分散的维修维护业务数据得以有效归集，初步实现运营维修业务的标准化、精细化管控。

4. 实现数字化移交，提升资产移交效率

对12个政府专项验收的内容以及运营接管的条件进行梳理，形成精细化大纲后前置到新线建设过程，实现验前资料及验收过程中产生的发文、批复、验收意见等成果的共享。在此基础上，实现政府专项验收全过程管理及新线工程遗留问题整改，全面覆盖在建线路验收及移交信息化应用，推动线网验交工作效率和质量的提升。目前，已实现除土地之外其他所有类型资产的移交。继六号线首例在城市轨道交通行业内实现开通半年内即通过数字化移交之后，广佛线（西朗—石溪）段等新开通线路也实现全线数字化移交。

以新线移交为例，一体化资产管理全业务信息化应用体系实施前每条线需要一年以上的时间移交资产，且竣工后运营部门还要按运行、维护需求重新梳理数据，一体化资产管理全业务信息化应用体系实施后移交工作在半年内即可高质量完成。每条线路移交人员每年减少13.84人，移交线路（段）十条，节约直接成本超过2000万元；也避免了竣工决算后按维修等需求重新梳理数据的工作量。

5. 支持采购决策，优化资产配置，创造业务价值

一体化资产管理全业务信息平台全面积累形成资产全生命周期大数据，供后续维修、采购使用，从而优化资产降低资产生命周期成本，实现企业降本增效。以库存管理为例，实施一体化后，采购、仓储优化，库存备件减少，有效提升物资的库存周转率与采购效率，降低了物资的库存积压成本，并加强了采购预算的控制、物资需求申报，严格执行采购预算，形成更准确的采购管控计划，实现从采购需求到物资领用全过程的跟踪控制。维修大

数据还将为整个行业管理优化提供数据支持。

一体化资产管理全业务信息平台还开启了新型智能仓库物资管理模式。通过引入人脸识别门禁、高清红外视频监控设备、移动应用、智能控制柜等新技术，建立智能自助型无人值守仓库，实现物资领用高效管理。智能仓库产生了明显的效果，具体如下。

（1）管理效益

①节约时间成本，提高了车间人员的工作效率，实现物资快捷领取 ，降低了夜间物流工作强度，节约投入的人力。

②物资信息透明化，降低沟通时间成本。对物资进行图片化管理，采用电商展示商品的方式，提供物资信息方面快捷的查询手段，减少工班与物流管理部门之间的反复确认，降低两部门之间的时间成本，提高工作效率。

③加强物资配送计划管理，减少中间环节，实现规模化和标准化作业。

④有效对接维修作业与物流管理数据，提升物资周转率。

（2）经济效益

①建立自助式物资领用管理模式的智能仓库，直接服务于工班物料需求，减少了物流中间管理环节和沟通环节，对比原有的领料方式，从提出申请到完成账务登记，整个过程平均每次领料时间可节省 20min，每年可节省工班领料时间 5.5 万个工时。

②整合生产维修作业与物料管理作业，促进生产车间与物流部门深入合作，取消工班库存，库存物资放置于智能仓库，通过智能仓库系统实现快速物资账务登记，每年节省工班管理库存人员 10.3 万个工时。

③从物流管理部门角度看，智能仓库实现物资规模化管理，大量减少三班倒的夜班值班人员的需求，节省物流管理人员 12 万个工时 / 年（十条线）；按计划的规模化配送，减少物流配送次数，节省配送人员 2500 个工时 / 年。在物流的数据支持下，物资配送的准确率从现在的 68% 提升为 95% 以上。预计每年节约 28.05 万个工时。

6. 提升附属资源、沿线物业等经营性资产的运营能力

（1）提升沿线物业对资产成本的管理能力

该平台可固化 286 项成本科目、建立成本与 1365 项会计科目的对应关系。通过信息系统与合同管理、财务管理自动对接，形成了闭环的目标成本管理体系。自动生成成本回归报表，避免手工统计费时费力。应用后，可减少房产财务手工录入的业务单据数量预计 450 条 / 月，约 5000 条 / 年；应用后，可减少房产成本控制部的手工录入的业务单据数量达 1900 条 / 月，约 2 万条 / 年。

（2）提升附属资源经营精细化管理能力

根据各模块业务的不同，如广告资源的上画的审批及完成情况，能够实时在系统中审批各类上画申请、签约合同情况、资源分布情况，使管理者清晰地掌握整个广告营销情况；从商业资源可以实时查看到资源的出租率、空置率等情况；此外，系统设置各类管理报表，通过报表可以分析和掌握营收情况。施工系统的使用进一步提升了资源经营的精细化管理水平，并产生了明显的经济效益。

广告资源管理。减少画面审批时间，电子化管理，查找画面非常方便，避免纸质审批后，查找资料需耗费大量时间。资源管理为各业务部门把数据归集到资源管理部门。通过开发资源管理系统，数据归集核对业务分散到日常工作中，在整理台账和经营分析过程中，每年可节省约一人三个月的劳动力。

通过系统标准化管理，管理人员可将经营效率每年提升约 1%（出租、承租人转换等工作提升带来的效率提高）。

减少差错率，使电子画面可放大，杜绝广告画面中小字难以查看的问题，确保广告审核到位。减少耗材成本；规范审批流程，每个画面的审批流程清晰。

7. 提升集团财务业务一体化管控能力

通过财务管理系统，集团财务标准实现了统一，全面实现集团内部多组织财务的合并和管理，已管理了集团所有的核算主体（含下属子公司，超过 30 个）的核算科目；实现集团多个业务前段数据接口，包括合同应付、资金应收应付、物资采购库存、资金及资产等管理系统间的衔接。

通过合同管理系统，强化和完善城市轨道交通工程项目建设过程中的成本归集，让概算单元和开支类型从合同开项开始到竣工决算贯穿项目合同的整个生命周期，在概算执行过程中进行跟踪管理，从合同计划、议题申报、招 / 投标以及合同审批、支付到结算实现全过程信息化管理，有效实现概算的日常回归和投资控制。系统已管理了超过 9000 多份合同，6000 多份合同变更和 2 万多份支付信息，至少减少 27% 的合同管理数据填报出错，为合同支付和财务统计提供准确的数据支撑。

建成国内城市轨道交通行业首个作业成本管理系统，实现地铁运营成本管理一体化、智能化，提升集团公司成本管控水平，并建立运营成本数据中心，提升业务和财务数据的质量与效率，为管理决策提供支持保障。目前作业成本管理系统接入了九个系统，定义了 49 个管理维度，构建了 21 个多维分析模型，开发了 110 张多维分析报表。覆盖了运营全业务，实现了维修、库存、合同、车务工时、人工、预算等业务数据与成本数据有机整合，实时自动获取数据，通过多维分析成本信息，对标成本标准，及时发现业务管理问题，促进业务管理提升。

8. 推进整个城轨行业的资产管理优化

目前，参照广州地铁集团有限公司的一体化资产管理全业务信息化应用体系经验，京投、郑州、合肥、宁波等地正在推进一体化资产管理信息化的建设，苏州、杭州已初步搭建一体化资产管理全业务信息化应用体系。同时，广州地铁集团有限公司也为重庆、青岛、石家庄、南宁、东莞、福州、昆明、郑州、西安地铁集团有限公司提供了一体化资产管理全业务信息化应用体系以及新线移交方面的咨询和培训工作。

三、广州地铁集团有限公司一体化资产管理全业务信息化应用体系实践案例（以某水泵控制箱资产形成过程为例）

下面以某水泵控制箱资产形成过程为例阐述广州地铁集团有限公司一体化资产管理全业务信息化应用体系实践过程。

1. 投资 / 设计阶段

该水泵控制箱位置在广州地铁六号线二期植物园站人防给 / 排水及消防的施工图中进

行了标注，用户可通过设计管理子系统进行查询，如图 6-70、图 6-71 所示。

图 6-70　设计管理子系统记录

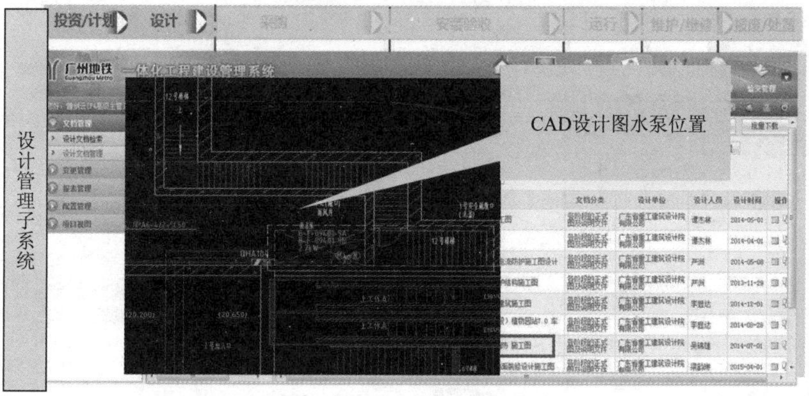

图 6-71　设计管理子系统记录

2. 采购阶段

通过公开招标的方式，与广东水电二局股份有限公司签订《广州市轨道交通六号线二期［车站设备安装工程 V 标段］工程》合同，合同包含该水泵控制箱的开项、数量、价格、概算代码等信息，通过合同管理系统进行全过程的跟踪查询与管理，可了解该水泵控制箱的合同有关信息，如图 6-72~ 图 6-74 所示。

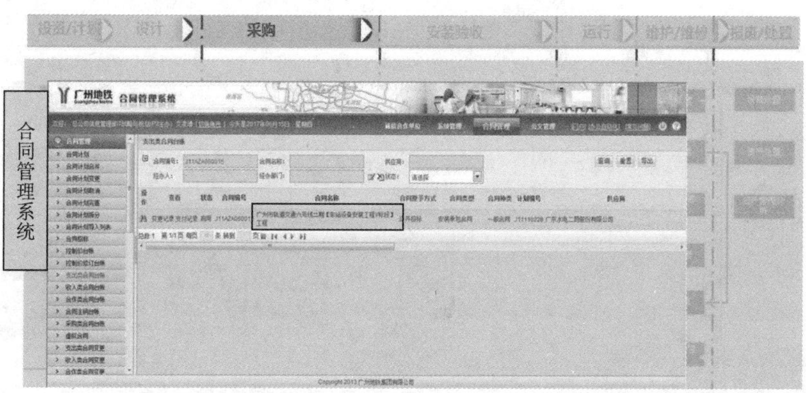

图 6-72　合同管理系统记录

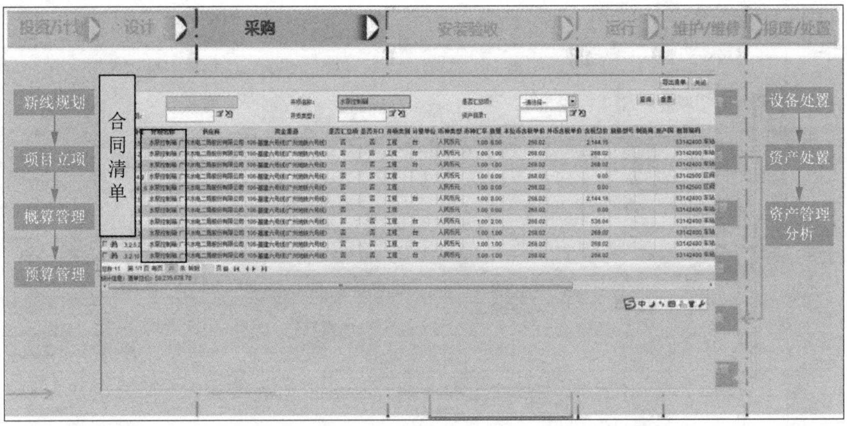

图 6-73　合同清单

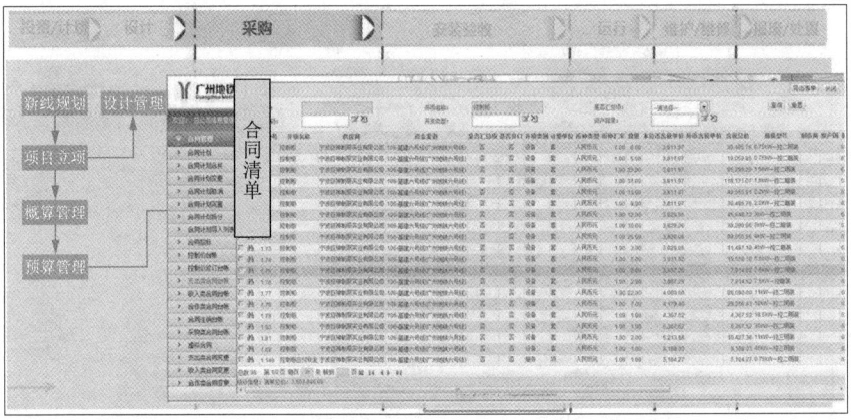

图 6-74　合同清单

3. 安装验收阶段

通过 BIM 平台对该水泵控制箱的安装过程进行可视化管理，并保存了所有的安装记录信息。

通过资产移交系统，经过一系列的资产组合审批、生成资产信息、组合开项信息、生成预转资编码等阶段，形成该水泵控制箱设备资产编码信息，如图 6-75~ 图 6-79 所示。

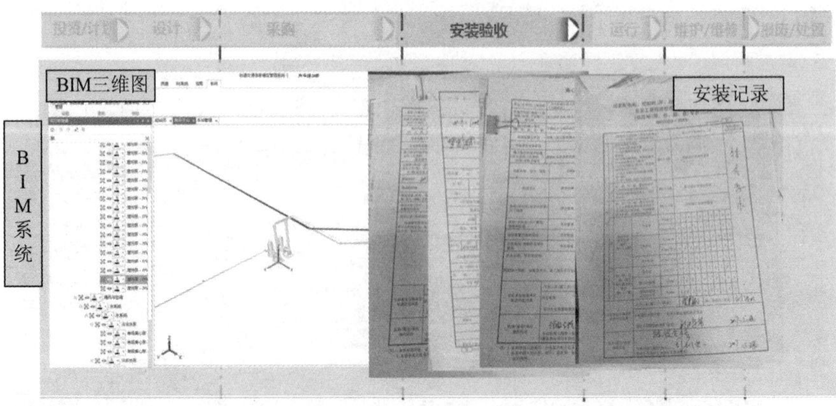

图 6-75　BIM 平台记录

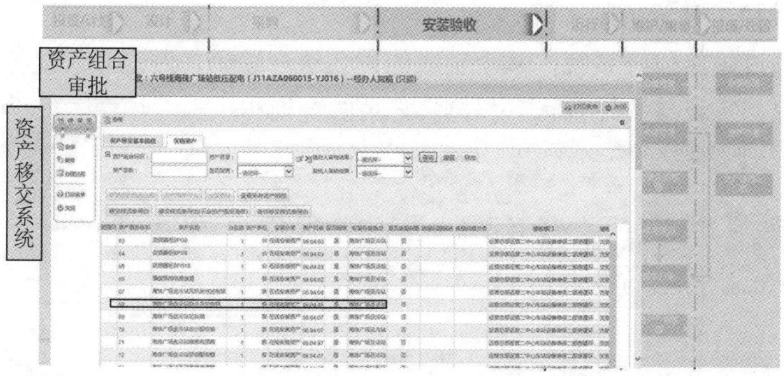

图 6-76　资产移交系统资产组合审批记录

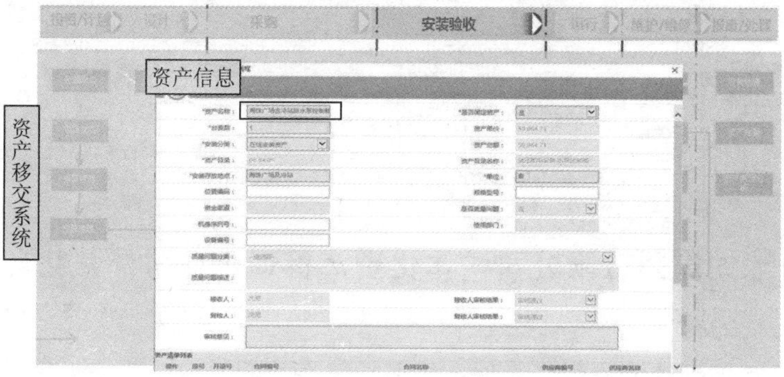

图 6-77　资产移交系统资产信息

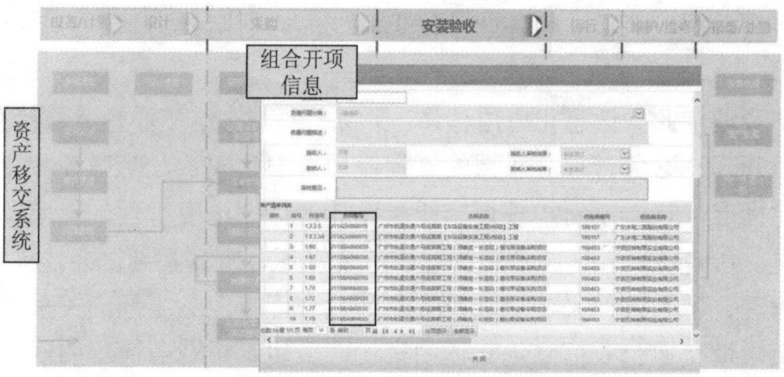

图 6-78　资产移交系统组合开项信息

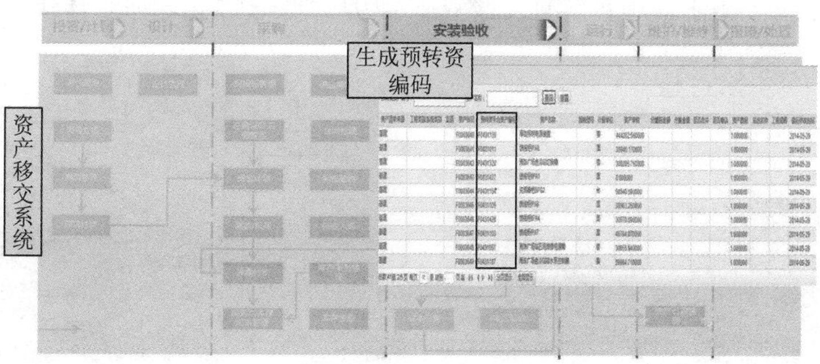

图 6-79　资产移交系统生成预转资编码

4. 运行、维护、处置阶段

相关人员通过维修信息系统，基于生成的设备资产编码，跟踪该水泵控制箱设备资产的检修维护情况，实现检修设备状态和检修记录的查询和跟踪，如图 6-80 所示。

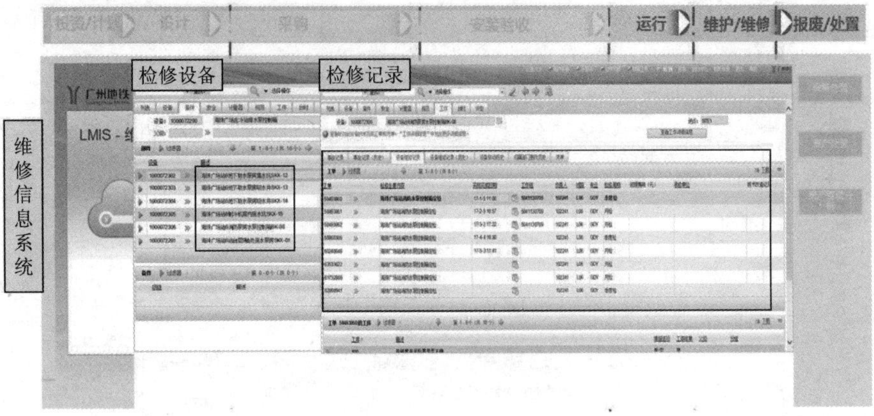

图 6-80　维修信息系统记录

四、广州地铁集团有限公司一体化资产管理全业务信息化应用体系实践经验总结

一体化资产管理理念的推行，是城市轨道交通企业的必然选择，大规模建设的推进，带来集中的新线验交工作，以往无信息化支撑的手工方式已经无法满足业务发展的需要，信息化的推行势在必行，但孤立的各业务信息系统的应用同样满足不了城市轨道交通企业的管理要求。

一体化资产管理全业务信息化应用体系，找到了城市轨道交通企业最核心的业务主线，通过对工程项目管理、财务管理等领域的流程梳理，细化职责，明确各管理业务间的相互关系，统一信息标准，打通了新线规划、新线设计、计划进度管理、工地现场管理、质量管理、合同管理、仓储物流管理、验交管理、转资管理、概算管理、会计核算、资产管理、设备维修维护管理、备品备件采购管理、资产处置管理等业务之间的关系，并围绕这条主线，构建了城市轨道交通企业信息化整体的架构，采用基于业务流程的信息系统开发和设计，消除了部门间的管理壁垒，提高了信息的准确性，避免了重复录入，降低劳动强度，最终实现资产管理一体化、项目管理一体化、业务管理与财务管理一体化，为企业核心业务创造价值。

第七章 展望

第一节 PPP 等模式对资产管理的影响分析

当前，我国正在实施新型城镇化发展战略。城镇化是现代化的要求，也是稳增长、促改革、调结构、惠民生的重要抓手。立足国内实践，借鉴国际成功经验，推广运用政府和社会资本合作模式，是国家确定的重大经济改革任务，对于加快新型城镇化建设、提升国家治理能力、构建现代财政制度具有重要意义。从北京地铁四号线首次成功通过 PPP 模式引入港铁后，轨道交通行业 PPP 模式逐步获得了推广应用。2014 年末，财政部发文公布的首批三十个 PPP 示范项目中，就有来自重庆、杭州、苏州、合肥、徐州和昆山的七个轨道交通项目。到 2015 年，第二批 PPP 示范项目中又有十六个轨道交通项目，伴随着从中央到地方的新一波 PPP 热潮的涌现，研究关于 PPP 模式对资产全生命周期管理的影响就显得非常必要了。

一、PPP 模式的定义、适用范围及分类

1. PPP 模式的定义

根据财政部 2014 年 9 月发布的《关于推广运用政府和社会资本合作模式有关问题的通知》（财金〔2014〕76 号，以下简称“76 号文”），政府和社会资本合作模式是在基础设施及公共服务领域建立的一种长期合作关系。模式通常是：由社会资本承担设计、建设、运营、维护基础设施的大部分工作，并通过“使用者付费”及必要的“政府付费”获得合理投资回报；政府部门负责基础设施及公共服务价格和质量监管，以保证公共利益最大化。

根据 76 号文，适宜采用政府和社会资本合作模式的项目，具有价格调整机制相对灵活、市场化程度相对较高、投资规模相对较大、需求长期稳定等特点。各级财政部门要重点关注城市基础设施及公共服务领域，如地下综合管廊、轨道交通等，优先选择收费定价机制透明、有稳定现金流的项目。

根据财政部 2014 年 11 月发布的《政府和社会资本合作模式操作指南（试行）》（财金〔2014〕113 号，以下简称 “113 号文”），PPP 项目运作方式主要包括委托运营、管理合同、建设—运营—移交、建设—拥有—运营、转让—运营—移交和改建—运营—移交等。

①委托运营（Operations & Maintenance，简称 O&M），是指政府将存量公共资产的运营维护职责委托给社会资本或项目公司，社会资本或项目公司不负责用户服务的政府和社会资本合作的项目运作方式。政府保留资产所有权，只向社会资本或项目公司支付委托

运营费。合同期限一般不超过八年。

②管理合同（Management Contract，简称 MC），是指政府将存量公共资产的运营、维护及用户服务职责授权给社会资本或项目公司的项目运作方式。政府保留资产所有权，只向社会资本或项目公司支付管理费。管理合同通常作为转让—运营—移交的过渡方式，合同期限一般不超过三年。

③建设—运营—移交（Build-Operate-Transfer，简称 BOT），是指由社会资本或项目公司承担新建项目设计、融资、建造、运营、维护和用户服务职责，合同期满后项目资产及相关权利等移交给政府的项目运作方式。合同期限一般为 20~30 年。

④建设—拥有—运营（Build-Own-Operate，简称 BOO），由 BOT 方式演变而来，二者区别主要是 BOO 方式下社会资本或项目公司拥有项目所有权，但必须在合同中注明保证公益性的约束条款，一般不涉及项目期满移交。

⑤转让—运营—移交（Transfer-Operate-Transfer，简称 TOT），是指政府将存量资产所有权有偿转让给社会资本或项目公司，并由其负责运营、维护和用户服务，合同期满后资产及其所有权等移交给政府的项目运作方式。合同期限一般为 20~30 年。

⑥改建—运营—移交（Rehabilitate-Operate-Transfer，简称 ROT），是指政府在 TOT 模式的基础上，增加改扩建内容的项目运作方式。合同期限一般为 20~30 年。

2. PPP 模式的适用范围

根据国家发展改革委 2014 年 12 月颁布的《国家发展改革委关于开展政府和社会资本合作的指导意见》（发改投资〔2014〕2724 号，以下简称“2724 号文”），PPP 操作模式主要适用于以下项目。

①经营性项目。对于具有明确的收费基础，并且经营收费能够完全覆盖投资成本的项目，可通过政府授予特许经营权，采用建设—运营（BOO）、建设—拥有—运营—移交（BOOT）等模式推进。要依法放开相关项目的建设、运营市场管理权，积极推动自然垄断行业逐步实行特许经营。

②准经营性项目。对于经营收费不足以覆盖投资成本、需政府补贴部分资金或资源的项目，可通过政府授予特许经营权附加部分补贴或直接投资参股等措施，采用建设—运营—移交（BOT）、建设—拥有—运营（BOO）等模式推进。要建立投资、补贴与价格的协同机制，为投资者获得合理回报积极创造条件。

③非经营性项目。对于缺乏“使用者付费”基础、主要依靠“政府付费”回收投资成本的项目，可通过政府购买服务，采用建设—拥有—运营（BOO）、委托运营等市场化模式推进。要合理确定购买内容，把有限的资金用在刀刃上，切实提高资金的使用效率。

该制度与 113 号文相比，2724 号文按照项目盈利能力对适用的 PPP 运作方式进行了归类，并增加了 BOO 模式。由业主通过公开招标的方式确定工程建设期的项目法人和施工总承包方，由中标人负责项目资金筹措和工程建设，项目建成竣工验收合格后由业主回购，并由业主向中标人支付回购款的一种工程融资建设模式，简称 BT 模式。

2017 年 5 月中华人民共和国住房和城乡建设部颁布的《建设项目工程总承包管理规

范》规定：工程总承包，是指从事工程总承包的企业（以下简称“工程总承包企业”）按照与建设单位签订的合同，对工程项目的勘察、设计、采购、施工等实行全过程的承包，并对工程的质量、安全、工期和造价等全面负责的承包方式。工程总承包一般采用“设计—采购—施工总承包”或者“设计—施工总承包”模式。建设单位也可以根据项目特点和实际需要，按照“风险合理分担原则”和承包工作内容选择其他工程总承包模式。

BT 模式从广义上属于 PPP 范畴，但按照财政部 2015 年 6 月颁布的《关于进一步做好政府和社会资本合作项目示范工作的通知》（财金〔2015〕57 号，以下简称“57 号”），对采用“建设—移交”（BT）方式的项目，财政部将不予受理。无法加入示范项目意味着在项目融资、补贴等方面都得不到或者难得到支持。但鉴于北京、深圳等地均尝试过 BT 模式数次，为保证分析的完整性，本文亦对 BT 模式进行研究分析；EPC 模式也是一种常用的建设模式，故本文也对该模式进行分析。

随着 PPP 项目的推广，轨道交通行业的 PPP 项目越来越多，也随之引发了 PPP 模式下对于轨道交通资产管理乃至资产全生命周期管理应用的一系列问题。例如，对于需要期末移交的基础设施是否应该由项目公司确认为自有资产（所有权问题及会计如何核算）？如存在所有权同其他权属分离的资产，如何管理（占有、使用、收益、处置、改造、维修等权责如何以合同为准绳）？作为重大资产回收阶段，移交阶段要注意一些什么问题？资产证券化对资产管理产生哪些影响？再深一步分析，对以信息化为支撑手段的资产全生命周期管理影响如何？而目前关于此方面的专门研究并不多，下面就以上问题分别展开探讨。

二、关于资产所有权的问题

1. 从所有权入手分析

《中华人民共和国物权法》所称“物权”，是指权利人依法对特定的物享有直接支配和排他的权利，包括所有权、用益物权同担保物权。所有权人对自己的不动产或者动产，依法享有占有、使用、收益和处分的权利。所有权人有权在自己的不动产或者动产上设立用益物权和担保物权。用益物权人对他人所有的不动产或者动产，依法享有占有、使用和收益的权利。可见所有权是核心与决定性的权利，故以下分析先从所有权入手。

①根据委托运营（O&M）的定义，政府将存量公共资产的运营维护职责委托给社会资本或项目公司，政府保留资产所有权，只向社会资本或项目公司支付委托运营费。这种模式中所有权非常清晰，即政府享有所有权。

②根据管理合同（MC）的定义，政府将存量公共资产的运营、维护及用户服务职责授权给社会资本或项目公司，政府保留资产所有权，只向社会资本或项目公司支付管理费。这种模式中所有权也非常清晰。

③根据建设—运营—移交（BOT）的定义，社会资本或项目公司承担新建项目设计、融资、建造、运营、维护和用户服务职责，合同期满后项目资产及相关权利等移交给政府。对于所有权的约定没有非常明确的规定，但笔者认为后续已有明确的 BOO 与 BOOT 模式分类定义，则 BOT 模式潜在含义应为政府保留所有权模式。但目前实操中并未见明确的

规范解释，且部分项目报建由承担了项目设计、融资、建造的社会资本或项目公司进行，且发票开给了社会资本或项目公司，如果合同又未明确规定特许经营期间的资产的归属，认为此种情况下资产所有权属于政府或社会资本或项目公司的人都存在。《会计准则解释第二号》相对清晰，具体如何核算指导得也较为清晰。关键是按照合同中的实质性约定确认究竟项目属于BOT、BOO，还是BOOT模式，从而明确资产所有权。但不论项目公司如何核算、权属如何认定，社会资本方或者项目公司都要进行跨度漫长的项目的运营、维护，建立固定资产、流动资产等维度的资产管理都是运营、维护、移交清晰、提升管理效率所必需的管理手段。

④根据建设—拥有—运营（BOO）定义，BOO方式下社会资本或项目公司拥有项目所有权，但必须在合同中注明保证公益性的约束条款，一般不涉及项目期满移交。所有权归属社会资本或项目公司方，也是非常清晰的。

⑤建设—拥有—运营—移交（BOOT）

较BOT方式相比，该模式社会资本或项目公司在合同期内拥有资产所有权。

⑥根据转让—运营—移交（TOT）的定义，政府将存量资产所有权有偿转让给社会资本或项目公司，并由其负责运营、维护和用户服务，合同期满后资产及其所有权等移交给政府的项目运作方式。存量资产的所有权在转让阶段及移交阶段归属都非常清晰。

⑦根据改建—运营—移交（ROT）的定义，政府在TOT模式的基础上，增加改扩建内容的项目运作方式。该模式社会资本或项目公司增加了承担改造的职能。

⑧其他：BT项目业主在回购后即享有项目资产的所有权；而总承包模式下业主享有项目资产所有权，建设单位负责项目设计、采购、施工等工作。

在BOT模式下，社会资本或者项目公司如何进行核算？由于PPP安排涉及的会计核算一般较为复杂，财政部2008年发布了《企业会计准则解释第二号》对BOT业务提出了企业会计准则体系下的具体核算指引。上述解释公告的发布消除了实务中相同业务在会计处理和披露上的分歧。

2. 相关问题的处理

《企业会计准则解释第二号》第五条：企业采用建设经营移交方式（BOT）参与公共基础设施建设业务应当如何处理？

答：企业采用建设经营移交方式（BOT）参与公共基础设施建设业务，应当按照以下规定进行处理。

①本规定涉及的BOT业务应当同时满足以下条件：

a. 合同授予方为政府及其有关部门或政府授权进行招标的企业。

b. 合同投资方为按照有关程序取得该特许经营权合同的企业（以下简称“合同投资方”）。合同投资方按照规定设立项目公司（以下简称“项目公司”）进行项目建设和运营。项目公司除取得建造有关基础设施的权利以外，在基础设施建造完成以后的一定期间内负责提供后续经营服务。

c. 特许经营权合同对所建造基础设施的质量标准、工期、开始经营后提供服务的对象、收费标准及后续调整做出约定，同时在合同期满时，合同投资方负有将有关基础设施移交给合同授予方的义务，并对基础设施在移交时的性能、状态等做出明确规定。

②与 BOT 业务相关收入的确认。

建造期间，项目公司对于所提供的建造服务应当按照《企业会计准则第 15 号——建造合同》确认相关的收入和费用。基础设施建成后，项目公司应当按照《企业会计准则第 14 号——收入》确认与后续经营服务相关的收入。

建造合同收入应当按照收取或应收对价的公允价值计量，并分别在以下情况下确认收入的同时，确认金融资产或无形资产。

a. 合同规定基础设施建成后的一定期间内，项目公司可以无条件地向合同授予方收取确定金额的货币资金或其他金融资产的；或在项目公司提供经营服务的收费低于某一限定金额的情况下，合同授予方按照合同规定负责将有关差价补偿给项目公司的，应当在确认收入的同时确认金融资产，并按照《企业会计准则第 22 号——金融工具确认和计量》的规定处理。

b. 合同规定项目公司在有关基础设施建成后，从事经营的一定期间内有权利向获取服务的对象收取费用，但收费金额不确定的，该权利不构成一项无条件收取现金的权利，项目公司应当在确认收入的同时确认无形资产。

在建造过程中如发生借款利息，应当按照《企业会计准则第 17 号——借款费用》的规定处理。

项目公司未提供实际建造服务，将基础设施建造发包给其他方的，不应确认建造服务收入，应当按照建造过程中支付的工程价款等考虑合同规定，分别确认为金融资产或无形资产。

③按照合同规定，企业为使有关基础设施保持一定的服务能力或在移交给合同授予方之前保持一定的使用状态，预计将发生的支出，应当按照《企业会计准则第 13 号——或有事项》的规定处理。

④按照特许经营权合同规定，项目公司应提供不止一项服务（如既提供基础设施建造服务又提供建成后经营服务）的，各项服务能够单独区分时，其收取或应收的对价应当按照各项服务的相对公允价值比例分配给所提供的各项服务。

⑤ BOT 业务所建造基础设施不应作为项目公司的固定资产。

⑥在 BOT 业务中，授予方可能向项目公司提供除基础设施以外的其他资产，如果该资产构成授予方应付合同价款的一部分，不应作为政府补助处理。项目公司自授予方取得资产时，应以其公允价值确认，未提供与获取该资产相关的服务前应确认为一项负债。

本规定发布前，企业已经进行的 BOT 项目，应当进行追溯调整；进行追溯调整不切实可行的，应以与 BOT 业务相关的资产、负债在所列报最早期间期初的账面价值为基础重新分类，作为无形资产或是金融资产，同时进行减值测试；在列报的最早期间期初进行减值测试不切实可行的，应在当期期初进行减值测试。

目前介绍PPP核算的书籍包括财政部政府和社会资本合作中心编著、2015年发行的《PPP项目会计核算方法探讨》以及《政府和社会资本合作项目会计核算案例》。前者对 O&M/MC/BOT（出现特殊判断时）/BOO/TOT/ROT 模式的核算也进行了介绍，可供参考。

三、关于权属分离资产如何管理

PPP 项目面临一定期间所有权主体与占有使用主体分离的问题（例如，BOT 项目中，社会资本或项目公司一定期间占有、使用、收益资产的权利，但可能不拥有所有权），或者是属于公益性项目后续需要社会资本或项目公司无偿移交、继续经营的问题，管理的法律权属的明确就显得尤为重要了。运营中管理权责及风险划分离不开资产权则的明确，移交同理。进行权属分离时，首先要分清项目取得方式和所有权归属并分别落实资产后续管理权责：占有、使用、收益、处置权属如何执行？改造、维修等过程管理如何控制等。关于移交的问题后续会专门介绍，这里不赘述。土地使用权属于用益物权，有其特殊性，故进行特别说明。按照财政部 2014 年 12 月颁布的《关于规范政府和社会资本合作合同管理工作的通知》（财金〔2014〕156 号，以下简称“156 号文”），通常项目公司有权并且有义务获得项目的融资。为此，PPP 项目合同中通常会明确约定项目全生命周期内相关资产和权益的归属，以确定项目公司是否有权通过在相关资产权益上设定抵质押担保等方式获得项目融资，以及是否有权通过转让项目公司股份以及处置项目相关资产或权益的方式实现投资的退出。

北京地铁四号线为首条采用 PPP 方式建设运营的线路，该项目总投资 153 亿元，投资结构采取了市政府和社会资本 7 ∶ 3 的比例，即作为北京市轨道交通投 / 融资平台的北京基础设施投资公司设立子公司四号线公司，承担 A 部分的投资，主要用于项目的征地拆迁、洞体的工程建设等，而港铁公司（49%）、首创（49%）、京投（2%）合资成立的特许经营公司——京港地铁公司承担 B 部分投资，主要用于车辆、信号、控制系统等与经营服务关系更为紧密的设备引进等。

京港地铁通过租赁方式取得四号线公司投资的洞体等 A 部分使用权，与市交通委签署《特许协议》获得线路的特许经营权，在特许期内通过票款等收入收回投资并获得回报，特许期结束后，将 B 部分资产无偿移交给四号线公司。这里关于占有、使用、收益权的规定都很明确。

为更好地理解权属归属，特举案例说明 PPP 方式合同中的规定，BOT、BOOT 应用最为广泛，故以其为例。鉴于合同获取的难度，这里以公开发布招标文件的材料作为案例，可能与最终签订的合同有差异。

例如，某有轨电车项目招标文件明确了以下关于资产权责的内容。

（1）合作模式和范围

采用“政府与社会资本合作模式（PPP 模式）”，并以 BOT 特许经营的方式实施某市某区现代有轨电车示范线项目首期工程投资建设、运营与移交。政府授予项目公司特许经营权，由项目公司负责本项目的前期工作（工可、初步设计等已由政府方先行实施）及对该项目进行投融资、建设（含施工图设计）、运营维护，并在特许经营期期满且政府按约定支付“可行性缺口补助”后将该项目设施完好、无偿移交给政府（某市某区人民政府或其授权单位）。

（2）经营权

在特许经营权限内，乙方享有对本项目自主建设和经营的权利，包括本项目的投（融）

资、建设、经营以及本项目沿线规定区域内从事相关法律允许的其他业务，包括在本项目设施内依据相关法律开展零售、商铺、广告、移动通信服务、广告经营及其他商业经营权等。

（3）维护

乙方应按照有关政策和技术规范的要求，定期或经常性地对本项目运行状况进行检测、检查和维护，使本项目及其附属设施经常处于良好状态。在本项目进入运营期之前，乙方应依据有关法律、法规的规定编制运营、养护和维修手册（运营养护手册）并提交给甲方；运营养护手册经甲方批准后，乙方还应制定切实可行的实施细则。

（4）特许经营权的担保及转让

经甲方事先书面同意，出于本项目融资的目的，乙方可根据国务院《关于创新重点领域投融资机制鼓励社会投资的指导意见》（国发〔2014〕60 号）的规定将本合同项下的预期收益等作为本项目的融资质押等担保，但须满足以下前置条件。

①乙方设置该担保权益不应损害甲方的权利或利益。

②乙方设置该担保权益不得影响本项目的正常建设和运营。

③乙方不得为第三人债务（包括项目公司的股东债务）提供担保权益。

④除本合同条款约定外，乙方不得为其他目的对本项目的资产、设施和设备以及收费权进行转让或设置担保权益。

（5）更新改造和追加投资

①乙方在进入运营期一年内须向甲方提交一份整个运营期的更新改造和追加投资预测方案备案（包括预计的时间、事项、估算金额等）。

②乙方在实际需要更新改造前六个月，向甲方提交一份详细的更新改造计划，详述工程的内容、必要性、对运营服务可能产生的影响以及应对措施等；甲方在收到更新改造计划后三个月内应做出批复，并明确费用承担方（或比例），属于乙方建造质量问题或运营维护不当导致的更新改造成本由乙方自行承担，不纳入“运营补贴”的范围。甲方在约定的时间内没有答复的，视为已同意乙方提交的更新改造计划。

（6）乙方收益获取方式

①用户付费：社会民众因乘用本轨道交通项目而支付的车票费用；社会相关企事业单位或其他组织依法使用本项目附属设施或资源（如户外广告等）而支付的使用费用；其他合法付费等。

②可行性缺口补助。

以上案例供参考，仅列明主要条款。

如果存在租赁资产的，可以参考《中华人民共和国合同法》第十三章租赁合同梳理租赁资产的权责利。对于租赁存量土地使用权，还涉及土地确权的问题。

PPP 项目合同中的项目用地条款，是在项目实施中涉及的土地方面的权利和义务规定，通常包括土地权利的取得以及土地使用的权利及限制等内容。

大部分 PPP 项目，尤其是基础设施建设项目或其他涉及建设的项目，均会涉及项目用地问题，由哪一方负责取得土地对这类项目非常关键。在 PPP 实践中，通常根据政府方和项目公司哪一方更有能力、更有优势承担取得土地的责任的原则，来判定由哪一方负责取得土地。

在实践中，根据 PPP 项目的签约主体和具体情况不同，土地使用权的取得通常有以下两种选择。

一是由政府方负责提供土地使用权。政府方以土地划拨或出让等方式向项目公司提供项目建设用地的土地使用权及相关进入场地的道路使用权，并根据项目建设需要为项目公司提供临时用地。项目的用地预审手续和土地使用权证均由政府方办理，项目公司主要予以配合。这里也引申出一个问题，土地如果由政府提供，在目前不支持土地同物业分别确权的不动产登记政策下，地面上的不动产所有权该如何归属？不动产证如何取得？

上述土地如涉及征地、拆迁和安置，通常由政府方负责完成该土地的征用补偿、拆迁、场地平整、人员安置等工作，并向项目公司提供没有设定他项权利、 满足开工条件的净地作为项目用地。

二是由政府方协助项目公司获得土地使用权。如果项目公司完全有权、有能力根据我国法律规定自行取得土地使用权，则可以考虑由项目公司自行取得土地使用权，但政府方应提供必要的协助。

对于土地使用的权利及限制包括以下几点。

①项目公司的土地权利——土地使用权。PPP 项目合同中通常会约定，项目公司有权在项目期限内独占性地使用特定土地进行以实施项目为目的的活动。根据我国《土地管理法》规定，出让国有土地使用权可以依法转让、出租、抵押和继承；划拨国有土地使用权在依法报批并补缴土地使用权出让金后，可以转让、出租、抵押。

②项目公司土地使用权的限制。由于土地是为专门实施特定的 PPP 项目而划拨或出让给项目公司的，因此在 PPP 项目合同中通常还会明确规定，未经政府批准，项目公司不得将该项目涉及的土地使用权转让给第三方或用于该项目以外的其他用途。

除 PPP 项目合同中的限制外，项目公司的土地使用权还要受土地使用权出让合同或者土地使用权划拨批准文件的约束，并且要遵守《土地管理法》等相关法律法规的规定。

关于政府方的场地出入权的问题这里不再赘述。

其他关于资产权责的规定在《关于规范政府和社会资本合作合同管理工作的通知》（财金〔2014〕156 号）等办法中有相关规定，可供参考。

四、移交阶段注意事项

根据 2724 号文，第五条加强政府和社会资本合作项目的规范管理（六）退出机制。在政府和社会资本合作过程中，如遇不可抗力或违约事件导致项目提前终止，项目实施机构要及时做好接管工作，保障项目设施持续运行，保证公共利益不受侵害。政府和社会资本合作期满后，要按照合同约定的移交形式、移交内容和移交标准，及时组织开展项目验收、资产交割等工作，妥善做好项目移交。依托各类产权、股权交易市场，为社会资本提供多元化、规范化、市场化的退出渠道。

2724 号文明确了移交分为提前退出、按期移交两种情况。而 156 号文附件第二章第十九节对项目移交做了具体规定。

项目移交通常是指在项目合作期限结束或者项目合同提前终止后，项目公司将全部项目设施及相关权益以合同约定的条件和程序移交给政府或者政府指定的其他机构。项目移交的基本原则是，项目公司必须确保项目符合政府回收项目的基本要求。项目合作期限届满或项目合同提前终止后，政府需要对项目进行重新采购或自行运营的，项目公司必须尽量减少移交对公共产品或服务供给的影响，确保项目持续运营。

1. 移交范围

起草合同移交条款时，首先应当根据项目的具体情况明确项目移交的范围，以免因项目移交范围不明确造成争议。移交的范围通常包括以下几方面。

①项目设施。

②项目土地使用权及项目用地相关的其他权利。

③与项目设施相关的设备、机器、装路、零部件、备品备件以及其他动产 。

……

2. 移交的条件和标准

为了确保回收的项目符合政府的预期，PPP 项目合同通常会明确约定项目移交的条件和标准，特别是在项目移交后政府还将自行或者另行选择第三方继续运营该项目的情形下，移交的条件和标准更为重要。通常包括以下两类条件和标准。

①权利方面的条件和标准：项目设施、土地及所涉及的任何资产不存在权利瑕疵，其上未设置任何担保及其他第三人的权利。但在提前终止导致移交的情形下，如移交时尚有未清偿的项目贷款，未清偿贷款所设置的担保除外。

②技术方面的条件和标准：项目设施应符合双方约定的技术、安全和环保标准，并处于良好的运营状况。在一些 PPP 项目合同中，会对“良好运营状况”的标准做进一步明确。例如，在不再维修情况下，项目可以正常运营三年等。

3. 移交程序

①评估和测试。在 PPP 项目移交前，通常需要对项目的资产状况进行评估并对项目状况能否达到合同约定的移交条件和标准进行测试。在实践中，上述评估和测试工作通常由政府方委托的独立专家或者由政府方和项目公司共同组成的移交工作组负责。经评估和测试，项目状况不符合约定的移交条件和标准的，政府方有权提取移交维修保函，并要求项目公司对项目设施进行相应的恢复性修理、更新重置，以确保项目在移交时满足约定要求。

②移交手续办理。移交相关的资产过户和合同转让等手续由哪一方负责办理主要取决于合同的约定，多数情况下由项目公司负责。

③移交费用（含税费）承担。关于移交相关费用的承担，通常取决于双方的谈判结果，常见的做法包括以下三个方面。

a. 由项目公司承担移交手续的相关费用（这是比较常见的一种安排，而且办理移交手续的相关费用也会在项目的财务安排中予以预先考虑）；

b. 由政府方和项目公司共同承担移交手续的相关费用。

c. 如果一方违约事件导致项目终止而需要提前移交，可以约定由违约方来承担移交费用。

4. 转让

（1）项目相关合同的转让

移交项目时，项目公司在项目建设和运营阶段签订的一系列重要合同可能仍然需要继续履行，因此可能需要将这些尚未履行完毕的合同由项目公司转让给政府或政府指定的其他机构。为履行上述义务，项目公司应在签署这些合同时即与相关合同方做出（如承包商或运营商）明确约定，在项目移交时同意项目公司将所涉合同转让给政府或政府指定的其他机构。在实践中，可转让的合同可能包括项目的工程承包合同、运营服务合同、原料供应合同、产品或服务购买合同、融资租赁合同、保险合同以及租赁合同等。

通常政府会根据上述合同对于项目继续运营的重要性，决定是否进行合同转让。此外，如果这些合同包含尚未期满的相关担保，也应该根据政府的要求全部转让给政府或者政府指定的其他机构。

（2）技术转让

在一些对于项目实施专业性要求较高的 PPP 项目中，可能需要使用第三方的技术（包括通过技术转让或技术许可的方式从第三方取得的技术）。在此情况下，政府需要确保在项目移交之后不会因为继续使用这些技术而被任何第三方进行侵权索赔。

鉴此，PPP 项目合同通常会对此做出约定，项目公司应在移交时将项目运营和维护所需要的所有技术，全部移交给政府或政府指定的其他机构，并确保政府或政府指定的其他机构不会因使用这些技术而遭受任何侵权索赔。如果有关技术为第三方所有，项目公司应在与第三方签署技术授权合同时即与第三方明确约定，同意项目公司在项目移交时将技术授权合同转让给政府或政府指定的其他机构。此外， PPP 项目合同通常还会约定，如果这些技术的使用权在移交日前已期满，项目 公司有义务协助政府取得这些技术的使用权。

5. 风险转移

移交条款中通常还会明确在移交过程中的风险转移安排：在移交日前，由项目公司承担项目设施的全部或部分损失或损坏的风险，除非该损失或损坏是由政府方的过错或违约所致；在移交日及其后，由政府承担项目设施的全部或部分损失或损坏的风险。

五、站城一体化开发难点问题：土地获取

在站城一体化开发中，如何取得房地产开发土地使用权是一个难点问题。有必要研究一下现行土地政策。根据《中华人民共和国土地管理法》第 54 条的规定：“建设单位使用国有土地，应当以出让等有偿使用方式取得，但是，经县级以上人民政府依法批准，城市基础设施用地和公益事业用地，以及国家重点扶持的能源、交通、水利等基础设施用地，可以以划拨方式取得。”根据《中华人民共和国土地管理法实施条例》第 29 条的规定：“国有土地有偿使用的方式包括：国有土地使用权出让；国有土地租赁；国有土体使用权作价出资或者入股。”根据国土资源部《划拨用地目录》第三条的规定：“对国家重点扶持的能源、交通、水利等基础设施用地项目，可以以划拨方式提供土地使用权。对以盈利为目的，非国家重点扶持的能源、交通、水利等基础设施用地项目，应当以有偿方式提供土地使用权。”

现行用地政策规定，通过出让、租赁以及作价出资入股等有偿方式取得房地产项目用

地是大势所趋。而客观上作价出资入股方式（仅一些特殊情况有作价出资入股政策）目前在使用上有局限性。若通过出让方式取得项目用地，按照规定只能通过招标、拍卖或者挂牌（以下简称“招拍挂”）这三种竞争出让方式。土地使用权出让还包括采用协议出让的方式，但按照《协议出让国有土地使用权规定》第九条：“在公布的地段上，同一地块只有一个意向用地者的，市、县人民政府国土资源行政主管部门方可按照本规定采取协议方式出让；但商业、旅游、娱乐和商品住宅等经营性用地除外。由于协议出让方式适用范围较窄，具有明确的限定性条件，这里不再详述。通过出让方式（招、拍、挂方式）取得土地使用权成为站城一体化开发中房地产项目面临的选择。

地方政府推出的 PPP 项目中，非经营性项目占了很大比重，完全依赖财政支付作为项目的付费来源，会给地方财政带来比较大的负担。随着政府和社会资本合作制度深化改革的步伐不断地迈进，未来土地获取与 PPP 社会资本采购结合的制度创新预计将成为一种趋势。这也可能为站城一体化开发土地获取获得政策创新的机遇。

目前，政策包括以下几个：《国务院办公厅关于支持铁路建设实施土地综合开发的意见》（国办发〔2014〕37 号）提出了铁路土地综合开发获取土地的一些思路。例如，第三条：鼓励新建铁路站场实施土地综合开发的（十一）采用市场化方式供应综合开发用地。新建铁路站场地区综合开发用地采用市场化方式供应，供地公告时间不得少于 60 个工作日。新建铁路项目的未确定投资主体的，可在项目招标时，将土地综合开发权一并招标，新建铁路项目中标人同时取得土地综合开发权，相应用地可按开发进度分期约定一次或分期提供，供地价格按出让时的市场价确定。新建铁路项目已确定投资主体但未确定土地综合开发权的，综合开发用地采用招标拍卖和挂牌方式供应，并将统一联建的铁路站场、线路工程及相关规划条件、铁路建设要求作为取得土地的前提条件。土地由铁路建设投资主体取得的，铁路建设和土地综合开发应统筹推进；土地由其他市场主体取得的，其他市场主体应与铁路建设投资主体协商安排铁路建设与土地综合开发相关事宜，确保铁路等各项建设按规划有序进行。

《产业用地政策实施工作指引》（国土资厅发〔2016〕38 号），指出了：几类可以注资的情形；利用长期租赁、先租后让、租让相结合的方式供应产业用地的具体操作；通过竞争方式确定项目投资主体和用地者的环节合并实施的情形（见第九条：（一）采用政府和社会资本合作方式实施项目建设时，相关用地需要有偿使用的；（二）通过招标方式确定新建铁路项目投资主体和土地综合开发权中标人的；（三）政府将收回和征收的历史遗留损毁土地复垦并用于旅游项目建设的。）等等。但该制度下的产业用地不包括房地产业。财政部《关于联合公布第三批政府和社会资本合作示范项目》（财金〔2016〕91 号）提出：“依法需要以招标、拍卖、挂牌方式供应土地使用权的宗地或地块，在市、县国土资源主管部门编制供地方案、签订宗地出让（出租）合同、开展用地供后监管的前提下，可将通过竞争方式确定项目投资方和用地者的环节合并实施。”国家发改委《传统基础设施领域实施政府和社会资本合作项目工作导则》（发改投资〔2016〕2231 号）中指出：“各地要积极创造条件，采用多种方式保障 PPP 项目建设用地。如果项目建设用地涉及土地招、拍、挂，鼓励相关工作与社会资本方招标、评标等工作同时开展。”各部委规范性文件的出台无疑是涉及土地综合开发的 PPP 类项目用地政策的一次重大突破，各地也陆续出台了一些具体细则，但具体应如何操作来实现 PPP 项目用地招、拍、挂和社会资本采购的合并实施，仍有待进一步的梳理和明确。预计未来合并实施、行业政策突破、带条件的招、拍、挂等方式的发展成熟将为站城一体化开发带来新的机遇。下面举案例供大家参考。

广州国际金融城起步区基础设施及商业配套项目 PPP 社会资本、经营性项目国有建设用地使用权租赁项目就实现了合并招标。根据经市政府批准的 PPP 项目实施方案，本项目采用“政府付费 + 授权投资经营”的组合 PPP 模式运作。依据财政部《关于联合公布第三批政府和社会资本合作示范项目加快推行示范项目建设的通知》（财金〔2016〕91 号）文件精神，本 PPP 项目中的地下商业空间、岭南风情步行街、翠岛区域岭南建筑群、游艇码头等商业配套项目（经营性项目）建设用地采用公开租赁方式供地。固安工业园区项目则入选了国家发改委 PPP 项目案例库。

上述政策、案例如何在轨道交通行业进一步应用还值得深入探讨。

六、资产证券化分析

根据《关于规范开展政府和社会资本合作项目资产证券化有关事宜的通知》（财金〔2017〕55 号），资产证券化基础资产包括以能够给项目带来现金流的收益权、合同债权、没有限制性约定的能够带来现金流的股权。在发改委和证监会联合推动的模式下，共发行了四单 PPP 资产证券化项目，基础资产类型包括污水处理收费收益权、供热收费收益权和 BOT 应收款。项目公司无法出售 PPP 资产本身，不会带来所有权的变化。

七、PPP 等模式对资产全生命周期管理应用的影响分析

1. PPP 模式与资产全生命周期管理思路具有互通性

PPP 模式常用方式 BOT、BOOT、BOO 等本身即强调一体化管理思路，从而提升整体管理效率和效能；而 ISO 55000 也强调企业从接手的阶段即开始进行全生命周期管理。两者思路的互通性保证了资产全生命周期管理理论在 PPP 项目中应用的基础。

2. BT、EPC 模式对资产全生命周期管理应用的影响有限

BT、EPC 模式主要体现为基建阶段管理模式的调整，BT 模式回购阶段可以要求施工方进行符合要求维度资产的移交交接，后续一体化管理模式将是一个长期过程，对如何对应建立一体化管理模式进行对接，技术上仅是程序等方面的细化。EPC 模式工程总承包企业对工程项目的勘察、设计、采购、施工等实行全过程的承包，一般采用“设计—采购—施工总承包”或者“设计—施工总承包”模式，建设单位也可以根据项目特点和实际需要，按照“风险合理分担原则”和承包工作内容采用其他工程总承包模式。在 EPC 模式下的建设阶段主体集中，实施资产全生命周期管理的接口从理论上讲更为简化。在这两种方式下，合同、标准等如何在合同中贯彻是资产全生命周期管理需要考量的问题。

3. 不同 PPP 模式、多个利益相关方对资产全生命周期管理的需求有不同，资产全生命周期管理的适用性不同

这种情况主要来源于资产不同阶段运营可能划分不同主体经营；社会资本及项目公司

股东的多元化；PPP 模式复杂性等几方面。例如，BOT 方式将由社会资本方同项目公司经营并在特许经营期满后，移交政府部门或者政府部门指定的相关机构经营；又例如，TOT 本身就有新旧经营者的移交过程，不同经营主体的管理标准可能存在差异。社会资本方或者项目公司股东的多样性决定了对经营标准、信息化标准的多样性，全生命周期管理需要协调各方意见，按照合同办事。如果 PPP 模式复杂，如北京地铁四号线就是 BOT+ 租赁模式相结合的 PPP 模式，资产全生命周期管理如何落实也需要各方统一及协商。

资产全生命周期管理目前在推广阶段，而轨道交通行业 PPP 项目推进也属于相对较新的范畴，对于 BT/EPC 等模式，以及已执行资产全生命周期管理的轨道交通公司作为社会资本方参与项目公司运营的项目，做好各方协调后，资产全生命周期执行的理论及实践基础都较为清晰。对于其他情况更为复杂的项目，则资产全生命周期管理的推进虽然理论基础是现实存在的，但可能受到多方不同利益主体诉求不同的影响，还需要逐步推广及统一协调。在各种 PPP 模式下，分清所有权归属，各类权责的划分，明确期满及特殊情况下的移交关键，了解清楚融资，特别是资产证券化后资产的权属的影响等，是资产管理人员首先需要落实和明确的。在 PPP 等模式下资产的全生命周期管理在目前实操方面的一些空白，更值得资产管理人员不断去研究同探索。

第二节 新一代信息技术在资产管理的应用展望

随着多个学科的加速交叉融合，新兴技术不断涌现，以人工智能、物联网、区块链、混合现实技术、无人机等为代表的新一代信息技术正以全新的态势，不断探索与传统行业的碰撞融合，推进传统行业的创新升级，渗透到社会各个领域，带来一场新的信息技术革命。作为公共交通行业的重要领域，城市轨道交通也正面临着新一代信息技术的冲击，以智慧城市轨道交通为代表的前沿研究已经成为国内城市轨道交通行业前沿研究的重要领域。拥抱新一代信息技术，已成为不可逆的趋势。

本节首先介绍一些具有代表性的新一代信息技术，并探讨其在城市轨道交通资产管理领域的应用展望。

一、人工智能

1. 概述

人工智能（Artificial Intenlligence，简称 AI）是综合了计算机科学、生理学和哲学的一门独立的学科，通过对人的意识和思维进行模拟、延伸和拓展来解决各种需要人类智能的复杂工作。人工智能起始于 20 世纪五十年代，经历了几次繁荣与低谷。2016 年，谷歌所收购的 DeepMind 公司的人工智能 AlphaGo（阿尔法狗）赢得与世界围棋冠军的比赛，大众对人工智能的热情被重新点燃，并且持续升温。催生这波人工智能热潮的原因是产业发展的三个重要因素：超大规模的计算能力、大数据、机器学习（尤其是深度学习算法）都取得了进展。

人工智能包括机器学习、计算机视觉、自然语言处理、智能机器人等核心技术。

（1）机器学习

机器学习（Machine Learning）是人工智能的核心，也是中心问题。“学习”顾名思义就是进行不断的知识积累，机器学习就是通过机器进行知识的积累，利用现有的信息来进行知识的更新和输出。如阿尔法围棋程序于 2016 年 3 月与围棋世界冠军、职业九段选手李世石进行人机大战，并以 4 ∶ 1 的总比分获胜；2016 年末 2017 年初，该程序在中国棋类网站上以“大师”（Master）为注册账号与中日韩数十位围棋高手进行快棋对决，连续 60 局无一败绩。

（2）计算机视觉

计算机视觉是指用计算机来模拟人的视觉系统，代替人类的眼睛以达到识别物体、确定物体的位置以及物体的运动状态为目的。从技术程序上看一般要经过三个步骤：检测目标（图像预处理、图像分割）—识别目标（特征提取、目标分类、判断匹配）—识别行为（模型建立、行为识别）。视觉识别技术在不同的细分领域的发展存在较大差距，目前视觉技术较成熟的领域是生物性特征识别方面，在考勤和安防领域得到广泛应用。例如，指纹识别、人脸识别、瞳孔识别等。然而在物体场景识别方面技术不太成熟，因为物种的类别太复杂，外貌特征多样。涉及该领域最早的公司在 1997 年创建，最近三年得到了高度的发展。2016 年年底，亚马逊的无人超市将会实现顾客买东西直接走人，人工智能会实现自动结账。这利用了全自动旋转的 3D 摄像技术，通过视觉效果识别每个人的 ID，实现人与物的制动捆绑，利用视觉技术对物体充分精确的区分。

（3）自然语言处理

自然语言处理（Natural Language Processing）在人工智能中占据重要地位，是研究中的重要领域，它主要研究人机通过自然语言实现互动，实现对自然语言信息处理的技术。目前，自然语言处理主要集中在语言学、数据处理、语言工程等方面，比较成熟的研究应用是加拿大蒙特利尔大学的 TAUM-METE（机器翻译系统）。自然语言应用的领域较为广泛，有机器同声传译、客服服务、机器人聊天等。

自 2000 年自然语言处理出现以来，目前语言识别的技术成熟度比较高，识别的准确度高达 95%，如百度语音识别。国内知名的公司有科大讯飞企业和百度。其中前者在行业中占了 44% 的份额。在客户服务领域，是比较普遍的，比较熟悉的是移动通信时的智能语音问题的解答。当然，随着人工智能的进步，人与机器对话的功能也逐渐普遍，可以解决人口老龄化出现的相关问题。

（4）智能机器人

机器人一般可以划分为两类，一类是一般机器人，一类就是智能机器人。智能机器人顾名思义就是有人来操控的具有较发达的“大脑”的独立自我控制的“活物”。智能机器人一般具备三要素：感觉要素，识别外部环境；运功要素，与环境互动；思考要素，对信息进行处理并采取回应。目前机器人应用主要集中在工业机器人、服务机器人、产业链等领域。工业机器人应用在汽车工业（焊接机器人、处理机器人、喷涂机器人、装配机器人）、电子电器和食品（搬运机器人和装配机器人）、航空航天（处理机器人）等方面；服务机器人应用在医疗行业（手术机器人、康复机器人）、智能家居、娱乐教育、信息服务等方面；产业链应用在本体、伺服系统、减速器、传感器、人际交互技术、自动定位技术等方面。

在医疗领域，智能机器人的发展较为成熟。在2016年的日本，医生对一名患者的病情束手无策的情况下，机器人沃森利用十几分钟的时间，阅读了两千万页的医疗文献，提出了治疗患者的建议，挽救了她的生命。智能机器人可以代替人类解决人类无法解决的医疗难题。除此之外，智能机器人目前正在远程医疗、护理康复、智能假肢、微创外科手术等方面为医疗领域做贡献。Enlitic、Intuitive Sirgical、碳云智能、Promontory是这一领域的代表产品。

在家政服务领域，智能机器人应用最为广泛，占整个领域的66%。以家庭清洁为例，当前的人类越来越想摆脱日常耗费精力的家务，因此为清洁机器人开辟了市场，目前智能机器人可以自动游走，自动清理垃圾，清洁地面等等。

2016年4月，我国发布了《机器人产业发展规划（2016—2020年）》，旨在推动人工智能相关产业的深度发展。2017年，“人工智能”首次写入全国政府工作报告。从2017年开始，“十三五”国家重点研发计划“公共安全风险防控与应急技术装备”专项也开始部署人工智能技术的应用项目，如“道路交通安全主动防控技术及系统集成”“主动防控型警用机器人关键技术研究与应用示范”等。

2. 应用领域

人工智能正在并且将对这个社会产生怎样的影响？这是一个很大的课题。就目前所知，人工智能已经在医疗保健、金融、传统行业的不同领域有所应用。其中广告可能是受影响最大的行业，已经受到通过谷歌、百度、亚马逊、阿里巴巴、facebook（脸书）和腾讯用户数据模式识别的巨大冲击。比如LSTM（Long Short Term Memory，即长短期记忆网络）深度学习算法，目前已有数十亿用户都在使用基于LSTM算法的应用，苹果公司的iPhone、亚马逊的语音服务平台Alexa、百度和微软也在使用LSTM算法。此外，这种深度学习在其他领域也得到广泛应用，用于识别视频和手写输入、控制机器人、分析图像、总结文档、运行聊天机器人和智能个人助理系统，预测疾病、用户点击率、股票市场和大型工厂中组件故障。人工智能将在医疗保健、工业、金融、法律等行业衍生出无数的应用。

人工智能也正逐步应用于国内城市轨道交通行业，如在城市轨道交通无人驾驶领域取得了比较显著的效果。在城市轨道交通资产管理过程中，人工智能未来可以提供哪些应用场景？发挥什么样的作用？

如在城市轨道交通设备运营维修领域，可应用并训练智能机器人深度学习设备维修知识库，通过语音交互技术与现场维修人员进行互动，让维修人员“问诊”设备的同时，随时与智能机器人进行语音问答，有效解决设备维修问题，并实现机器自动记录“诊断”过程，马上出具设备“诊断书”；维修人员也可对问题设备进行拍照，由智能机器人通过图像识别技术自动识别设备存在的问题，减少设备问题“诊断”的时间，提升设备检修效率与准确率，搭建现场维修人员“问诊”设备的智能化应用场景。

如在城市轨道交通仓储物流领域，可采用工业智能理念，综合运用图像识别、语音交互、智能机器人等人工智能技术，结合物联网、大数据、无人机、二维码、芯片等技术，打造全自动化的物流中心与仓库，实现无人操控、无人搬运、无人值守、无人盘点、无人配送，实现城轨企业内部物流全自动化的转型。城市轨道交通企业人员可通过语音或上传图片等方式提供物流需求，后台自动分析汇总城市轨道交通企业物流需求，下达物流配送指令，由智能搬运机器人全程操控货物的拣选、运输等全过程，实现所有货物在配送过程中的实时定位，同时无人仓库可实现自动补货过程。城市轨道交通智能仓储物流的搭建，可大大减少仓储物流人员投入，实现物流全过程自动管理，提升仓储物流的服务效率。

二、混合现实技术（虚拟和增强现实）

1. 概述

混合现实（Mix Reality，简称 MR），包括增强现实和增强虚拟，是指合并现实和虚拟世界而产生的新的可视化环境。在新的可视化环境里，物理和数字对象共存，并实时互动，它是虚拟现实技术的进一步发展。该技术通过在虚拟环境中引入现实场景信息，在虚拟世界、现实世界和用户之间搭起一个交互反馈的信息回路，以增强用户体验的真实感。系统通常具有三个主要特点：结合虚拟和现实；虚拟的三维（3D 注册）；实时运行。混合现实（MR）的实现需要在一个能与现实世界各事物相互交互的环境中。如果一切事物都是虚拟的那就是 VR 的领域了。如果展现出来的虚拟信息只能简单叠加在现实事物上，那就是 AR。MR 的关键点就是与现实世界进行交互和信息的及时获取。

混合现实的关键词是灵活性，它试图把 VR（虚拟现实）和 AR（增强现实）的优点集于一身。从理论上讲，混合现实可让用户看到现实世界（类似 AR），但同时又能呈现可信的虚拟物体（类似 VR）。随后，它会把虚拟物体固定在真实空间当中，从而给人以真实感。

真正的混合现实游戏，可以把现实与虚拟互动展现在玩家眼前。MR（混合现实）技术能让玩家同时保持与真实世界和虚拟世界的联系，并根据自身的需要及所处情境调整操作。类似超次元 MR=VR+AR= 真实世界 + 虚拟世界 + 数字化信息，简单来说就是 AR 技术与 VR 技术的完美融合以及升华，虚拟和现实互动，不再局限于现实，获得前所未有的体验。总之，MR 设备给到你的是一个混沌的世界：如果数字模拟技术（显示、声音、触觉）等，你根本感受不到二者差异。正是因为此 MR 技术更有想象空间，它将物理世界实时并且彻底地比特化了，又同时包含了 VR 和 AR 设备的功能。

2. 应用领域

一般来说，虚拟现实的常见载体都是智能眼镜，如今，第一款融合了 MR 技术的智能眼镜正在开发阶段，离投入商用还需要一定时间。从概念上来说，MR 与 AR 更为接近，都是一半现实一半虚拟影像，但传统 AR 技术运用棱镜光学原理折射现实影像，视角不如 VR 视角大，清晰度也会受到影响。为了解决视角和清晰度问题，新型的 MR 技术将会投入在更丰富的载体中，除了眼镜、投影仪外，目前研发团队正在考虑用头盔、镜子、透明设备做载体的可能性。

有研究机构预估到 2020 年，全球头戴虚拟现实设备年销量将达 4000 万台左右，市场规模约 400 亿元，加上内容服务和企业级应用，市场容量将超过千亿元。国内一线科技企业已加入VR设备及内容的研发中，而在内容创造方面，也已经有了超次元MR这样的作品，这必然推动VR更快向AR，MR技术过渡。目前全球从事MR领域的企业和团队都比较少，很多都处于研究阶段。

混合现实技术在城市轨道交通资产管理可以有哪些应用展望呢？

如可通过MR技术创建基于虚拟体验场景实现人机交互的教育培训系统，实现对包括工程建设、设备维修、物业资源开发与经营、财务管理等过程的知识培训服务，不仅能让城市轨道交通资产过程管理有关人员身临其境般融入到虚拟工作环境中，体验资产形成过程来学习资产管理知识，还可以通过逼真的虚拟工作环境中的各种训练来提高各项工作技能，提升城市轨道交通资产管理的效率和水平。

如可运用三维虚拟与仿真技术模拟出从轨道交通工具设计制造到运行维护等各阶段各环节的三维环境，实现虚拟设计、虚拟装配和虚拟运行。虚拟设计作为设计者的一种高效辅助工具，可节约设计时间，提升设计产品质量；虚拟装配可通过计算机技术实现各部件的虚拟装配，为各部件之间的嵌合度和兼容性提供参照，也可形成教育培训系统，让受训人员在沉浸式环境中熟悉各个部件及装配过程，提高学员的设备装配能力；虚拟运行可利用三维虚拟仿真技术模拟出列车运行时的状态、各部件变化情况及周边环境变化情况，检查列车运行可行性，还可以利用计算机更改部分数据，观测列车因数据变化而受到的联动影响，从而总结出更多列车运行经验，有效规避列车正式投入使用后的风险，提高相关工作人员应对突发情况的处理能力。总之，用户在模拟环境中可以全身心投入到轨道交通整个工程之中进行各种操作，从而拓展相关从业人员的认知手段和认知领域，为轨道交通建设的整个工程节约成本与时间，提高效率与质量。

三、物联网

1. 概念

物联网是新一代信息技术的重要组成部分，也是“信息化”时代的重要发展阶段。其英文名称是“Internet of Things（IoT）”。物联网，是指通过各种信息传感设备，实时采集任何需要监控、连接、互动的物体或过程等各种需要的信息，与互联网结合形成的一个巨大网络。其目的是实现物与物、物与人，所有的物品与网络的连接，以方便识别、管理和控制。顾名思义，物联网就是物物相连的互联网。这有两层意思：其一，物联网的核心和基础仍然是互联网，是在互联网基础上的延伸和扩展的网络；其二，其用户端延伸和扩展到了任何物品与物品之间，进行信息交换和通信，也就是物物相息。物联网通过智能感知、识别技术与普适计算等通信感知技术，广泛应用于网络的融合中，也因此被称为继计算机、互联网之后世界信息产业发展的第三次浪潮。物联网是互联网的应用拓展，与其说物联网是网络，不如说物联网是业务和应用。因此，应用创新是物联网发展的核心，以用户体验为核心的创新2.0是物联网发展的灵魂。

物联网架构一般可分为三个层次，分别是感知层、网络层和应用层，而每个层次都对应物联网产业链的一个环节。感知层由各种传感器以及传感网关构成，对应产业链上游组件厂商，包括通信模块、传感器等；网络层由各种网络组成，对应中游运营厂商，包括设备管理平台等；应用层是各种智能终端，作为物联网与用户的接口，包括系统集成、应用服务等，是物联网产业链的下游。物联网产业链条，如图 7-1 所示。

物联网发展速度如此之快，最关键的就是技术的迅速发展。核心技术中，物联网中连接方式是关键的一环。受限于覆盖范围、连接数量等问题，物联网发展受限，但随着基于蜂窝的窄带物联网应用，物联网连接进入低耗能广域网发展阶段。除了连接方式等技术的提升，车联网、智慧城市的发展，给物联网发展带来广阔的应用领域，从而促成物联网的发展。物联网关联技术，如图 7-2 所示。

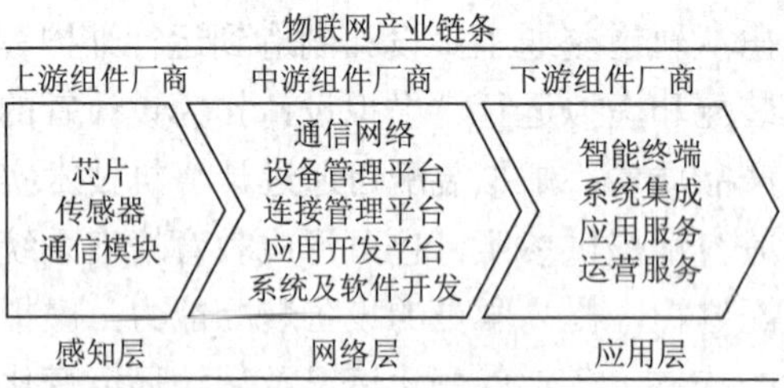

图 7-1　物联网产业链条

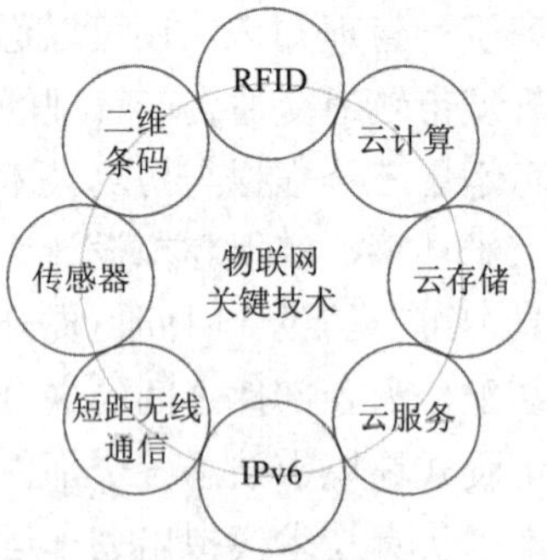

图 7-2　物联网关键技术

基于物联网而出现的数字孪生（Digital Twin）目前也是一个新的研究领域。数字孪生是指以数字化方式再现真实的实体或系统，是事物或系统的多元软件模型，它依赖于传感器数据来理解其处境，响应变化，改进操作和增加价值。数字孪生包括元数据（如分类、组成和结构），处境或状态（如位置和温度），事件数据（如时间序列）和分析方法（如算法和规则）。

2. 应用领域

混合现实技术在城市轨道交通资产管理可以有哪些应用展望呢？

如可运用物联网技术搭建智能仓库。智能仓储是物流过程的一个环节，智能仓储的应用，保证了货物仓库管理各个环节数据输入的速度和准确性，确保企业及时准确地掌握库存的真实数据，合理保持和控制企业库存，可以及时掌握所有库存货物当前所在位置，有利于提高仓库管理的工作效率。RFID（射频识别）智能仓储解决方案，结合 RFID 通道机、查询机、读取器等诸多硬件设备可选。

进而可推进智慧物流建设，智慧物流是一种以信息技术为支撑，在物流的运输、仓储、包装、装卸搬运、流通加工、配送、信息服务等各个环节实现系统感知、全面分析、及时处理及自我调整功能，实现物流规整智慧、发现智慧、创新智慧和系统智慧的现代综合性物流系统。智慧物流能大大降低城轨资产管理过程成本，切实提高企业的利润，促进供货商、施工单位、业主单位等多方协作、信息共享。

如数字孪生可应用于城轨企业资产管理过程中，精心设计的资产数字孪生可极大地改进企业决策。这些数字孪生与其真实的对应物相关联，并用于了解物件或系统的状态、响应变化、改进运营并提升价值，经过持续的应用后可以有效收集数据，反映正确数据，并应用分析数据与规则，从整体上提升资产管理能力。

四、无人机

1. 概念

无人驾驶飞机（Unmanned Aerial Vehicle，UAV），简称“无人机”。它是利用无线电遥控设备和自备的程序控制装置操纵的不载人飞机。从技术角度定义可以分为：无人固定翼机、无人垂直起降机、无人飞艇、无人直升机、无人多旋翼飞行器、无人伞翼机等。

无人机具有以下三方面的技术优势。

（1）实现高分辨率影像的采集

无人机可实现高分辨率影像的采集，在弥补卫星遥感经常因云层遮挡获取不到影像缺点的同时，解决了传统卫星遥感重访周期过长，应急不及时等问题。

（2）无人战斗机

无人机系统由飞机平台系统、信息采集系统和地面控制系统组成。最初的一代主要以侦察机为大宗，一些无人机已经装备了武器（例如 RQ-1 捕食者装备 AGM-114 地狱火空对地导弹）。由无人机担任更多角色的军事预想，最初是轰炸和对地攻击，空对空战斗，飞行员最后一块领域。装备有武器的无人机被称为无人战斗机（UCAV）。

（3）发射和回收

新一代的无人机能从多种平台上发射和回收，例如从地面车辆、舰船、航空器、亚轨道飞行器和卫星进行发射和回收。地面操纵员可以通过计算机检验它的程序并根据需要改变无人机的航向。而其他一些更先进的技术装备，如高级窃听装置、穿透树叶的雷达、提供化学能力的微型分光计设备等，也将被安装到无人机上。

2013 年 11 月，中国民用航空局下发了《民用无人驾驶航空器系统驾驶员管理暂行规定》，由中国航空器拥有者及驾驶员协会（AOPA-China）负责民用无人机的相关管理。根据此规定，中国内地无人机操作按照机型大小、飞行空域可分为 11 种情况，其中仅有 116 千克以上的无人机和 4600 立方米以上的飞艇在融合空域飞行由民航局管理，其余情况的，包括日渐流行的微型航拍飞行器在内的其他飞行器，均由行业协会管理、或由操作手自行负责。

2. 应用领域

无人机按应用领域，可分为军用与民用：军用方面，无人机分为侦察机和靶机。民用方面，无人机 + 行业应用，是无人机真正的刚需；目前在航拍、农业、植保、微型自拍、快递运输、灾难救援、观察野生动物、监控传染病、测绘、新闻报道、电力巡检、救灾、影视拍摄、制造浪漫等领域的应用，拓展无人机本身的用途。

无人机在城市轨道交通资产管理可以有哪些应用展望呢？

如可用于城市轨道交通高架线路巡检，利用装配有高清数码摄像机、照相机和 GPS（全球定位系统）的无人机，可沿城市轨道交通高架线路进行定位自主巡航，实时传送拍摄影像，监控人员可在电脑上同步收看与操控。可实现电子化、信息化、智能化巡检，提高升城市轨道交通高架线路巡检的工作效率、应急抢险水平。而在山洪暴发、地震灾害等紧急情况下，无人机可对线路的潜在危险，诸如塔基陷落等问题进行勘测与紧急排查，丝毫不受路面状况影响，既免去攀爬杆塔之苦，又能勘测到人眼的视觉死角，可保障城市轨道交通资产安全。

如可用于城市轨道交通线路前期勘探与遥感测绘等工作。广义来说，遥感是指不需到目标区域去，利用遥控技术，进行当地情况的查询。狭义上讲，遥感就是卫星图片及航飞图片。测绘遥感，就是利用遥感技术，在计算机上面进行计算并且能够达到测绘目的行为。

如可用于一些小型货物的配送。尤其对于偏远的线路车辆段等地点，无人机可实现只需将收件人的 GPS 地址录入系统即可起飞前往，实现货物的快速配送。

五、区块链技术

1. 概念

区块链技术（Blockchain Technology，简称 BT），也被称之为分布式账本技术，是一种互联网数据库技术，其特点是去中心化、公开透明，让每个人均可参与数据库记录。

区块链的基本原理理解起来并不难。基本原理包括：

①交易（Transaction）。一次操作，导致账本状态的一次改变，如添加一条记录。

②区块（Block）。记录一段时间内发生的交易和状态结果，是对当前账本状态的一次共识；

③链（Chain）。由一个个区块按照发生顺序串联而成，是整个状态变化的日志记录。

如果把区块链作为一个状态机，则每次交易就是试图改变一次状态，而每次共识生成的区块，就是参与者对区块中所有交易内容导致状态改变的结果进行确认。

区块链拥有去中心化、不可篡改和可追溯三大特点。区块链概念衍生出了公有链、联盟链和私有链。

（1）特点一：去中心化

去中心化意味着，在区块链网络中分布着众多的节点，节点与节点之间可以自由连接进行数据、资产、信息等的交换，而无需通过第三方中心机构。

（2）特点二：不可篡改

区块链使用了密码学技术来保证区块链上的信息不被篡改，主要用到的是密码学中的哈希函数以及非对称加密。

（3）特点三：可追溯

区块 + 链的形式保存了从第一个区块开始的所有历史数据，连接的形式是后一个区块拥有前一个区块的 HASH 值，区块链上任意一条记录都可通过链式结构追溯本源。

2. 应用领域

从具体应用场景来看，区块链的应用已经从单一的数字货币延伸至经济社会的各个领域，最引人瞩目的为金融，此外，供应链管理、文化娱乐、智能制造、社会公益、教育等行业也在积极尝试。以金融为例，金融服务是区块链技术的第一个应用领域，具体而言：在支付领域，区块链显著提高支付业务效率，特别是跨境支付。区块链可以实现各类资产数字化，无需通过中介就能直接发起交易。在清算、结算反面，可以完成点对点的实时清算和结算，且交易信息得到保护。在客户识别方面，区块链可以实现数字化身份信息的安全、可靠管理。

（1）区块链的首个应用——比特币

公认最早关于区块链的描述出现在2008年中本聪撰写的论文《比特币：一种点对点的电子现金系统》。2014年后，人们开始关注比特币背后的区块链技术，随后引发了分布式账本的革新浪潮。区块链在比特币网络中可以看做是一个分布式账本，每一个区块就是账本的一页。

（2）区块链行业拓展应用领域

形成三层产业，十余垂直行业应用的局面。如图7-3所示。

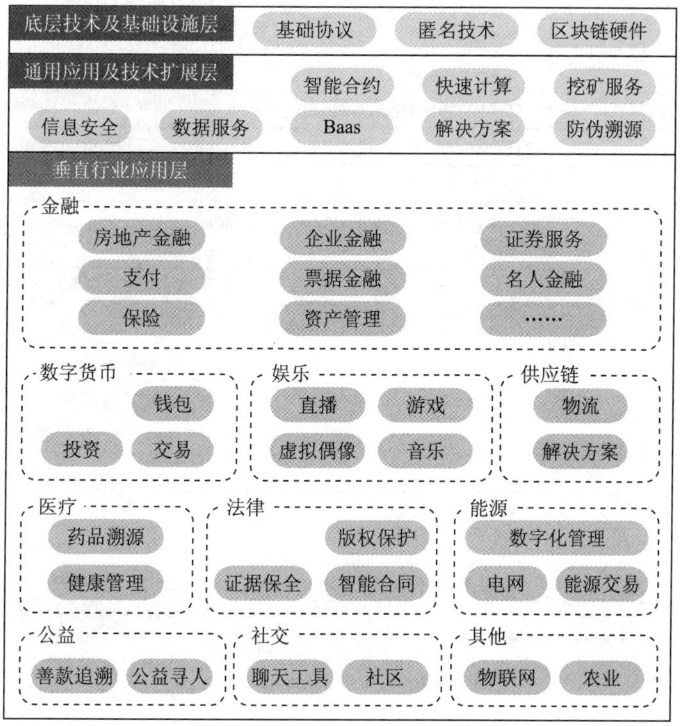

图7-3 区块链行业拓展应用情况

①底层技术及基础设施层：主要包含基础协议与区块链相关硬件内容 。其中基础协议是众多项目的主要技术攻克点，也是资方主要投资方向。

②通用应用及技术扩展层：为行业垂直应用层提供服务和接口及相关技术服务，其中为垂直行业区块链服务的方向为投资人主要关注对象。

③垂直行业应用层：超十余个行业已经应用了区块链技术，但非必要性项目居多，优质项目少。

（3）城市轨道交通资产管理领域

如资产价值管理领域，可利用区块链技术实现设计单位、施工单位、业主单位多方协同作业，并实时记录各方的资产行为过程，从而实现资产价值从设计、建造、运营、维修维护直至报废等的全生命周期过程透明管理和可追溯，这使目前城市轨道交通行业实物资产验收移交过程中长期难以解决的痛点问题迎刃而解。

附录

英文词汇释义表

词　汇	英文全称	中文释义
3D Control and Planning		三维控制和规划
3D Coordination		三维协调
3D EXPERIENCE		达索公司 BIM 软件产品
3D PDF	3D Portable Document Format	三维便携式文档格式
3DS MAX	3D Studio Max	一款三维建模渲染和动画制作软件
4D	4 Dimensions	四维
AB PLC	Allen-Bradley Programmable Logic Controller	艾伦 - 布拉德利牌可程式控制器
Abaqus		达索公司 BIM 软件产品
ABD	AECOsim Building Designer	奔特力公司 BIM 软件产品
Access Switch		进入开关
ActiveMQ	Active Message Queue	一种消息队列
Activiti		一种工作流引擎
activity		活动
AD	Active Directory	目录服务
Adapter		适配器
ADI	Application Desktop Integrator	应用程序名称
AEG		德国通用电气公司
AES	AECOsim Energy Simulator	应用程序名称，用于设计、仿真及分析建筑机械系统、环境条件及能源效能
AES 128	Advanced Encryption Standard 128	128 位加密算法
AFC	Automatic Fare Collection System	城市轨道交通自动售检票系统
AGM	Automatic Gate Machine	闸机
AI	Artificial Intenlligence	人工智能
Alexa		亚马逊的语音服务平台
AlphaGo		阿尔法狗
Amazon		亚马逊
Android		安卓
AOPA-China	Aircraft Owners and Pilots Association of China	中国航空器拥有者及驾驶员协会
AP	Accounts Payable	应付管理
Apache		Web 服务器软件
API	Application Programming Interface	应用程序编程接口
APICS	American Production and Inventory Control Society，Inc.	美国生产与库存控制协会

续上表

词　汇	英文全称	中文释义
APM	Automated People Mover	旅客自动输送
App	Application	计算机、手机应用程序
AppStore		应用商店
AR	Acconnts Receirable	应收管理
ArchiCAD		一款建筑信息模型软件
ARP	Address Resolution Protocol	地址解析协议
ARP Provisioning Component	ARP Provisioning Component	地址解析协议配置组件
ARP Runtime Controller	Address Resolution Protocol Runtime Controller	地址解析协议运行控制器
Asset Management		资产管理
AssetWise		奔特力公司 BIM 软件产品
ATO	Automatic Train Operation	列车自动运行
ATP	Automatic Train Protection	列车自动防护
ATS	Automatic Train Supervision	列车自动监控
Auto Scaling		弹性伸缩
AutoCAD	Autodesk Computer Aided Design	欧特克计算机辅助设计，欧特克公司 BIM 软件产品
AutoCAD Civil 3D		欧特克公司 BIM 软件产品
AutoCAD Electrical		欧特克公司 BIM 软件产品
AutoCAD Map 3D		欧特克公司 BIM 软件产品
AutoCAD Mechanical		欧特克公司 BIM 软件产品
AutoCAD P&ID		欧特克公司 BIM 软件产品
AutoCAD Plant		欧特克公司 BIM 软件产品
AutoCAD Raster Design		欧特克公司 BIM 软件产品
Autodesk		欧特克（公司名称）
Autodesk Alias Studio		欧特克公司 BIM 软件产品
Autodesk Backdraft Conform		欧特克公司 BIM 软件产品
Autodesk Bum		欧特克公司 BIM 软件产品
Autodesk Buzzsaw		欧特克公司 BIM 软件产品
Autodesk Cleaner XL		欧特克公司 BIM 软件产品
Autodesk Combustion		欧特克公司 BIM 软件产品
Autodesk Design Review		欧特克公司 BIM 软件产品
Autodesk Ecotect		欧特克公司 BIM 软件产品，建筑生态与环境模拟分析软件
Autodesk FBX		欧特克公司 BIM 软件产品
Autodesk Fire		欧特克公司 BIM 软件产品
Autodesk Flame		欧特克公司 BIM 软件产品
Autodesk Flint		欧特克公司 BIM 软件产品
Autodesk GreenBuilding Studio		欧特克公司 BIM 软件产品
Autodesk Inferno		欧特克公司 BIM 软件产品

续上表

词　汇	英文全称	中文释义
Autodesk Inventor		欧特克公司 BIM 软件产品
Autodesk Lustre		欧特克公司 BIM 软件产品
Autodesk Map Guide Enterprise		欧特克公司 BIM 软件产品
Autodesk Map Guide Studio		欧特克公司 BIM 软件产品
Autodesk Maya		欧特克公司 BIM 软件产品
Autodesk Motion Builder		欧特克公司 BIM 软件产品
Autodesk Navisworks		欧特克公司 BIM 软件产品
Autodesk Navisworks Freedom		欧特克公司 BIM 软件产品
Autodesk Navisworks Manage		欧特克公司 BIM 软件产品
Autodesk Navisworks NWD		欧特克公司 BIM 软件产品
Autodesk Navisworks Review		欧特克公司 BIM 软件产品
Autodesk Navisworks Simulate		欧特克公司 BIM 软件产品
Autodesk Navisworks		欧特克公司 BIM 软件产品
Autodesk Productstream		欧特克公司 BIM 软件产品
Autodesk Revit Architecture		欧特克公司 BIM 软件产品
Autodesk Revit MEP		欧特克公司 BIM 软件产品
Autodesk Revit Structure		欧特克公司 BIM 软件产品
Autodesk Showcase		欧特克公司 BIM 软件产品
Autodesk Sketch Book Pro		欧特克公司 BIM 软件产品
Autodesk Smoke		欧特克公司 BIM 软件产品
Autodesk Stone Direct		欧特克公司 BIM 软件产品
Autodesk Toxik		欧特克公司 BIM 软件产品
Autodesk Wire		欧特克公司 BIM 软件产品
Autodesk World of DWF		欧特克公司 BIM 软件产品
Automation		自动操作
AutoPLANT		应用程序名称
AWS	Amazon Web Service	亚马逊云服务
Back-end		后端接口
BAS	Building Automatic System	环境与设备监控系统
Batch		批处理
Benchmarking Partners		国际著名标杆公司
Bentley Microsation		奔特力公司 BIM 软件产品
Bentley ProjectWise		奔特力公司 BIM 软件产品
Bentley		奔特力（公司名称）
Big Data		大数据
BIM	Building Information model	建筑信息模型
BIMMS		面向工程设计与施工的 BIM 建模系统
Bins/Libs	Binary/Library	存放程序和二进制执行文件的目录 / 存放共享程序文件的目录
BIOS	Basic Input Output System	基本输入输出系统

续上表

词　汇	英文全称	中文释义
Birt	Business Intelligence and Reporting Tools	一种报表系统
Bit		位
Block		区块
Blockchain Technology		区块链技术
BOM	Bill of Material	物料清单
BOM	Booking Office Machine	半自动售票机
BOO	Build-Own-Operate	建设—拥有—运
BOOT		建设—拥有—运营—移交
BOS	Business Operating System	业务操作系统
BOT	Build-Operate-Transfer	建设—运营—移交
BPM	Business Process Management	业务流程管理
BPMS	Business Process Management System	业务流程管理系统
Bricsnet		公司名称
Bridge		桥
br-int		虚拟交换机
br-tun		虚拟交换机
bSa	building SMART alliance	建筑智能联盟
BSI	British Standards institution	英国国家标准委员会
bSI	building SMART International	一个中立化、国际性、独立的服务于BIM全生命周期的非营利组织
BT	Build-Transfer	建设—移交
BUG		漏洞
Building Information Management		建筑信息管理
Building Information model		BIM 模型
Building Information Modeling		BIM 建模
Building System Analysis		建筑系统分析
BYOD	Bring Your Own Device	自带设备办公
Caa	Component Application Architecture	组件应用架构
CAD	Computer Aided Design	计算机辅助技术
CAE	Computer Aided Engineering	计算机辅助工程
CAM	Computer Aided Manufacturing	计算机辅助制造
Catia		达索公司 BIM 软件产品
CBM	Condition Based Maintenance	基于状态的维护
CC	Center Computer	中央计算机
CCTV	Closed Circuit Television Inspection	闭路电视系统
Ceilometer		OpenStack 云计算管理平台的计费服务
CFD	Computational Fluid Dynamics	计算流体动力学
CI	Continuous integration	持续集成
Cinder		OpenStack 云计算管理平台的块存储
CIO	Chief Information Officer	首席信息官

续上表

词　汇	英文全称	中文释义
Clash Detection		碰撞检测。奔特力公司 BIM 软件产品 AECOsim Building Desiganer 的功能模块
CLI	Command Line Interface	命令行接口
CLK		时钟系统
Cloud Controller		云控制器
Cloud Formation		云编排
Cloud Security		云安全
Cluster		集群
Cluster Controller		集群控制器
CMMS	Computerized Maintenance Management System	计算机化的维护管理系统
Code Validation		规范验证
CoMET	Community of Metros	国际地铁协会
Composer		奔特力公司 BIM 软件产品
Computer World		计算机世界。美国机构名称
Console		控制台
CONSTRUCT		施工
Construction System Design		施工系统设计
Container		容器
COS		控制台操作系统
Cost Estimation		成本预算
CPaaS	Communications Platform as a Service	通信平台即服务
CPS	Cyber-Physical Systems	信息物理系统
CPU	Central Processing Unit	中央处理器
CRM	Customer Relationship Management	客户关系管理
CS	Customer Servive	客服
Custname	customer name	客户名称，自定义的变量名称
DAI	Dynamic Address Resolution Protocol Inspection	动态地址解析协议检测
Dassault Aviation		达索宇航（公司名称）
Dassault Systemes		达索系统（公司名称）
Data and Messaging Services	Data and Messaging Services	数据消息服务
Database		数据库
DB2		一种数据库
DBA	Database Administrator	数据库管理员
DBaaS	DataBase as a Service	数据库即服务
DCU		门控单元
DDOS	Distributed Denial of Service	分布式拒绝服务
DED		集成接口
DeepMind		深度思考，公司名称
Default SG	Default Security Group	默认的安全组

续上表

词　　汇	英文全称	中文释义
DELMIA	Digital Enterprise Lean Manufacturing Interactive Application	是一款数字化企业的互动制造应用软件
Depends	Depends	依赖
DES	Data Encryption Standard	数据加密标准
Design		设计
Design Authoring		设计建模
Design for Failure		故障设计
Design Reviews		设计方案论证
DevOps	Development Operations	开发运维一体化
DG	Disk Genius	磁盘分区
DGN		一种文件格式
DHCP	Dynamic Host Configuration Protocol	动态主机配置协议
Digital Fabrication		数字化加工
Digital Twin		数字孪生
Disaster Planning		灾害计划
DNS	Domain Name System	域名系统
Docker	Docker	一种开源应用容器引擎
docker run	docker run	容器创建命令
Dockerfile	Dockerfile	镜像构件命令
DOM	Document Object Model	文档对象模型
Domain	Domain	域
DPJ		项目成员
DPM		项目经理
DRS	Distributed Resource Scheduler	分布式资源调度
DSA	Digital Signature Algorithm	电子签名算法
DSA		
DW	Data Warehouse	数据仓库
DWF		由 Autodesk 开发的一种文件格式
DWG		由 AutoCAD 创立的一种图纸保存格式
DXF		一种开放的矢量数据格式
E/S	Encoder/Sorter	编码 / 分拣机
EAM	Enterprise Asset Management	资产管理信息系统
EAP-M5	Extensible Authentication Protocol Message Digest 5	可扩展身份验证协议信息报文
EAP-TLS	Extensible Authentication Protocol Transport Level Security	可扩展身份验证协议传输安全层
EAS	Enterprise Application Suites	企业应用套件
EBOM		设计模型的数据结构
EBS	E-Business Suit	电子商务套件
ECS		车站环境控制
Edit	Edit	编辑

续上表

词　　汇	英文全称	中文释义
EJB	Enterprise JavaBean	J2EE 的一部分，定义了一个用于开发基于组件的企业多重应用程序的标准
Elastic Compute Cloud	EC2	弹性计算
Elasticity		弹性
Email		电子邮件
EMCS	Equipment Monitor and Control System	机电设备监控系统
EMIS	Enterprise Management Information System	企业管理信息系统
EMR	electromagnetic radiation	电磁波
Energy Analysis		能量分析
Enlitic		来自美国的一款癌症检测系统
ENOVIA	ENOVIA	达索公司 BIM 软件产品
EPC	Engineering Procurement Construction	
EPMIS		机电设备采购管理信息系统，为广州地铁开发的系统
ERP	Enterprise Resource Planning	企业资源计划
ESB	Enterprise Service Bus	企业服务总线
ESXI		企业级虚拟化产品名称
eth0，eth1，……		网卡设备名称
ETL	Extract-Transform-Load	数据抽取转换加载
EWK		人机工程
EXCEL		一款电子表格软件格式
Exchange	Exchange	微软公司的一套电子邮件服务组件
exe	executable program	可执行程序
Existing Conditions Modeling		现状建模
Explore	Explore	查看
Extemal Reference		外部参考
Extent		扩展
facebook		脸书
FAS	Fire Alarm System	火灾报警系统
FC	Fibre Channel	网状通道
FC/ISCSI/NAS	Fiber Channel/Internet Small Computer System Interface/Network Attached Storage	光纤通道 / 互联网小型计算机系统接口 / 网络附属存储
FEP	Front End Processor	前端处理器
FG	Flood Gate	防淹门
FM	Financial Management	财务管理
FPaaS	Flow Platform as a service	工作流即服务
FTP	File Transfer Protocol	文件传输协议
gbXML	GreenBuildingXML	绿色建筑扩展标记语言
GCE	Google Compute Engine	谷歌计算引擎

续上表

词　汇	英文全称	中文释义
GeoConsult		公司名称
GIS	Geographic Information System	地理信息系统
GL	General Ledger	总账管理
Glance		OpenStack 云计算管理平台的镜像服务
Google Earth		谷歌地球
GPS	Global Positioning System	全球定位系统
Guest OS	Guest Operating System	访客操作系统
HA	High Availability	高可用性
HASH		散列
HDA	Head Disk Assembly	头盘组合件
HDC	Heavy Duty Connecto	重载连接组件
HDP		一种桌面协议
Heat		OpenStack 云计算管理平台的编排服务
Horizon		OpenStack 云计算管理平台的控制台
Host OS	Host Operating System	主机操作系统
HP		惠普（公司名称）
HR	Human Resource	人力资源
HTML	Hyper Text Markup Language	超级文本标记语言
HTTP	Hyper Text Transfer Protocol	超文本传输协议
HTTPS	Hyper Text Transfer Protocol over Secure Socket Layer	由 SSL+HTTP 协议构建的可进行加密传输、身份认证的网络协议
Hybird		混合模式移动应用
HYPER-V		一款虚拟化产品
Hypervisor		一种运行在物理服务器和操作系统之间的中间软件层
IaaS	Infrastructure as a Service	基础设施即服务
IAM	Institute of Asset Management	英国资产管理协会
IAM	Integrated Asset Management information platform	一体化资产管理信息平台
IBM		公司名称
IBM MAXIMO	IBM Maximo Asset Management	IBM 的一款企业资产管理系统
IBM Tivoli® Service Desk		IBM 的一款产品
IBP		综合后备操作盘
IC	Integrated Circuit	集成电路
ID	Identification	身份标识号
IDC	Internet Data Center	互联网数据中心
IDE	Integrated Development Environment	集成开发环境
IDEA	IntelliJ IDEA	开发集成环境
IDS/IPS	Intrusion Detection Systems/ Intrusion Prevention System	入侵检测系统 / 入侵防御系统
IED	Intelligent Electronic Device	智能电子设备

续上表

词　汇	英文全称	中文释义
IFC	Industry Foundation Classes	工业基础类，国际协同联盟建立的标准名称
IGES		一种文件格式
Image		镜像
IMAP4	Internet Message Access Protocol 4	交互式数据消息访问协议版本 4
IMEETING		一款会议系统
i-model		一种自描述的文件格式
i-model Composer		奔特力公司的一款程序
Infor EAM Enterprise		Infor 公司的一款企业资产管理系统
Infor		公司名称
init	Initialization	初始化
In-Memory Data Grid		内存数据网格
Integration		整合 / 一体化
Internet		互联网
Intuitive Sirgical		美国医疗机器人公司旗下产品
INV	Inrentory	库存
IOS		苹果公司开发的移动操作系统
IoT	Internet of Things	物联网
IP	Internet Protocol	网络之间互连的协议
IP Source Guard		IP 源侧防护
IPaaS	Integration Platform as a service	集成平台即服务
iPad		苹果公司发布的平板电脑
iPhone		苹果公司发布的智能手机
IPS	Intrusion Prevention System	入侵防御系统
IPv6	Internet Protocol Version 6	互联网协议第 6 版
ISIS	Intermediate System to Intermediate System	中间系统到中间系统
ISMES		公司名称
ISO	International Organization for Standardization	国际标准化组织
Isolated	Isolated	隔离的
IT	Information Technology	信息技术
ITA	InformationTechnologyAgreement	桌面组件
J2EE	Java 2 platform Enterprise Edition	一个为大企业主机级的计算类型而设计的 Java 平台
Java		一门面向对象编程语言
JavaScript		一种直译式脚本语言
JBoss		一个开放源代码的应用服务器
JMS	Java Message Service	Java 消息服务
JPEG		一种图片格式
JPG		一种图片格式
JSON	JavaScript Object Notation	一种轻量级的数据交换格式

续上表

词　　汇	英文全称	中文释义
Kerberos		一种网络认证协议
Keystone		OpenStack 云计算管理平台的认证服务
KIS		一款小微企业管理软件
KML		一种标记语言
KMZ		一种标记语言
KPI	Key Performance Indicator	关键绩效指标
KVM	Kernel-based Virtual Machine	基于内核的虚拟机
L2	Layer 2	二层
LCC	Life Cycle Cost	全生命周期成本
LCD		液晶显示器
LDAP		轻量目录访问协议
LED		发光二极管
LEED Evaluation		绿色建筑评估
Legacy Systems		遗产系统
Library		库
License		证书
Lighting Analysis		日照分析
Linux		操作系统名称
LOD	Levels of Detail	多细节层次
LSTM	Long Short Term Memory	长短期记忆网络
LUN	Logical Unit Number	逻辑单元号
Luxology		一款软件
Mac	Macintosh	苹果电脑名称
Machine Learning		机器学习
MAE		施工工艺仿真
Magnum		OpenStack 云计算管理平台中容器集群部署服务
Maintenance Scheduling		维护计划
MAM	Mobile Application Management	移动应用管理
MAXIMO	Maximo Asset Management	一款设备维修维护软件产品
MBOM		施工数据结构
MC	Management Contract	管理合同
MCM	Mobile Content Management	移动内容管理
MD5	Message Digest Algorithm 5	消息摘要算法第 5 版
MDM	MDM Master Data Management	主数据管理
Mechanical Analysis		设备分析
Mental Ray		一款渲染产品
Meridian		一款建筑软件
Messaging		报文发送
MFM		大型工程安装规划
Microsation		奔特力公司 BIM 软件产品

续上表

词　汇	英文全称	中文释义
Microsation InForma		奔特力公司 BIM 软件产品
Microservice		微服务
Microsoft Project		微软公司的软件产品
MicroStation		奔特力公司 BIM 软件产品
Middleware/BD		中间件
MPaaS	Mobile Platform as a service	移动平台即服务
MQ	Message Queuing	消息队列
MR	Mix Reality	混合现实
MRO		公司名称
MRP II	Manufacture Resource Plan	制造资源计划
MS Office	Microsoft Office	基于 Windows 操作系统的办公软件套装
MS Project	Microsoft Project	微软公司的软件产品
MSMQ	MicroSoft Message Queuing	微软消息队列
MSOffice		
Multiphysics		多物理场
Murano		OpenStack 云计算管理平台可浏览分类应用目录服务
MVC	Model View Controller	一种软件设计模式
mySAP ERP		软件名称
MySQL		关系型数据库管理系统
NAS	Network Attached Storage	网络附属存储
Natural Language Processing		自然语言处理
Navigator		奔特力公司 BIM 软件产品
Navisworks		欧特克公司 BIM 软件产品
NC		用友公司的软件产品
Net		微软的技术平台
Netflix		网飞
Neutron		OpenStack 云计算管理平台的网络组件
Nginx		一个高性能的 HTTP 和反向代理服务
NIBS	National Institute of Building Sciences	美国国家建筑科学研究院
Node Controller		云节点控制器
Node JS		一种运行环境
Nova		OpenStack 云计算管理平台的计算组件
NOVA	Nova benchmarking group of Metros	轨道运输标竿联盟
O&M	Operations & Maintenance	委托运营
OA	Office Automation	办公自动化
Object-C		一种编程语言
OCC	Operating Control Center	运行控制中心
ODS	Operational Data Store	操作数据存储
Office based		办公基础

续上表

词　　汇	英文全称	中文释义
Oliver Wight		公司名称
OM		订单管理
Open Stack		一个开源的云计算管理平台项目
OpenStack Heat		OpenStack 云计算管理平台编排服务
Operate		运营
OPS	Open Pluggable Specification	大屏幕投影系统
Oracle		一种数据库；甲骨文公司
Oracle Designer		Oracle 设计器
Oracle Developer		Oracle 开发工具
Oracle EBS	Oracle E-Business Suit	Oracle 电子商务套件，甲骨文公司的一款应用产品
Oracle FA	Oracle Fixed Assets	Oracle 固定资产
Oracle FM	Oracle Financial Management	Oracle 财务管理
Oracle HR	Oracle Human Resource	Oracle 人力资源
Oracle R12		甲骨文公司的 ERP 软件产品
Oracle Sourcing		Oracle 资源
OS	Operating System	操作系统
OU	Organizational Unit	组织单位
Outlook		Microsoft office 套装软件的组件之一
P3E	Primavera Project Planner for Enterpriser	企业级的项目管理工具
PA	ProcessAreas	过程域
PaaS	Platform as a Service	平台即服务
PAS	Publicly Available Specification	公共可用规范
PC	personal computer	个人计算机
PCS		平台用户管理
PDCA	Plan-Do-Check-Act	策划—实施—检查—处理
PDF	Portable Document Format	便携式文档格式
PDM	Product Data Management	产品数据管理
PDP	Plasma Display Panel	等离子显示板
PDS		一种大型工厂设计应用软件
Phase Planning		阶段计划
PHP	Hypertext Preprocessor	超文本预处理器，是一种通用开源脚本语言
Physical Disk		物理磁盘
Physical Server		物理服务器
PIDS		乘客信息向导系统
PIRANESI		彩绘大师，一种空间图形处理软件
Plan		规划
PlantSpace		一种应用程序
PLM	Product Lifecycle Management	产品生命周期管理

续上表

词　汇	英文全称	中文释义
PM	Preventive maintenance	预防性维护
PO	Purchase Order	采购
POM	Project Operation Management	项目运营管理
POP3		邮局协议版本 3
Portable		可移植
Portal		端口
POS	Point of Sale	销售终端
PPL/PPM		施工进度规划
PPP	Public Private Partnership	政府和社会资本合作
Primary Use		主要应用
Primavera P6		甲骨文公司的软件产品
Privilege		特权
Process		工序；流程
Product ID		产品身份证明
Product name		产品名称
Profile		配置文件
Programming		规划文本编制
ProjectWise		奔特力公司 BIM 软件产品
Promontory		一款医疗领域人工智能产品
PSC		中央接口盘
PSCADA		变电站自动化系统
PSD		屏蔽门
PSL		就地控制盘
PXE	Preboot Execute Environment	预启动执行环境
Quickpen		软件名称
RabbitMC	Rabbit Message Queue	一种消息队列
RAID	Redundant Arrays of Independent Disks	磁盘阵列
RDBMS	Relational Database Management System	关系数据库管理系统
Recit Technology		公司名称
Record Model		记录模型
Redis		一种数据库系统
Registry		注册
Remote		远程
Requirements and Policies Repository		需求与策略库
Resource		资源
REST	Representational State Transfer	表述性状态传递
Reuse		重新使用
Revit		欧特克公司 BIM 软件产品

续上表

词　汇	英文全称	中文释义
Revit Technology		公司名称
RF	Radio Frequency	射频
RFID	Radio Frequency Identification	射频识别
Ring		Intel 的 x86 处理器进行访问的控制命令
RMI	Remote Method Invocation	远程方法调用
ROI		投资回报率
ROT	Rehabilitate-Operate-Transfer	改建—运营—移交
RPaaS	Research Process as a Service	搜索即服务
RPC	Remote Procedure Call	远程过程调用
RSA	RSA algorithm	非对称加密算法
RTS		机器人仿真
RTSC	Railway and Transport Strategy Centre	轨道与运输策略中心
RTU		远程终端单元
Ruby		一种简单快捷的面向对象（面向对象程序设计）脚本语言
SaaS	Software as a Service	软件即服务
Sahara		OpenStack 云计算管理平台的大数据服务
SAN	Storage Area Network	存储区域网络
SAP		思爱普（公司名称）
SC	Station Computer	车站计算机
SCADA		电力监控
Scale Down		减少
Scale Out		扩展
Scale Up		增加
Schema		数据库对象的集合
SCM	Supply Chain Management	供应链管理
SDK	Software Development Kit	软件开发工具包
SDK&API	Software Development Kit 和 Application Programming Interface	软件开发工具包和应用程序编程接口
SDN	Software Defined Network	软件定义网络
Secondary Use		次要应用
Security Group	Security Group	安全组
Separate DB	Separate database	分离的数据库
Separate Schema	Separate Schema	分离的对象集合
Server	Server	服务器
Set of APIs		应用程序接口集
Shared Schema	Shared Schema	共享的对象集合
Shared schema multi-tenancy		共享表架构
SharePoint		微软公司的软件产品
Shipment		装载

续上表

词　汇	英文全称	中文释义
Shop Drawing		施工图
Shopping Mall		购物中心
SIG	Signal	信号
Silverlight		一个跨浏览器的、跨平台的插件
Simulation Lifecycle Management		仿真生命周期管理
SIMULIA		达索公司的软件平台
SIS		车站信息系统
Site Analysis		场地分析
Site Utilization Planning		场地使用规划
SketchUp		一款 3D 设计软件
SLA		设计服务级别协议
SMTP		简单邮件传输协议
Snooping		监听
SOA	Service-Oriented Architecture	面向服务的架构
SOAP	Simple Object Access Protocol	简单对象访问协议
Software Development Kit		软件开发工具包
Sourcing		采购
Space Management/Tracking		空间管理 / 追踪
SSL	Secure Sockets Layer	安全套接层
SSO	Single Sign On	单点登录
Step		步骤
Structural Analysis		结构分析
Sun Microsystems		公司名称
Support		支持
SVN	Subversion	开放源代码的版本控制系统
SW Images Repository	SW Images Repository	镜像仓库
Swift		OpenStack 云计算管理平台的对象存储
SWOT	Strengths Weaknesses Opportunities Threats	优劣势分析法
System Center		系统中心
T. Y. Lin		林同棪（公司名称）
Tag		标签
task		任务
TAUM-METE		一款机器翻译系统
TC	Thin Client	瘦终端
TCL		公司名称
TCM	Ticket Checking Machine	自动验票机
TCP/IP	Transmission Control Protocol/ Internet Protocol	传输控制协议 / 因特网互联协议
Tekla Open API	TeklaOpenAPI	应用程序编程接口
Tekla Structures		一款钢结构详图设计软件

续上表

词　汇	英文全称	中文释义
Tekla		公司名称
Tenant		租户
Tenant ID		租户身份证明
Text File		文本文件
Tier		磁盘存储层
TIFF	Tag Image File Format	标签图像文件格式
TIS		车载信息系统
TLS	Transport Layer Security	传输层安全协议
TOD	Transit-oriented Development	公共交通指向型开发
TOGAF		开放组体系结构框架
Tomcat		一个免费的开放源代码的应用服务器
Tomcat 7		一个免费的开放源代码的应用服务器，版本 7
Tomcat 8		一个免费的开放源代码的应用服务器，版本 8
TOT	Rehabilitate-Operate-Transfer	转让—运营—移交
Transaction		交易
TriForma		一款建筑模型软件
TRILL/SPB	TransparentInterconnectionofLotsofLinks/Shortest Path Bridging	多链接透明互联 / 最短路径桥接
Trimble		天宝（公司名称）
Trimble Building		天宝公司软件产品
Trove		OpenStack 云计算管理平台的数据服务组件
TVM	Ticket Vengding Machine	自动售票机
TXO		数据标准管理
TXT		文本文档
Type		类型
UAP	Unified Application Platform	用友面向大中型企业与公共组织的统一应用平台
UAV	Unmanned Aerial Vehicle	无人驾驶飞机
UC	Microsoft Communicator	微软企业即时通讯软件
UCAV	Anmanned Combat Aerial Vehicles	无人战斗机
UFO	User Friend Office	用友办公软件
UI	User Interface	用户界面
Unified FEA		统一有限元技术
UPS	Uninterruptible Power System	不间断电源系统
USB Key	Universal Serial Bus Key	加密盘
USB	Universal Serial Bus	通用串行总线
UUMS	Uniform User Management System	统一用户管理系统
UUV	Union User View	统一用户视图
VAG	Video Array Gate	视频互通网关

续上表

词　汇	英文全称	中文释义
vAPP	vSphere vApp	程序进行打包和管理的格式
VAT	Value Added Tax	增值税
VBA	Visual Basic for Applications	Visual Basic 宏语言
vCenter		VMWARE 虚拟化的中央控制台
VCPU	Virtual CPU	虚拟中央处理器
VDI	Virtual Desktop Infrastructure	虚拟桌面基础架构
VEA		虚拟机磁盘加密客户端代理
VEM		虚拟机磁盘加密管理
Vendor-lockin		厂商锁定
VES	VM Encryption System	虚拟磁盘加密系统
Vico		软件名称
VIF	Virtual Interface	虚拟端口
Virtual Machine Manager		虚拟机管理器
virtual machines host		虚拟机主机
Virtual Switch		虚拟开关
Visual Stufio		美国微软公司的开发工具包系列产品
VLAN	Virtual Local Area Network	虚拟局域网
VM	Virtual Machine	虚拟机
VMkernel		虚拟机内核
VMM	Virtual Machine Monitor	虚拟机监控器
Vmsafe APIs	Vmsafe APIs	VMWARE 虚拟化平台的安全组件，并提供相应的应用程序变成接口用于功能集成
VMsafe		一项虚拟安全技术
VMWARE		威睿（公司名称）
VNCGate	Virtual Network Interface Card Gate	虚拟网关
VNIC	Virtual Network Interface Card	虚拟网卡
Volume		卷
VPC	virtual private cloud	虚拟私有云
VPN	Virtual Private Network	虚拟专用网络
VR	Virtual Reality	虚拟现实
VRF	Virtual Routing Forwarding	虚拟路由转发表
vShield Endpoint		VMWARE 虚拟化平台的安全组件
vShield		
vSphere		VMWARE 虚拟化平台
VXLAN	Virtual Extensible LAN	一种网络虚似化技术
WAPI	Workflow API	工作流接口
WBS	Work Breakdown Structure	工作分解结构
WCF	Windows Communication Foundation	通讯开发平台
Web	World Wide Web	全球广域网；万维网
Web App		基于 Web 的系统和应用
Web Console		Web 控制台

续上表

词　汇	英文全称	中文释义
Web Service		互联网服务
Websphere		IBM 的软件平台
WES7	Windows Embedded Standard 7	基于 X86 平台的组件化的 Windows 7 嵌入式操作系统
WFMC	Workflow Management System	工作流管理联盟
WI	Wireless Fidelity	无线网组件
Workflow API	Workflow Application Programming Interface	工作流接口
WSDL	Web Services Description Language	网络服务描述语言
WS-Reliable Messaging		WEB 服务的可靠消息传递
WS-Transaction		WEB 服务事务
XEN	XEN Hypervisor	开放源代码虚拟机监视器。是介于操作系统和硬件之间的一个软件描述层
XML	Extensible Markup Language	可扩展标记语言。是一种用于标记电子文件使其具有结构性的标记语言
XPaaS	X platform as a service	X 表示其他，泛指其他平台即服务

参考文献

[1] 何霖 . 城市轨道交通企业信息系统的建设与应用 [M]. 北京：人民交通出版社股份有限公司 , 2015.

[2] 刘光武 . 城市轨道交通 BIM 应用研究与实践 [M]. 北京：中国建筑工业出版社 , 2016.

[3] 谭晓梅 . 广州城市轨道交通工程建设概论：车站设备安装及装修工程 [M]. 广州：华南理工大学出版社 , 2013.

[4] 刘振亚 . 企业资产全寿命周期管理 [M]. 北京：中国电力出版社 , 2015.

[5] 李炳森 . 企业资产管理信息化 [M]. 北京：中国水利水电出版社 , 2015.

[6] 舒印彪 . 电力企业资产全寿命周期管理体系建设与评价 [M]. 北京：中国电力出版社 , 2017.

[7] 顾保南 , 叶霞飞 . 城市轨道交通工程 . 3 版 [M]. 武汉：华中科技大学出版社 , 2015.

[8] 陈民 , 陈非迟 . 解密轨道交通 PPP[M]. 北京：北京交通大学出版社 , 2016.

[9] 财政部政府和社会资本合作中心 .PPP 项目会计核算方法探讨 [M]. 北京：经济科学出版社 , 2016.

[10] 中华人民共和国住房和城乡建设部 . 城市轨道交通建设项目管理规范 [M]. 北京：中国建筑工业出版社 , 2011.

[11] 日建设计站城一体开发研究会 . 站城一体开发——新一代公共交通指向型城市建设 [M]. 北京：中国建筑工业出版社 , 2016.

[12] 马钊, 周莉梅, 盛万兴 . 国际资产管理标准ISO55000与PAS55的分析与比较[J]. 供用电, 2015(6)：48-53.

[13] 徐宛容 . 国际固定资产管理标准 _PAS55 剖析 [J]. 中国设备工程 , 2011 (6)：5-8.

[14] 华镕 . 资产管理的标准 [J]. 自动化博览 , 2014(8)：60-62.

[15] 陈春红 . 城市轨道交通企业资产管理与经营模式探索——广州地铁资产管理与经营实践 [D]. 广州：中山大学 , 2012.

[16] 梁衡义 , 李涛 , 王秋平 , 等 . 北京城市轨道交通非票务资产经营管理实践 [J]. 铁路运输与经济 , 2012, 34(12)：7-11.

[17] 李永亮 , 王耀 . 北京市城市轨道交通资产管理问题及对策研究 [J]. 交通运输系统工程与信息 , 2012,12(2)：194-197.

[18] 许维敏 . 城市轨道交通车辆基地物业开发模式的探讨 [J]. 城市轨道交通研究 , 2010, 5：21-25.

[19] 宋宇博，董博．城市轨道交通企业资产管理系统设计与应用 [J]. 铁路运输与经济，2013, 35(12)：72-76.

[20] 杨丽明，梁青槐，原思成．城市轨道交通沿线物业开发模式研究 [J]. 北京交通大学学报 (社会科学版), 2007, 6(3)：49-53.

[21] 陈蕾，吴道章．城市轨道交通资产管理初探 [J]. 都市快轨交通，2007, 20(4)：21-24.

[22] 沈小兵，司景田．城市轨道交通资产管理系统中的资产编码 [J]. 城市轨道交通研究，2012：14-17.

[23] 仲建华．轨道交通设备资产管理及其信息化 [D]. 厦门：厦门大学，2013.

[24] 刘成琦．轨道交通资产管理系统的研究与应用 [D]. 苏州：苏州大学，2011.

[25] 王耀，叶小春，吴珂琪．伦敦城市轨道交通资产管理经验启示 [J]. 交通运输系统工程与信息，2014,14(6)：219-222.

[26] 冯仕，袁伟宁．石油企业资产全生命周期管理的信息化方案研究 [J]. 石油规划设计，2014, 25(2)：16-19.

[27] 张洁，刘天善，戴径．资产证券化方式在城市轨道交通融资中的应用 [J]. 城市轨道交通研究，2007：16-22.

[28] 中国城市轨道交通协会．城市轨道交通 2017 年度统计和分析报告 [R]. 北京：中国城市轨道交通协会信息总第 18 期．

[29] 柏景，罗盛文，喻晓．城市轨道交通沿线物业思考与实践 [M]. 西安：西安交通大学出版社，2010.